2017

丹徒年鉴

镇江市丹徒区人民政府　主办
镇江市丹徒区史志办公室　编

方志出版社
Publishing House of Local Records

图书在版编目（CIP）数据

丹徒年鉴. 2017 / 镇江市丹徒区史志办公室编. --
北京：方志出版社，2017.11
ISBN 978-7-5144-2627-4

Ⅰ. ①丹… Ⅱ. ①镇… Ⅲ. ①丹徒区—2017—年鉴
Ⅳ. ①Z525.34

中国版本图书馆CIP数据核字（2017）第265926号

丹徒年鉴（2017）

编　　者：镇江市丹徒区史志办公室
责任编辑：李　静

出 版 人：冀祥德
出 版 者：方志出版社
地址　北京市朝阳区潘家园东里9号（国家方志馆4层）
邮编　100021
网址　http://www.fzph.org
发　　行：方志出版社图书经销中心
电话（010）67110500
经　　销：各地新华书店
印　　刷：镇江华翔票证印务有限公司

开　　本：889×1194　1/16
印　　张：14.75
字　　数：578千字
版　　次：2017年11月第1版　2017年11月第1次印刷
印　　数：0001～1060册

ISBN 978-7-5144-2627-4　定价：260.00元

《丹徒年鉴》主 审

张映桥　谢继步

镇江市丹徒区史志办公室

主　　任　陈　刚
主任科员　付久成
副 主 任　王雪松　丁素娟
编 纂 科　刘　芳　钱金金　李东东
综 合 科　张宏平　钱若寅　付　媛

《丹徒年鉴》编辑部

主　　编　梅　放　戴益峰
执行主编　陈　刚
副 主 编　王雪松
编辑部主任　刘　芳
编　　辑　王雪松　刘　芳　钱金金　李东东　付　媛
彩　　页　刘　晨　王　博

《丹徒年鉴（2017）》撰稿单位审稿人

（排名不分先后）

梅　放	戴益峰	任苏宁	王正平	陈　煜	卢德辉	吴富祥	薛恒初
陈　刚	李厚金	殷　峰	蔡怀根	缪其国	马成龙	赵中田	刘佳明
段　炼	张　晖	张叶飞	王　翼	林炳雷	朱祥洪	陈　杰	徐　俊
窦峰云	徐　洁	徐　峰	王文治	巫五才	李世杰	凌　青	龙　飞
贺　文	黄　进	汤国生	赵　勤	郭祥明	朱金凤	张芙萍	张　雯
张源之	钱立宪	吴林华	王小军	胡克明	朱　俊	季道远	袁学军
陈正宏	张荣健	张　宾	顾大庆	鲍玉荣	洪家同	单　红	张　蕾
陈束伟	王　欣	方俊锡	姚遇平	李　京	王　平	丁建庭	李　演
庞金玉	殷一斐	丁东生	蔡登明	方　辰	戴　宁	史武军	李　军
王继富	窦云峰	吴国胜	陈正家	张长庚	傅忠宇	孙　铁	姚美玲
贾金海	纪桂发	巫东海	王卫方	吴黎红	严　慧	陈亚兴	姚瑞宽
卜顺华	张道悟	龚玉华	刘永利	陈　健	赵　斌	潘大春	王　珏
殷宝玉	仲　梅	汪　洋	吴宏昱				

编辑说明

一、《丹徒年鉴》是丹徒区人民政府主办、丹徒区史志办公室编撰的大型综合年鉴，是全面实用、信息密集、准确权威的地情资料工具书。创刊于1993年，每年1期，该期是连续编辑出版的第25期。编辑部借该期年鉴出版之际，向所有关心、支持、参与年鉴编辑出版工作的单位、各界人士致以诚挚的谢意。

二、《丹徒年鉴》采用分类编辑法，以篇目、分目、条目组成框架结构的主体部分。全书条目标题统一用黑体加【 】表示。全书前有目录，后有索引，具有比较完善的检索系统。为方便阅读和保存，制作配备电子版光盘。

三、《丹徒年鉴（2017）》系统记述丹徒区2016年政治、经济、社会、自然等方面的基本面貌、发展状况以及发生的大事、要事、新事（收录2016年度受表彰的先进集体、个人和组织人事变动的时限延至2017年3月）。全书设有31个篇目：（1）特载，（2）大事记，（3）丹徒概述，（4）中共丹徒区委员会，（5）丹徒区人民代表大会，（6）丹徒区人民政府，（7）政协丹徒区委员会，（8）民主党派·工商联，（9）社会团体，（10）国防，（11）政法，（12）综合经济管理，（13）人力资源和社会保障，（14）农林·水利，（15）工业·民营经济，（16）重点项目建设，（17）开发区和产业集中区，（18）交通·通信，（19）城镇建设与住房管理，（20）环境保护，（21）对外及对港澳台经济贸易·商品流通，（22）财税·金融，（23）科技，（24）教育，（25）文化·广电·体育，（26）卫生，（27）社会生活，（28）镇·街道·园区，（29）人物·名录·荣誉栏，（30）统计资料，（31）附录。

四、《丹徒年鉴（2017）》收录部分区领导的重要报告。年鉴所用稿件由全区各镇（街道、园区）、区级机关各部门和各单位专人撰写，并经过领导审阅。所有数据均以区统计局统计数据为准，区统计局没有提供的以各单位数据为准。

五、《丹徒年鉴（2017）》虽经过反复认真的审核、校对，但由于编辑水平和条件限制，难免存在一些差错和疏漏，恳请广大读者批评指正。

2017年11月

丹徒区政区图

扬州市
镇江市
丹徒区
润州区
京口区
丹阳市
句容市
金坛市
谷阳镇
上党镇
宝堰镇
辛丰镇
高资街办
高桥镇
世业镇
江心洲
长江
图例
省辖市政府驻地
县级市、区政府驻地
乡镇、街办驻地
行政派遣区级、镇级
村委会、社区 自然村
省辖市界
县级界
乡镇界
特殊界
高铁 车站
沪宁城际铁路
京沪铁路
高速公路 枢纽
国道
省道
县道
乡镇公路
主要道路
未建成道路
水域 河流
渡口 码头 桥
山峰 高程
场圃
塔
纪念碑
比例尺 1:160000
本图中界线不作实地划界依据
地图审查号 苏S(2013)071号
编制单位：镇江市土地勘测事务所
2013-07

丹徒区城区图

区政府
教育局
财政局
会议中心
人社局
司法局
国土局
地税局
房管局
交通局
粮食局
公安局
卫生局
丹徒中医院
法院
检察院
建行
中行
人才中心
建设局
烟草公司
供电公司
太平洋商业中心
宝龙广场
市公路管理站
药品监督管理局
铭基商贸城
外国语小学
大港中学
区公路管理站
驸马山庄国际幼儿园
基督教堂
马鞍山
文广中心
新城社区
驸马山社区
缪家甸社区
建投公司
丹徒人民医院
国防指挥中心
消防支队
城区派出所
丹徒客运中心
规划展示馆
丹徒实验学校
通讯中心
米芾广场
公交中转站
谷阳湖
谷阳镇
光明社区
西麓
下西麓
中西麓
新建村
上党开关厂
白袍
站岗村
史家岗
恒大绿洲
润城国际花园
邮政配送中心
交警大队
四通公司
龙源铝业
捷诚电子
亘生机械
亿地光电照明
好卫士制品
美林制刷公司
恒康调味品
镇安电力设备
奥力聚氨脂机械
鸿泰鞋业
常隆电子
镇江京友调味品有限公司
润新仓储有限公司
瑞波塑业
管委会
中建钢结构
欧凌电气
亚丰钢铁轧辊
新科动力
四海混凝土
斯凯钢结构
镇南村
中建桥梁
农副产品批发市场
高新园区
秀山村
雷家村
下马
周巷
汤村
张巷
吴家
芦巷村
崇佑新型建材
苏润船用机械
力凡胶囊
森茂生物科技食用菌
帝高力装饰材料
恒顺醋业
沃德重工（中国）有限公司
恒华彩印包装
北极铝业
大地鞋业
领先电子
龙腾新村
随园
岗下
谢巷
白蘆
312
京沪高速铁路
沪蓉高速
扬溧高速
高速镇江支线
图 例
区政府
街道 镇政府
县级界
村 社区
医院
居民区
河流 湖 塘
绿化
山峰
汽车站
学校
铁路
机关企事业单位
本图中界线不做实地划界依据
地图审查号：苏S（2013）071号
编制单位：镇江市土地勘测事务所
2013-08

2016年7月27日，江苏省委书记李强（右二）到北汽华东（镇江）基地调研

2016年8月2日，江苏省委常委、副省长杨岳（中）到丹徒区调研北汽华东（镇江）基地项目

2016年12月10日，国家质检总局局长支树平（前左二）到丹徒区调研

2016年9月10日，北汽（镇江）汽车有限公司首款产品BJ20在北京上市

2016年7月27日，北汽（镇江）汽车有限公司首款产品BJ20 SOP 批量下线仪式

北汽焊装生产线

北汽BJ20

北汽总装生产线

北汽（镇江）汽车有限公司全景

江苏省交通技师学院

镇江技师学院

高校园区建设工程

镇江高等专科学校

共享区体育馆

长山薰衣草庄园一期建成开放

世业洲“开心乐之岛“项目一期建成开放

传承传统文化——碑拓

中国米芾书法公园一角

鸟瞰中国米芾书法公园

恒顺醋文化博物馆之

老醋作坊及制作工艺

丰收喜悦

田间劳作

生态农田

水产养殖

荣炳精品渔业区

十里长山生态农业园

草莓种植大棚

采摘春茶

荣炳卧龙茶场

谷阳铁皮石斛种植户

上党养蜂人

辛丰养鸡大户

人民广场

府前路

谷阳湖

城区夜景

谷阳镇槐荫村

上党镇五塘村

宝堰镇徐巷村

2016年“与文明同行 为丹徒添彩”徒步活动

2016年7月16日至20日，丹徒区承办江苏省青少年武术（散打）锦标赛

2016年4月23日，江苏省老年人体育节镇江暨丹徒宜城分会场开幕式

民间艺术进军营

功夫少年

乡音

乡戏

老房子

博弈

书法爱好者

夜市

公共版图片由丹徒区委宣传部、丹徒民宗旅游局、北汽（镇江）汽车有限公司、贾俊、吴呈昱、季翔、黄龙宝、王镇荣、杨阳、唐燕丰、许志涛等提供。

目　　录

特　载

大事记

丹徒概述

中共丹徒区委员会

丹徒区人民代表大会

丹徒区人民政府

政协丹徒区委员会

民主党派·工商联

社会团体

国 防

政 法

综合经济管理

人力资源和社会保障

农林·水利

工业·民营经济

重点项目建设

开发区和产业集中区

交通·通信

城镇建设与住房管理

环境保护

对外及对港澳台经济贸易·商品流通

财税·金融

科 技

教 育

文化·广电·体育

卫　生

社会生活

镇·街道·园区

人物·名录·荣誉栏

统计资料

附 录

特 载

责任编校：刘 芳

报 告

坚持创新驱动 深化特色发展 奋力谱写“两聚一高”丹徒篇章

——2016年12月30日在中共丹徒区委十三届二次全委（扩大）会议上的报告

区委书记 陈 琳

这次全会的主要任务是：深入贯彻落实党的十八届六中全会、中央和全省经济工作会议、省市区党代会和市委全会有关精神，总结今年工作，部署明年任务，动员全区上下聚力创新、聚焦富民，推动生态领先、深化特色发展，迈出决胜高水平全面小康社会的坚实步伐，加快建设“强富美高”新丹徒。

今年以来，区委认真贯彻落实习近平总书记系列重要讲话特别是视察江苏重要讲话精神，在市委市政府的坚强领导下，积极践行新发展理念，适应引领经济新常态，团结带领全区广大干部群众，以增创“六个新优势”[1]统揽全局，奏响了“实现新发展、一切在于干”的发展强音，高水平全面小康扎实起步，“十三五”发展良好开局。回顾这一年的工作，我们干出了五个方面的崭新业绩：

一、以实干实绩书写精彩开局

1．干出了稳中奋进的新局面。围绕推动经济发展迈上新台阶，夯实稳的基础，保持进的态势，全年完成地区生产总值371亿元，增长9.2%；固定资产投资354.5亿元，增长15.2%，列全市第一；一般公共预算收入25.6亿元，同比口径增长6.1%，列全市第二；实际利用外资1.3亿美元，增长42.9%，列全市第二，“两个收入”分别增长7.8%和8.6%。列入市级考核的8大类96个重点项目，全面完成年度投资计划；产业类项目“两个100%”和“321”项目招引考核目标圆满实现；备受瞩目的北汽项目，月销量突破6000辆；投资6.2亿元的开心乐之岛、5亿元的长山薰衣草庄园正式开园；成功签约亿元以上项目28个、总投资超过250亿元，区域发展的后劲持续增强。特别值得一提的是，今年我区继续入选“全国科学发展百强区”，位列73位，前进1位；成功入选“最美中国榜”百强名单。

2．干出了改革创新的新活力。围绕供给侧结构性改革，全年完成淘汰落后产能项目17个、清洁生产项目3个，实施重点技改项目15个，单位GDP能耗同比下降4.2%；坚决落实国家环保督查组交办的19件环保整改任务，江心新兴船厂搬迁、13家“地条钢”企业拆除等一批环保“硬骨头”艰难啃下；商品房去化周期控制在16个月以内。全年新增省级以上研发机构4家、高新技术企业7家，引进高层次人才（团队）45个，其中顶尖人才1人，高新技术产业产值占比达到41.2%，区域创新能力不断增强。制定出台税收征管保障、扶持电商物流产业发展等政策文件，积极化解“营改增”带来的增收压力。启动新一轮特色小镇建设，成功举办2016中国·丹徒旅游文化节，江心洲创成省级景观旅游名镇，长山文化产业园创成省级生态旅游示范区，全区旅游综合收入增长超过20%，产业发展质态更趋优化。

3．干出了城乡建设的新面貌。城乡统筹步伐加快，宜城大道二期、312国道南移、北汽大道等道路工程年内均能实现主体贯通，进一步拉近了城乡距离。投资近4000万元完成城市19处易积水点改造工程，丹徒文化艺术活动中心即将投入使用，建成区国防主题公园，投资2.5亿元的宜城第一小学年内主体封顶，全年阳光拆迁35万平方米，竣工安置房32万平方米，城市整体功能更加完善。投资近亿元完成水利重点县年度建设任务和长山灌区节水改造等工程；完成全区85个自然村环境整治任务，新建农村污水管网60公里、污水处理设施31座，提档升级农村道路56.6公里，实施农村改厕2000个，创成省级美丽乡村3个，农村生产生活环境得到显著改善。

4. 干出了民生改善的新成效。牢固树立以人民为中心的发展理念，茅山老区扶贫开发取得新进展，“强村富民”达新标年度任务全面完成，30%的贫困村和低收入户顺利实现脱贫目标。全区新增私营企业1303家，个体工商户3068户，分别增长22%和41%，累计新增注册资本75亿元，全民创业氛围持续浓厚。教育、医疗、文体等事业均衡发展，世业镇卫生院创成全国人民满意乡镇卫生院，全区90%的镇（街道、园区）创成“市教育现代化示范镇”。社会保障体系更加健全，所有被征地农民全部纳入社保体系，实现了即征即保的目标。严格落实民生“三安”相关要求，一批信访积案得到有效化解，7个镇被授予全市法治创建工作先进单位，6个村创成省级民主法治示范村，1人当选“全国见义勇为英雄模范”，连续13年被评为省级“平安区”，区公共安全感和法治满意度保持全市前列，社会大局和谐稳定。

5. 干出了担当作为的新状态。牢牢把握全面从严治党新要求，紧扣“学有实效、做有实绩”，扎实开展“两学一做”学习教育，引导各级领导干部增强“四个意识”(2)，践行“四讲四有”(3)。圆满完成区、镇两级党委班子和村（社区）“两委”换届工作，开启了“高水平全面建成小康社会”新征程。“五好班子”(4)“四亮四创”(5)“百千万先锋工程”(6)等党建品牌成功打响，非公企业“两个覆盖”经验做法被中组部推广，先锋村创成全国先进基层党组织，3名村书记获得省“吴仁宝式优秀村书记”称号，基层组织活力显著增强。全面落实党风廉政建设“两个责任”，认真践行“四种形态”(7)，从严正风肃纪、强化源头预防，保持了反腐倡廉的强劲态势。注重加强基层民主建设，人大、政协工作卓有成效，依法行政、公正司法深入推进，人民武装、统一战线、群团组织的作用充分发挥，全区上下凝心聚力、团结干事的氛围更加浓厚。

二、以“两聚一高”引领丹徒新发展

2017年工作的指导思想是：全面贯彻党的十八大和十八届三中、四中、五中、六中全会精神，统筹推进“五位一体”总体布局和协调推进“四个全面”战略布局，把握稳中求进的工作总基调，贯彻落实新发展理念，以提高发展质量和效益为中心，以推进供给侧结构性改革为主线，在“两聚一高”的引领下，按照“一城五区”的定位，坚持创新驱动，深化特色发展，向着建设“强富美高”新丹徒的目标扎实迈进。明年地区生产总值增长预期目标为9%左右，一般公共预算收入同比口径增长5%左右，固定资产投资增长15%左右，城乡居民收入增长与经济增长同步。

第一，要在加快创新驱动上实现新突破。创新是引领发展的第一动力。经济新常态下，要把发展的基点放在创新上，塑造出更多依靠创新驱动、具有先发优势的引领型发展。一是要发挥企业的主导效应。建立健全企业创新服务体系，积极引导振光电力、捷诚车载、江苏润模等一批优势企业，加大技术、产品、管理和商业模式的创新力度；要借助科技镇长团的“外脑作用”，围绕电子信息、高端装备、低碳环保等新技术、新产业、新业态，加快培育一批掌握行业前沿技术、具有强大研发能力和一定市场影响力的创新型领军企业，明年力争全区高新技术企业突破60家。二是要增强载体的支撑效应。发挥镇江高校园区的核心优势，全面启动总面积55平方公里的“镇江长山智谷”的规划建设，释放高校“创业板”的最强活力。抢抓苏南国家自主创新示范区建设的机遇，积极推动丹徒高新园创建省级高新区，同步做好镇江软件园、中科广场等载体的“双招双引”工作，吸纳集聚更多高端创新创业人才和企业，打造一批具有标志性和引领性的“双创”空间。三是要发挥资源的聚合效应。按照“用活政策、激活资本、盘活载体”的原则，主动对接周边城市创新资源的外溢，用好“长山计划”“科技创新十大行动”等政策杠杆，加快构建集“成果转化+产业园区+公共平台+科技金融”为一体的创新生态。明年要以“引才平台建设年”为抓手，举办“南京高校丹徒行”等活动，力争开展产学研合作项目35个，引进高层次人才(团队)不少于40个。

第二，要在厚植产业优势上实现新突破。围绕构建现代产业体系，以打造“四大产业高地”为核心抓手，持续放大优势产业的规模集聚效应。一是打造先进制造业高地。以上党汽车产业园为核心，突出汽车产业的延链、补链和强链，扎实推进总投资100亿元的北汽二期、20亿元的海纳川汽车零部件、10亿元的合肥常青汽车零部件等重大产业项目建设，下决心用3—5年时间打造出丹徒首个千亿产业链。同时，做大做强新城生态工业园和谷阳工业集中区，逐步形成以沃得、晋工等工程机械为支撑，恒顺、力凡等食品药品为补充的先进制造业发展大格局。二是打造全域旅游高地。按照“全域布局、全景覆盖、全局联动、全业融合、全民参与”的思路，启动丹徒区全域旅游发展规划编制，结合音乐、清茶等“特色小镇”的建设，做好“旅游+工业、+农业、+文化”融合的大文章。明年将全面开建总投资20亿元的香山野生动物园、20亿元的奥特莱斯、15亿元的金色年华健康养生谷等一批重大旅游产业项目；持续放大江心柑橘节、谷阳七夕节、上党桃花节、宝堰美食节、荣炳摄影节的综合效应，全面打响中国·丹徒旅游文化节品牌。三是打造现代物流业高地。在全力抓好现有孟家港、润祥、中都物流、船港物流等项目布点的基础上，进一步强化对高资、高桥、新城、辛丰等板块特有的岸线、港口、道口、运河等优势资源的整合和利用，大力发展总部经济、电商物流等新业态，持续推动现代物流产业健康有序发展，真正让“黄金岸线”产生“黄金效益”、“经济道口”发挥“经济效益”。

四是打造现代农业高地。深化农业供给侧结构性改革，以绿色化、特色化、品牌化、信息化为主攻方向，大力发展现代高效农业，增加绿色农产品供给，进一步做特做强丹徒的优质粮油、高效园艺、特种养殖、休闲农业等主导产业，推动农业从满足“量”的需求向满足“质”的需求转变，明年新增高效设施农业面积1万亩以上。同时，大力开展农业农村“触网追云”行动，在全区农业板块打造一批农产品电商村、电商镇，带动农民增收致富。

第三，要在提升发展质态上实现新突破。经济发展，既要有量的积累，更要有质的提升，明年要打好三大攻坚战，促进区域发展的提质增效。一是要围绕深化改革抓攻坚。深入推进“三去一降一补”[8]五大任务，注重运用市场、法治的办法化解过剩产能，明年淘汰落后产能项目13个，实施重点技改项目16个；把去库存和促进人口城镇化有机结合起来，积极稳定房地产市场，确保商品房去化周期控制在合理区间；着力深化行政审批制度改革，常态化开展“暖企行动”，扎实做好稳预期、降成本、优服务三篇文章，全面提振实体经济发展信心。二是要围绕项目招引抓攻坚。今天项目上的差距，将是明天发展上的差距。各地各部门要进一步优化招商思路、整合招商力量、创新招商机制，全面掀起招商选资的新热潮。要从助推经济转型、优化产业结构的角度出发，更加注重引进代表未来方向、体现引领型发展的前沿科技项目，拥有集群能力、有助于创新转型的旗舰型产业项目，具备比较优势、能够承接高端要素的优质载体类项目，力争明年在这三类项目的招引上实现重大突破。三是要围绕环境提升抓攻坚。生态是生存之本，环境是发展之基。一个地方，如果经济搞上去了，但环境落下来了，全面小康是不会得到社会认可的。我们要以对人民群众和丹徒未来发展负责的态度，严格落实省市区“263”环保专项行动[9]的相关要求，突出打好治气、治水、治土三大攻坚战；以“为环境减负、为生态增值”的理念，扎实推动丹徒经济开发区创建省级绿色建筑产业园和国家级循环经济标准化示范试点园区，加快实施水断面达标、水体综合治理、污染企业淘汰、污水处理设施建设等重点工程，切实增进人民群众的生态福祉。

第四，要在建设精美丹徒上实现新突破。紧扣“建设精美丹徒、打造品质新城”目标，大力实施“三化一提升”行动[10]，推动城乡精致建设、精细管理、精明增长，树立丹徒更加宜居、宜业、宜游的形象。一是要推动城市品质升级。按照现代旅游城市的标准，突出抓好16个重要节点、7条主要干道、5个高速道口，以及城市夜景等方面的美化亮化提升，提高城市的精美度。加快推进碧桂园、恒宇广场等城市综合体建设，做好老312国道的城市化改造和沪宁支线改造工程，全面开放28座城市公厕，新建200个公共汽车停车位，提升城市的整体形象。在优化城市基本社区布局的基础上，积极推行网格化管理，加快社区综合服务中心建设，切实提高城市的管理和服务水平。二是要推动城乡加速融合。按照“一主三副多节点”[11]的城镇空间布局，加快实施新一轮城乡总体规划、各类控制性详细规划和重点专项规划的修编，合理安排好城乡的生产、生活和生态空间。按照“内成网、外成环”的要求，全面拉开以新312国道、宜城大道三期、长香路拓宽改造、千禧西路为重点的“三横一纵”道路大框架，打通恒顺大道西延、龙山路东延、盛丹路东延等城市“断头路”，全力构建“城乡半小时交通圈”。同时，对于各类违章违法建设继续保持“零容忍”态度，依法依规严厉打击，守护好城乡发展的整体秩序。三是要推动美丽镇村建设。因地制宜大力发展镇域经济，加快建设一批具有地域特色的产业强镇、商贸重镇、旅游名镇和文化古镇。积极引导建设资金更多向农村投入、基础设施加快向农村延伸、基本公共服务全面向农村覆盖，明年完成85个自然村的环境综合整治任务，提档农村道路80公里，新建农村污水处理设施39座、管网60公里以上。继续深入开展美丽镇村创建活动，加大历史文化名村和传统古村落的保护力度，再打造一批省市级精品特色镇村。

第五，要在推动民生改善上实现新突破。明年我们将从最应干、能够干、必须干好的事情出发，以更大力度增进民生福祉。一是打好富民增收的组合拳。坚持大产业强市、小产业富民，在做好产业富民这片大文章的基础上，突出大学毕业生、科研人员、返乡农民工等主体，大力实施创业行动，不断繁荣草根经济，确保明年新增就业岗位6000个，扶持创业1000人，城镇登记失业率控制在2.5%以内；把脱贫攻坚作为一号民生工程来抓，加快推动茅山老区振兴发展，大力实施“强村富民”达新标行动，确保明年60%的贫困村和低收入人口顺利实现“双八”目标。二是推进公共服务的标准化。以创建江苏省优质教育均衡区为抓手，加快高桥中小学等6所学校建设，推动教育从“学有所教”向“学有优教”提升；扎实开展“健康丹徒”行动，支持世业镇创建全国健康示范镇，逐步实现由“全民医疗”向“全民健康”的转变；全面加快文体事业发展，加密“15分钟文化圈”和“10分钟体育健身圈”；积极推广社会化养老试点，启动长山片区占地200亩的全市首家大型养老社区建设。同时，逐步构建起基本保障全面覆盖、补充保障均衡发展、兜底保障无缝对接的社保体系。三是营造社会和谐的大环境。深化更高水平文明城市建设，健全道德典型培树和学习宣传机制，广泛开展志愿服务和诚信教育活动，用道德力量引领社会新风尚。统筹推进依法行政、公正司法、全民守法，积极创建法治建设示范区。加强区镇村三级综治中心规范化建设，推进网格化管理、社会化服务。严格落实安全生产责任和管理制度，完善应急预案和预警机制，确保不发生重特大安全事故。扎实开展“七五”普法、“八创”双拥模范城等工作，深入推进“平安丹徒”“法治丹徒”建设，全面完善社会矛盾调处、网络舆情管理等工作机制，确保社会大局的和谐稳定。

三、纵深推进全面从严治党

第一，打造过硬干部队伍，要把思想引领作为首要任务。心中有信仰，脚下才会有力量。干部队伍过不过硬，首先要看思想。全区广大党员干部要坚定理想信念，牢牢把握“不忘初心、继续前进”的时代内涵和党性要求，树立“丹徒自信”、发扬“丹徒精神”，在高水平全面小康的征程中，比党性、比担当、比服务、比奉献，用实际行动践行总书记“一张蓝图绘到底”的谆谆嘱托。要增强政治自觉，树立大局意识，围绕区委定下来的生态领先、创新驱动、富民增收等重点任务，一盘棋谋划、一条心推动，确保各项决策部署都能得到有效执行。要汇聚精神力量，大力宣传丹徒的发展历程、奋斗目标和美好愿景，用社会主义核心价值观引领社会思潮、凝聚社会共识，讲述丹徒好故事、传播社会正能量，形成同心共建美好家园的浓厚氛围。

第二，打造过硬干部队伍，要把选拔培养作为有效途径。好干部是选拔出来的，也是培养出来的。区委将继续导向鲜明选干部，坚持“20字”好干部标准，充分发挥基层党组织的领导和把关作用，强化能者上、庸者下、劣者汰的用人导向，坚决纠正“劣币驱逐良币”的现象，努力造就一支有定力、善创新、敢担当、重落实、守规矩的干部队伍。组织部门要建立起年轻干部、专业干部信息库，推动各级干部在改革发展主战场、维护稳定第一线、服务群众最前沿磨炼成长。要坚持“严爱相济”管干部，全面落实从严管理干部新要求，在党员领导干部中开展“立家规、传家训、育家风”活动，严格落实中组部《党委（党组）讨论决定干部任免事项守则》，旗帜鲜明地为敢于担当的干部担当、对勇于负责的干部负责。

第三，打造过硬干部队伍，要把组织建设作为重要载体。党的基层组织是党的全部工作和战斗力的基础。明年，区委将进一步细化落实全面从严治党责任清单、实施党建“书记项目”，逐步建立区、镇两级党建专项资金，制定村干部工资待遇自然增长机制，做到力量、投入、资源和工作的“四个下沉”。分类实施基层党支部规范化、标准化、制度化、经常化“四化”建设体系，推动基层组织全面进步、全面过硬。深入开展“发展先锋、服务先锋、创业先锋、岗位先锋、平安先锋”五大先锋行动，以改善民生、创业富民的业绩检验基层党组织的战斗力、凝聚力。大力弘扬创新精神，积极开展“创新创优成果奖”评选活动，通过以点带面，以上带下，全方位形成“一镇一品牌”“一村一特色”的党建工作格局。

第四，打造过硬干部队伍，要把作风锤炼作为核心抓手。作风建设永远在路上。全区各级党组织要毫不松懈地抓好中央八项规定和省市区委各项规定精神的落实，继续深化“效能革命”“庸懒散整治”，把作风建设不断引向深入。要把能不能担当干事作为检验和评判干部作风的重要标准，引导各级干部面对困难不惧怕、遇到矛盾不回避、经历挫折不气馁。这里我们强调敢担当，并不意味着不顾现实条件逞匹夫之勇，更不意味着可以不顾程序、不守规矩。担当的背后，要有科学决策能力、政策执行能力和群众工作能力的支撑。要大兴求真务实、真抓实干的风气，解决好人民群众关心关注的热点问题、社会各界反映强烈的焦点问题、当前发展亟待解决的重点问题，推动丹徒各项工作快速突破、各项事业奋力前行。

第五，打造过硬干部队伍，要把清正廉洁作为从政底线。洁身自好、克己奉公，是领导干部的从政之基。要坚持把纪律和规矩挺在前面，科学运用监督执纪“四种形态”，把守纪的“扣子”扣得更紧、执纪的“利剑”悬得更高、制度的“笼子”扎得更牢。要坚持铁腕反腐不松劲，以零容忍的态度惩治腐败，特别是从群众身边的“微腐败”抓起，做到有腐必惩、有贪必肃，坚决减少腐败存量、遏制腐败增量，让人民群众切实感受到反腐倡廉的实际成效。要聚焦权力运行的关键点、内部管理的薄弱点、易生腐败的风险点，坚持凭制度用权、按制度办事、用制度管人。认真贯彻落实党内监督条例，切实加强区委巡察工作，在全社会营造更加清正、清廉、清明的政治生态。

【注释】

（1）六个新优势：培育特色产业新优势、激发创新驱动新优势、彰显生态文明新优势、放大城乡融合新优势、构筑发展共享新优势。

（2）四个意识：政治意识、大局意识、核心意识、看齐意识。

（3）四讲四有：讲政治、有信念，讲规矩、有纪律，讲道德、有品行，讲奉献、有作为。

（4）五好班子：政治素质好、发展业绩好、团结协作好、作风形象好、群众评价好的班子。

（5）四亮四创：亮身份、创先锋模范队伍，亮承诺、创一流工作业绩，亮标准、创行业系统标兵，亮特色、创先进基层组织。

（6）百千万先锋工程：百个村强村富民行动，千个党组织与千个困难家庭精准帮扶，万名党员每人做1件以上实事好事。

（7）四种形态：经常开展批评和自我批评、约谈函询，让“红红脸、出出汗”成为常态；党纪轻处分、组织调整成为对违纪处理的大多数；党纪重处分、重大职务调整的成为少数；严重违纪涉嫌违法立案审查的成为极少数。

（8）三去一降一补：去产能、去库存、去杠杆、降成本、补短板。

（9）“263”环保专项行动：即“两减六治三提升”专项行动，“两减”指减少煤炭消费总量和落后化工产能，“六治”指太湖水环境、生活垃圾、黑臭水体、畜禽养殖污染、挥发性有机物污染和环境隐患治理，“三提升”指提升生态保护、环境经济政策调控和环境监管执法水平。

（10）三化一提升：城乡美化、亮化、净化和功能提升行动。

（11）“一主三副多节点”：“一主”，丹徒新城；“三副”，汽车城、大学城和生态城镇化示范区；多节点，各个重点集镇。

（按原文摘要收入）

政府工作报告

——2017年1月17日在丹徒区第十六届人民代表大会第一次会议上

区长 张映桥

一、奋力作为取得新业绩

刚刚过去的2016年是“十三五”发展开局之年。全年完成地区生产总值371亿元，可比增长9.2%，增幅全市第三；固定资产投资354.5亿元，增长15.2%，增幅全市第一；一般公共预算收入25.69亿元，同口径增长6.3%，增幅全市第二；实际利用外资1.3亿美元，增长43.2%，增幅全市第二；社会消费品零售总额68.8亿元，增长11.4%，增幅全市第二；城镇登记失业率控制在2.02%以内。

1. 创新转型加速推进。扎实推进供给侧结构性改革，深入落实“三去一降一补”(1)五大任务，完成淘汰落后产能项目17个，压减水泥产能80万吨，清理“地条钢”企业12家，商品住房去化周期降至14个月，“营改增”政策全面落实，企业降本增效取得实质性进展。着力深化产业“三集”(2)发展，新开工标准化厂房21.6万平方米、运营11.4万平方米，丹徒新城高端装备制造特色产业园和丹徒现代农业产业园入选市“三集”示范园区，长山文化产业园通过省级生态旅游示范区验收，江心洲创成省级景观旅游名镇，成功举办中国·丹徒旅游文化节。坚持依靠科技创新推动经济行稳致远，完成工业技改投资89亿元，签订产学研合作协议36项，引进高层次创新创业人才（团队）45个、其中顶尖人才1名，新认定高新技术企业10家，高效设施农业面积比重达到27.3%。着眼激发市场活力推进简政放权，制定公布《丹徒区随机抽查事项清单》和《区级公共服务事项清单》，取消区级行政权力事项8项，清理规范中介服务事项9项，全面实行“五证合一”(3)登记制度，宜城、高资率先实行个体工商户全程电子化登记服务。大众创业万众创新呈现蓬勃发展态势，全年新登记市场主体增长34.6%，建成市级以上创业示范基地5家，高桥镇创成首批省级电子商务镇和“中国雪地靴之乡”。

2. 产业项目奋力突破。始终把项目建设作为核心抓手，29个市重点产业项目完成投资132.5亿元，开工率和签约率“两个100%”目标顺利实现。先进制造业项目稳步推进，北汽镇江产业基地正式量产，截至年底生产BJ20汽车2万辆、实现销售收入20亿元，海纳川零部件、中都物流、镇江专汽加快建设；晋工机械正式投产，先锋汽车全面竣工，燃机热电联产、国机重型装备等项目有序推进。现代服务业项目势头良好，长山国际旅游度假区、奥特莱斯商业中心、金色年华健康养生项目相继签约，天盛广场主体竣工，长山薰衣草庄园正式开园，开心乐之岛进入试运营，米芾书法公园获得“中国文字博物馆江苏展示基地”称号。都市农业项目成果丰富，三维精确农业园一期投入运营，润丰生态农业园和世业万亩果蔬基地完成主体种植，天普生态农业园、宜人有机生态农业园全面开工建设。

3. 城乡环境明显提升。全面融入镇江总体规划布局，切实加强顶层设计和规划引领，乡镇总体规划修编有序实施，优化镇村布局规划获得省级审批。高校园区建设进展迅速，省交通技师学院投入使用，镇江高专和共享区体育馆主体封顶，江苏科技大学、江苏大学京江校区、市委党校建设有序推进。城乡交通建设取得新突破，宜城大道二期基本竣工，新312国道、燕丹路、宜业路春节前通车，全年提档升级农村公路56.6公里。生态文明建设不断深入，修编完善《丹徒区生态文明建设规划》，全年整治燃煤锅炉124台、黄标车743辆，新增有效绿化面积2180亩，世业还青洲、上党东宝庄、辛丰河达创成省级美丽乡村，开发区循环化改造示范试点园区通过省级验收，中央环保督查19项重点任务全部完成，辛丰、宝堰集镇基础设施建设明显提升。大力推进安置房建设、棚户区改造和环境基础设施建设，缪家甸片区、镇南片区完成棚户区改造任务，6个乡镇完成垃圾转运站升级改造。切实加强城市管理，投资4000万元完成19个易涝易淹路段改造，加大露天烧烤、占道经营、运输抛洒等专项整治力度，防违拆违工作走在全市前列。

4. 民生保障有效强化。大力推进战略性民生项目，人民医院二期正式运行，丹徒文化艺术活动中心全面竣工，宜城第一小学主体封顶，高桥中小学幼儿园开工建设，高桥区域供水工程加快推进，城乡配套服务功能日益提升。深入推进富民增收，城镇居民人均可支配收入和农村居民人均可支配收入预计达到40774元和18957元，新认定市级以上示范家庭农场29个，基础养老金和低保标准不断提高，基本完成农村土地承包经营权确权登记颁证改革任务。瞄准村集体年收入80万元和人均年收入8000元的最新标准，全面启动精准扶贫行动，30%的贫困村和低收入户完成新一轮脱贫任务。教育、文化、卫生事业全面发展，6家单位通过市教育现代化“双创”验收，世业镇卫生院创成全国群众满意乡镇卫生院，3家乡镇卫生院建成影像远程会诊中心，村级综合文化服务中心实现全覆盖，荣炳盐资源区被评为全国诗教先进单位。深入推进农田水利建设，小型农田水利重点县工程完成投资3600万元，长山灌区节水配套工程如期竣工，小金河整治二期工程全面启动，成功抵御“厄尔尼诺”极端天气灾害。投资1600万元完成荣炳幸福桥粮食收储中心2万吨中心库建设。

5. 社会治理持续完善。认真贯彻《法治政府建设实施纲要》，制定落实《丹徒区政府重大行政决策事项目录》等政策文件，区政府被评为“全省公众参与行政程序建设示范单位”。全面启动“七五”普法工作，区级公共法律服务中心运作机制在全省推广，村级法律顾问全面普及，新命名省级民主法治示范村6个。深入实施升级版社会治安防控体系建设，全面完成重点部位安防达标建设，认真落实《居住证暂行条例》，公众安全感并列全市第一，连续13年被评为省级“平安区”。以精致安全新理念狠抓安全生产，采取聘请专家随团检查、购买第三方服务等方式，切实提高检查监管实效，着力筑牢安全生产防线。全面推进省级食品安全城市创建，建立食品安全“五大体系”，有力保障了“舌尖上的安全”。高质量开展第三次农业普查和第二次地名普查，扎实推进预算公开和“小金库”治理，切实加强信访调处、文明创建和为民服务，12345服务热线办复率100%。自觉接受区人大、区政协监督，办理人大代表建议49件、政协委员提案110件，人武、双拥、民族宗教、机关事务、外事侨台、国防教育、物价、审计、档案、老龄、科普、妇女儿童、地方志、关心下一代、防震减灾等工作取得全面进步。

过去的五年是丹徒发展征程中不平凡的五年。自2012年换届以来，我们坚持稳增长、促改革、调结构、惠民生、优生态、防风险齐抓并举，奋力开创了各项事业发展的新局面，顺利实现了本届政府的圆满收官。

五年来，我们坚持把推动发展作为第一要务，区域经济保持稳中奋进。在经济发展新常态下奋发进取，积极作为，推动经济社会持续健康发展。地区生产总值年均增长10.7%，一般公共预算收入年均增长11.6%，固定资产投资年均增长20.2%，三次产业结构由2011年的6.1∶57.4∶36.5优化为2016年的5.1∶51.9∶43。北汽镇江产业基地、高校园区、宝龙城市广场等重大项目落户丹徒，五年培植18个“三集”园区和4家上市企业，顺利入选“全国科学发展百强区”。

五年来，我们坚持把改革创新作为根本动力，发展活力得到全面迸发。坚持将供给侧结构性改革作为经济工作主线，经济发展步入更有质量、更具活力、更加健康的良性轨道。持续推进科技创新和人才兴区，五年引进国家“千人计划”10人、省“双创计划”15人，高新技术产业产值占规模工业产值比重提高13个百分点。深化行政审批制度改革，制定落实“五张清单”(4)，大力推进商事制度改革，构建“一办两中心”(5)政务服务新体系，行政审批周期压缩60%以上，全区创业创新热情日益高涨。

五年来，我们坚持把人民幸福作为核心目标，社会民生实现蓬勃发展。切实加快强村富民步伐，73个贫困村和2873户低收入户顺利脱贫，城镇居民人均可支配收入和农村居民人均可支配收入分别提高1.6倍和1.7倍。强势推进宜城大道、312国道南移等重大交通工程，投入5亿元推进水利设施建设，累计建成交付安置房3600套，城乡基础功能更加健全。以丹徒高级中学整体搬迁、宜城中学建成招生等为标志完成教育布局调整，医药卫生体制改革明显突破，文化馆、图书馆创成国家一级馆，荣获“全国义务教育发展基本均衡区”、“全省公共体育示范区”等称号。

五年来，我们坚持把宜居环境作为特色品牌，生态文明形成竞争优势。贯彻落实“生态领先、特色发展”战略，颁布实施《丹徒区生态文明建设规划》，被环境保护部授予“国家生态文明建设示范区”称号。“四城同建”(6)拉开框架，世业洲旅游度假区、长山文化产业园打响品牌，城乡宜居指数大幅提升，新城区常住人口超过10万人。大力实施“三个片区”(7)生态环境整治，关停“五小”企业350余家，单位GDP能耗年均下降5%以上，城镇污水处理率达到83%，世业镇实现生活污水处理整岛全覆盖。连续五年被评为“全省土地执法模范区”。

五年来，我们坚持把清正廉洁作为基本准则，自身建设呈现崭新面貌。扎实开展党的群众路线教育实践活动、“三严三实”专题教育和“两学一做”学习教育，认真履行“一岗双责”责任，作风建设取得明显成效。持之以恒开展“三解三促”活动，努力做到服务群众信息对称、思维对称、举措对称。深入推进法治政府建设，制定实施“一个规则、四大机制、八项制度”，始终坚持主体合法、内容合法、程序合法，区政府被评为“全省依法行政示范点”。

二、精准谋划展望新蓝图

未来五年，我们肩负着高水平全面建成小康丹徒的历史重任。完成这一历史重任，我们必须准确把握发展的新形势，紧紧抓住转型升级的战略机遇期，全力推动经济社会发展迈上新台阶。主要体现在五个方面：

——在创新发展上迈上新台阶。坚持以供给侧结构性改革为主线，加快由“要素驱动”向“创新驱动”转变。对接全省“一中心”“一基地”(8)建设，依托生态汽车产业园、高校园区、生态城镇化示范区等载体，集聚创新人才，打造创新平台，构建创新生态，大力发展战略性新兴产业和创新型增长点，走出具有丹徒特色的创新发展之路。力争到2020年，研发经费支出比重达到2.5%，新兴产业销售比重达到50%，高新技术产业产值比重达到45%，大众创业万众创新逐步形成燎原之势。

——在富民增收上迈上新台阶。切实抓好居民收入、企业利润、财政收入“三个口袋”，加快推进茅山老区振兴发展和精准扶贫，确保到2020年实现城乡居民收入比2010年翻一番。深入推进富民、惠民、安民工程，让百姓有更满意的收入、更好的教育、更稳定的工作，更可靠的社会保障、更高水平的医疗卫生服务、更舒适的居住条件、更优美的环境。

——在城乡一体上迈上新台阶。紧紧抓住宁镇扬一体化战略机遇，策应宁镇城际轨道建设和老312国道快速化改造，大力推进基础设施、产业布局、公共服务、旅游、生态环保“五个一体化”。以“四城同建”为核心，以特色小镇建设为支撑，加快构建和谐宜居、富有活力、特色鲜明的城乡新格局。力争到2020年，城镇化率达到63%。

——在生态优化上迈上新台阶。始终坚持“生态领先”战略，积极发展绿色经济、低碳经济、循环经济，全面实施“两减六治三提升”(9)专项行动，着力加强污染企业整治，着力实施骨干河道改造，着力解决环境突出问题，切实提升生态环境质量。力争到2020年，PM2.5年均浓度下降20%，城市空气质量优良天数比例达到80%，国考断面水质优Ⅲ比例达到75%。

——在民生“三安”(10)上迈上新台阶。深入推进“法治丹徒”、“平安丹徒”、“文化丹徒”建设，力争到2020年基本建成法治政府，公共安全体系和公共服务体系更加健全，文化事业和文化产业繁荣发展，社会治理现代化水平和社会文明程度明显提升，着力形成和谐稳定、文明健康、充满活力的社会环境。

三、实干兴区推动新发展

2017年政府工作的总体要求是：全面贯彻党的十八大和十八届三中、四中、五中、六中全会精神，统筹推进“五位一体”总体布局和协调推进“四个全面”战略布局，贯彻落实新发展理念，把握稳中求进的工作总基调，以提高发展质量和效益为中心，以推进供给侧结构性改革为主线，以“两聚一高”为引领，按照“一城五区”的定位，奋力谱写“生态领先、特色发展”新篇章，加快建设“强富美高”新丹徒。

2017年经济社会发展主要预期目标为：地区生产总值增长8.5%；一般公共预算收入同口径增长4%；固定资产投资增长13%；社会消费品零售总额增长10%；研发经费支出占GDP比重达到2.1%；城镇居民人均可支配收入、农村居民人均可支配收入分别增长8%和9%；全面完成市下达的节能减排约束性指标。

（一）全力加快转型升级

1.培育增量，打造经济新引擎。着眼形成更多引领型发展，在新技术、新产业、新业态、新机制上重点突破，力争转型发展走在全市前列。全力推进28个市重点产业项目，确保完成年度投资125亿元以上。做优做强先进制造业，积极推动北汽镇江产业基地二期开工建设，加快促进海纳川零部件、中都物流竣工投产，全力服务燃机热电联产、国机重型装备、合肥常青汽车零部件等重点项目建设。繁荣发展现代服务业，确保软件园一期正式开园，宝龙二期、奥特莱斯商业中心、金色年华健康养生项目开工建设。大力发展“全域旅游”，加快推进长山国际旅游度假区建设和世业洲旅游度假区整岛开发。以精准招商的思路大力开展专业招商、特色招商、科技招商和全产业链招商，全力招引符合产业政策、符合经济规律、符合国家要求、符合丹徒实际的龙头型、基地型、科技型项目。落实省“十三五”战略性新兴产业发展规划，大力发展文化创意产业，积极培育数字经济、创意经济、分享经济、新金融。力争全年引进“321”重大产业项目(11)5个以上。

2.优化存量，构建产业新优势。着力振兴实体经济，积极融入中国制造2025苏南城市群试点示范，制定实施扶持实体经济发展具体办法。持续落实用工用电等降本增效各项措施，开展“暖企行动”，弘扬“工匠精神”，力争全年新增规模企业25家、挂牌上市企业3家。紧盯不放16个重点工业技改项目，确保完成工业技改投资94.3亿元，增长16%以上。深入推进产业“三集”发展，不断提升丹徒新城高端装备制造特色产业园、丹徒现代农业产业园、丹徒新城电商物流产业园等重点园区。以特色产业为核心推进特色小镇建设，引导扶持恒顺醋香小镇建成省内有影响的特色小镇。大力发展高新技术产业，积极推动丹徒高新园创建省级高新区，力争新认定高新技术企业8家以上。

3.主动减量，践行发展新导向。纵深推进“三去一降一补”，确保完成淘汰落后产能项目13个以上，商品住房去化周期控制在13个月以内。大力推动节能减排和低碳经济发展，积极推进排污权有偿使用和交易，大幅削减主要污染物，确保单位GDP能耗下降4.5%以上。深入推进生态环境综合整治，加快推进雩山水泥厂、天龙化工等企业关停并转，逐步优化全区产业结构。

（二）全力深化改革创新

1.把科技创新作为龙头工程。贯彻落实省政府“科技新政”四十条和市政府“聚力创新”六条措施，全面实施科技创新“丹徒十条”，着力营造更具活力的创新环境。切实抓好科技创新载体建设和项目建设，依托高校园区规划建设“镇江长山智谷”，加快推进世业镇绿色低碳小城镇建设科技示范、恒顺香醋研发及产业化等重点工程。深入推进产学研一体化，建立科技创新综合服务平台，推动高校院所和金融机构在丹徒设立科技成果转化中心和金融服务中心。以“引才平台建设年”为抓手，积极举办“中科院专家丹徒行”、“南京高校丹徒行”等活动。力争全年签订产学研合作协议35项以上。

2.把体制优化作为战略举措。推进简政放权、放管结合、优化服务，确保建成“e办事”网上审批服务平台，推动实现“不进一扇门、不找任何人、办成所有事”。深入开展“双随机一公开”(12)监管工作，巩固完善“一表两清单、两库一平台”建设，进一步规范监管行为、创新管理方式、激发市场活力。继续深化“多证合一”、“证照联办”、“多图联审”、“联合竣工验收”等政策措施，助推形成更大更优更活的“众创空间”。

3. 把人才引育作为系统任务。切实抓好高层次创新创业人才、企业经营管理人才、高技能人才三支队伍建设，积极构建更加完善的引才、育才、用才机制。着重突出新产业、新技术、新业态，大力实施技术型、经营型、引领型人才引进培育工程，致力建设数量更充足、结构更合理、带动更有力的高素质人才大军。力争全年引进国家“千人计划”2人、省“双创计划”2人、市“金山英才”计划22人、区“长山计划”14人、各类高技能人才500人以上。

（三）全力推进民生改善

1. 突出抓好富民增收。大力引导以新技术、新模式、新特色为核心的新型创业，加快推进创业孵化平台建设，积极引进重量级“众创”企业参与创业孵化器运营，有效提高群众创业成功率，大幅度增加居民经营性收入。坚持劳动者、市场、政府三方结合，多层次开发就业岗位，确保全年新增就业7000人以上，帮助失业人员再就业1400人以上。着力完善社会保障体系，切实做好养老保险银行代扣代缴、医疗保险付费方式改革等工作，推进城乡居民基础养老金、低保标准与经济发展水平同步提高。

2. 突出抓好公共服务。持续推进教育现代化，制定出台普惠性民办幼儿园管理办法，确保宜城第一小学和高桥中小学幼儿园建成招生，宝堰、荣炳幼儿园完成搬迁，力争创成全国足球特色学校2所、省级标准化社区教育中心2家。加强基层医疗卫生机构建设，力争新命名省级以上群众满意乡镇卫生院2家、省级示范村卫生室2家，确保镇卫生院乡村医生签约服务实现全覆盖。加快完善公共文化服务体系，继续推进“15分钟文化圈”和“10分钟体育健身圈”建设，举办2017文化惠民系列活动，不断丰富群众精神文化生活。

3. 突出抓好社会治理。按照“七五”普法规划，扎实推进一份清单、五大工程、八项主题行动，确保新命名省级民主法治示范村5个。深入推进打防管控一体化建设和大数据指挥服务中心建设，严厉打击暴力犯罪、非法集资、通信网络诈骗等违法犯罪活动，积极建设丹徒区综治中心，扎实推进户籍制度改革，加快建设社会信用体系，切实提高公众安全感。认真落实《江苏省“十三五”安全生产规划》，坚持党政同责、一岗双责、失职追责，不断提高政府安全监管能力和企业安全保障能力。着力加强食品药品监管，积极建设食品快检中心，全面推进人武、双拥、民族宗教、外事侨台、国防教育、物价、统计、审计、老龄、科普、妇女儿童、关心下一代、档案等各项工作。

（四）全力建设精美丹徒

1. 推动空间布局精明化。按照优化开发区域、重点开发区域、适度开发区域、生态平衡区域四类要求，大力推进“四城同建”，促进主城区和小城镇协调发展，逐步实现生产空间集约高效、生活空间宜居适度、生态空间山清水秀。加快实施乡镇总体规划修编和土地利用总体规划修编，强化规划环评与项目环评联动机制，全面完成镇域规划环评。认真做好生态城镇化示范区、特色小镇建设、全域旅游发展等专项规划编制，为丹徒城乡发展优化空间布局，优化资源配置，优化环境质量。

2. 推动城乡环境精致化。全面实施《精美丹徒、品质新城三年行动计划》，深入开展美化、亮化、净化和基础设施提升四大行动。启动建设宜城大道三期、长山健身绿道等工程，积极实施恒顺大道、龙山路等骨干道路提升工程，确保改造农村道路80公里以上。加快棚户区改造、安置房建设和空斗墙危旧房改造，推动“长山水岸”安置小区全面竣工，力争改造棚户区32万平方米、危旧房1900平方米。大力推进“两减六治三提升”专项行动，对照目标要求，落实行动方案，强化考核督查，全力推进11个专项任务。打好治气、治水、治土攻坚战，继续推进“三个片区”生态环境整治，全力消除群众身边的环境污染。深入推进美丽镇村创建，确保新建农村污水处理设施39座、管网60公里，推动世业镇创建国家级生态文明建设示范镇，力争上党其益、谷阳张付创成省级美丽乡村。

3. 推动服务管理精细化。切实强化城市管理责任落实，深入推进网格化管理，不断提升精细管理水平。巩固提升社区服务机制，统筹推进社区居委会建设，着力打造功能齐全、服务完善的党群服务中心，启动建设长山片区全市首家大型养老社区，全面推动居家养老服务中心提档升级。大力提升基础配套功能，确保新建公共停车位200个以上，继续推进公交站亭建设、垃圾中转站升级改造等工程，更好适应新型城镇化发展要求。切实加强城市管理队伍建设，逐步向镇、园区、街道派驻城管行政执法中队，推动城管执法工作向基层扎根。

（五）全力提升“三农”工作

1. 提质增效发展现代农业。按照“一村一品”的思路，大力发展精品农业、高效农业、特色农业和乡村旅游业，促进主导产业提升、特色产业扩面、多元复合经营、产业融合发展，确保引进5000万元以上农业项目3个以上，新增高效设施农业面积5000亩以上。因地制宜推广“戴庄经验”，积极发展专业合作型、股份联合型、统一服务型农业适度规模经营，力争创成市级以上示范合作社7家、示范家庭农场15家。大力推进互联网+现代农业，充分利用“亚夫在线”等新平台发展农村电子商务，着力构建现代化的农产品流通体系。

2. 提档升级推进扶贫开发。将精准扶贫作为“一号工程”，推进“强村富民”达新标行动，加快扶贫脱贫步伐，确保60%的贫困村和低收入户完成脱贫任务。系统推进茅山老区扶贫开发、精准帮扶特困家庭奔小康、党支部结对特困家庭等专项工程，努力做到全面小康一个不少、一户不落。大力培植新型职业农民，鼓励农民自主创业、转移就业和返乡创业就业，千方百计拓宽农民增收渠道。积极稳妥开展农村集体产权制度改革,科学引导农村土地承包经营权流转、抵押、入股经营,让沉睡的农村资源变成农民的财产性收入。

3．提速加力强化基础支撑。加快建设一批宜居村镇、文化村镇、健康村镇,切实加大历史文化名镇名村建设和传统古村落保护力度,支持世业镇创建全国健康示范镇,支持宝堰历史文化名镇开发建设。高质量实施新一轮全国小型农田水利重点县工程,大力推进农田水利工程管理和产权制度改革,全面推行“河长制”,确保疏浚河道55.6公里、河塘49个。深入推进高标准农田建设,确保新建高标准农田1.5万亩以上。

四、全面提升适应新要求

1．更高水平建设法治型政府。牢牢把握法治思维、法治责任、法治方式,切实加强学法用法执法,把主体合法、内容合法、程序合法贯穿行政工作全过程。制定贯彻落实《法治政府建设实施纲要(2015～2020年)》的实施方案和重大行政决策系列制度,不断深化行政执法标准化建设,推动法治政府建设迈向深入。着力健全政务公开和政务诚信体系,着重抓好财政预决算、公共资源配置、重大建设项目、社会公共事业四大领域信息公开,大力建设“阳光政府”和“诚信政府”。

2．更高水平建设服务型政府。大力发扬“马上就办”的精神,做服务群众、服务企业、服务社会的“店小二”。坚定不移推行“一线工作法”,切实做到精准扶贫每月推动一次、项目建设每月推动一次、“两减六治三提升”行动每月推动一次、民生“三安”每月推动一次,着力打通政策落地、项目落户、举措落实的“最后一公里”。巩固完善联系服务群众长效机制,想群众所想,急群众所急,把工作做到群众的心坎上。

3．更高水平建设创新型政府。切实摆脱惯性思维和路径依赖,以创新的理念、创新的办法谋划发展、推进工作。注重协同运用“市场之手”和“政府之手”,积极调动群众勤劳之手,更好地适应新常态带来的经济换挡,更好地适应科技变革带来的挑战,更好地适应市场起决定性作用和更好发挥政府作用带来的新要求。把新发展理念贯穿经济社会发展各项工作之中,推进思路创新、机制创新和方法创新,致力打造创新发展的“百花园”。

4．更高水平建设廉洁型政府。严格执行《中国共产党党内监督条例》,自觉接受党内监督、人大监督、民主监督、舆论监督、社会监督,真正做到有权必有责、有责要担当、用权受监督、失责必追究。认真落实《关于新形势下党内政治生活的若干准则》,扎实开展党内政治生活,切实增强政治意识、大局意识、核心意识、看齐意识。深入贯彻《廉洁自律准则》和《纪律处分条例》,始终做到干部清正、政府清廉、政治清明。

【注释】

(1)三去一降一补:去产能、去库存、去杠杆、降成本、补短板。

(2)产业“三集”:产业集中集聚集约发展,即企业向园区集中,产业向高端集聚,资源能源集约利用。

(3)五证合一:营业执照、组织机构代码证、税务登记证、社会保险登记证、持章证“五证合一”登记制度。

(4)五张清单:行政审批事项、行政权力、行政事业性收费、企业投资审批、专项资金管理五张清单。

(5)一办两中心:政务公开和政务服务管理办公室、政务服务中心和公共资源交易中心。

(6)四城同建:汽车城、大学城、生态新城和丹徒新城。

(7)三个片区:西南片区、东部片区、高资片区。

(8)“一中心”“一基地”:具有全球影响力的产业科技创新中心和具有国际竞争力的先进制造业基地。

(9)两减六治三提升:“两减”,就是减少煤炭消费总量、减少落后化工产能;“六治”,就是治理太湖水环境、治理生活垃圾、治理黑臭水体、治理畜禽养殖污染、治理挥发性有机物污染、治理环境隐患;“三提升”,就是提升生态保护水平、提升环境经济政策调控水平、提升环境执法监管水平。

(10)民生“三安”:生产安全、生活安宁、社会安定。

(11)“321”重大产业项目:30亿元先进制造业项目、20亿元现代服务业项目、1亿元现代农业项目。

(12)双随机一公开:在监管过程中随机抽取检查对象,随机选派执法检查人员,抽查情况及查处结果及时向社会公开。

(按原文摘要收入)

专 记

北汽项目建设

北汽华东（镇江）基地项目（简称北汽项目）位于丹徒区上党镇，占地176.67公顷（2650亩）。该项目于2013年8月7日签约，同年9月29日奠基。北汽项目的落户，是丹徒推进建设苏南现代化示范区建设的有力举措，对丹徒乃至镇江来说，在带动经济结构优化调整、产业转型升级方面发挥推动作用。

北汽项目由北汽(镇江)汽车有限公司投资建设。该公司是北汽集团与镇江市政府联合打造的汽车整车制造基地，于2013年9月25日由北汽集团与镇江市汽车产业投资有限公司合资成立，注册资本10亿元，其中北汽集团占85%，镇江市汽车产业投资有限公司占15%。北汽集团是成立于1958年的一家国有特大型汽车企业集团，经过50余年的发展，拥有“北京”“绅宝”“昌河”“福田”等自主品牌，先后引进“现代”“梅赛德斯－奔驰”等国际品牌，以北京为中心，建立分布全国10余个省、市的八大乘用车、九大商用车生产基地，并在全球20余个国家建立研发中心和整车工厂，2016年位列世界500强第160位。近几年，北汽集团重视北汽(镇江)汽车有限公司的发展，将其融入整个集团发展战略布局，推进北汽项目的整车生产、新能源汽车等相关工作，为推动镇江和丹徒的汽车产业与经济社会发展提供支撑。同时，丹徒区政府对北汽项目涉及的道路建设、供电、土地供给、资金调拨、政策扶持、产业招商以及中都物流、海纳川零部件配套项目等继续支持和推进。

北汽项目总投资150亿元，规划建设包括冲压、焊接、涂装、总装在内的整车工厂，总产能超过30万辆。该项目分两期实施，一期主要生产SUV、MPV等车型，年产能15

图1　　北汽生产线　　（贾　俊　摄）

万辆，产品主要面向华东地区及全国中高端消费市场；二期生产中高端乘用车车型和新能源汽车。2014年，完成一期工程征地拆迁、地质勘探、场地平整等工作，环评、规划、土地等前期相关手续审批到位。2015年1月18日开工建设，5月30日涂装、焊装、冲压、总装四大工艺厂房主体封顶，9月30日全面建成，11月16日首台自制白车身下线，12月28日竣工暨第一辆整车BJ20下线，整个项目建设仅用时345天，刷新汽车行业基地建设新的纪录，体现“北汽精神、镇江速度”，呈现“三高”(规划标准高、智能程度高、投资效益高)、“两低”(能耗低、污染低)、“一快”(建设速度快)的特点。

北汽(镇江)汽车有限公司成立以来，明确发展目标和定位，完善公司内涵建设，稳步推进北汽项目建设。改变传统的规划设计理念，将设计规划从经验和手工方式，转化为计算机辅助数字仿真与优化的精确可靠的规划设计，管理层通过ERP系统（企业资源计划系统）获取在质量管理、生产绩效、产品生命周期管理等方面的业务分析报告；在控制层有MES系统（制造企业生产过程执行系统）对生产状态实时掌控，快速处理制造过程中物料短缺、设备故障、人员缺勤等各种异常情况；在执行层面上有PLC（可编程逻辑控制器)、工业机器人、RFID(射频识别)、视觉引导和其他智能制造装备系统完成自动化生产流程。同时，公司团队由2016年初的697人增加到1296人，逐步发展成为一支专业的人才团队。2016年，该公司降本增效，成本管理再上新台阶。启动节能降耗工程项目，消除浪费降成本；成立能耗、维修及排污降本专门工作组，按月跟踪管控，全年单车能耗741元/台，比内控目标降低27.8%；推动新能源光伏建设，10兆瓦新能源光伏停车场于9月底投入使用，每年可节约电费约200余万元。通过多措并举，实际完成降本6866万元，完成年度计划的125%。2016年，北汽(镇江)汽车有限公司被江苏省政府授予“江苏省突出贡献”奖，“数字工厂”建设被评为省经信委信息基础设施示范项目，冲压车间被评为省级示范智能制造车间。

北汽项目连续3年被列为江苏省重大项目，2016年是项目建设转入生产经营的一年。年初，开始产品车试制；7月28日，首款产品BJ20批量生产；9月10日，BJ20在北京荣耀上市；11月19日，BJ20作为镇江“环金山湖”国际半程马拉松指定用车。BJ20上市以来，共销售1.8万余辆，实现营业额16亿元。年底，新能源产品EX260正式投产。

北汽项目成为丹徒区的龙头型、带动型极强的优质先进制造业项目，随着第一辆整车的下线，为实现建设北汽集团创新转型标杆基地、镇江市龙头企业、江苏省骨干企业的目标奠定基础。同时，北汽项目及配套项目的建设和发展，推动以生态汽车产业园为核心的丹徒汽车产业建设，为促进优化产业结构、提升城市品质提供保证。（北汽镇江）

图2　　北汽（镇江）汽车有限公司厂区　　（北汽镇江提供）

“2016中国·丹徒旅游文化节”综述

2016年4月2日，由丹徒区政府、镇江市旅游发展委员会联合举办的“2016中国·丹徒旅游文化节”启动仪式在上党镇敖毅村举行。该文化节是丹徒区首个全资源整合的旅游推介活动，历时8个月，涵盖14个主题活动，并联动区内相关景区景点、农庄、农家乐、酒店等各类旅游资源，带动丹徒区全年新增游客50余万人次。12月4日，“2016中国·丹徒旅游文化节”闭幕仪式在丹徒区江心洲橘色小镇广场举行，在闭幕式上，举行“丹徒区荣登‘2016最美中国榜’揭牌仪式”，这是丹徒区首次登榜获评“生态（自然）旅游胜地”、“文化魅力 特色魅力旅游胜地”、“美丽乡村旅游胜地”殊荣；同时，发放首批“生态丹徒”旅游手绘地图，该地图是“2016中国·丹徒旅游文化节”的重要成果之一，也如一张名片推介丹徒旅游“走出镇江，走向全国”。“2016中国·丹徒旅游文化节”的成功举办，进一步放大丹徒旅游的整体效应，打响丹徒生态游、休闲乡村游的特色品牌，推动丹徒旅游产业的转型升级。

一、精心组织，运营机制创新突破

年初，经区委常委会研究，定于2016年4月至11月举办“2016中国·丹徒旅游文化节”，成立活动领导小组，由区主要领导任组长，各乡镇（街道、园区）政府与部分机关部门为成员单位。领导小组以书面文件形式明确各单位职责与分工，多次召开协调会议专题研究部署推进旅游文化节各项工作，由区政府办和区民宗旅游局协调具体事宜，各成员单位按照各自职责分工，细化工作方案。区财政拨出120万元作为旅游文化节专项经费，各镇（街道、园区）合计投入300余万元，确保整个旅游文化节顺利开展。市旅游委主要领导和分管领导多次莅临旅游文化节活动现场指导，帮助协调解决相关困难与问题。该次旅游文化节从运作机制上尝试新突破，创新采用“政府搭台、旅游吆喝、企业运作”的市场化运作模式，聘请专业旅游活动策划团队——镇江文化产业投资有限公司全过程运营“2016中国·丹徒旅游文化节”，利用其人才资源雄厚、活动举办经验丰富、宣传渠道宽阔等优势，统一包装和宣传全区旅游节庆资源，产生1+1>2的整体效应，构建全域联动、全季联欢的“大旅游节庆”格局。

二、内容丰富，引起业界广泛关注

自“2016中国·丹徒旅游文化节”启动以来，成功举办上党桃花节、高陵黄桃节、高陵黄桃产销对接会、谷阳槐荫民俗文化季、谷阳槐荫

图3　　2016中国丹徒旅游文化节——上党高陵黄桃节

（丹徒区委宣传部提供）

七夕节、江心洲野菜节、江心洲无花果节、江心洲柑橘节、丹徒乡村旅游与民宿发展论坛、荣炳摄影节、长山薰衣草庄园开园仪式、世业洲开心乐之岛开园等一系列有鲜明地域特色的主题活动。同时，做好该次旅游文化节宣传营销工作并取得实效，整合线上线下资源组合宣传。在丹徒电视台播放30秒的丹徒旅游文化节活动宣传片与各分项活动宣传片；推出丹徒旅游手绘地图并举行首发仪式；制作旅游文化节广告高炮，竖立在沪宁高速上党东贪枢纽；在丹徒区室外大屏、各大型酒店宾馆播放旅游文化节宣传片；在生态丹徒网和“微丹徒”“丹徒旅游”“镇江文投”等微信公众号站做好宣传推广，突出新媒体传播快、受众面广的优势，及时更新平台内容，发布旅游文化节活动信息。《新华日报》、《镇江日报》、镇江电视台、丹徒电视台等市内外主流媒体聚焦丹徒旅游文化节，江苏省旅游局网站专题报道江心洲野菜节，一篇名为《丹徒区开启“全域旅游”新时代》的报道于4月18日刊登在央视网“文化中国”栏目，这也是国家层次媒体首次对丹徒旅游大篇幅“点赞”，《镇江日报》更是为旅游文化节开辟专版，并先后多次专题报道旅游文化节盛况。

三、作用凸显，综合效益不断提高

旅游文化节期间，丹徒游客接待量持续高位运行，凸显旅游+产业作用，带动全区住宿、餐饮、交通、购物、娱乐等消费需求增长，促进“节会经济”的繁荣。星级酒店和快捷酒店客房出租率居高不下，高峰期超过85%；上党黄桃、江心无花果、江心柑橘、恒顺系列醋产品等一批特色旅游商品深受游客喜爱；江心洲在打响柑橘品牌的基础上，这两年创新举办无花果采摘节，促进农民收益快速增加；上党镇举办黄桃节，当日签约销售黄桃2万余斤，黄桃走进各大超市和百姓家中的同时，也提高了种桃农民的收入。“2016中国·丹徒旅游文化节”的成功举办，拉动全区游客量大幅增长，客源经济带动所在地农副产品的销售和农家乐休闲旅游，带动活动举办地农民人均增收2000元，并取得良好社会效益，促进旅游经济相关产业发展，达到以会扩影响、以会育品牌、以会促发展的目的。

四、保障有力，旅游市场安全有序

为确保整个旅游文化节安全有序，区旅游部门及早动手，印发相关文件，全面安排旅游文化节期间旅游市场秩序、旅游管理服务、旅游安全生产、旅游应急保障等各项工作，并在“五一”“十一”等重要时间节点，联合丹徒市场监督、食药监、消防等部门对全区旅游景区、乡村旅游区、旅游饭店等涉旅企业开展全面旅游市场综合治理大检查，共发出书面整改意见和建议20余条，提出整改安全隐患9个，提供旅游安全咨询服务50余人次，发放宣传资料300余份；实行假日旅游工作机制，做好信息上报、抽样调查、统计预报、投诉处理、游客疏导等工作；加强市场预测及交通、住宿、景区等重点环节的流量监测，通过电视、报纸、网络、微博、微信以及旅游热线电话等媒体动态发布出行信息，引导游客合理安排出游；开通旅游投诉受理热线，实行24小时值班，受理游客投诉，依法保护旅游者合法权益，旅游文化节期间未发生游客安全事故，未接到游客投诉，旅游市场运行规范有序。

以节会的形式整合资源，实现区域联动，对于丹徒来说是一个全新的尝试和探索。“2016中国·丹徒旅游文化节”的成功举办，在镇江乃至周边城市掀起丹徒旅游的新热潮，推动丹徒文化旅游的快速健康发展。2017年，丹徒旅游将聚力旅游体制机制创新，聚焦旅游富民惠民，为高水平建成全面小康社会贡献力量。同时，以成功举办“2016中国·丹徒旅游文化节”为契机，依托特色旅游资源，加快促进生态旅游、休闲文化旅游等旅游产品的提档升级，精心谋划“2017中国·丹徒旅游文化节”，推进旅游发展规划编制工作，打造丹徒旅游文化品牌，构建丹徒全域旅游大格局。

（丹徒区民宗旅游局）

丹徒区“宜人教育”品牌创建

丹徒为江南千年古邑，古称“宜”，历史文化悠久。近几年来，丹徒区教育局结合地域实际，积极推进教育创新，坚定不移地践行“宜人教育”理念，推进“宜人课堂”建设，全面提升丹徒区基础教育教学质量。全区教育系统以在2014年《江苏教育研究》杂志发表《“宜人教育”的意义、内涵及其建构》文章为起点，系统探索“宜人教育”实施途径，全面、深入推进“宜人教育”品牌创建工作。

一、“宜人教育”内涵

“宜人教育”是丹徒区在教育改革与发展背景之下，结合地域实际提出的创新型教育理念，它既有着地域文化的厚重积淀，更有着素质教育的丰实目标。“宜人教育”是尊重人、适合人、发展人、成就人的教育，是扎根丹徒大地的素质教育，其核心是“人的优化”，主张教师与学生都成为教育的主体，在教师与学生的相互作用中真正实现教学相长、共同发展。

“宜人教育”的内涵包括课程、管理、课堂、社团、学生的自主发展等各个层面，通过践行“宜人教育”理念，形成区域教育特色，推进素质教育的全面深入实施。“宜人教育”突出教育方法方式和途径的多样化、灵活性、创造性，将自主权和选择权赋予师生，充分利用校内外资源，满足包括教师在内的每个人可持续发展的需要。

全区上下全面更新办学思想与教育理念，推广“宜人教育”，并不断丰富“宜人教育”内涵。开展“宜人教育”的实践与探索，营造更加宜人的丹徒教育新环境，在实施“宜人管理”、建立“宜人校园文化”、构建“宜人课程”、推进“宜人课堂”等方面探索新方法、拓展新途径、获取新经验，致力于学生的成长、教师的发展和社会、家庭的满意，打造丹徒教育新品牌。

二、“宜人教育”过程

“宜人教育”注重平等对待每个人，力图促进每个人最大限度的个性化优势发展。2014年，丹徒高级中学以美术教育为突破口，打造办学亮点，为美术学院输送大量优秀生源；江苏省大港中学坚持心理健康教育，以3项省级课题研究为中心，探索具有校本特色的心理健康教育途径，《新华日报》等多家媒体报道该校心理健康教育成果。同时，江苏省大港中学的“宜文化”省级课程基地创建成功，成为推动学生全面发展、个性发展的重要载体。而打造在“宜人教育”理念引领下的“宜人课堂”，是促进丹徒区办学内涵发展和质量提升的关键所在。

（一）“宜人课堂”措施有力

丹徒区教育局制订《丹徒区宜人课堂建设活动实施方案》，提出从2014年起，用3年时间开展“宜人课堂年”实践活动；制定《丹徒区宜人课堂评价标准》，用标准引领教师投身课堂教学改革，促进教学方式的变革，提高教师研究宜人课堂的能力。

丹徒区教育局多措并举，全方位开展“宜人课堂”教学研讨活动。召开全区中小学宜人课堂建设推进会，着重对新课堂评价标准中的“教、学、评”三方面内容进行解读与研讨；开展“宜人课堂达标定级”活动，在全员达标的基础上，评出15%～20%的优秀课堂，记入教师成长考核档案；开展“宜人课堂我先行”活动，通过教学管理人员和骨干队伍的示范，对课堂改革的重点和难点进行研讨与突破；开展宜人课堂片区观摩与研讨，采用“先教后说”和“大众评课”的方式，实现片区内各校资源共享、共同提高；每学期组织多场“宜人课堂”观摩研讨活动，深入探讨“宜人课堂”的实施途径，产生广泛而积极的影响。

2015年，丹徒区教育局以“丹徒好课堂”活动为中心，推动高效课堂建设，活动涉及41门学科，共有340名教师参加，其中73名教师获一等奖、95名教师获二等奖；并推荐73名教师参加“镇江好课堂”比赛，14名教师获一等奖，40名教师获二等奖。以“一师一优课、一课一名师”活动为载体，展示“丹徒宜人好课堂”的教学成果。

图4　2016年11月30日，丹徒区“宜人课堂”教学技能专题研讨活动在丹徒实验学校举行　（丹徒区教育局提供）

(二)“宜人教育”彰显魅力

全区教育系统积极践行“宜人教育”理念，加快实施以提高学生素质为核心的“宜人教育”工程，加强“宜人教育”理论与实践研究，制订“宜人教育”行动计划，稳步推进“宜人教育”分级分类实施。

推进“宜人德育”建设，培树“宜人德育”品牌。落实“立德树人”的根本任务，把社会主义核心价值观教育融入中小学教育全过程。建立德育评价队伍，以培育学生核心素养为中心，以全员、全程、全方位育人为追求，强化德育常规检查反馈力度，注重夯实德育基础，建立德育创新机制，深化“宜人德育”内涵，放大“丹徒田歌”“行知学校”“人防基地”“关爱超市”等区域德育品牌效应。

持续开展“宜人课堂建设年”活动，擦亮“宜人课堂”招牌。以导学案的研制和使用为抓手，通过赛课、展示、评比等形式，推动小学片区合作和初中教育质量共同体建设，带动中小学教学质量的整体优化，促进全区基础教育优质均衡发展。分步推进宜人课堂、宜人课程、宜人特色、宜人品牌建设，丰厚“宜人教育”内涵，以“校本课程全覆盖”“优秀课程特色放异彩”“青少年卓越领导力课程广影响”，强化学生创新精神、实践能力和领导品质的培养，从而进一步提升丹徒教育品质。

建立教育绿色评价制度，以评价制度改革，推动“宜人教育”的有效实施。建立健全包括学科知识、实验操作能力、信息技术实际操作能力、思想品德发展水平、体艺2+1、卫生健康、综合实践活动等指标的评价体系，引导学校树立科学的质量观、学生观和发展观，真正使素质教育落地生根、开花结果。

三、“宜人教育”成果

3 年来，丹徒区坚持育人为本的“宜人教育”理念，推动素质教育优质发展，取得丰硕的阶段性成果。2014 年，《镇江日报》刊发《丹徒“宜人教育”彰显魅力》文章，总结和推广丹徒区“宜人教育”的经验和成果；高资小学、高桥中学、丹徒高级中学等13 所中小学通过“镇江市特色学校”考核评估。2015 年，丹徒区有12 所学校被评为“市学生社团建设优秀学校”，3 所学校被评为“心理健康教育特色学校”，13 所学校被评为“市书香校园”，1 所学校接受省“绿色学校”验收，4 所学校被教育部命名为“全国足球示范学校”，1 所学校被教育部命名为第一批“全国学校体育工作示范学校”，1 所学校篮球俱乐部被江苏省体育局命名为“江苏省青少年奥林匹克体育俱乐部”。江苏省大港中学“宜文化”省级课程基地通过省级专家组视导；丹徒高级中学以美术教育打造学校办学特色，在提升学生审美素养和向美术院校输送优秀生源等方面取得突破，获镇江市2014 年度“特色学校”称号。2016 年，三山小学成功申报江苏省“特色文化课程”建设项目；驸马幼儿园创成江苏省首批“足球特色幼儿园”，6 所中小学校创成“全国足球特色学校”；8 所中小学被评为市级“体育特色传统校”；丹徒高级中学男子足球队和丹徒实验学校男甲队打入“省长杯”比赛，宜城中学女篮两获镇江市校园篮球总决赛冠军；成功举办“全国珠心算教育教学经验交流现场会”；高资小学的中华诗词、石马小学的少年军校、支显宗学校的茶艺文化以及“篆刻艺术进校园”工作开展得有声有色，品牌效应日益彰显。

丹徒区遵循教育规律，回归教育本真，以“适宜的教育才是最好的教育”为信念，在努力创建“宜人教育”品牌之路上迈出坚实步伐，为建设强富美高新丹徒贡献力量。

（徐润福）

图5　2016 年12 月1 日，丹徒区“宜人课堂建设年”教学技能专题研讨活动在黄墟中心小学举行

（丹徒区教育局提供）

大事记

责任编校：钱金金

1月

5～8日　中国人民政治协商会议丹徒区第九届委员会第五次会议在丹徒区会议中心举行。会议应到委员142人，实到委员131人。会议学习讨论区委书记陈琳代表中共镇江市丹徒区委所作的重要讲话。会议同意区长张映桥代表区政府所作的《政府工作报告》。会议同意徐新祥代表区政协常务委员会所作的工作报告和郭祥明代表区政协常务委员会所作的提案工作情况报告。会议审议通过《中国人民政治协商会议镇江市丹徒区第十届委员会第一次会议关于提案工作情况报告的决议》《中国人民政治协商会议镇江市丹徒区第十届委员会第一次会议决议》《中国人民政治协商会议镇江市丹徒区第十届委员会第一次会议关于常务委员会工作报告的决议》。大会选举叶向东为政协镇江市丹徒区第九届委员会副主席。

6～8日　镇江市丹徒区第十五届人民代表大会第五次会议在丹徒区会议中心举行。会议应到代表180人，实到代表165人。会议听取和审议区长张映桥所作的《政府工作报告》、区人大常委会党组书记、常务副主任许志涛所作的《丹徒区人大常委会工作报告》、区人民法院院长陈玉所作的《丹徒区人民法院工作报告》、区人民检察院检察长黄进所作的《丹徒区人民检察院工作报告》。审查区人民政府《关于丹徒区2015年国民经济和社会发展计划执行情况与2016年计划草案的报告》《丹徒区2015年财政预算执行情况和2016年财政预算草案的报告》，并作出相应决议。会议通过《丹徒区第十五届人民代表大会第五次会议选举办法》，选举李幸福为区十五届人民代表大会常务委员会主任，选举杨伟民为区十五届人民代表大会常务委员会副主任，选举魏国平为区十五届代表大会常务委员会委员。

15日　江苏省民防局党组书记、局长钱国超到丹徒区调研民防工作。

18日　镇江市委书记夏锦文率队到丹徒区视察312国道镇江城区改线段工程建设工作。

△　江苏省调研组到丹徒区调研2015年度公路管理工作。

25日　312国道镇江段改线南移工程建成通车。

27日　江苏省2016年中学生生物奥林匹克竞赛冬训营在省大港中学开营。

2月

17日　全长2.98千米的宝荣线二期竣工通车。

△　南京邮电大学、南京工业大学、苏州科技大学、盐城工学院、江苏省教育学院、常州大学等全省部分高校负责人参观考察团到丹徒区参观考察高校园区和文化产业建设工作。

18日　镇江市委书记夏锦文率队到丹徒区调研工业经济。

19日　由江苏省委研究室和南京财经大学专家组成的专家组到丹徒区高桥镇调研裘皮产业发展情况。

23日　丹徒区举行重点产业项目集中开工观摩推进活动。

3月

4日　江苏省委组织部副部长盛克勤率队到丹徒区调研北汽（镇江）汽车有限公司党建工作。

7日　江苏省残疾人联合会副理事长杜小镇率队到丹徒区调研残疾人扶贫工作。

15日　安徽省芜湖市鸠江区考察团到丹徒区考察学习。

16日　江苏省司法厅副厅长张光东到丹徒区调研公共法律服务工作。

△　江苏省人大调研组到丹徒区开展立法调研。

21日　安徽省淮北市委副书记、市长黄晓武率淮北市党政代表团到丹徒区参观考察。

22日　中国米芾书法公园举行国家出版工程“中国历史名人传”丛书之《癫书狂画——米芾传》首发式。

23日　镇江市委书记夏锦文到丹徒区调研北汽（镇江）汽车有限公司党建工作。

28日　江苏省财政厅副厅长宋义武到丹徒区调研旅游发展工作。

29日　江苏省档案局局长谢波到丹徒区调研档案馆新馆建设情况。

4月

2日　“2016中国·丹徒旅游文化节”启动仪式暨第三届上党桃

花节开幕式在丹徒区上党镇敖毅村举行。

5日　中业慧谷·镇江科技产业园与美国加州—江苏企业发展集团签订战略合作协议，丹徒区委书记陈琳出席签约仪式。

9日　丹徒区第一届“长山茶文化节”在宝龙城市广场开幕。

14～22日　丹徒区委书记陈琳随同镇江市党政代表团赴美国、加拿大开展招商推介活动。

15日　丹徒区高桥镇“中国雪地靴之乡”创建工作通过中国皮革协会专家组考评，8月正式授牌。

21日　2016年全国侵权盗版及非法出版物集中销毁江苏分会场活动在丹徒区举行。

27日　镇江市委书记夏锦文在丹徒区会议中心会见中国机械工业集团有限公司副总经理、二重集团董事长孙德润。

29日　江苏省省长石泰峰到丹徒区考察调研长江危化品企业安全生产情况。

30日　镇江市委书记夏锦文到丹徒区检查防汛抗洪工作。

△　2016年丹徒区镇党委换届工作完成。该次各镇党代会选举产生新一届镇党委班子成员共56名、纪委班子成员共48名，以及各镇出席中共镇江市丹徒区第十三次代表大会代表共129名。

5月

4日　丹徒区第一期领导干部“铁军”集训营在镇江市国防园开训。

9日　长山薰衣草庄园正式开园，副市长雷志强、丹徒区委书记陈琳出席开园仪式。

11日　镇江市委书记夏锦文到丹徒区调研环保工作。

13日　镇江市市长朱晓明率市安监局、消防支队负责人和相关专家到丹徒区企业开展安全生产检查。

20日　由团省委主办、团市委承办、团区委协办的“倾听心声、共促发展”2016年省农村青年创业协会“政企面对面活动”在丹徒区举行。

△　镇江市委书记夏锦文率队到丹徒区专题调研“实施精准扶贫硬举措、加快茅山老区新发展”工作。

6月

1日　江苏省总工会主席邢春宁到北汽（镇江）汽车有限公司视察企业工会组织建设工作。

7日　镇江市委书记夏锦文到丹徒区督查推进夏收夏种工作。

20日　总投资20亿元的长山国际旅游度假区（香山）项目签约落户丹徒区。

△　丹徒区政府与农行镇江分行签订战略合作协议和银企合作协议。

22日　江苏省委常委、秘书长樊金龙到丹徒区走访慰问新中国成立前入党的农村老党员和生活困难党员。

24日　镇江市药品不良反应监测工作会议暨丹徒区监测哨点医院授牌仪式在丹徒区人民医院举行。

28日　2016“书香添墨韵——向农家书屋捐献书画仪式”在丹徒区宜城街道长山村委会举行。

7月

3日　镇江市市长朱晓明到丹徒区检查防汛工作。

6日　中国工程院原副院长、院士干勇率专家组到北汽（镇江）汽车有限公司调研中国制造2025苏南城市群试点示范工作。

16日　2016年江苏省青少年武术（散打）锦标赛在丹徒区举行。

19日　丹徒区人民检察院预防职务犯罪警示教育基地挂牌成立。

22日　丹徒区·江苏省产业技术研究院技术对接会在丹徒新城召开。

△　丹徒区启动“法治惠民镇村行”工程。

24日　国际容领——新生代人才培养项目开幕式在江苏省大港中学举行，丹徒区区长张映桥和市教育局局长刘元良为国容领中心·中国镇江基地揭牌，英国剑桥大学常务副校长伊恩·怀特先生为基地授牌。仪式后，伊恩怀特一行到丹徒区参观考察。

26日　中国共产党丹徒区第十三次代表大会在丹徒区会议中心开幕。大会应到代表283名，实到代表274名。会议听取和讨论丹徒区委书记陈琳代表中共丹徒区第十二届委员会所作的《不忘初心　继续前进　全面建设“强富美高”新丹徒》工作报告。

27日　北汽（镇江）汽车有限公司产品BJ20 SOP首车下线。

△　江苏省委书记李强到丹徒区调研，实地察看北汽华东（镇江）基地建设发展情况。

31日　镇江市首家电动汽车租赁点在丹徒新城投入使用。

8月

1日　台湾省“新北市瑞芳区里长联谊会参访团”一行30人到丹徒区参观访问。

3日　江苏省军区司令员李大清到丹徒区调研征兵工作。

14日　故宫博物院院长单霁翔率队到丹徒区参观中国米芾书法公园。

23日　镇江市市长朱晓明到丹徒区荣炳盐资源区督查推进精准扶贫工作。

28日　丹徒农业考察团赴台考察项目，为期六天。

31日　江苏省委组织部调研组到北汽（镇江）汽车有限公司调研企业发展和党建工作。

9月

1日　江苏省副省长张雷率队到丹徒区世业镇调研美丽乡村建设工作。

7日　新疆生产建设兵团四师74团党委书记、政委潘朝印一行到丹徒区参观考察。

20日　北汽集团党委常委、副董事长卫华诚率队到丹徒区考察农业发展情况。

23日　全国人大常委会副委员长严隽琪到丹徒区视察北汽华东(镇江)基地建设工作。

10月

11日　全国珠心算教育教学经验交流现场会在丹徒区召开。

17日　丹徒区首届大众摄影节开机仪式在中国米芾书法公园举行。

18日　镇江市委书记夏锦文到丹徒区督查推进“大干一百天”民生建设工作。

△　江苏省委常委、副省长杨岳到丹徒区调研创意农业工作。

19日　丹徒区举行全民阅读促进会成立大会暨第一届“宜文读书节”启动仪式。

21日　2016国际食醋科技论坛大会开幕式暨恒顺新研发中心启用仪式在恒顺集团举行。

26日　丹徒区见义勇为人员俱乐部在丹徒区谷阳镇黄墟村成立，是全市首家见义勇为人员俱乐部。

28日　丹徒区与新华报业传媒集团举行战略合作签约仪式，丹徒区委书记陈琳出席仪式。

29日　世业洲开心乐之岛音乐主题乐园项目举行试运营启动仪式。

11月

1日　欧华玛新型建材项目签约落户丹徒区。

4日　新疆生产建设兵团第四师工会党组书记、主席朱谊星到丹徒区考察交流工会工作。

8日　以理事长庄爵安为团长的“台湾石油工会江苏参访团”一行12人到丹徒区参观访问。

△　中科院合肥物资科学研究院先进制造技术研究所与江苏润模汽车检测装备有限公司联合成立的“智能检测装备技术研究中心”签约暨揭牌仪式在丹徒区举行。

10日　广东省肇庆市端州区端砚砚雕大师杨焯忠、赵桂炎等到中国米芾书法公园参观。

11日　恒大绿洲幼儿园开园并举行开园典礼。

16日　镇江市委书记夏锦文到丹徒区调研推进全面从严治党工作。

17日　民盟丹徒委员会召开成立大会。

21日　台湾省新北市三芝区、石门区和淡水区国民党基层骨干参访团一行30人到丹徒区参访交流。

23日　丹徒区农村专业技术协会召开成立大会。

△　纳米比亚共和国霍马斯省省长劳拉·麦克拉德女士一行到丹徒区考察农村和综合农业发展情况。

25日　新能源汽车部件一体化冲焊生产线项目签约落户丹徒区。

29日　丹徒区通过江苏省卫生应急工作规范区评估考核。辛丰镇、高资街道创成了卫生应急工作规范镇（街道)。

30日　湖南省长沙市工商局和中国工商银行湖南省分行代表团到丹徒区交流学习“工商企业通”和个体工商户全程电子化登记工作。

12月

5日　中共中央政治局常委、中央纪委书记王岐山到江苏恒顺集团有限公司考察。

8日　中国米芾书法公园通过创建省级诚信示范旅游景区的评定。

9日　由国务院扶贫办国际扶贫中心举行的2016年第二期“南非农村发展政策与实践研修班”学员一行到丹徒区世业镇考察。

10日　国家质量监督检验检疫总局局长、党组书记支树平到丹徒区调研。

15日　丹徒区委书记陈琳在丹徒区会议中心会见当纳利中国区副总裁邓红兵。

19日　金色年华健康旅游养生谷项目签约落户丹徒区。

26日　镇江高校园区举行中交镇江高校园区项目山南路暨下穿扬溧工程开工仪式。

29日　长山文化生态旅游区创成省级生态旅游示范区。

30日　中共丹徒区十三届二次全委（扩大)会议在丹徒区会议中心举行。会议听取和讨论丹徒区委书记陈琳代表区委常委会所作的题为《坚持创新驱动 深化特色发展 奋力谱写“两聚一高”丹徒篇章》的工作报告。

图6　　郭振邦篆刻

丹徒概述

责任编校：刘　芳

地情概要

【建置沿革】 丹徒历史悠久，最早称“宜”，是3000多年前周康王封给虞侯的领地。春秋时属吴国，名朱方。战国时属楚，更名谷阳。秦始皇二十六年（前221年）实行郡县制，谷阳为县。秦始皇三十七年（前210年）改名丹徒。三国吴嘉禾三年(234年)改名武进。西晋太康三年（282年）复名丹徒。隋开皇九年（589年)废丹徒入延陵。唐高祖武德三年(620年)复置丹徒县。后历朝均置丹徒县。民国17年(1928年)7月，改名镇江县。1949年初，复置丹徒县。1958年3月，丹徒撤县并入镇江市。1962年3月市县分置，恢复置丹徒县。新中国成立后，丹徒隶属镇江地区（专区)。1983年实行市管县后，丹徒县属镇江市。中共丹徒县委、丹徒县人民政府均驻镇江市城区。1995年丹徒县规划建设新城。2002年4月，经国务院批准撤销县制，设立丹徒区。2002年9月，中共丹徒区委、区政府迁入位于谷阳镇的丹徒新城行政中心。

【地理地貌】 丹徒区位于江苏省西南部镇江市境内，长江下游南岸，地理坐标为北纬31度15分至32度16分、东经119度15分至119度45分。东邻镇江市大港新区，西接句容，南连丹阳、金坛，境北长江中有3座洲岛，分别与扬州市仪征区和邗江区隔江相望。整个区域呈火炬状，环绕镇江市京口区、润州区。地处宁镇山脉东段，全境西南高、东北低，南有茅山余脉、中属宁镇丘陵，北部为沿江圩区，长江中有洲地，地貌大致可分为低山、丘岗、丘间谷地和冲积圩区四大类型。境内地面高程最低为黄海2.5米，最高为长山主峰，海拔349.7米。

【交通枢纽】 丹徒区是长江下游重要的水陆交通枢纽，长江和京杭大运河在丹徒交汇，构成“十字黄金水道”，沪宁高速公路、扬溧高速公路、312国道、京沪高速铁路、沪宁城际铁路横贯境内，距西边的南京禄口国际机场和东边的常州机场均不足1小时路程，形成铁路、公路、水路相连，港航衔接的多层次、立体式运输交通格局。丹徒区境内两大货运港口，高资港是长江中下游的重大件联运中心，主要运输煤炭、水泥、管桩以及危险品等，货物年吞吐量1000万吨以上；高桥港具备装卸仓储、中转换装、运输组织、现代物流和临港工业等功能，主要服务长江沿线和苏北部分地区物资转运，以散货和杂货运输为主，兼顾油品运输。

【行政区划】 2016年末，丹徒区辖6个镇（高桥镇、辛丰镇、谷阳镇、上党镇、宝堰镇、世业镇)、2个街道(宜城街道、高资街道)和2个园区(江心洲生态农业园区、荣炳盐资源区)。有6个居民委员会、88个村民委员会、1884个村民小组。另设有江苏省丹徒经济开发区、世业洲旅游度假区、高新技术产业园、长山文化产业园和农林场圃4个。

【面积、人口】 丹徒区总面积617.08平方千米，其中土地面积541.58平方千米(耕地面积2.42万公顷)、水面75.5平方千米。2016年末，全区总户数103501户，总人口291069人，其中男142565人、女148504人。全区出生人口2419人，人口出生率8.64‰，死亡人口1916人，人口死亡率6.58‰。人口净增率2.06‰。

【民族】 丹徒区境内民族以汉族为主，少数民族有回族、蒙古族、满族、高山族、布依族、彝族、苗族、羌族、朝鲜族等32个、1080人，有民族村1个。

【自然资源】 土地资源：丹徒属宁镇丘陵和沿江平原地带低山区，丘陵区以马肝土、黄土为主，平原地带大多为黄泥土和马肝土，沿江圩区则分布为黄沙土、漏沙土和夹沙土。全区土地土层厚，土质肥沃，适宜多种农作物栽植生长。

水资源：丹徒境内河流纵横，水源丰富。长江沿北境流过，境内长68.8千米，流域内有大小河道26条，总长84千米；京杭大运河穿境而过，境内长11.8千米，流域内有支流10条，总长33.8千米。另有通济河、中心河、高资河等主骨干河道3条，总长44.5千米。建有中小型水库34座、集水面积91.1平方千米，总库容4727.14万立方米，灌溉农田4200公顷；建有塘坝2.88万个，蓄水量5129.2万立方米，正常年景可灌溉农田9733.3公顷；境内有大、小湖泊10余座，水面约418.3公顷。全区水源总量约为6.9亿立方米。

生物资源：丹徒境内树木有松、柏、桑、樟、楸、柳、榆、栎、橹、冬青、香椿、桷栎、棕榈、杨骨、乌柏、枫杨等110余个品种。20世纪90年代初被林业部评定为全国宜林荒山和平原绿化双达标县。野生药材有丹桂、桂梗、夏枯草、丹参、益母草等700余种。野生动物陆地主要有野兔、水獭、野鸡等,江河湖塘盛产青、草、鲢、鳙、鳊、鲫、鲤等鱼类和虾、蟹、鳖等水产品近百种。特别是境内长江还产刀鱼、鲥鱼、河豚等珍贵鱼类和中华鲟、白鳍豚等珍稀物种。

矿产资源:丹徒境内多为非金属矿产,已发现的有金、铜、铁、磷、煤、宕盐、耐火黏土、珍珠岩、钾长石、沸石、膨润土、方解石、花岗石、大理石、白云石、石灰石等矿产20余种,主要分布在香山、巢凰山、十里长山、马迹山及上党、高资、荣炳等地区。

【气候】 丹徒区属北亚热带季风气候。2016年,丹徒区气温偏高,年降水量偏多,日照时数偏少。

气温。全年(1~12月,下同)平均气温为17.0℃,比常年平均气温偏高1.3℃,属偏高年份。冬季(2015年12月~2016年2月,下同)平均气温5.5℃,比常年同期偏高1.3℃。其中,2015年12月平均气温比常年同期偏高1.5℃,1月、2月平均气温分别比常年同期高0.5℃、1.9℃。春季(3~5月,下同)平均气温16.3℃,比常年同期偏高1.5℃。3月、4月平均气温分别比常年同期高2.2℃、2.5℃,5月平均气温比常年同期低0.2℃。夏季(6~8月,下同)平均气温27.6℃,比常年同期偏高1.2℃。其中,6月与常年同期持平,7月、8月平均气温分别比常年同期偏高1.3℃、2.3℃。秋季(9~11月,下同)平均气温18.2℃,比常年同期偏高0.8℃。9月、10月、11月平均气温分别比常年同期高1.3℃、1.0℃、0.2℃。

降水。全年总降水量1996.1毫米,比常年同期偏多890.1毫米,属偏多年份。冬季降水量105.9毫米,比常年同期少33.4毫米。其中,2015年12月比常年同期偏少17.7毫米,2016年1月比常年同期偏多13.4毫米,2月比常年同期偏少29.1毫米。春季降水量329.2毫米,比常年同期偏多84.4毫米。其中,3月比常年同期偏少52.0毫米,4月、5月分别比常年同期偏多58.6毫米、77.8毫米。夏季降水量656.5毫米,比常年同期偏多130.9毫米。其中,6月、7月分别比常年同期偏多9.9毫米、174.2毫米,8月比常年同期偏少53.2毫米。秋季降水量853.6毫米,比常年同期偏多657.3毫米。其中,9月、10月、11月分别比常年同期偏多238.7毫米、358.8毫米、59.8毫米。

日照。全年日照1718.3小时,比常年同期偏少307.4小时。冬季日照为410.7小时,比常年同期偏少13.3小时。其中,2015年12月比常年同期偏少31.5小时,2016年1月比常年同期偏少29.2小时,2月比常年同期多47.4小时。春季日照为422.0小时,比常年同期偏少104.9小时。其中,3月、4月、5月分别比比常年偏少15.1小时、18.2小时、71.6小时。夏季日照为531.3小时,比常年同期偏少38.5小时。6月、7月分别比常年同期偏少54.5小时、32.6小时,8月比常年同期偏多48.6小时。秋季日照为325.1时,比常年同期偏少179.9小时。其中,9月、10月、11月分别比常年同期偏少19.8小时、121.6小时、38.5小时。

梅期。全区6月18日入梅,7月20日出梅,共历时32天。梅雨量492.7毫米,比历年平均值偏多240.9毫米。

经济和社会事业

【综合经济】 2016年,丹徒区地区生产总值(GDP)371.12亿元,按可比价计算比上年增长9.3%。其中第一产业增加值21.17亿元,按可比价计算比上年增长1%;第二产业增加值194.42亿元,按可比价计算比上年增长9.7%;第三产业增加值158.27亿元,按可比价计算比上年增长9.8%。三次产业结构由上年的5.2:52.8:42.0调整为5.0:52.4:42.6,服务业增加值占地区生产总值比重比上年提高0.6个百分点。人均地区生产总值120448元(现价,按常住人口计算),比上年增长9.1%。

全年实现财政总收入45.12亿元,其中税收收入33.02亿元。一般公共预算收入25.7亿元。一般公共预算支出29.24亿元,其中城乡社区事务支出、公共安全支出、节能环保支出、科学技术支出、一般公共服务支出分别比上年增长47.6%、15.8%、10.2%、10%、8.9%。

年末就业人口20.56万人,其中:第一产业3.49万人,第二产业11.79万人,第三产业5.28万人,三次产业就业人口结构由上年的17.2:58.2:24.6调整至17.0:57.3:25.7。全年新增城镇就业人口8947人,新增转移农村劳动力1411人。

【农业、农村】 2016年,丹徒区实现农业总产值35.21亿元,比上年增长5.1%。全年粮食种植面积27340公顷(41.01万亩),比上年减少480公顷(0.72万亩),亩产442千克,比上年增加23千克;总产18.12万吨,比上年减少1.26万吨。秋粮种植面积15686.67公顷(23.53万亩),比上年减少353.33公顷(0.53万亩),亩产540千克,比上年减少19千克,总产12.69万吨,比上年减少0.74万吨。其中水稻种植11893.33公顷(17.84万亩),比上年减少360公顷(0.54万亩),水稻单产606千克,比上年减少10千克,水稻总产10.82万吨,比上年减少0.51万吨。全年出栏生猪10.26万头,比上年减少3.8%;全年实现肉类总产量2.24万吨,比上年减少7.1%;禽蛋产量0.93万吨,比上年减少7.6%;牛奶产量0.62万吨。全年水产总产1.68万吨,比上年减少1.8%,实现渔业产值6.3亿元,比上年增长7.3%。全年茶叶产量341吨,产值1.36亿元。全年水利建设总投资约8800万元。清淤整治河道25条,总长55.87千米,完成土方76.95万立方米;清淤村庄河塘74个,完成土方56万立方米;完成小沟以上建筑物908座，其中中沟以上建筑物263座，恢复治理水土流失面积11.15平方千米，新增有效灌溉面积866.67公顷，建设旱涝保收田面积1133.33公顷；修建防渗渠道61.81千米，新建泵站28座，改造各类泵站43座，共计装机容量2536千瓦；改造、新建滚水坝32座，改造、新建涵闸17座、干渠疏浚及护砌19.26千米、拆除重建农桥10座。

年末农业机械总动力21.5万千瓦，大中型拖拉机827台，小型拖拉机1829台，排灌动力机械7735台，水稻插秧机832台，联合收获机433台。农用化肥施用量（折纯）9136吨，同比下降1.98%。农村用电量53125万千瓦时，同比下降9.5%。

【工业、建筑业】 2016年，丹徒区规模以上企业完成产值1125.72亿元，比上年增长8.8%。按轻、重工业分，轻工业产值152.8亿元，比上年增长2.4%；重工业产值972.9亿元，比上年增长9.8%。按经济类型分，国有工业产值16.2亿元，比上年增长15.8%；集体工业产值22.41亿元，比上年增长5.72%；股份制工业产值2.94亿元，比上年增长10.98%；外商及中国港澳台工业产值279.7亿元，比上年增长3.3%；其他经济类型10.21亿元，比上年增长11.3%；私营企业产值563.2亿元，比上年增长12.6%。在总计中：民营工业产值727.5亿元，比上年增长11.8%。按企业类型分，76家大中型企业工业产值784.23亿元，比上年增长6.7%，大中型企业比上年增加12家。

全区主要工业产品产量有增有减。其中食醋233428吨，比上年增长6.2%；泵29724台，比上年增长1.9%；服装1744.04万件，比上年增长1.14%；铝材42818吨，比上年下降12.75%；民用钢质船舶42397载重吨，比上年下降15.2%；食用植物油22156吨，比上年增长3.3%；碱性蓄电池67.4万只，比上年增长0.85%；低压开关板268面，比上年增长2.3%；高压开关板226面，比上年下降5.4%；金属切削工具1124.4万件，比上年增长58.7%；商品混凝土80.12万立方米，比上年下降4.4%；滚动轴承24.5亿套，比上年下降2.3%；皮革鞋靴308.6万双，比上年增长42.7%。

全区规模以上工业企业实现销售收入1100.01亿元，比上年增长8.7%。实现利税总额122.9亿元，比上年增长5.9%，其中利润总额79.03亿元，比上年增长6.2%。规模以上工业企业亏损面为4.48%，比上年下降0.1个百分点；亏损企业亏损总额1.61亿元，与上年持平。两项资金占用99.7亿元，比上年增长9.1%。

年末全区列统的资质以上建筑业企业41家，从业人员10092人；全年完成建筑业产值33.25亿元；房屋施工面积170.71万平方米，房屋竣工面积86.5万平方米。

【固定资产投资、房地产】 2016年，丹徒区完成固定资产投资354.53亿元，比上年增长15.5%，其中工业投资208.74亿元，比上年增长10.4%；服务业投资145.79亿元，比上年增长22.9%；工业技改投资89.4亿元，比上年增长35%。103个计划总投资1亿元及以上项目完成投资279.59亿元，比上年增长15.1%。

全年房地产开发投资15.52亿元，比上年下降3.4%，商品房施工面积262.7万平方米，比上年增长6.3%，其中住宅198.9万平方米，比上年增长9%；商品房竣工面积74.8万平方米，比上年增长76%，其中住宅49.8万平方米，比上年增长81.6%；全年商品房销售面积51万平方米，比上年增长46.9%，其中住宅46.9万平方米，比上年增长60.7%；商品房销售额25.71亿元，比上年增长41.2%，其中住宅23.19亿元，比上年增长59.3%。

【国内贸易、开放型经济】 2016年，丹徒区实现社会消费品零售总额68.42亿元，比上年增长11.3%，按行业分：批发业7.02亿元，比上年增长5%；零售业52.52亿元，比上年增长11.4%；住宿业1.03亿元，比上年增长62.5%；餐饮业7.2亿元，比上年增长9.1%。按规模分：限额以上单位零售额24.09亿元，比上年增长10.8%；限额以下单位零售额44.32亿元，比上年增长11.6%。

年末拥有年成交额亿元以上的商品交易市场2个，完成成交额6.75亿元，比上年增长4.2%。全年实际利用外资及港澳台资10728万美元，比上年增长17.9%。全年进出口总额56422万美元，和上年比持平，其中：进口总额4587万美元，比上年下降6.9%；出口总额51835万美元，比上年增长0.7%。

【交通】 2016年，丹徒区交通基础投资2.2亿元。干线公路和支线公路路况好路率分别达到95.03%和87%。全区公路总里程995.27千米，公路密度达161.03千米/百平方千米。其中，高速公路7.51千米，一级公路111.69千米，二级公路107.73千米，三级公路87.03千米，四级公路681.31千米。全区城乡公交全覆盖，镇村公交全覆盖。全区拥有营运车辆3436辆 32158吨位，全年新增货车478辆4261吨位，重型货车、集装箱车和厢式货车占营运货车比重达到73%。完成公路客运量235万人次，客运周转量11887万人千米，完成公路货运量1183万吨、货运周转量132547万吨千米。港口吞吐量505万吨。

【城市建设】 2016年，丹徒区全面融入镇江总体规划布局，加强顶层设计和规划引领，乡镇总体规划修编有序实施，优化镇村布局规划获省级审批。高校园区建设进展迅速，省交通技师学院投入使用，镇江高专和共享区体育馆主体封顶，江苏科技大学、江苏大学京江校区、市委党校建设有序推进。城乡交通建设取得新突破，宜城大道二期基本竣工，新312国道、燕丹路、宜业路全线通车。世业还青洲、上党东宝庄、辛丰河达创成省级美丽乡村，辛丰、宝堰集镇基础设施建设明显提升。推进安置房建设、棚户区改造和环境基础设施建设，缪家甸片区、镇南片区完成棚户区改造任务，6个镇（街道、园区）完成垃圾转运站升级改造。加强城市管理，投资4000万元完成19个易涝易淹路段改造，加大对露天烧烤、占道经营、运输抛洒等专项整治力度，防违拆违工作走在全市前列。

【科技、教育】 2016年，丹徒区共征集企业技术需求87项，签订产学研合作项目45项。全区研发投入占地区生产总值比重为2.35%。引进高层次创新创业人才（团队）45个、其中顶尖人才1名，新认定高新技术企业10家，总数为53家，全区高新技术产业产值占规模工业产值比重为41.2%。全年申请专利3177件，其中发明专利904件，专利授权1687件，每万人发明专利拥有量16.83件。

教育现代化进程进一步加快。宜城第一小学主体封顶，高桥中小学幼儿园开工建设，6家单位通过市教育现代化“双创”验收，年末拥有中等（职业）学校1所，在校学生1682人；普通中学16所，在校学生8853人；小学15所，在校学生14146人；全区公办幼儿园实行独立建制，年末拥有幼儿园23所，在园儿童7634人。

【文化、卫生、体育】 2016年，丹徒区推进战略性民生项目，文化阵地建设日益完善。丹徒文化艺术活动中心全面竣工，新建成5个生态文化广场和3个镇（街道）文化站示范点，拓展群众文化活动的空间，全区100%的村和社区建成综合文化服务中心。举办2016年“展示丹徒美 聚力新征程”系列文化惠民活动——第五届“清风雅韵”广场戏曲周和乡村文化大互动——“丹徒好声音”歌唱大赛；承办“我以园区为荣，园区以我为荣”系列活动——高校园区“送温暖”慰问演出，联合区地税局举行“唱响主旋律 颂歌献给党”纪念建党95周年歌咏比赛。在镇江市文化馆（站）业务干部技能大赛中组织创作的摄影作品《歌唱家》和美术作品《金色阳光》获金奖，书法作品《徐湜题水仙竹石图》、美术作品《山水》和舞蹈作品《千古一醉》获银奖，音乐作品《母亲》和戏剧作品《梨花颂》获铜奖；组织创作的丹徒田歌表演唱《耘耥号子》参加镇江市第四届群众文艺汇演获三等奖，广场舞《幸福山歌》《中国味道》在2016年“绚丽人生 舞动奇迹”镇江市广场舞大赛上获三等奖。组织开展全民艺术普及活动，全年举办艺术讲座12余场、艺术培训20余期、艺术展演展示活动50余场；全年组织文艺团队开展送戏下乡、文艺演出、广场舞比赛等活动110余场；落实“2131”公益电影放映工程，全区行政村放映1440余场，观众42万余人次。全年完成省台用稿60余篇，中央级媒体用稿13篇，其中《新闻联播》用稿1篇；围绕第九届江心野菜节、第三届上党桃花节、第十二届谷阳“双阳”文化艺术节、谷阳·槐荫“董永传说”民俗文化季等节庆主题，加强对外宣传报道，扩大丹徒的美誉度和知名度。

全区公共卫生服务均等化步伐持续加快，健康服务体系日臻健全，新农合保障水平提升，基本药物制度巩固。年末全区各类卫生机构拥有床位719张，有卫生技术人员1129人。总投资约1.3亿元、建筑面积2.7万平方米的丹徒区人民医院二期工程投入运行。世业镇卫生院创成全国群众满意乡镇卫生院，3家镇卫生院建成影像远程会诊中心。

丹徒区举办庆祝全国第八个“全民健身日”暨2016年丹徒区广场舞展示活动，举办第四届“地税杯”机关职工“爱我长山、爱我丹徒”登山比赛、第二届“冷通杯”徒步大会；举办“住建杯”乒乓球比赛，开展“公民道德宣传日”徒步活动；举办区初中男子篮球、区小学生中国象棋、乒乓球等6项青少年体育竞赛，丰富全区广大群众的业余文体生活和校园体育文化。竞技体育捷报频传，在省青少年田径锦标赛暨县组田径比赛（第一赛区），获得一金两银；承办省青少年武术（散打）锦标赛，并获得一金两银三铜；参加市少儿田径比赛，打破两项市级记录，团体总分全市第二。全年各类彩票实现销售收入7106万元。

【人口、民生保障、社会管理】 2016年末，丹徒区常住人口30.84万人，城镇化率58.05%。年末户籍总户数10.35万户，户籍人口29.1万人。全区居民人均可支配收入29876元，比上年增长9.1%，居民人均消费支出19561元，比上年增长7.9%。城镇常住居民人均可支配收入40891元，比上年增长8.1%。其中工资性收入25550元，比上年增长6.4%；经营净收入5202元，比上年增长12.8%；财产净收入3968元，比上年增长14.6%；转移净收入6171元，比上年增长7.5%。城镇常住居民人均消费支出25322元，比上年增长6.3%。农村常住居民人均可支配收入18959元，比上年增长8.6%。其中工资性收入11760元，比上年增长6.5%；经营净收入4116元，比上年增长12.6%；财产净收入766元，比上年增长9.5%；转移净收入2317元，比上年增长12.7%。农村常住居民人均消费支出14072元，比上年增长10.9%。

全区城乡职工基本养老保险覆盖率98%，基本医疗保险覆盖率98%，失业保险覆盖率98%，城镇登记失业率2.02%；年内企业退休人员人均养老金调增至1959元/月，企业最低工资调增至1770元/月，城乡最低生活保障标准统一调增至每月625元。全区实有社会组织431家，其中社会团体288家，民办非企业单位143家，每万人拥有社会组织数15个；城乡和谐社区综合达标率97.8%；全区90个建制村（社区）全部建成居家养老服务中心，覆盖率100%。年末拥有养老床位3149张，每千名老人拥有养老床位数43.2张。

政治文明建设

【党建工作】 2016年，丹徒区把握全面从严治党新要求，开展“两学一做”学习教育，引导各级领导干部增强“四个意识”，践行“四讲四有”。完成区、镇两级党委班子和村（社区）“两委”换届工作，开启“高水平全面建成小康社会”新征程。创建“五好班子”“四亮四创”“百千万先锋工程”等党建品牌，非公企业“两个覆盖”经验做法被中组部推广，先锋村创成全国先进基层党组织，3名村书记获省“吴仁宝式优秀村书记”称号。落实党风廉政建设“两个责任”，践行“四种形态”，从严正风肃纪、强化源头预防，保持反腐倡廉的强劲态势。开展“双型”(法治型、服务型)先进党支部建设，创成“四星”级党支部24家、“三星”级党支部64家。

【政务公开】 2016年，丹徒区贯彻落实《中华人民共和国政府信息公开条例》，以依法行政、提高效能、促进建设服务型政府为目标，推进政府信息公开工作。在“生态丹徒”政府门户网站共发布信息4800余条，其中政府文件120余件，各类新闻、图片、资料、特色专题及动态信息等4600余条；在政府门户网站网络问政平台受理群众网络问政，进行互动交流，共回应公众关注的热点 和重大舆情数300余件，政府信息公开完成的及时率、公开率均达95%以上。全区37个政府部门进驻区政务服务中心，设独立办事窗口30个，进驻中心窗口事项269项，所有政务服务信息做到及时有效公开，政务服务中心窗口全年办件89210件，日均办件338件，办结率100%；10个镇（街道、园区）便民服务中心共受理事项62692件，办结率100%；镇村每月办件在公示栏纸质公示，并上传至区政务服务办网站上公示。同时注重抓好群众关心的重点领域政府信息公开工作，将重点领域如工程建设、政府集中采购、财政专项资金使用等作为信息公开工作的重要内容，在政府网站上分专栏公开。全年举办6期新闻发布会。全年收到11人次9起23件依申请公开事项，其中包含委托律师提出的公开申请14件，23件依申请公开事项均在规定时间内依法按规及时给予答复；没有出现与区政府或区政府办公室有关的因政府信息公开提起行政诉讼的案件。

【民主法制建设】 2016年，丹徒区连续13年被评为“省级平安区”，公众安全感并列全市第一，通过“六五”普法考核验收，7个镇被评为“全市法治建设创建工作先进单位”。全面启动“七五”普法，区级公共法律服务中心运作机制在全省推广，村级法律顾问全面普及，新增省级民主法治示范村6个，新增省级和谐社区建设示范镇1个、示范村5个。全区刑事案件破获率比上年上升19.6%，调处矛盾纠纷3389件，劝阻群体性上访22批236人次。“12345”服务热线办复率100%。全年办理人大代表建议49件、政协委员提案110件。培育巾帼法律援助团等普法社会组织5个，成立大学生普法志愿者大队，预防职务犯罪警示教育基地投入使用，新建完成平安先锋工程展示馆，新增市一级综治办3个。

【干部人事制度】 2016年，丹徒区贯彻《事业单位人事管理条例》，深化事业单位人员聘用制度、公开招聘制度、岗位管理制度等人事制度改革。全年招录公务员31名，公开招聘事业单位人员91名，公务员在职培训2300人次。全区参加公务员考核1530人、参加事业单位考核4999人，公务员考核备案率100%。全年接受安置营职军转干部7名。提拔35岁以下科级领导干部22人。推进公务员职务与职级并行，审批晋升60人；选拔7名大学生村官进镇、街道、事业单位，2名大学生村官纳入选调生培养。举办清华大学“一把手”培训班，举办优秀企业家厦门大学研修班；全年举办培训班11个，培训干部960余人次。引进高层次人才（团队）45个，其中国家“千人计划”1名。

精神文明建设

【思想道德建设】 2016年，丹徒区实施“道德文化园”示范村建设，建成1个市级、3个区级示范村；以美丽乡村为主题，聚焦“人居环境美、文化生活美、乡风文明美”建设最美乡村，谷阳镇槐荫村、上党镇五塘村、宝堰镇鲁溪村村分别当选镇江市“最美乡村”和提名奖；突出核心价值观“爱、敬、诚、善”主题，设置“中华传统道德故事、道德格言、道德模范和道德传承”区域，启动“道德文化广场”建设；继续推进镇村乡风明德文化墙和善行义举榜建设，倡导文明乡风；加大道德典型培树力度，组织实施“道德模范”和“身边好人”等评选宣传活动，全年有1人当选“中国好人”、4人当选“江苏好人”、8人当选“镇江好人”，在《镇江日报》丹徒专版开设好人故事专栏、区电视台、微丹徒客户端等载体广泛宣传，组织编写《德耀丹徒》，在机关、学校、图书馆、镇村和社区全面发放，推进身边道德典型的学习宣传，弘扬道德新风尚。开展“最美家庭”系列评选，宣传传承优秀家风家训，吴金川家庭获“江苏省最美家庭”称号；1户家庭获“镇江最美家庭标兵户”称号，4户家庭获“镇江最美家庭”称号。

【道德教育实践】 2016年，丹徒区组织“志愿江苏”平台丹徒的专场培训，做好“志愿江苏”平台的志愿者注册及活动发布工作。推进专业化志愿服务前移，开展“点单式”志愿服务，将医疗卫生、法律援助、文体艺术等专业志愿服务延伸到村组（社区）。“志愿镇江”平台注册志愿者25867人，注册志愿者占比18%，超过市年度目标13.5%，志愿组织250个，开展完整志愿服务活动1577次。

【未成年人思想道德建设】　2016年，丹徒区组织未成年人“缤纷的冬日”活动，以文明礼仪宣传、小橘灯志愿服务、童谣传唱、经典诵读形式在网上网下共同开展。开展“我的中国梦”主题教育实践活动，引导未成年人自觉弘扬和践行社会主义核心价值观。深化养正学堂规范化建设，开展“养正”主题系列活动；组织“我是小小啄木鸟”系列主题活动，深化未成年人文明礼仪养成教育。

【文明城市建设】　2016年，丹徒区以建设更高水平文明城市为目标，完善长效管理机制，定期邀请有关部门召开监督会议，做好文明城市“双月测评”迎检工作，巩固和提升创建成果。组建丹徒区公共文明督导员队伍，共有115名志愿者成为“丹徒城市文明啄木鸟”；搭建区级“啄木鸟qq”平台，畅通举报、对接、整改、反馈渠道；制定《丹徒区关于开展公共文明督导活动的通知》，完善组织、行动、考核、评先等制度；策划开展“啄木鸟行动”集中行动和专项督导活动5次，共有“啄木鸟”425人次参与行动；每月发布“啄木鸟行动”文明督导情况督查通报，推进“啄木鸟行动”日常督查工作常态化。

生态建设

【生态环境保护】　2016年，丹徒区坚持“生态领先、特色发展”战略定位，推动5大类15项生态环境类重点项目实施，全年完成项目11个，完成投资约6.6亿元。丹徒区与江苏省环境科学研究院签订战略合作协议，修编完善《丹徒区生态文明建设规划》。全区化学需氧量、氨氮、二氧化硫、氮氧化物分别削减4.49%、5.85%、8.14%、5.03%，PM2.5年均浓度为49微克/立方米，下降比例为16.95%，良好天数为68.85%。全区完成造林面积145.33公顷（2180亩），全区森林覆盖率和林木覆盖率分别达到21.15%和23.37%。世业镇还青洲、上党镇东宝庄、辛丰镇河达创成省级美丽乡村。启动世业镇、兴隆村和世业村国家级生态文明建设示范镇村建设。8个村庄绿化示范村建设通过市级验收。经济开发区创建国家级循环示范试点工作通过省级验收。升级改造6个镇级垃圾中转站，全年清理各类垃圾6.5万吨。实施大气、水污染防治行动，完成镇江发电有限公司6号机组超低排放和宏顺热电脱硫、脱硝工程等一批重点工程；整治燃煤锅炉108台，整治黄标车721辆；申报太湖治理十期项目13个，争取省级资金1523.8万元；加强饮用水源地保护，水质达标率100%；推进高资片区14项大气环境综合整治项目。

【生态农业发展】　2016年，丹徒区完成现代农业产业园、生态循环农业工程、池塘循环水工程等生态类重点项目。大中型规模养殖畜禽粪污综合利用率达到96.3%，生态健康养殖示范创建全面完成。应用测土配方肥9169.4吨，商品有机肥推广面积266.67公顷。秸秆综合利用率95.4%，农业废弃物综合利用率96.5%。新增“农三品”（无公害农产品、绿色食品、有机食品）产品认证21个，新增认定面积6938公顷，全年认定的种植业“农三品”产量占食用农产品产量比例为40.1%。

图7　高资街道生态农业　（丹徒区委宣传部提供）

中共丹徒区委员会

责任编校：王雪松

综 述

【概况】 2016年,中共镇江市丹徒区委员会(以下简称丹徒区委)全面贯彻落实习近平总书记系列重要讲话精神,坚持“四个全面”(全面建成小康社会、全面深化改革、全面依法治国、全面从严治党),落实“五大发展”(创新、协调、绿色、开放、共享)理念,沿着“生态领先、特色发展”道路,打造高端装备先导区、科教人才集聚区、文化旅游特色区、现代物流枢纽区、生态文明示范区和长三角地区具有影响力的品质新城,全面建设以“强富美高”为特征的更高水平小康丹徒。

全年完成地区生产总值371.22亿元,比上年增长9.3%,增幅位列全市第三;固定资产投资354.53亿元,增长15.5%,增幅位列全市第一;一般公共预算收入25.7亿元,同口径增长6.3%,增幅位列全市第二;实际利用外资及港澳台资1.07亿美元,增长17.9%,增幅位列全市第二;社会消费品零售总额68.42亿元,增长11.3%,增幅位列全市第二;城镇登记失业率控制在2.02%以内;继续入选“全国科学发展百强区”,位列第73位;入围“2016年旅游业最美中国榜”。

全年淘汰落后产能项目14个,建成清洁生产项目3个,实施重点技改项目15个,单位GDP能耗同比下降4.2%;全年完成工业技改投资89亿元,签订产学研合作协议45项,新增省级以上研发机构4家、高新技术企业10家,引进高层次创新创业人才(团队)45个、其中顶尖人才1名,新认定高新技术企业10家,高新技术产业产值比重为41.2%;高效设施农业面积比重为27.3%;新开工标准化厂房21.6万平方米,运营11.4万平方米,丹徒新城高端装备制造特色产业园和丹徒现代农业产业园入选市“三集”(集中、集聚、集约)示范园区,长山文化产业园通过省级生态旅游示范区验收,江心洲创成省级景观旅游名镇;举办2016中国·丹徒旅游文化节,全区旅游综合收入增长超过20%;全年新登记市场主体增长34.6%,建成市级以上创业示范基地5家,高桥镇创成首批省级电子商务镇和“中国雪地靴之乡”。

乡镇总体规划修编有序推进,镇村布局规划优化方案通过省级审批;高校园区建设进展迅速;宜城大道二期工程竣工,新312国道、燕丹路、宜业路通车;投资近4000万元,完成城市易积水点改造工程19处;完成丹徒文化艺术活动中心基础设施建设,建成丹徒区国防主题公园;投资2.5亿元的宜城第一小学教学用房主体封顶;全年阳光拆迁35万平方米,竣工安置房32万平方米;投资近1亿元,完成水利重点县年度建设任务和长山灌区节水改造等工程;完成全区85个自然村环境整治任务,新建农村污水管网60千米、污水处理设施31座,提档升级农村道路56.6千米,实施农村改厕2000个,创成省级美丽乡村3个;全年整治燃煤锅炉108台、黄标车721辆,新增有效绿化面积145.33公顷;丹徒经济开发区循环化改造示范试点园区通过省级验收,中央环保督查19项重点任务全部完成。城镇居民人均可支配收入和农村居民人均可支配收入分别为40891元和18959元;新认定市级以上示范家庭农场29家;完成农村土地承包经营权确权登记颁证改革任务;全面完成茅山老区“强村富民”达新标年度任务,30%的贫困村和低收入户实现脱贫目标;年内新注册企业1309家、个体工商户3081户,分别增长23.3%、41.1%,累计新增注册资本75亿元;世业镇卫生院创成全国人民满意乡镇卫生院;全区90%的镇(街道、园区)创成“市教育现代化示范镇”;所有被征地农民全部纳入社保体系;7个镇(街道、园区)创成全市法治创建工作先进单位,6个村创成省级民主法治示范村,1人当选“全国见义勇为模范”;连续13年被评为省级“平安区”,公共安全感和法治满意度保持全市前列。

完成区、镇两级党委班子和村(社区)“两委”(村党支部委员会和村民委员会)换届工作,开启“高水平全面建成小康社会”新征程。“五好班子”“四亮四创”“百千万先锋工程”等党建品牌创出丹徒特色,非公企业“两个覆盖”(党组织和党的工作两个覆盖)经验做法获中组部推广,先锋村创成全国先进基层党组织,3名村书记获得省“吴仁宝式优秀村书记”称号;全面落实党风廉政建设“两个责任”(落实党风廉政建设责任制,党委负主体责任,纪委负监督责任,制定实施切实可行的责任追究制度),践行“四种形态”,保持反腐倡廉的强劲态势;加强基层民主建设,人大、政协工作卓有成效,依法行政、公正司法深入推进,人民武装、统一战线、群团组织作用得到充分发挥。

(张 樊)

【部分中央、部委、省领导视察丹徒】
2016年4月29日，江苏省省长石泰峰到丹徒区调研长江沿岸危险化学品企业安全生产经营情况，要求各地及行业主管部门要严格落实监管责任，督促企业把安全生产主体责任落实到位，确保安全责任全覆盖；6月22日，中共江苏省委常委、秘书长樊金龙代表省委，到丹徒区走访慰问新中国成立前入党的农村老党员和生活困难党员；7月27日，中共江苏省委书记李强实地察看北汽华东（镇江）产业基地建设发展情况，对加快发展新能源汽车、让自主品牌新能源车占领更大市场提出希望和要求；9月1日，江苏省副省长张雷到丹徒区世业镇调研美丽乡村建设工作，查看农村污水管网建设和运行状况；10月18日，中共江苏省委常委、副省长杨岳到丹徒区调研创意农业工作，要求继续以创意为引领，更好地带动村级经济发展；12月6日，中共中央政治局常委、中央纪委书记王岐山到镇江市调研并主持召开部分省（区）纪委书记座谈会，调研期间，王岐山专程到江苏恒顺集团有限公司考察党建工作；12月10日，国家质量监督检验检疫总局局长、党组书记支树平到丹徒区参观考察中国醋文化博物馆以及镇江香醋的生产过程，肯定丹徒区地理标志产品保护工作。
（张　樊）

【友好交往】 2016年3月15日，安徽省芜湖市鸠江区党政考察团到丹徒区考察“十三五”规划及产业发展情况；3月21日，安徽省淮北市委副书记、市长黄晓武率领淮北市党政代表团到丹徒区参观考察，学习借鉴大项目招商、创新驱动、生态文明建设等方面的经验，加强两地交流合作；7月24日，英国剑桥大学副校长伊恩怀特一行到丹徒区参观考察生态建设、教育投入、城市发展等方面情况；8月1日，台湾新北市瑞芳区“里长联谊会”参访团一行30人到丹徒区参观中国醋文化博物馆、冠城社会福利院和中国米芾书法公园，增进两岸社区管理、企业经营、社会救助、福利慈善等方面的经验交流；8月14日，故宫博物院院长单霁翔考察中国米芾书法公园，肯定丹徒区发展文化旅游产业、弘扬中国传统文化的做法；9月7日，新疆生产建设兵团第四师74团党委书记、政委潘朝印到丹徒区参观考察，交流两地共建和进一步拓展合作空间等事宜；11月4日，新疆生产建设兵团第四师工会党组书记、主席朱谊星率队到丹徒区交流工会工作；11月8日，“台湾石油工会”理事长庄爵安一行12人到丹徒区参观访问，了解新农村建设及工会服务职工的情况和做法；11月21日，台湾省新北市三芝区、石门区和淡水区“国民党基层骨干参访团”一行30人到丹徒区参访交流，了解丹徒历史文化传承和各项事业发展情况；11月30日，“百家央企国企镇江行”与会人员到北汽华东（镇江）产业基地了解建设和生产情况。
（张　樊）

重要决策和会议

【《关于实施年轻干部队伍建设“131工程”的意见》】 丹徒区委2016年3月21日颁发，就丹徒区年轻干部队伍建设，从目标任务、标准条件、来源渠道、方法措施及监督管理、责任要求等方面，提出具体的实施意见。（张　樊）

【《中共镇江市丹徒区委关于开展区级机关“效能革命”的实施办法》】
丹徒区委2016年3月28日颁发，意见分为指导思想、主要内容、工作要求三个部分，详细分解“效能革命”任务。（张　樊）

【《中共丹徒区委、丹徒区人民政府关于推进供给侧结构性改革的实施意见》】 丹徒区委、区政府2016年6月15日颁布，就推进供给侧结构性改革，从指导思想、基本原则、主要目标、重点任务及举措、保障措施等五个方面，提出具体实施意见。
（张　樊）

【《中共丹徒区委、丹徒区人民政府关于开展“强村富民达新标”行动的实施意见》】 丹徒区委、区政府2016年7月11日颁布，部署“十三五”时期全区“强村富民达新标”工作。意见从准确把握总体要求、精准落实工作措施、全面加强组织保障等三个方面，作出具体要求。
（张　樊）

【《中共丹徒区委、丹徒区人民政府关于推进现代化农业建设迈上新台阶的实施意见》】 丹徒区委、区政府2016年7月11日颁布，就推动全区现代农业建设迈上新台阶，从指导思想、主要目标、工作重点、保障措施等四个方面，作出具体部署。
（张　樊）

【中共丹徒区第十三次代表大会】
2016年7月26日，中共丹徒区十三次代表大会在丹徒区会议中心举行。全会回顾总结过去五年的主要工作，研究部署今后五年的奋斗目标和主要任务，动员全区各级党组织、广大党员干部团结带领全区人民，不忘初心、继续前进，全面建设“强富美高”新丹徒。会议听取和讨论区委书记陈琳代表中共丹徒区第十二届委员会所作的《不忘初心 继续前进 全面建设“强富美高”新丹徒》工作报告。（张　樊）

【中共丹徒区十三届二次全委（扩大）会议】 2016年12月30日，中共丹徒区十三届二次全委（扩大）会议在丹徒区会议中心举行。全会贯彻落实中共十八届六中全会、中央和全省经济工作会议、省市区党代会和市委全会有关精神，总结全年工作，部署下年任务，动员全区上下聚力创新、聚焦富民，推动生态领先、深化特色发展，迈出决胜高水平全面小康社会的坚实步伐，加快建设“强富美高”新丹徒。会议听取和讨论区委书记陈琳代表区委常委会所作的题为《坚持创新驱动 深化特色发展 奋力谱写“两聚一高”丹徒篇章》工作报告。（张　樊）

纪检监察

【概况】 2016年,中国共产党镇江市丹徒区纪律检查委员会(以下简称丹徒区纪委)坚持把纪律挺在前面,强化监督执纪问责,抓好各项任务落实,切实担负党风廉政建设和反腐败工作的政治责任,确保“两个责任”(落实党风廉政建设责任制,党委负主体责任,纪委负监督责任,制定实施切实可行的责任追究制度)落到实处。协助区委制定2016年度党风廉政建设责任清单,在全区实施以“强化责任主体、强化责任担当、强化责任追究”为主要内容的“强责工程”;实践监督执纪“四种形态”(第一种形态,即党内关系要正常化,批评和自我批评要经常开展,让咬耳扯袖、红脸出汗成为常态;第二种形态,即党纪轻处分和组织处理要成为大多数;第三种形态,即严重违纪的重处分、作出重大职务调整应当是少数;第四种形态,即严重违纪涉嫌违法立案审查的只能是极少数),落实纪法分开、纪在法前、纪比法严的要求,坚持惩前毖后、治病救人的方针,用纪律管住大多数;按照作风建设“抓常、抓细、抓长”的要求,深化作风建设,建立健全“三查一监督”(在内部组织各地各部门自查、职能部门专项检查,由纪委会同党委政府督查室开展重点督查,在外部开辟作风建设24小时专线、鼓励群众参与监督)联动督查机制;坚持问题导向,围绕不敢腐、不能腐、不想腐,多措并举强化源头治理,推进反腐败工作从治标为主转向标本兼治;加强纪检监察干部队伍建设,把学习领会、贯彻落实十八届六中全会精神同“两学一做”学习教育结合起来,树立“四个意识”(政治意识、大局意识、核心意识、看齐意识),增强“四个自信”(全党同志对党中央在反腐败斗争上的决心要有足够自信,对反腐败斗争取得的成绩要有足够自信,对反腐败斗争带来的正能量要有足够自信,对反腐败斗争的光明前景要有足够自信),从严管理干部队伍、锻造队伍,以队伍建设的新成效保证反腐工作的开展。 (王希伟)

【“两个责任”落实】 2016年,丹徒区纪委协助区委制定2016年度党风廉政建设责任清单,层层压紧压实“两个责任”,在全区实施“强责工程”(强化责任主体、强化责任担当、强化责任追究),形成党委、纪委两个层面的领导集体、主要领导、班子成员等6张责任清单、96项具体责任。协助区委常委、党员副区长,检查全区12个镇(街道、园区)及部分重点部门“两个责任”落实情况,实施责任追究5起,予以纪律处分2人、诫勉谈话5人、提醒谈话1人,通报典型案件2起。 (王希伟)

【纪律审查】 2016年,丹徒区纪检监察组织建立健全线索通报移送工作机制,加强与司法、行政执法等部门的协作配合,进一步规范违纪违法案件移交、查办、审理程序。全年立案查处违纪违法案件93件,其中涉及乡科级领导干部10人,给予党政纪处分93人,移送司法机关5人;立案查处100万元以上案件3件,其中1000万元以上案件2件;挽回经济损失6675万元,其中通过办案挽回经济损失6594万元。 (王希伟)

【信访件办理】 2016年,丹徒区纪检监察组织在收接信访举报工作中,运用监督执纪“四种形态”,严明纪律,推进全面从严治党。全年收接来信、来访362件(次),处置问题线索186件,其中88件运用第一种形态,60件运用第二种形态,33件运用第三种形态,5件运用第四种形态。 (王希伟)

【纪检干部队伍建设】 2016年,丹徒区纪委加大培训力度,先后安排全部118名纪检干部参加各类纪检监察业务培训班;组织新任基层纪(工)委书记、纪检组长到区纪委跟班培训;分批次组织全区纪检监察干部参观镇江市党员干部纪律教育馆,重温入党誓词,提升党性修养,增强以法治思维和法治方式履行职责的能力。 (王希伟)

【作风建设】 2016年,丹徒区纪委抓好党员干部作风建设,全年组织明察暗访126批(次),查处违规收送礼品礼金、违规配备使用公车、违规发放津补贴等问题6件,给予党纪政纪处分5人,诫勉谈话1人,通报曝光典型案例3起;排查问题线索,查处群众身边的“四风”和腐败问题41件,党政纪处分41人;严肃问责,追究在经济发展新常态下、供给侧结构性改革主线中,慢作为、乱作为行为2起,处分7人。(王希伟)

【中共丹徒区第十二届纪律检查委员会第六次全体会议】 2016年2月4日,中国共产党镇江市丹徒区第十二届纪律检查委员会第六次全体会议在丹徒新城会议中心举行。全会深入学习中共十八届六中全会精神,贯彻落实中央、省、市纪委六次全会和区委十次全会精神,总结2015年全区纪律检查工作,部署2016年任务。区四套班子领导出席会议,区委书记陈琳作重要讲话;全会审议通过区纪委所作的《聚焦主业主责 加强纪律建设 为建设“强富美高”新丹徒提供纪律保证》的工作报告。 (王希伟)

【领导干部警示教育大会】 2016年5月18日,丹徒区纪委组织召开全区领导干部警示教育大会,区四套班子领导及500余名副科职以上党员领导干部集体观看警示教育片《镜鉴》和《圣洁殿堂下的魅影》,接受警示教育。两部电教片深入剖析衡阳、南充违反换届纪律案及2015年丹徒区查处的教育局系列贪腐案,在与会人员中引发强烈反响。 (王希伟)

【江苏卫视聚焦丹徒区党风廉政工作】 2016年11月2～4日,江苏卫视廉政时空栏目组到丹徒区拍摄专题片《巧做护林“啄木鸟”》。该专题片讲述丹徒区纪委在实践“四种形态”的同时，抓好“第一种形态”的运用，即通过提醒谈话、函询、批评教育、诫勉谈话等多种形式，加强全区党员日常教育和监督管理，使党员干部做到“咬耳扯袖、红脸出汗”，发挥“护林啄木鸟”的作用，营造全区风清气正的政治环境。（王希伟）

组织工作

【概况】 2016年，中国共产党镇江市丹徒区委组织部（以下简称丹徒区委组织部）落实全面从严治党要求和区委决策部署，推进各项工作。组织开展“两学一做”（学党章党规、学系列讲话，做合格党员）学习教育，督促指导各级党组织履行主体责任，发挥主体作用，以“三会一课”（定期召开支部党员大会、支部委员会、党小组会，按时上好党课）等党的组织生活为基本形式，推进学习教育开展；镇江市委书记夏锦文到丹徒指导“两学一做”，将丹徒的“学有实效、做有实绩”作为全市统一要求；《周末“家”书》汇编作为“两学一做”教材，获中国共产党镇江市委组织部（以下简称市委组织部）主要领导批示。

从严从实选拔干部，注重年轻干部培养与考核，做到教育培训精准化、人才选拔多元化、层次结构科学化；增强基层组织生命力，创新基层党建形式，以问题为导向，以书记项目为着力点，以责任清单为准绳，激发党建生命力；强化人才项目绩效考核，实现“人才引进来”与“交流走出去”相结合，多方位推动人才队伍建设。年内，中央、省委、市委领导先后7次到丹徒区调研全区组织工作和基层党建工作，均给予较高评价。丹徒区组织工作获镇江市组织系统年度目标考核二等奖。

规范组织部门自身建设，打造“家文化”品牌。先后组织开展军事训练和趣味运动会等文体活动；制定并执行关于严肃纪律、严格规矩的“十条规定”和建设关心爱护、和谐温馨组工之家的“十条规定”；坚持每月办公例会制度，集体研究重大问题，专项推进重点工作；提升信息、宣传、调研质量，“四亮四创”“五好”班子创建、领军人才引进等8项工作被《新华每日电讯》《新华日报》《镇江日报》头版宣传报道，录用数比上年增长62%；落实支部组织生活会制度，依托党员现代远程教育视频系统，参加省、市级层面各种形式内容的培训活动。

（韦文雪　杭水明）

【“两学一做”专题教育】 2016年，丹徒区委组织部开展“两学一做”学习教育，围绕“学有实效、做有实绩”的总要求，突出学做结合，建立区委常委会、党（工）委（党组）、书记三张责任清单，各级党（工）委（党组）书记讲党课110余次；以支部为单位执行“统一活动日”制度，建立各类党员“讲学平台”300余个，组织党员开展专题讨论230余场次；推行“345”学习法（利用红色资源“现场学”，党员先进事迹巡回宣讲“典型学”，网络、微信等平台“线上学”3种学习形式；实行“谈好微感言、讲好微故事、上好微党课、记好微笔记”4项微举措；开设“经典教育”“传统教育”“典型教育”“体验教育”“网络教育”5大课堂），开展先进典型宣讲152场次，开展“四亮四创”（亮身份，创先锋模范队伍；亮承诺，创一流工作业绩；亮标准，创行业系统标兵；亮特色，创先进基层组织）主题实践活动，涌现出“党员示范岗”54个；实施“百千万”先锋工程（“百个村（社区）强村富民行动”、“千个党支部精准帮扶千户特困家庭”奔小康活动、“万名党员为群众办实事、做好事”），全区100家单位与88个村（社区）结对帮扶，1231个党支部精准帮扶1129户特困家庭，为群众做好事实事1.2万件；开展“五好”班子（政治素质好、发展业绩好、团结协作好、作风形象好、群众评价好）创建活动，分别创成镇、村“五好”班子2个、10个。

（韦文雪　杭水明）

【干部队伍建设】 2016年，丹徒区委组织部对照“20字”好干部标准（信念坚定、为民服务、勤政务实、敢于担当、清正廉洁），树立正确的选人用人导向。加大年轻干部培养力度，全年提拔35岁以下科级领导干部22人；推动干部培训精准化，举办“一把手”清华大学培训班；全年轮训干部960余人次；建立完善党政正职、副科级、紧缺专业型人才、村（社区）“两委”正职4支后备干部队伍；搭建《周末“家”说》干部展示平台；加大个人有关事项报告抽查核实力度，做到正科职领导干部、执纪执法部门领导干部、后备干部、拟提拔重用人员“四必核”，随机抽查比例在10%以上；推进公务员职务与职级并行，审批晋升60人；配合市委组织部统一选拔7名大学生村官进镇、街道事业单位，2名大学生村官纳入选调生培养。

（韦文雪　杭水明）

【基层组织建设】 2016年是丹徒区基层组织换届年，丹徒区委组织部在酝酿提名、能力素质、比例结构、组织程序、监督管理、大会选举等关键环节，推动各项工作有序开展，确保区四套班子顺利完成换届选举；指导完成了全区6个镇党委、人大班子换届，并指导督促全区88个村（社区）党组织开展换届工作。全年制定了“六大领域”党建工作责任清单，完成32个基层党建“书记项目”，指导区委直属的29家党（工）委和25家党组高质量、高标准开好民主生活会，并首次以现场观摩会形式统筹推进全区基层党建。高标准建成开发园区党群服务中心2个和企业党群综合体1个；高水平推进“双型”先进党支部建设，年内创成“五星”先进党支部6个，“四星”先进党支部100个。（韦文雪　杭水明）

【人才队伍建设】 2016年，丹徒区委组织部制定实施《领军型人才项目绩效评估办法》，举办全市科技镇长团“聚智促转型、服务新镇江”丹徒行活动，召开科技镇长团派出单位科技成果与人才对接会、丹徒区孵化器与高校创业平台对接会。全年引进高层次人才（团队)45 个，其中国家“千人计划”1 名；市“金山英才计划”项目立项22 个，其中“顶尖人才”1 名；项目资助总金额2330 万元，项目立项数和资助金额超过往年。（韦文雪 杭水明）

表1 **2016年丹徒区中共党员基本情况** 单位：人

项目		党员数 总数	党员数 在岗职工
总计		20976	9198
预备党员		213	209
女性		4314	2597
少数民族		51	27
年龄	35岁及以下	3584	2422
	36岁到45岁	3541	2460
	46岁到54岁	4714	3080
	55岁到59岁	1983	1028
	60岁及以上	7154	208
入党时间	1937年7月7日至1945年9月2日	9	–
	1945年9月3日至1949年9月	17	–
	1949年10月至1966年4月	1113	2
	1966年5月至1976年10月	2448	100
	1976年11月至2002年10月	9541	4313
	2002年11月及以后	7077	4693
学历	研究生	242	221
	大学本科	3814	3144
	大学专科	3254	2199
	中专	1432	660
	高中、中技	4796	1836
	初中及以下	7438	1138

说明：截至2016年12月31日 （韦文雪 杭水明）

表2 **2016年丹徒区党的基层组织情况和换届情况** 单位：个

项目		总数	党委	总支部	支部	项目		总数	党委	总支部	支部
甲		A	B	C	D	甲		A	B	C	D
党的基层组织数	1	1023	33	114	876	事业单位	9	85	2	6	77
任届期满	2	373	6	86	281	机关	10	239	17	18	204
本年换届	3	372	6	85	281	中央一级	11	–	–	–	–
城市街道	4	20	1	5	14	省（区、市）一级	12	–	–	–	–
乡镇	5	49	6	–	43	市（地、州、盟）一级	13	–	–	–	–
企业 国有经济控制	6	21	3	–	18	县（市、区、旗）一级	14	239	17	18	204
企业 集体经济控制	7	24	2	4	18	其他	15	568	8	86	474
企业 非公有经济控制	8	86	1	–	85						

说明：截至2016年12月31日 （韦文雪 杭水明）

宣传工作

【概况】 2016年，中国共产党镇江市丹徒区委宣传部（以下简称丹徒区委宣传部）围绕“弘扬主旋律、汇聚正能量、唱响好声音”主线，推进各项工作。开通“思悟堂”微信专栏，开展“微宣讲”竞赛、“百千万基层宣传行”等各类宣讲活动120余场；组织实施冬训“结对行动”“网上行动”和“讲坛行动”，党员冬训项目和冬训工作获上级表彰；围绕推进全域旅游，开展“构建丹徒文化旅游新格局”课题研究；举办“全国重点网络媒体丹徒行”活动，邀请人民网、凤凰网、腾讯网等11家省内外媒体报道大项目建设及服务的工作成效和创新经验；组织策划“大众摄影节”“知名版主走进北汽”等系列活动，展示推介丹徒的特色亮点；完成全国文明城市年度测评目标任务，在市级以上测评中综合得分名列前茅；“构建城乡‘233’明德教育阵地体系”获全市宣传思想文化工作创新奖。全年引进各类文化企业25家，引进资金23亿元，文化产业增加值占地区生产总值比重持续增长。 （龚 啸）

【理论教育】 2016年，丹徒区委宣传部组织学习贯彻习近平总书记系列重要讲话精神座谈会3场、区委中心组学习12次，编印、征订《理论学习课堂》等学习读本2500册；开展“微宣讲”竞赛活动10场，征集“微故事”41个，培育宣讲骨干14名；以“做有梦想有追求的丹徒人”为主题，开展“‘百千万’基层宣讲行”116场，创设“思悟堂”微信专栏，组织“构建丹徒文化旅游新格局”专题社科理论调研127人次；开展“冬训三大行动”，邀请30余名专家深入镇村宣讲28场次，“精准冬训、精彩收获”项目获全省基层党员冬训工作创新奖，丹徒区获全省基层动员冬训工作示范区称号。 （龚 啸）

【新闻宣传】 2016年，丹徒区委宣传部围绕习近平总书记视察两周年、省市区党代会和市区“两会”精神学习宣传和深化供给侧结构性改革等主题，开辟《数说十二五》《两会零距离》等专题专栏，举办“回眸”“逐梦再起航”摄影图片展；策划“全国重点媒体丹徒行”“大众摄影节”等活动20余场。在中央“三报两台”（《人民日报》、《光明日报》、《经济日报》，中央人民广播电台、中央电视台）用稿13篇，在《新华日报》、江苏卫视等省级以上媒体用稿120篇；在《镇江日报》头版头条用稿43篇，列各辖市区首位。 （龚 啸）

图8 2016年5月20～25日，举办丹徒区第五届“清风雅韵”广场戏曲周活动 （丹徒区委宣传部提供）

【文明创建】 2016年，丹徒区委宣传部构建“丹徒好人365”信息报送机制，全年当选“中国好人”1人、“江苏好人”4人、“镇江好人”8人，道德典型总量占比位居全市前列；建成“好人工作室”2个、“好人广场”1个，编印《德耀丹徒》好人故事集；开展“讲文明 树新风”公益广告宣传；开展“城市啄木鸟”集中行动，2家单位分别获全市“啄木鸟行动”先进集体和责任落实先进单位；建成市“双美双优”示范点3个、诚信示范街1个，注册志愿者占比和志愿服务活动数均超额完成年度目标；完成全国文明城市年度测评迎检工作；承办全市最美乡村现场会，创成一批“最美乡村”“农村道德文化园”示范点；1户家庭获“省最美家庭”称号，5户家庭获“市最美家庭（标兵）”称号。 （龚 啸）

【文化事业】 2016年，丹徒区围绕现代公共文化服务体系构建工作，完成丹徒文化艺术活动中心基础设施建设，完成5个生态文化广场、3个镇（街道、园区）文化站示范点和7个综合性文化服务中心项目创建，全区村（社区）实现综合文化服务中心全覆盖；围绕“展示丹徒美聚力新征程”主题，举办丹徒区“梨园情·中国梦”第五届“清风雅韵”广场戏曲周活动，吸引近300名戏曲票友参与，观众近3万人次；在学校、乡镇和部分区级机关等基层单位，开展“江苏省百名专家千场文艺欣赏讲座”丹徒专场活动，受益听众1000余名；组织镇（园区、街道）、区级机关及企业46支职工业余文艺团体，举办庆“五一”文艺演出；举办“丹徒好声音”歌唱大赛。 （龚 啸）

【文化产业】 2016年，丹徒区委宣传部发挥协调、服务职能，推进文化产业发展。完善《丹徒区文化产业引导资金管理办法》，做好市、区级文化产业引导资金的申报评选工作，成功指导推荐6个项目（企业）申报市、区级引导资金；牵头引进的总投资6.2亿元的开心乐之岛、总投资5亿元的长山薰衣草庄园开园；促成恒华传媒与美国当纳利集团及总投资28亿元的长山国际旅游度假区、总投资15亿元的金色年华养生谷等项目签约落户。全年引进各类文化企业25家，新增文化产业投资23亿元，实现文化产业增加值17亿元，文化产业占地区生产总值比重为4.7%。 （龚 啸）

【网络建设管理】 2016年，丹徒区委宣传部推进新型主流媒体发展建设，提升网络舆情管控和引导水平，营造和谐文明的网络空间。“丹徒发布”官方微博和“微丹徒”微信公众号新媒体平台运作有序，吸引粉丝近3万名，粉丝数比上年增长60%；建设“生态丹徒全媒体信息发布平台”，完成网站群、手机站、微信矩阵、微博矩阵等功能开发，实现多站群统一管理，多终端、多媒体、社交化发布；加大网站从业人员岗位培训力度，组织各级业务知识培训7次，培训人员300余名；完成全区32家政府网站和重要网络信息系统督查工作，排查处理网络安全事件12起。年内，江苏省《2016年度网络举报典型案例》录用丹徒区案例1条，丹徒区委宣传部获全市“网络发言人”工作先进集体称号。 （龚 啸）

【意识形态工作】 2016年，丹徒区委宣传部推进党委（党组）意识形态工作责任制，区委书记与全区22家成员单位党委（党组）书记签订《意识形态责任状》，建成联席会议成员及联络员资料库，实行成员单位意识形态工作双月汇报制度，并每月召开分析研判会2次；规范网络传播秩序，修订完善《丹徒区关于强化舆情监管把控舆论导向的实施办法》，执行网络发言人“二三五”制度，舆情管控和处置工作纳入文明机关考核，促进网络空间不断净化。 （龚 啸）

【“233”明德教育阵地体系】 2016年，丹徒区委宣传部整合资源，创新载体，构建“233”明德教育阵地体系，践行社会主义核心价值观，促进城乡文明一体化提升。建好城区、农村2个示范性道德文化阵地。建成全省首个道德文化广场，以连环画形式讲述传统文化中蕴含核心价值观的经典故事，宣传道德典型事迹，展示道德格言书法作品。建成一批农村道德文化园，设“美德文化展示区”“正德文化涵育区”“行德文化体验区”“尚德文化观光区”，营造道德文化建设良好环境，促进传统古村落、古建筑保护和文化旅游发展；打造3个普及性道德宣教阵地。村村建设景观式“乡风明德文化墙”，利用村庄墙体，展示“3+X”内容（乡愁风物篇、乡风美德篇、乡贤好人篇和具有本地特色的村史村情、村庄文化），该做法在全市推广，受到省委宣传部肯定，并被“中国文明网”专题报道。打造规范化“道德讲堂”，建成示范讲堂15个、基层讲堂350个。城乡同建动态“善行义举榜”，每季度评选一次；开展3个群众性道德实践阵地建设。创新成立城乡志愿服务联盟，推动城乡志愿服务“双向互动”。成立城区行业志愿服务队7支和农村“草根能人”志愿服务队11支，开展助医助法、文化科技、水电维修等志愿服务。设置“乡风文明志愿岗”，以行政村为单位，7600余名志愿者参加。 （龚 啸）

【区委中心组学习】 2016年，丹徒区召开区委中心组学习（扩大）会议12次。丹徒区委宣传部邀请中国特色社会主义研究院、中国浦东干部学院、省纪委等单位专家到丹徒区开设讲座，为各级领导干部建设“强富美高”新丹徒提供知识储备和实践指导。讲座重点围绕中共十八届三中、四中、五中、六中全会精神和习近平总书记系列重要讲话精神、中国特色社会主义、“中国梦”、两个“条例”以及供给侧结构性改革等内容，包括“增强‘四个意识’提高思想境界”“供给侧结构性改革下的宏观经济政策走向和形势分析”等课题，得到全区各级领导干部的好评。 （龚 啸）

【文艺创作】 2016年，丹徒区委宣传部开展“深入生活、扎根人民”主题实践活动，举办以“为人民绽放”为主题的“张胜冬书法作品”“宝堰古镇书法协会书法”等文艺家风采展示4场次；鼓励和推介文艺创作，涌现出一批优秀文艺作品，其中摄影作品《老铺子的最后时光》、美术作品《金色阳光》、舞蹈作品《千古一醉》等31件作品获市级以上奖项，长篇小说《润城往事》出版发行。 （龚 啸）

机构编制管理

【概况】 2016年，镇江市丹徒区机构编制委员会办公室（以下分别简称丹徒区编委会、丹徒区编办）推进各项改革，严格机构编制管理，提高机构编制工作水平，为促进全区经济社会全面健康发展提供体制机制保障。截至年底，全区行政编制在编人员1520人，比上年减少11人；事业编制在编人员5308人，比上年减少62人。结合全区实际，完成镇（街道、园区）、部门（单位）共39家108项机构编制调整工作，其中涉及机构调整58项、职能调整10项、编制调整19项、职数调整21项，整合撤销事业单位5家，撤销挂牌机构1家，收回事业编制7名。年初，调整并启用新版“进编表”，加强进编人员家庭和社会关系相关审核。8月，组织全区74家机关事业单位的人事干部，开展编制实名制管理业务培训，推进编制实名制相关管理工作。协同区委组织部、区审计局，完成4个部门“一把手”领导在任“三责联审”（用人责任审查、编制责任审核、经济责任审计）工作；完成5家单位机构编制责任审核整改情况专项督查。11月，全区控编减编工作通过省督查组实地督查并获好评。完成全区2012年底至2016年7月机构编制调整事项核查工作。全年有18篇信息被镇江市编办采用。 （张辰昕）

【行政审批事项前置中介服务规范管理】 2016年6月，丹徒区编办制发《镇江市丹徒区行政审批事项前置中介服务清单》，保留行政审批事项及相关行政权力事项109项，涉及前置中介服务的申报材料146项。确定镇江市标准化研究中心丹徒分中心、丹徒区疾控中心和丹徒区工商管理咨询服务中心3家事业单位从事中介服务事项。12月，经丹徒区编委会研究，撤销镇江市标准化研究中心丹徒分中心和丹徒区工商管理咨询服务中心。（张辰昕）

【公共服务事项梳理】 2016年10月，丹徒区编办会同区法制办、区政务服务办印发《关于梳理公共服务事项的通知》，制定公布《区级公共服务事项清单》，保留22个部门的70项公共服务事项。（张辰昕）

【随机抽查事项清单制定公布】 2016年8月，丹徒区制定公布《镇江市丹徒区随机抽查事项清单》，涉及全区27个部门单位计174项随机抽查事项，推进"双随机、一公开"（各单位在事中事后监管过程中随机抽取检查对象，随机选派执法检查人员，抽查情况及查处结果及时向社会公开）监管，用制度限制监管部门的自由裁量权，避免"任性"监管。（张辰昕）

【综合行政执法体制改革】 2016年，按照中央"四个全面"（即全面建成小康社会、全面深化改革、全面依法治国、全面从严治党）的整体布局和省委、省政府要求，经丹徒区编委会研究，围绕科学设置执法机构、加强执法队伍和创新综合执法机制等三个方面，分三个阶段开展农林领域综合行政执法改革。（张辰昕）

【公立医院人员编制备案管理】 2016年，丹徒区编办核定区人民医院人员总额480名（其中原核定的事业编制356名，备案人员数额124名），区中医院人员总额96名（其中原核定的事业编制66名，备案人员数额30名）。备案确定的人员控制数额，每两年动态调整一次。（张辰昕）

【检验检测机构整合】 2016年，经丹徒区编委会研究，撤销区粮油质量检测所、区农产品质量安全检验检测站、市标准化研究中心丹徒分中心和区工商管理咨询服务中心，整合组建区食品检验检测中心，列入区市场监督管理局所属差额补贴公益二类事业单位（正股级建制）。核定该中心事业编制18名。将相关单位在编人员划入新组建的"区食品检验检测中心"。（张辰昕）

【统一社会信用代码制度】 2016年，丹徒区编办推进全区统一社会信用代码制度改革，开展业务培训，全年办理机关、群团统一社会信用代码证58家（其中机关49家、群团9家），变更登记5家，办理事业单位设立登记8家，变更登记52家，注销登记5家，参加年度报告公示的单位233家，公示率100%。（张辰昕）

【政务和公益中文域名注册管理】 2016年，丹徒区编办完成全区中文域名注册386家（政务域名75家、公益域名311家）。全区有152家域名管理费到期，完成域名续费3.17万元，全部上缴中央机构编制委员会办公室域名管理中心。（张辰昕）

【事业单位信用等级评价】 2016年，丹徒区编办对接区人民法院、区公安局、区财政局、区人社局、区审计局、区国税局、区地税局、区市场监督管理局等部门，建立全区事业单位信用等级评价工作联席会议制度，规范约束事业单位法人信用行为。（张辰昕）

统战工作

【概况】 2016年，中国共产党镇江市丹徒区委员会统一战线工作部（以下简称丹徒区委统战部）落实中央、省委和市委关于统一战线一系列重大决策部署，构建"大统战"格局，推动全区统战工作创新发展。

丹徒区委成立统一战线工作领导小组，区委书记担任组长，协调指导全区统一战线工作。统战部部长由常委担任，负责全区统一战线全面工作；选举符合条件的民主党派主委、工商联主席进入区人大、区政府、区政协领导班子；各镇（街道、园区）统战委员由组织委员兼任，配齐统战干事。全区大统战格局初步形成。

成立非公有制经济代表人士综合评价工作领导小组，建立由统战部牵头协调、14个单位协同参与的联席会议制度，全面启动非公有制经济代表人士综合评价工作，完成101名非公有制经济代表人士评价工作，为换届工作奠定基础，激发非公有制经济人士活力。开展非公人士理想信念教育实践活动，进一步增强非公有制经济代表人士对党和政府的信任、对企业发展的信心、对社会大众的信誉。

组织全区各民主党派、工商联和无党派人士围绕"十三五"规划等重点难点问题开展调研、建言献策，发挥党外代表人士的力量。加大党外代表人士培养和使用力度，按规定落实区、镇两级人大、政府、政协组织中党外人士的比例和数量。至年底，区人大常委会有党外副主任1人、党外人大常委2人、党外人大代表51人；区政府有党外副区长1人，10个政府必配部门配备党外副职9人，全区有科级党外干部18人；区政协领导班子中有党外副主席3人，政协常委中有党外常委18人，政协委员中有党外委员96人。两会期间，党外人士提出集体提案14件，占集体提案总数的12%，个人或联名提案70件。

年内，丹徒区委统战部参加相关调研20余次，撰写有关调研报告16篇，向有关部门提合理化建议10余条。在政协大会交流发言的15篇论文中，有11篇出自党外人士。（杨 燕）

【无党派人士联谊会换届】 2016年3月18日，丹徒无党派人士联谊会换届大会举行。大会通报换届前期准备工作及候选人员产生过程，并以举手表决的方式选举产生新一届无党派人士联谊会领导班子。会上,前任会长郭祥明作工作报告,新当选会长李晓娟作表态发言。丹徒区委统战部部长任金华参加会议并讲话。（杨 燕）

【参观调研冷遹纪念馆】 2016年4月27日,丹徒区委统战部组织全体工作人员到冷遹纪念馆参观调研,了解冷遹生平事迹及纪念馆基本情况。丹徒区委统战部部长任金华要求,加大纪念馆宣传力度,与更多的省外、市外专家学者建立联系,提升冷遹思想研究的档次,扩大冷遹纪念馆的社会影响力。（杨 燕）

【农工民主党丹徒基层委员会换届大会】 2016年4月28日,农工民主党丹徒区基层委员会换届大会举行。市政协副主席、农工民主党镇江市委员会主委赵庆荣,副主委梁新歌,以及农工民主党丹徒区基层委员会党员50余人出席会议。农工民主党丹徒区基层委员会第一届主委王卫方作工作报告。大会以等额选举的方式选举产生农工民主党丹徒区基层委员会第二届委员。新当选主委王卫方代表新一届委员会领导班子作表态发言。丹徒区委统战部部长任金华出席会议并讲话。（杨 燕）

【党外政协委员推荐工作部署会】 2016年8月11日,丹徒区委统战部召开党外政协委员推荐工作部署会,各镇（街道、园区）统战委员、政协联络委员会主任参加会议。丹徒区委统战部副部长陈毅强就第十届党外政协委员的推荐工作作出具体部署。（杨 燕）

【统战业务培训】 2016年11月4日,丹徒区委统战部举办丹徒区统战业务培训班,邀请江苏省委统战部信息科主任鞠华,区委统战部副部长卢德辉、陈毅强,围绕统战信息工作、丹徒经济统战工作和党外代表人士业务工作等课题作专题辅导。各镇（街道、园区）统战委员、统战干事,各民主党派分管信息工作领导及相关人员参加培训。（杨 燕）

图9 2016年11月17日,民盟丹徒委员会成立大会

（丹徒区委统战部提供）

【民盟丹徒委员会成立大会】 2016年11月17日,中国民主同盟会（以下简称民盟）丹徒委员会成立大会举行,民盟镇江市委主委杨晓勤、丹徒区委统战部副部长陈毅强出席会议,民盟丹徒委员会全体盟员与会。民盟丹徒委员会主委孔令萍主持会议,并代表民盟丹徒支部作工作报告。民盟镇江市委会组织处负责人宣读民盟镇江市委会关于民盟丹徒支部更名为民盟丹徒委员会以及召开换届选举大会的相关批复。杨晓勤讲话并肯定民盟丹徒支部的工作成绩,就今后工作提出新要求。大会选举徐俊、肖涛、邹国俊、姚凯、徐海燕、卢实、吴丹7人为民盟丹徒委员会第一届委员,徐俊当选为民盟丹徒委员会主委,肖涛、邹国俊、姚凯当选为副主委,新当选的丹徒委员会各支部主委作表态发言。（杨 燕）

农村工作

【概况】 2016年,丹徒区农业农村经济保持稳中有进的良好态势。全区实现农林牧渔增加值21.17亿元,农村居民人均可支配收入18959元,粮食播种面积2.73万公顷,粮食总产量18.12万吨。

农业经济发展。全区10个重点农业项目完成投资7.1亿元。市级以上农业龙头企业销售收入比上年增长9.15%,带动农户9.91万户;现代农业产业园区农业产值比上年增长15.9%;社会资本实现对农业投资9.47亿元;农业信息化覆盖率62%;畜禽大中型规模养殖比重为57%。全区设施园艺面积比上年增加1533公顷。

精准扶贫工作。实施“强村富民达新标”和茅山老区振兴发展行动,全区43个经济薄弱村、1791户（3889人）低收入家庭全部建档立卡;选派第一书记35名,确定帮扶项目138个。至年底,有20个经济薄弱村年经营性收入稳定在80万元以上,635户（1259人）低收入户人均年可支配收入达到8000元以上,完成年初确定的目标。

农业旅游融合。全年实现旅游综合收入56.58亿元,旅游重点项目投入13.9亿元,超额完成市下达的任务。“2016中国·丹徒旅游文化节”期间,各镇（街道、园区）举办柑橘节、野菜节、黄桃节等活动,新增游客50万人次,扩大乡村休闲旅游影响力。

农村环境建设。全年新增绿化造林145.33公顷,全区林木覆盖率23.37%。升级改造6个镇级垃圾中转

站，全年清理各类垃圾6.5万吨。水体保护全面覆盖，水质优良率在95%以上。新建改造升级农村道路56.6千米，新建农村桥梁10座、生态文化广场5个，改善农村人居环境。

农产品质量安全。全年新增“农三品”（无公害农产品、绿色食品和有机农产品）产品认证21个，种植业“农三品”产量占食用农产品产量比重为40.1%；继续推进农产品标准化建设，国家级茶叶综合标准化示范区通过验收；开展农资打假专项整治、种植业专项整治和“瘦肉精”专项整治等活动，全年检查生产经营企业230家，抽检农药样品38个、肥料8个、兽药7个，蔬菜基地30余家。

重点水利工程建设。完成2015年小型农田水利重点县项目，完成高资街道、世业镇、江心洲生态农业园区区域治理；投资3800万元，实施2016年小型农田水利重点县工程，重点实施高桥镇、辛丰镇、宜城街道、谷阳镇区域治理；完成清淤整治河道25条，总长55.87千米；清淤村庄河塘74个，完成各类土方213万立方米。其中，谷阳镇张麓河列入省级农村河道疏浚整治工程，整治长度4.08千米，疏浚土方6.49万立方米；投资2313.18万元，实施长山中型灌区节水改造项目，年内竣工验收；投资500万元，实施荣炳茹墅河小流域综合治理工程，年内全面完工；投资452万元，实施盘荣水库除险加固工程，汛期前竣工。

（徐　驹）

【农村改革】　2016年，丹徒区77个行政村、1545个村民小组开展土地确权，签订农村土地承包合同5.3万份，完成第三方验收，进入证书打印和颁证工作阶段。推广“戴庄经验”（“戴庄经验”发端于句容市戴庄，是创新农业经营体制、发展生态农业、促进农民增收经验的经典概括），重点发展村社共建型试点村3个，年内新增省级家庭农场8家；启动农村产权流转交易市场建设和农村集体资产股份制改革；加快水利改革，启动河湖和水利工程划界确权工作；巩固集体林权制度改革，有序推进国有长山林场改革。

（徐　驹）

【“强村富民达新标”行动】　2016年，丹徒区全面推进“强村富民达新标”行动，成立丹徒区“强村富民达新标”领导小组，按照有领导挂帅、有部门挂钩、有党员结对、有企业联动、有第一书记驻村的“五有标准”，开展挂钩结对帮扶。茅山老区乡镇及全区43个经济薄弱村分别制定行动方案，落实工作机制；明确扶贫成员单位职责，建立“一把手”工作责任制、区镇协调联络制、定期召开会议和定期督查制等制度，确保及时发现矛盾，及时协调解决；建立帮扶项目长效追溯、退出等系列机制，保障精准扶贫工作有序推进。通过该项行动，丹徒区每年设立不低于1000万元扶贫基金，专项用于精准扶贫；各镇（街道、园区）落实100万元以上的扶贫帮困基金，按照“应保尽保、兜底保底”的要求，兜底保障缺少劳动力、因病致贫的特困家庭，确保扶贫效果。

（徐　驹）

图10　2016年10月14日，丹徒区区长张映桥（右二）率队到上党镇东方村调研“强村富民达新标“工作（丹徒区上党镇提供）

机关党建工作

【概况】　2016年，中共镇江市丹徒区委区级机关工作委员会（以下简称丹徒区级机关党工委）结合机关党建“服务中心、建设队伍”两大核心任务，以落实“两学一做”学习教育为主线，以激励党员干部“担当干事”为主题，深化“法治型、服务型”先进党支部建设，增强机关党组织政治功能和服务功能。年末，丹徒区级机关党工委有机关党委1个、党总支部14个、党支部50个、党员2452人。年内发展新党员36人，预备党员转正33人。（薛　艳）

【区级机关“两学一做”学习教育】

2016年，丹徒区级机关党工委开展“两学一做”学习教育，进一步规范基层党组织“三会一课”和“统一活动日”（2014年，“两学一做”学习教育中，镇江建立基层党组织“统一活动日”制度，每月20日为“统一活动日”）等党内生活制度，组织开展“立家规、正家风”主题活动及学思大讨论4次，形成讨论成果120余篇、家风家规100余条；开展“百千万”先锋工程、“四亮四创”主题实践活动，进一步转变机关党员干部工作作风；举办“国税杯”学习党章党规知识竞赛，组织区级机关41支代表队参与角逐，并通过发放学习书籍、材料和举办系列赛等方式，引导机关党员提升理论学习和知识储备的主动性。（薛　艳）

【“双型”先进党支部创建】 2016年，丹徒区级机关党工委在区级机关开展“法治型、服务型”先进党支部建设。重点抓好支部书记教育培训，全年围绕党建工作实务和《准则》《条例》内容，开展培训、讲座2次，党支部书记培训率100%；继续开展2016年度评星定级工作，创成“四星”级党支部24家、“三星”级党支部64家，“三星”级及以上党支部占党支部总数比例为65%。

（薛　艳）

【机关党建工作专项课题调研】 2016年11月，丹徒区级机关党工委以“‘双型’先进党支部建设的实践与思考”为主题，在全区机关党组织中开展党建工作调研征文活动，研讨机关党组织在“双型”先进党支部建设中的经验做法。活动期间，征集调研文章40篇。区公安局机关党总支、区总工会党支部、区国税局党总支、区烟草局党支部、区司法局党总支、区水利农机局机关党支部和区粮食局机关党支部的7篇调研文章被评为“双型”先进党支部建设专项课题优秀调研成果。（薛　艳）

【机关党建工作规范化管理】 2016年4月，丹徒区级机关党工委联合区委组织部下发《丹徒区区级机关基层党务干部配备与管理暂行办法》，就理顺党委部门机关党组织隶属关系、机关基层党务干部配备管理等工作，作出部署。6月11日，全区13个部门党委的机关党组织纳入区级机关党工委领导，进一步强化统一规划、统一部署和统一管理。

（薛　艳）

【机关直属党组织换届】 2016年10月中旬起，丹徒区级机关党工委开展全区区级机关党组织集中换届改选，下发《关于做好区级机关工委直属基层党组织统一换届选举工作的通知》，指导换届选举的方法步骤，落实各党组织领导责任，严格要求换届纪律，营造出风清气正的换届环境。年内，所有机关直属党组织均按要求完成换届。（薛　艳）

【机关作风建设】 2016年，丹徒区级机关党工委优化调整《丹徒区区级机关绩效管理考核办法》，将作风建设列为日常考核的重要内容。采取日常巡查、重点抽查、明察暗访等方式，多渠道、经常性开展作风建设监督检查。联合丹徒区纪委开展为期3个月的明察暗访活动，分2次查访33个部门和10个对外服务窗口单位。在全年机关作风总体情况较往年有所好转的同时，丹徒区级机关党工委开展整改落实“回头看”活动，通报查出的部分问题，并督促相关单位开展整改。（薛　艳）

【社会各界评议机关】 2016年，丹徒区级机关党工委、区作风办向社会通报2015年社会各界评议机关结果，并将意见和建议原汁原味地反馈给相关单位。开展2016年社会各界评议机关工作，调整更新评议人员数据库，随机抽取2800余名评议人员开展社会化评议。全区68个部门、28个重点科室参加评议。评判结果与年终评比评优紧密结合，纳入绩效考核，做到奖优罚劣。

（薛　艳）

【群团活动】 2016年，丹徒区级机关党工委继续坚持党建带群建原则，推进“职工之家”建设。全年建成省级职工之家1家、市级5家、区级4家，全部通过复查验收，机关工会工作委员会获2016年度工会工作目标考核一等奖。组织区级机关党员职工参与无偿献血260人次，献血8万毫升；组织登山、演讲、征文比赛、相亲联谊会和职工职业服装秀等活动，充实机关党员干部文化生活，增强机关党组织的凝聚力、向心力。（薛　艳）

党校工作

【概况】 2016年，中共镇江市丹徒区委党校(以下简称丹徒区委党校)注重干部培训实效，强化科研理论创新，完善科研调研论文奖励制度，加强队伍建设，推进“两学一做”和党的群众路线教育实践活动，各项工作有序推进。选派多人次参加省委党校、市委党校组织的专题培训，选派1名教师担任区委办公室信息科联络员。（薛厚平　徐飞燕）

【干部教育培训】 2016年，丹徒区委党校以培养讲政治、有党性、能力强的经济社会发展所需要的复合型人才为重点，开展干部教育培训。在教育培训实践中，探索新的培训方式和培训模式，开展各类学习活动，做到“少而精”“少而新”，突出“管用”，突出理论的指导性和前瞻性；推荐《领导干部管理案例》等书籍，供全区党员干部学习参考，组织教职员工开展全区性研讨活动5次；各次教学效果反馈调查中，学员满意率均为100%。全年举办各类主体班12期，联合办班10期，培训人员2600余人次。其中举办科级干部培训班8期，全区正、副科级领导干部参训率99%；举办新农村建设骨干培训班4期，培训对象涉及乡镇基层干部、大学生村官；举办统战、共青团等其他业务培训班12期。全年新设培训专题16个，专题更新率超65%。（薛厚平　徐飞燕）

【教学和科研】 2016年，丹徒区委党校围绕丹徒区推进城中村改造、城中村经济发展、科技产业园发展、文化名城建设、非公有制企业党建等课题，开展调查研究，形成调研报告3篇计1.5万字。年内，分别在《管理学家》《党政干部论坛》发表文章3篇计1.5万字。在市党校系统社会科学研讨会评选中，获三等奖2篇。年内申报新课题2项。

（薛厚平　徐飞燕）

党史·地方志

【概况】 2016年，镇江市丹徒区史志办公室(以下简称丹徒区史志办)利用史志工作成果，发挥其特有的史料资源、信息优势，服务于丹徒社会发展和经济建设，推进党史、地方志工作的跨越发展。年底，《丹徒年

图11　2016年6月28日，丹徒区史志办参加纪念中国共产党建党95周年“忆党史　明党纪　颂党恩　做先锋”诗词朗诵会　（王雪松　摄）

鉴（2015）》获2015～2016年度全国年鉴编校质量检查评比二等奖。

党史编研。有序推进《中共镇江市丹徒区地方史》二卷本、三卷本资料征集和编撰工作；开展“学党史　感党恩　跟党走”活动纪念中国共产党建党95周年，论文《抗日战争时期的中共长江工作委员会》在省中共党史学会纪念中国共产党建党95周年学术研讨会上交流；专题“改革开放以来丹徒区的发展历程、重要成就、宝贵经验”入选《镇江改革开放实录》。

年鉴编撰。明确年鉴编撰分工细则，优化年鉴框架结构内容，提高彩页设计水平和图片质量，提升年鉴整体编撰水平；分组召开重点单位和难点单位组稿会议，根据相关单位职能和年鉴框架结构特点，有针对性地指导编写内容，通过面对面交流解决疑难问题，进一步提高年鉴初稿的规范和质量；组织业务骨干赴盐城、武汉等地参加年鉴交流会，学习先进市区好的经验和做法。10月底，《丹徒年鉴（2016）》编撰完成，12月正式出版，共印刷900余册，对外发行470余册。

史志服务。做好镇（街道、园区）志、专业志的编撰指导与服务工作，推进《荣炳志》《镇江市丹徒区人民医院志》《曲阳村志》编修工作有序开展；坚持“史志六进”活动，扩大史志成果宣传和史志工作社会影响；参加市史志办、市妇联联合举办的纪念中国共产党建党95周年“忆党史　明党纪　颂党恩　做先锋”诗词朗诵会，用诗词回顾党的伟大成就和光辉历程，增强做好新形势下党史工作的责任感和使命感；联合承办丹徒区首届大众摄影节，拓展反映丹徒发展新面貌图片的征集渠道，促进年鉴彩页质量的提高，进一步提升《丹徒年鉴》的知名度和吸引力。　（刘　芳）

【《丹徒年鉴（2016）》编撰出版】 2016年12月，丹徒区人民政府主办、丹徒区史志办公室编撰的《丹徒年鉴（2016）》由方志出版社出版。该期年鉴全面系统记述丹徒区2015年度政治、经济、社会、自然等方面的基本面貌、发展状况以及发生的大事、要事、新事，设有类目31个、分目165个、条目845个、表格67个、插照84幅、彩页98页，共56.1万字，印刷900余册，并附赠电子光盘，是连续编辑出版的第24期。全书注重整体质量和品位提升，在框架设计方面重点求新求变，力求层次和内容更加丰富、全面，突出时代特色、年度特点和部门特色，将原来的“科技·教育”类目分为“科技”“教育”2个类目，将原来的“文化·广电·体育·卫生”类目分为“文化·广电·体育”和“卫生”2个类目，在“城镇建设与住房管理”类目中增设“高校园区建设”分目，在“工作生活指南”类目中新设“丹徒区星级乡村旅游区选介”分目，在“专记”分目中新增丹徒区“十二五”成果总结、丹徒区“中华诗词之乡”创建纪略、高桥镇创建“中国雪地靴之乡”等条目；在装帧设计方面有突破，封面、封底设计主题明确，更加突出地方特色，以“丹徒新城”建设为主定位，反映全区的城镇发展和农村新貌，图片质量和效果均有提高，光盘装帧也更加美观实用；在彩页设计方面有新意，版式统一，视觉效果更好，特别是增加公共版图片数量，突出反映领导调研、重点项目、城市建设、农业、旅游、文化、民生等方面情况。　（刘　芳）

【《中共丹徒地方史》二卷本、三卷本资料征集和编撰工作】 2016年，丹徒区史志办按照中央、省委和市党史部门的部署和要求，贯彻“党史姓党、党史为党”原则，做好《中共丹徒地方史》二卷本、三卷本的资料征集和编撰工作。经过反复修改、论证，制定《中共丹徒地方史》二卷本、三卷本编撰目录及专题资料编写计划，并将专题资料编写任务细化成7个专题，分解下达到各责任编辑。党史编辑人员每周召开一次业务座谈会，交流一周以来资料收集及编辑情况，每月召开一次编辑部工作调度会，及时解决工作中遇到的困难和问题，确保按序时进度推进。至8月底，完成《中共丹徒地方史》7篇41章，约65万字的初稿任务；9～12月，完成二卷本初稿资料补充和第一轮通稿任务。　（刘　芳）

【史志工作调研】 2016年4月26日，江苏省地方志办公室副主任牟国义到丹徒区调研史志工作，镇江市史志办主任吴海平、副主任杨兵和丹徒区史志办陈刚等陪同。牟国义一行实地参观中国醋文化博物馆和香醋生产线，听取专业人员介绍，了解丹徒的地方特色；听取丹徒区史志办近几年工作情况的汇报，并就年鉴框架结构设计、年鉴编撰内容和年鉴地方特色等提出具体意见，希望《丹徒年鉴》在做精品、做特色上下功夫，并建议建立地情网站和开通微信，加强地方风物宣传，进一步扩大丹徒影响力。（刘 芳）

【镇志、专业志编纂指导】 2016年，丹徒区史志办指导推进《荣炳志》《镇江市丹徒区人民医院志》的编纂工作。年内，3次赴荣炳盐资源区召开座谈会，对《荣炳志》的框架目录、结构层次、格式规范、语言逻辑等方面提出具体意见和建议。同时，帮助协调联系编纂人员，赴张家港市史志办学习交流，为志书的资料征集提供帮助和支持。至年底，《荣炳志》共征集资料约2000万字，进入统稿阶段；《镇江市丹徒区人民医院志》自2015年8月启动以来，完成资料征集和初编工作，至2016年底，完成初稿80%。年内，丹徒区史志办相关人员几次赴医院指导座谈，为志书初稿完成并进入修改完善阶段奠定基础。（刘 芳）

【承办丹徒区首届大众摄影节】 2016年10月17日上午，由丹徒区委宣传部、镇江市摄影家协会、镇江日报社联合主办，丹徒区史志办、丹徒区文联等单位联合承办的丹徒区首届大众摄影节开机仪式在中国米芾书法公园举行，来自市、区摄影家协会和全区各部门、单位的100余名摄影爱好者参加。丹徒区史志办全体在职人员参加仪式，主任陈刚代表承办单位发言。该届摄影节以"生态丹徒，幸福家园"为主题，面向社会广大摄影爱好者征集反映丹徒发展新面貌的摄影作品，旨在引领广大市民发现丹徒、宣传丹徒的同时，推动全区旅游文化产业更快发展。仪式后，全体人员在市、区摄影家协会领导的带领下，共同在中国米芾书法公园采风。（刘 芳）

老干部工作

【概况】 2016年，中国共产党镇江市丹徒区委员会老干部局（以下简称丹徒区委老干部局）贯彻落实中央办公厅、国务院办公厅《关于进一步加强和改进离退休干部工作意见》文件精神和全国、省、市老干部局长会议精神，围绕全年目标任务，加强离退休干部思想政治建设和党组织建设，深化离退休干部服务管理工作。

2016年末，全区有离休干部118人（含垂直系统3人），其中抗日战争前期参加革命工作5人，抗日战争后期参加革命工作19人，解放战争时期参加革命工作94人；行政58人，事业22人，企业38人；年龄90周岁以上52人，80周岁～89周岁66人；享受地市级待遇4人，县处级待遇58人，科级待遇56人。春节期间，区委、区政府及各部门单位以座谈会、上门走访等形式，慰问全区老干部。敬老节期间，丹徒区委老干部局上门慰问16位90岁的老干部，送去党和政府的关怀和祝福。（杨 琳）

【离退休干部党支部书记培训班】 2016年4月28～29日，丹徒区委老干部局在区委党校举办全区离退休干部党支部书记培训班，重点学习《关于进一步加强和改进离退休干部工作的意见》（中办发〔2016〕3号）文件精神。培训班要求全区离退休干部党支部书记全面领会和准确把握文件精神，自觉把《意见》精神融入工作实践中。全区老干部支部书记31人参加培训。（杨 琳）

【离退休干部党支部活动室规范化建设】 2016年，丹徒区委老干部局开展离退休干部党支部活动室规范化建设达标创建活动，下发《关于加强离退休干部党支部活动室建设的意见》，明确离退休干部党支部活动室建设的具体做法和目标，全区31个离退休干部党支部全部参与创建。11月底，高桥镇、辛丰镇、荣炳盐资源区等8个离退休干部党支部符合创建要求，验收达标。12月16日，丹徒区委老干部局举行基层离退休干部党支部活动室达标单位授牌仪式。（杨 琳）

【老干部政治待遇落实】 2016年，丹徒区委老干部局继续推进老干部政治待遇落实工作。定期寄发由镇江市委老干部局编印的《老干部时政学习资料选编》，为全区所有离休干部提供时政读本；为地市级和原四套班子离退休老干部增订学习资料，为31个离退休干部党支部订阅由中共中央组织部编印的《离退休干部党支部学习参考》；与区委、区人大、区政协等部门协调，促成地市级离休干部和原四套班子老领导分别列席区党代会、全委扩大会和人大、政协"两会"。年内，区委书记陈琳先后2次向全区老干部通报党和国家的重大方针政策、丹徒区的重要决策以及老同志普遍关心的社会热点问题。各镇（街道、园区）、部门领导分别向本地本部门老干部通报情况2～3次，听取老干部对党委、政府工作的意见和建议。（杨 琳）

【老干部健康体检】 2016年10月，丹徒区委老干部局组织全区老干部开展免费健康检查活动，近170名离休干部、县处级退休干部参与体检。针对老干部的身体特点，丹徒区委老干部局协同区人民医院设置体检项目，为老干部提供贴心、周到的服务。体检结果由区人民医院录入个人电子健康档案，并及时反馈给本人，受到老干部欢迎。（杨 琳）

【特殊困难离休干部和遗属帮扶工作】 2016年，丹徒区委老干部局继续按照《镇江市丹徒区离休干部和遗属特殊困难帮扶办法》要求，排查帮扶对象，着重了解离休干部遗属的现实情况，完成全区特殊困难离休干部和遗属的基本状况调查。年内，通过个人申报、单位申报与丹徒区委老干部局调查了解相结合，确定困难帮扶对象，强化帮扶措施，向41名困难离休干部和11位遗属发放帮扶资金10万元。（杨 琳）

【"我看从严治党新气象"调研活动】 2016年，按照中共中央组织部老

图12　2016年10月28日，丹徒区委老干部局举办“翰墨颂长征，传递正能量”书画作品展　（丹徒区委老干部局提供）

干部局的要求，结合市委老干部局统一部署，丹徒区委老干部局通过上门走访、个别交流和召开专门座谈会等形式，在离退休干部中开展“我看从严治党新气象”调研活动。活动中，老干部们就中共十八大以来全面从严治党和组织工作等方面，从自己的亲身经历和丹徒近几年来的改革发展出发，畅谈从严治党新气象，纷纷表示要发挥自身优势，贡献力量，发挥余热。丹徒区委老干部局通过该次活动，进一步体现党和政府对老干部的关心，也更加增强老干部对从严治党的信心。　（杨　琳）

【“翰墨颂长征，传递正能量”书画作品展】 2016年10月28日，为纪念中国工农红军长征胜利80周年，丹徒区委老干部局举办“翰墨颂长征，传递正能量”——纪念红军长征胜利80周年离退休干部书画作品展。该活动筹备历时4个月，收到书画作品100余幅。66幅参展作品以弘扬长征精神为主题，表达老同志坚持党的正确领导的赤子情怀，展示出全区离退休干部壮心不已、积极向上的精神风貌。　（杨　琳）

【老干部诗词创作】 2016年，丹徒区委老干部局利用纪念中国共产党成立95周年、红军长征胜利80周年契机，组织老干部诗词协会会员到世业镇、荣炳盐资源区等地采风创作。老干部们的诗词作品，感情真挚、主题鲜明，让读者在享受艺术美的同时，增加对革命历史的了解，增强革命精神传承的自觉性。12月，老干部诗词协会会员们创作的26首优秀作品在《丹徒文苑》专刊发表。　（杨　琳）

【老干部参观调研丹徒建设项目】 2016年，丹徒区委老干部局以“展示阳光心态、体验美好生活、畅谈发展变化”为主要内容，在全区老干部中开展正能量活动。4月、5月、11月，分别组织部分离退休干部参观北汽华东（镇江）基地等建设项目，帮助老干部及时了解本地区经济发展形势，激发老干部关心、支持丹徒经济社会发展的热情。　（杨　琳）

保密工作

【概况】 2016年，镇江市丹徒区保密局（以下简称丹徒区保密局）学习贯彻习近平总书记关于保密工作重要讲话精神，组织实施“三大管理”（定密管理、涉密人员管理、网络保密管理），推进全区保密基础工作。　（周明波　孙润州）

【保密管理培训】 2016年2月，丹徒区保密局组织区委办公室全体成员学习习近平总书记关于保密工作讲话精神。3月，会同区委组织部、区公安局、区人社局、区财政局，成立全区涉密人员保密管理领导小组，开展全区保密管理培训，向全区保密干部专题传达习近平总书记关于保密工作讲话精神，规范各单位涉密人员在准入、在岗和离职等环节的全流程管理，要求做到“三个明确”（明确责任、明确规范、明确底线）。　（周明波　孙润州）

【保密检查】 2016年6月，丹徒区保密局强化门户网站和骨干网络保密安全检查，转发相关网络泄密案例通报，要求各单位从违规案例中汲取教训，落实保密责任制，加强相关领导、信息公开审查人员和网站管理人员的保密警示教育，严格执行信息公开保密审查流程，先审查、后发布。全区44家单位开展自查，完成45个门户网站清查；完成区公安局、区教育局等11家重点骨干网络保密管理专项检查；会同区公安局、区教育局等单位，专项检查全区高考和中考试题存放室及考场周边环境，确保国家秘密安全。　（周明波　孙润州）

【保密自评自查】 2016年12月，丹徒区保密局督促全区各单位做好保密自查自评工作。结合转发《关于进一步做好机关、单位自查自评工作的通知》，要求各单位以自查自评为契机，加强保密工作领导责任制落实，完善保密制度建设和保密管理，促进各单位进一步重视保密工作，推动全区保密工作规范化建设。　（周明波　孙润州）

丹徒区人民代表大会

责任编校:王雪松

综 述

【概况】 2016年,丹徒区十五届人大常委会围绕全区发展大局,依法履行宪法和法律赋予的职责,助推丹徒现代化建设,实现人大各项工作新提升。

突出重点工作。审议2016年上半年国民经济和社会发展计划执行及下半年执行意见的报告;审议2015年财政决算和同级审计情况、2016年计划和预算执行情况,分别作出《关于批准2015年区本级财政决算的决定》《关于批准调整2016年财政预算的决定》;审议2017年财政预算草案;听取非物质文化遗产保护工作情况、矿山治理及开发利用和砖瓦窑厂关闭转型情况、农村土地确权颁证工作推进情况的汇报;视察美丽镇村工程建设情况、重点项目和重点工程情况;听取区人民政府关于农产品质量安全工作情况的汇报。

加大监督力度。督办"关于加快发展丹徒休闲观光农业""关于规划与建设丹徒新城公交客运枢纽"重要建议;视察全区"六五"普法实施和"七五"普法工作计划情况、《江苏省保护和促进台湾同胞投资条例》贯彻实施情况;审议《中华人民共和国防洪法》《中华人民共和国大气污染防治法》《中华人民共和国义务教育法》贯彻实施情况;听取区政府关于干部经济责任审计情况的汇报;审议区人民法院民事审判工作、区人民检察院公诉工作、"一府两院"关于2015年人大常委会审议意见落实情况;测评政府工作部门和"两院"年度工作效能;处理来信来访,加强信访事项督办。

发挥代表作用。搭建区人大代表履职平台,推进规范化建设,完善人大常委会联系代表、人大代表联系群众、代表向选民述职、代表履职积分等工作制度。邀请区人大代表列席常委会会议,参与丹徒区委常委会组织的调研、视察活动成为常态,促使代表履职活动更富实效。开展人大代表统一接待选民活动,全区各级人大代表336名参与活动,接待选民412人,收集意见、建议360条。代表建议办理情况予以公示,强化重点督办,丹徒区十五届人大五次会议期间代表提出的意见全部办结。 (侯 闽)

重要会议

【丹徒区十五届人大五次会议】 2016年1月6～8日在丹徒新城会议中心举行。大会应到代表180人,实到代表165人,组成11个代表团。区政府组成人员、区级机关及有关单位负责人,部分省、市人大代表111人列席会议。区政协委员列席大会开幕式及第三次全体会议,原担任区人大常委会领导和委办负责人的离退休人员应邀列席大会开幕式。

会议听取和审议区长张映桥所作的《政府工作报告》,区人大常委会党组书记、常务副主任许志涛所作的《丹徒区人大常委会工作报告》,区人民法院院长陈玉所作的《丹徒区人民法院工作报告》,区人民检察院检察长黄进所作的《丹徒区人民检察院工作报告》。审查区人民政府《关于丹徒区2015年国民经济和社会发展计划执行情况与2016年计划草案的报告》《丹徒区2015年财政预算执行情况和2016年财政预算草案的报告》,并作出相应决议。会议通过《丹徒区第十五届人民代表大会第五次会议选举办法》,采取无记名投票方式,选举李幸福为区十五届人民代表大会常务委员会主任,选举杨伟民为区十五届人民代表大会常务委员会副主任,选举魏国平为区十五届代表大会常务委员会委员。

会议期间,收到代表10人以上联名提出的议案18件,其中交通建设方面的7件,城乡建设方面的2件,社会事业方面的4件,生态农业方面的1件,教育事业方面的2件,公共安全方面的1件,招商引资方面的1件。根据议案处理暂行办法,经大会秘书长会议审查,主席团会议通过,确定范艳荣等10位代表提出的《关于加快发展丹徒休闲观光农业的议案》和吴国良等10位代表提出的《关于规划与建设丹徒新城公交客运枢纽的议案》作为本次会议的重要建议,由区人大常委会主任会议研究处理,其他16件议案均作为建议办理。会议期间,还收到代表提出的建议、批评和意见32件。 (侯 闽)

【丹徒区十五届人大常委会会议】 2016年1月28日,丹徒区十五届人大常委会举行第三十四次会议,讨论通过《区人大常委会2016年工作要点、工作计划》,表决通过其他有关事项。

3月31日,丹徒区十五届人大常委会举行第三十五次会议,表彰2015年度效能建设先进单位和人民满意单位;听取和审议"一府两院"《关于2015年区人大常委会审议意见落实情况的报告》，并进行票决；听取和审议区人民政府副区长朱彤所作的《关于〈中华人民共和国防洪法〉贯彻实施情况的报告》，讨论通过区人大常委会对“一府两院”被任命人员述职评议方案，表决通过有关人事任免。

5月31日，丹徒区十五届人大常委会举行第三十六次会议，听取和审议区城管局局长张宾、区人民检察院副检察长陈东旭、区人社局局长缪其国所作的述职报告，并开展民主测评。

7月1日，丹徒区十五届人大常委会举行第三十七次会议，表决通过有关人事任免。

7月29日，丹徒区十五届人大常委会举行第三十八次会议，听取和审议区人民政府副区长朱彤所作的《关于“六五”普法实施情况和“七五”普法工作计划的报告》，并作出相应决议；听取和审议区环保局局长龙飞受区人民政府委托所作的《关于〈大气污染防治法〉贯彻实施情况的报告》；听取和审议区人民政府常务副区长皋古和所作的《关于2016年上半年国民经济和社会发展计划执行情况及下半年执行意见的报告》；听取和审议区财政局局长宋守雷受区人民政府委托所作的《关于2016年1—6月预算执行和2015年度财政决算情况的报告》，区审计局局长林玉祥受区人民政府委托所作的《关于2015年度区本级财政预算执行情况和财政收支情况的审计报告》，并作出相应决定。

9月26日，丹徒区十五届人大常委会举行第三十九次会议，听取和审议区教育局局长张长庚受区人民政府委托所作的《关于〈义务教育法〉贯彻实施情况的报告》；听取和审议区人民检察院检察长黄进所作的《关于公诉工作情况的报告》；听取和审议区人民政府副区长朱彤所作的《关于区十五届人大五次会议代表建议办理情况的报告》，并进行票决；讨论《丹徒区人民代表大会常务委员会关于对区政府工作部门和“两院”开展年度工作效能测评暂行办法》修订情况，并进行票决；表决通过有关人事任命。

10月13日，丹徒区十五届人大常委会举行第四十次会议，讨论通过区、镇人民代表大会换届选举工作有关问题的决定，讨论通过区第十六届人大代表名额具体分配方案及各镇新一届人大代表名额。

11月30日，丹徒区十五届人大常委会举行第四十一次会议，听取和审议区财政局局长宋守雷受区人民政府委托所作的《关于丹徒区2016年1—10月份预算执行情况及预算调整方案（草案）议案的说明》《区政府关于提请审议2016年财政预算调整方案（草案）的议案》，并作出相应的决议；讨论区十六届人大一次会议筹备工作意见，并作出相应的决定；表决通过有关人事任免。

12月28日，丹徒区十五届人大常委会举行第四十二次会议，听取和审议区财政局局长宋守雷受区人民政府委托所作的《关于丹徒区2016年财政预算执行情况和2017年财政预算草案的报告》，讨论《区人大常委会工作报告》，讨论召开区十六届人大一次会议有关事项，对“一府两院”效能建设测评，表决通过有关人事任免。（侯　闯）

【丹徒区十五届人大常委会主任会议】 2016年1月22日，丹徒区十五届人大常委会举行第二十八次主任会议，讨论《区人大常委会2016年工作要点、工作计划》，决定提请区十五届人大常委第三十四次会议通过。

2月29日，丹徒区十五届人大常委会举行第二十九次主任会议，听取区人民政府常务副区长谈沁磊所作的《关于2015年重点项目和重点工程完成情况及2016年重点项目和重点工程安排情况的汇报》，通过区十五届人大五次会议重要建议交办意见。

3月11日，丹徒区十五届人大常委会举行第三十次主任会议，讨论《区人大常委会任命的“一府两院”干部述职评议方案》，决定提请区十五届人大常委会第三十五次会议通过。

4月8日，丹徒区十五届人大常委会举行第三十一次主任会议，听取区人民政府副区长贺丽娟所作的《关于全区非物质文化遗产保护情况的汇报》。

5月19日，丹徒区十五届人大常委会举行第三十二次主任会议，听取区人民政府副区长朱彤所作的《关于全区农产品质量安全工作情况的汇报》。

6月29日，丹徒区十五届人大常委会举行第三十三次主任会议，听取区台办主任段炼受区人民政府委托所作的《关于〈江苏省保护和促进台湾同胞投资条例〉贯彻实施情况的汇报》，讨论有关人事任免。

8月25日，丹徒区十五届人大常委会举行第三十四次主任会议，听取区国土分局局长季道远受区人民政府委托所作的《关于矿山治理及开发利用和砖瓦窑厂关闭转型情况的汇报》；讨论《丹徒区人民代表大会常务委员会关于对区政府工作部门和“两院”开展年度工作效能测评暂行办法》修订情况，决定经修改后提请区十五届人大常委会第三十九次常委会议通过。

9月23日，丹徒区十五届人大常委会举行第三十五次主任会议，讨论有关人事任免；讨论《区镇换届选举问题的决定》等有关材料，决定经修改后提请区十五届人大常委会第四十次常委会议通过。

10月28日，丹徒区十五届人大常委会举行第三十六次主任会议，听取区人民政府副区长朱彤所作的《关于区十五届人大第五次会议重要建议办理情况的汇报》。

11月24日，丹徒区十五届人大常委会举行第三十七次主任会议，讨论有关人事任免。

12月23日，丹徒区十五届人大常委会举行第三十八次主任会议，听取区审计局局长林玉祥受区人民政府委托所作的《关于干部经济责任审计情况的汇报》，讨论有关人事任免。（侯　闯）

重点工作

【全国人大常委会副委员长严隽琪到丹徒区调研】 2016年9月23日，全国人大常委会副委员长严隽琪到丹徒区调研北汽华东(镇江)基地建设情况，省、市、区领导刘永忠、朱晓明、鄂金书、詹立风、陈琳陪同调研。严隽琪听取公司建设发展情况汇报，了解北汽镇江公司的总体规划布局及未来发展前景，并实地参观考察汽车整车制造流程和创新技术、企业安全生产管理工作落实情况。调研中，严隽琪肯定北汽华东(镇江)基地的发展规模和建设速度，希望企业在注重技术创新的同时，重视安全生产工作，促进企业健康快速发展。（侯 闯）

【丹徒区人大常委会重要决议、决定】 2016年7月29日，丹徒区十五届人大常委会第三十八次会议作出《关于开展第七个五年法治宣传教育的决议》《关于批准2015年度区本级财政决算的决定》。9月26日，区十五届人大常委会第三十九次会议作出《关于修订〈区人大常委会关于对区政府工作部门和“两院”开展年度效能测评暂行办法〉的决定》。10月13日，区十五届人大常委会第四十次会议作出《关于全区区镇两级人民代表大会换届选举问题的决定》《关于设立镇江市丹徒区选举委员会的决定》。11月30日，区十五届人大常委会第四十一次会议作出《关于批准2016年财政预算调整方案的决议》《关于召开镇江市丹徒区十六届人民代表大会第一次会议的决定》。（侯 闯）

【依法任免地方国家机关工作人员】 2016年，丹徒区人大常委会规范人事任免工作，严格执行任前法律考试、拟任职表态发言、票决通过等任免程序，先后任免区级国家机关工作人员31人，并依照《丹徒区人民代表大会及其常务委员会选举任命人员宪法宣誓工作规程》，组织被任命人员向宪法宣誓。（侯 闯）

【政情通报会】 2016年8月9日，丹徒区人大常委会组织召开上半年政情通报会，区长张映桥代表区政府通报上半年经济社会发展情况以及下半年主要工作安排。会上，与会区长、副区长接受人大代表询问。人大代表们就丹徒区社会经济发展中的热点难点问题，提出关于“建设法治政府”“城乡建设重点工程”“农村经济发展”“产业转型升级”“民生工程的进展情况”和“科普工作”等方面的问题，得到与会区政府领导详细、全面的答复。（侯 闯）

【效能建设先进单位表彰】 2016年3月31日，丹徒区人大常委会根据《区人大常委会关于对区政府工作部门和“两院”开展年度工作效能测评暂行办法》的规定，依照效能测评结果，决定授予丹徒地税局、区统计局、丹徒国税局、区人社局、区发改经信委、区司法局、区市场监督管理局、区政府办8家单位2015年度“效能建设先进单位”奖牌；决定授予连续三年获得先进单位的丹徒地税局、区统计局、区发改经信委、区政府办4家单位“人民满意单位”奖牌。（侯 闯）

【代表统一接待选民活动】 2016年9月13日，丹徒区组织开展人大代表统一接待选民活动，336名省、市、区、镇人大代表到51个选民接待点，集中接待选民，“零距离”听取意见和建议。活动当天，各级人大代表接待选民412人。活动中收集到意见、建议368条，经梳理后全部交由各相关部门落实办理。（侯 闯）

【区、镇两级人大代表换届选举】 2016年9～12月，按照江苏省、镇江市统一部署，丹徒区依法开展区、镇两级人大代表换届选举工作。全区划分区人大代表选区85个，选举产生区人大代表185名，其中，工人22名，占12%；农民49名，占26.5%；专业技术人员20名，占11%；党政干部75名，占40.5%；企业负责人19名，占10%；妇女54名，占29%；非中共党员49名，占26.5%；连任代表74名，占40%。

高桥、辛丰、谷阳、宝堰、上党、世业等6个进行人大代表换届的镇，共划分镇人大代表选区150个，选举产生镇人大代表366名，其中，工人78名，占21%；农民173名，占47%；专业技术人员39名，占10.7%；党政干部50名，占13.7%；企业负责人26名，占7%；妇女113名，占30.9%；非中共党员103名，占28%；连任代表135名，占37%。新一届区、镇两级人大代表结构更加合理，高文化学历代表、妇女代表比例等均有所提高。（侯 闯）

重要建议

【概况】 2016年，丹徒区十五届人大五次会议期间，代表提出建议32件，议案转建议18件，共计50件，政府系统承办49件，区委组织部承办1件，均答复代表。建议已经解决或基本解决31件，占62%，正在解决或列入解决计划19件，占38%。代表对建议办理满意38件，基本满意12件，满意、基本满意率100%。涉及交通、教育、水利、社会保障等一批与群众利益密切相关的热点难点问题得到有效解决。（侯 闯）

【关于加快发展丹徒休闲观光农业的重要建议】 2016年，范艳荣等10位代表在丹徒区十五届人大五次会议上，提出《关于加快发展丹徒休闲观光农业的建议》。主要内容：高起点编制发展规划，全方位加强项目监管；着力培育多元化经营主体，推介特色品牌产品；充分放大政策扶持力度，保障基础设施建设；拓宽融资渠道，提高服务保障的质量。（侯 闯）

【关于规划与建设丹徒新城公交客运枢纽的重要建议】 2016年，吴国良等10位代表在丹徒区十五届人大五次会议上，提出《关于规划与建设丹徒新城公交客运枢纽的建议》，主要内容：尽快编制综合客运枢纽规划布局模式与具体建设方案；综合客运枢纽需要整合哪些交通资源，解决哪些换乘关系，吸引多大范围的交通和客流，慎重考虑最佳方案；强化组织领导，加快规划与建设步伐，多渠道筹措建设资金，把丹徒综合客运枢纽规划好、建设好。（侯 闯）

丹徒区人民政府

责任编校：李冬冬

综　述

【概况】 2016年，丹徒区经济社会全面发展，综合实力稳步提高。全年完成地区生产总值371.12亿元，比上年增长9.3%，增幅列全市第三；固定资产投资354.53亿元，比上年增长15.5%，增幅列全市第一；一般公共预算收入25.69亿元，同口径增长6.3%，增幅列全市第二；实际利用外资及港澳台资1.07亿美元，比上年增长17.9%，增幅列全市第二；社会消费品零售总额68.42亿元，比上年增长11.3%，增幅列全市第二；城镇登记失业率控制在2.02%以内。

产业创新转型。推进供给侧结构性改革，落实"三去一降一补"(去产能、去库存、去杠杆、降成本、补短板)五大任务，完成淘汰落后产能项目14个，压减水泥产能80万吨，清理"地条钢"(以废钢铁为原料，经过感应炉熔化、在生产中不能有效进行成分和质量控制的钢及以其为原料轧制的钢材)企业12家；商品住房去化周期降至14个月；全面落实"营改增"(营业税改增值税)政策，企业降本增效取得实质性进展；深化产业"三集"(集中、集聚、集约)发展，新开工标准化厂房21.6万平方米，运营11.4万平方米，丹徒新城高端装备制造特色产业园和丹徒现代农业产业园入选市"三集"示范园区；长山文化产业园通过省级生态旅游示范区验收，江心洲生态农业园区创成省级景观旅游名镇，中国·丹徒旅游文化节顺利举办；完成工业技术改造投资89.4亿元，签订"产学研"合作("产学研"合作是指企业、科研院所和高等学校之间的合作)协议45项，引进高层次创新创业人才(团队)45个、顶尖人才1名，新认定高新技术企业10家；制定公布《丹徒区随机抽查事项清单》和《区级公共服务事项清单》，取消区级行政权力事项8项，清理规范中介服务事项9项；实行"五证合一"登记制度(营业执照、组织机构代码证、税务登记证、社会保险登记证和统计登记证"五证合一"登记制度)，丹徒新城(宜城街道)、高资街道率先实行个体工商户全程电子化登记服务，全年新登记市场主体增长34.6%；建成市级以上创业示范基地5家，高桥镇创成首批省级电子商务镇和"中国雪地靴之乡"。

项目建设。全年29个市重点产业项目完成投资132.5亿元，实现开工率和签约率"两个100%"目标。北汽华东(镇江)基地投入量产，至年底生产BJ20汽车1.8万辆，实现营业额16亿元；海纳川零部件、中都物流、镇江专汽等项目加快建设，晋工机械项目实现投产，先锋汽车项目竣工，燃机热电联产、国机重型装备等项目有序推进；长山国际旅游度假区、奥特莱斯商业中心、金色年华健康养生项目相继签约，天盛广场主体竣工，长山薰衣草庄园开园，开心乐之岛启动试运营，中国米芾书法公园获"中国文字博物馆江苏展示基地"称号；三维精确农业园一期投入运营，润丰生态农业园和世业万亩果蔬基地完成主体种植工作，天普生态农业园、宜人有机生态农业园项目开工建设。

城乡建设。加强顶层设计和规划引领，融入镇江总体规划布局。乡镇总体规划修编有序实施，《优化镇村布局规划》通过省级审批；高校园区建设进展顺利，省交通技师学院投入使用，镇江高专和共享区体育馆主体封顶，江苏科技大学、江苏大学京江校区、市委党校建设有序推进；宜城大道二期基本竣工，新312国道、燕丹路、宜业路年底通车，全年提档升级农村公路56.6千米，辛丰镇投入1500万元实施骨干道路改造；修编完善《丹徒区生态文明建设规划》，全年整治燃煤锅炉108台、黄标车721辆，新增有效绿化面积145.33公顷(2180亩)，世业镇还青洲、上党镇东宝庄、辛丰镇河达创成省级美丽乡村，开发区循环化改造示范试点园区通过省级验收，中央环保督查19项重点任务全部完成；推进安置房建设、棚户区改造和环境基础设施建设，缪家甸片区、镇南片区完成棚户区改造任务，6个镇完成垃圾转运站升级改造；投资4000万元完成易涝易淹路段改造19处，开展露天烧烤、占道经营、运输抛洒等专项整治。

民生保障。人民医院二期投入运行，丹徒文化艺术活动中心竣工，宜城第一小学主体封顶，高桥中小学幼儿园开工建设，高桥区域供水工程加快推进。城镇居民人均可支配收入和农村居民人均可支配收入分别为40891元和18959元；新认定市级以上示范家庭农场29家；基本完成农村土地承包经营权确权登记颁证改革任务；全面启动精准扶贫行动，30%的贫困村和低收入户完成新一轮脱贫任务；6家单位通过市教育现代化"双创"验收；世业镇卫生院创成全国群众满意乡镇卫生院，3所镇卫生院建成影像远程会诊中心；村级综合文化服务中心实现全覆盖,荣炳盐资源区被评为全国诗教先进单位;小型农田水利重点县工程完成投资3800万元,长山灌区节水配套工程竣工,小金河整治二期工程启动;完成荣炳幸福桥粮食收储中心2万吨中心库建设,项目投资1600万元。(倪羽娟)

【"百家央(国)企镇江行"集中签约活动】 2016年11月30日,镇江市国有资产监督管理委员会举办"百家央(国)企镇江行"活动,134家央企、省属国企、在镇央(国)企负责人参加。上午,参与活动的央(国)企负责人参观考察镇江规划展示馆、北汽华东(镇江)基地等单位。下午,举行"百家央(国)企镇江行"项目集中签约仪式,集中签约项目20个,其中丹徒区经济开发区与中国能源建设集团签订改扩建燃机项目,恒顺集团与中科院签订研发中心智能化酿造生产线建设项目。(倪羽娟)

重要会议

【丹徒区政府常务会议】 2016年,镇江市丹徒区人民政府(以下简称丹徒区政府)召开常务会议6次。3月4日,听取丹徒区交通运输局关于区"十三五"规划中农村道路提档升级工程(2016～2018年)实施方案的汇报,研究丹徒区电商产业扶持政策、2016年国民经济和社会发展主要指标安排、2016年全区安全生产工作意见、2016年区政府重点工作任务分解方案等事宜;6月6日,研究《关于推进供给侧结构性改革的实施意见》,人事处分和其他事项;7月5日,研究《关于进一步加强税收征管保障工作的意见》《丹徒区税收征管保障工作考核办法(暂行)》、丹徒区社会管理服务中心建设方案、丹徒房屋建设开发有限公司相关事项、镇江边检站监护三中队营房建设、专职消防队升级改造方案、张偲院士申报2016年市"金山英才计划"顶尖人才项目推荐等事宜,听取生态文明建设工作汇报;8月8日,专题研究部署环保督察工作,听取丹徒区环保局关于环保督察交办问题整改落实情况的汇报,并提出相关要求;9月23日,研究全区砖瓦窑及相关建材企业关闭治理工作实施方案、农村生活污水处理设施建设方案、城区项目基础设施配套费征收调整方案,人事处分和其他事项;11月16日,研究《镇江市丹徒区河湖和水利工程管理范围划定实施方案》《丹徒区水利发展"十三五"规划》,国有农林场圃转企改制时退休人员待遇问题,被征地农民基本生活保障标准调整方案、财政预算调整方案,江苏省食品安全城市创建工作研究全区"七五"普法工作,江苏省食品安全城市创建工作,规范性文件清理工作等事项,听取区级债务工作情况汇报、中央环保督察组交办问题整改情况汇报等其他事宜。(倪羽娟)

【丹徒区区长办公会议】 2016年,丹徒区政府召开区长办公会议13次。1月11日,明确各区长1月工作重点,研究区政府重点工作任务、市五大类重点项目和连淮扬镇铁路建设细化方案、江苏佳星电商物流产业园相关事宜、农村道路提档升级计划(2016～2018年)等议题,做好政府党组学法的准备工作;3月1日,明确各区长3月工作重点,研究部署当前重点工作和抓好市区两级重点工作,要求各区长、区政府各工作部门负责同志各司其职,推动全年工作任务完成;4月7日,明确各区长4月重点工作,研究部署当前重点工作;5月3日,明确各区长5月工作重点,研究部署当前重点工作;6月2日,明确各区长6月工作重点,研究部署当前重点工作和其他专项工作;7月5日,明确各区长7月工作重点,研究部署当前重点工作;8月1日,明确各区长8月工作重点,研究部署当前重点工作和其他专项工作;8月26日,研究部署中央环保督察组交办的润普生态园生猪饲养分场关闭工作和部分副区长工作分工调整事宜;9月5日,明确各区长9月工作重点,研究部署当前重点工作;10月9日,明确各区长10月工作重点,研究部署当前重点工作;11月1日,明确各区长11月工作重点,研究部署当前重点工作;12月1日,贯彻落实区政府第三十次、第三十一次常务会议决策部署,部署全区安全生产大检查工作,要求各区长带队深入开展安全生产大检查,落实区政府安全生产检查整改机制,全面排查和整改安全隐患,抓实抓好安全生产工作;12月5日,明确各区长12月工作重点,研究部署当前重点工作。(倪羽娟)

重要活动

【石泰峰考察丹徒区长江危化品企业安全生产经营情况】 2016年4月29日,江苏省省长石泰峰到丹徒区考察调研长江危化品企业安全生产经营情况,省、市、区领导张敬华、夏锦文、朱晓明、李雪峰、陈琳、朱毅等参加活动。石泰峰强调,安全生产责任重大,要吸取江苏德桥仓储有限公司"4·22"火灾事故教训,坚持全方位、零容忍、严执法,全面排查化工企业安全生产隐患,严格落实安全生产责任制,坚决遏制重特大事故发生,确保全省安全生产形势持续平稳。(倪羽娟)

【李强调研北汽华东(镇江)基地建设】 2016年7月27日,江苏省委书记李强到北汽华东(镇江)基地调研,市、区领导夏锦文、朱晓明、陈琳陪同。李强查看总装、焊装、冲压等车间,了解工艺设备、产品市场、企业党建等情况,询问北汽新能源汽车的生产和市场销售情况后,希望企业抓住"窗口期",加快发展新能源汽车,把前沿科技与传统汽车行业结合起来,增强核心竞争力,让自主品牌的新能源车占领更大市场。调研中,李强对丹徒区经济社会发展特别是重点项目建设工作表示肯定。(倪羽娟)

【张雷调研丹徒区美丽乡村建设】 2016年9月1日,江苏省副省长张雷到丹徒区世业镇调研美丽乡村建设工作，市、区领导雷志强、陈琳、张映桥参加活动。作为全国“美丽乡村”创建的试点，世业镇永茂圩近年来不断加大农村污水处理工程的建设力度，实现全村污水全部进管网，美丽乡村建设成效显著。张雷肯定丹徒区在农村污水处理建设中取得的成绩，希望丹徒区持续开展村庄环境整治行动，加快美丽乡村建设，推进富民强村，促进城镇化和新农村建设协调发展。（倪羽娟）

图13　2016年9月1日，江苏省副省长张雷（左二）到丹徒区世业镇调研　（丹徒区委宣传部提供）

【杨岳调研丹徒区创意农业】 2016年10月18日，江苏省委常委、副省长杨岳到丹徒区调研创意农业，市、区领导胡宗元、张映桥陪同调研。在中国醋文化博物馆，杨岳参观醋史馆、生产车间等场所，体验传统香醋制作过程，并肯定企业将传统香醋工艺保护与科普教育、工业旅游等融为一体的做法；在四季春农业园，杨岳听取镇、村两级近年来发展创意农业的工作汇报，要求丹徒区继续开阔眼界，拓展思路，以创意为引领，带动村级经济发展。（倪羽娟）

政府法制

【概况】 2016年，镇江市丹徒区人民政府法制办公室（以下简称丹徒区法制办）推进依法行政工作，引领改革发展，推进民生改善和社会公正，打造职能科学、权责法定、执法严明、公开公正、廉洁高效、守法诚信的法治政府。年内，丹徒区法制办被省政府法制办评为全省政府法制工作成绩突出单位，被省文明办命名为省级文明单位，被市委评为全市普法先进集体。（陈娅丹）

【行政审批制度改革】 2016年9月，丹徒区印发《关于取消行政审批等权力事项和清理规范中介服务事项的通知》，做好已取消和下放行政审批事项落实衔接工作，取消区级行政权力事项8项，清理规范区级行政审批中介服务事项9项，推动行政机关与所属从事行政审批事项有关中介服务业务的事业单位脱钩。开展全区行政权力清单标准化工作，确认全区38个部门行政权力事项6125项，编制对应办事指南6129条。（陈娅丹）

【政府法制工作会议】 2016年3月22日，丹徒区法制办在区政府八楼会议室召开全区政府法制工作会议，通报区政府主要领导关于政府法制工作的批示，总结2015年工作，部署2016年重点工作任务，并聘请新一届区政府特邀行政执法监督员。全区各部门单位法制工作者参加会议，区委常委、常务副区长谈沁磊出席并讲话。（陈娅丹）

【依法行政能力建设】 2016年，丹徒区法制办制定《2016年区政府领导集体学法计划》《2016年区政府常务会议学法计划》，推动领导干部学法用法。8月18日、9月8日，分别在区政府八楼会议室和区委党校，举办乡科级领导干部依法行政专题培训，提高全区行政机关领导干部法治思维和依法行政能力；组织全区750余名行政执法（监督）人员集中学习公共法律知识，增强行政执法（监督）人员正确运用法律实施行政管理的能力和水平。（陈娅丹）

【法制机构建设】 2016年12月，丹徒区法制办调研全区32个行政执法部门法制机构设立及运行情况。根据调研结果，在全区镇（街道、园区）党政办以及未设法制机构的部门办公室，加挂法制办牌子，实现全区法制机构全覆盖，做到法制机构设置、编制和人员结构与其职责相适应，促进法制机构在推进依法行政工作中的作用发挥。（陈娅丹）

【参与式行政程序建设】 2016年，丹徒区法制办制定下发《关于进一步推动参与式行政程序建设的实施方案》，贯彻落实江苏省人民政府办公厅《关于进一步推动参与式行政程序建设的意见》，建立由政府统一领导、各部门具体负责、法制机构协调指导的领导体制和工作机制，明确公众参与范围，规范公众参与程序，推动公众参与行政程序活动，保障公众知情权、参与权、表达权、监督权。利用“12345”政府服务热线、政风热线、投诉举报电话等载体，推动公众参与行政程序活动。年内，丹徒区政府被评为“江苏省公众参与行政程序建设示范单位”。（陈娅丹）

【规范性文件监督管理】 2016年，丹徒区法制办继续完善规范性文件制定程序，落实合法性审查、集体讨论决定等制度，推进备案审查常态化、合法性审查精细化、建议审查实效化、第三方评价评估经常化，健全完善规范性文件合法性审查工作联动衔接机制，提升实质性审查能力和质量。在制发《镇江市丹徒区城乡居民基本养老保险实施办法》过程中，相关部门听取社会公众、行政相对人意见，按照法定要求和程序公布文件草案，并向区人大和市政

府法制办备案。组织《镇江市丹徒区农村公路管理养护实施办法》实施情况后评估,评估结果为需要修改完善。(陈娅丹)

【规范性文件清理】 2016年,丹徒区法制办落实规范性文件定期清理制度,制定规范性文件清理方案,开展全区政府规范性文件及部门规范性文件清理工作,确认属于清理范围的区政府规范性文件35件。《区政府关于调整结合民用建筑修建防空地下室比例的通知》等17件规范性文件继续有效,《镇江市丹徒区农村公路管理养护实施办法》等2件需要修订完善,《镇江市丹徒区住宅共用部位共用设施设备维修基金管理暂行办法》等16件失效或废止。(陈娅丹)

【重大行政决策制度改革】 2016年,丹徒区法制办建立健全重大行政决策程序操作规则、工作流程,推行重大行政决策目录管理、合法性审查法律意见书、全过程记录和立卷归档等制度。制定《2016年区政府重大行政决策目录》,凡列入目录管理的决策事项,必须落实信息公开制度,实现节点管理、流程控制、规范运行。对未经合法性审查或审查不合法的,一律不予提交区政府常务会议讨论研究。(陈娅丹)

【政府法律顾问制度建设】 2016年,丹徒区法制办在全区行政机关实现法律顾问制度全覆盖的基础上,制定《丹徒区行政机关法律顾问考核淘汰制度》,考核全区任期内行政机关法律顾问,根据结果淘汰不合格法律顾问。年内,区政府法律顾问团队参与政府涉法问题咨询论证,草拟审查有关法律文书,审查政府合同,代理政府参加诉讼调解68件,在制定重大行政决策、推进依法行政过程中发挥作用。(陈娅丹)

【重大行政决策】 2016年,丹徒区制定重大行政决策监督管理办法,监督检查各项重大决策部署落实情况,落实重大行政决策后评估制度,跟踪决策执行情况、实施效果和社会影响。年内,丹徒区法制办3次督查年初确定的66项重点任务推进落实情况,完成《丹徒区大气污染防治行动计划实施细则》和《丹徒区生态文明建设规划》两项重大决策实施情况评估。(陈娅丹)

【行政执法制度】 2016年,丹徒区法制办推进行政执法制度建设,制定完善《镇江市丹徒区重大执法决定法制审核制度》《镇江市丹徒区行政执法公示制度》《镇江市丹徒区行政执法人员管理制度》《镇江市丹徒区行政执法举报投诉办理工作制度》《丹徒区重大执法决定法制审核督查办法》。8月23日,丹徒区法制办在区市场监督管理局召开全区规范行政执法工作推进会,落实行政执法各项制度;印发《关于建立行政执法全过程记录制度的通知》,实现行政机关执法全过程留痕和可回溯管理,规范行政执法程序,推动行政执法规范化、标准化;开展行政执法主体和行政执法人员资格清理工作,确认公布行政执法主体82个,其中法定行政机关30个、法律法规授权组织31个、受委托组织21个;实行行政执法人员持证上岗和资格管理制度;组织开展行政执法案卷评查工作,集中评审全区23个行政执法部门报送的行政处罚和行政许可案卷;开展重大行政处罚决定备案审查工作,确认全年区本级216件重大行政处罚决定均符合相关规定要求。(陈娅丹)

【城市建成区外违法建设执法】 2016年,丹徒区法制办按照"属地管理、分级负责,于法有据、科学合理,责任明确、各司其责"的原则,依据《中华人民共和国行政许可法》《中华人民共和国城乡规划法》等法律法规,制定下发《丹徒区城市建成区外违法建设防控查处工作规程》,规范全区城市建成区外违法建设防控查处工作,遏制城市建成区外违法建设行为,为构建合理有序的城乡建设发展环境提供制度支持。(陈娅丹)

【两法衔接】 2016年,丹徒区法制办在区市场监督管理局六楼会议室,召开全区"两法衔接"(行政执法与刑事司法衔接)工作推进会,强化"两法衔接"信息共享,严格按照省定标准,督促指导全区行政执法机关履行工作职责,及时移送、受理涉嫌犯罪案件,打击违法犯罪行为。全年丹徒区行政执法机关移送涉嫌犯罪案件20件,其中公安机关立案11件,移送起诉3人,采取强制措施2人。(陈娅丹)

【行政指导】 2016年,丹徒区行政执法机关按照省、市全面推行行政指导工作要求,分别在行政许可、行政处罚、行政审批、行政征收、行政给付、行政确认、行政其他7个领域,通过政策辅导、走访约见、规劝提示、奖励引导、示范推荐、信用公示、信息披露、警示告诫、案件回访、行政建议、其他指导等行政指导方式,实施行政指导32384行政处罚2704件、行政审批75件、行政征收2497件、行政给付322件、行政其他7999件、行政确认1.72万件。(陈娅丹)

【行政执法专项监督检查】 2016年,丹徒区法制办制定《行政执法监督检查计划》,邀请区人大、区政协相关负责人和区政府特邀行政执法监督员,并组织相关职能部门,到全区各镇(街道、园区)专项监督检查依法履职情况,重点检查17个重点行政执法部门执行重大执法决定法制审核制度有关情况、《江苏省地方储备粮管理办法》贯彻实施情况。监督检查过程中,全区完成重大执法决定法制审核事项330余件。(陈娅丹)

【行政复议】 2016年,丹徒区受理办结行政复议案件24件。年内,丹徒区法制办拓展行政复议渠道,强化行政复议受案点、受案窗口在"法制宣传、便民服务、矛盾调处"工作中的作用。强化行政复议"三一一"运管机制建设,注重形式和效果有机统一,推进行政复议"三公开、三推行",发挥行政复议功能。推进行政复议委员

会建设，运用听证、质证等形式审理行政复议案件，推动行政复议工作更加规范、透明、公正。（陈娅丹）

政务服务管理

【概况】 2016年，镇江市丹徒区政务服务管理办公室（以下简称丹徒区政务服务管理办公室）优化政务服务机制，完善服务标准，创新服务方式，畅通服务渠道，提升政务服务水平和质量。年内，丹徒区政务服务管理办公室被区委、区政府评为区级机关绩效管理考核十佳单位、建设更高水平文明城市工作先进单位、固定资产投资和重点项目建设先进单位、服务业工作先进单位。

丹徒区37个部门进驻区政务服务中心，设独立办事窗口30个，进驻事项269项。全年窗口办件8.92万件，日均办件338件，办结率100%；完成公共资源交易中心工程交易项目204项，交易额19.17亿元，节约资金1.53亿元，节约率7.98%；完成政府采购交易项目451项，交易额0.74亿元，节约资金800万元，节约率9.1%。（王　飞）

【企业发展服务窗口设立】 2016年4月12日，丹徒区政务服务管理办公室设立企业发展服务窗口，由丹徒区政务服务管理办公室和丹徒区发展改革和经济信息化委员会牵头各职能部门，联动综合窗口“三证合一”、项目预评估、“多评合一”和并联审批职能，为企业提供政策咨询、部门协调、问题申诉、代办帮办服务。全年向区政府提交工作报告4期，为“北汽”、“二重”、软件产业园、热电联产等多家企业解决咨询、投诉和协调服务。（王　飞）

【“多图联审”和联合竣工验收】 2016年，丹徒区政务服务管理办公室根据《关于开展区级机关“效能革命”的实施办法》要求，与丹徒区住建局联合制定下发《丹徒区建设工程施工图设计联合审查实施细则（试行）》《丹徒区企业投资项目竣工验收阶段并联服务实施细则（试行）》。发挥并联审批职能，协调规划、住建、环保、城管、消防、人防、档案、气象、安监等部门开展“多图联审”（以房屋建筑和市政基础设施工程项目为对象，将住房城乡建设部门管理的房屋建筑和市政基础设施施工图设计文件审查、公安消防部门管理的消防设计审核、气象部门实施的防雷装置设计审核全面整合，提升审图质效）和联合竣工验收。年内，顺利推进“北汽”、“二重”、软件产业园等项目竣工验收工作，竣工验收期限大幅缩短。（王　飞）

【公共资源交易中心交易行为规范化建设】 2016年，丹徒区公共资源交易中心按照统一进场交易、统一信息发布、统一操作流程、统一评标专家库、统一收费管理、统一信用考评、统一驻场监察的“七统一”要求，减少人为干预，公开交易活动信息，规范交易行为。探索“互联网+交易”模式，推行建设工程、政府采购项目交易过程电子化，实现交易各环节、全流程网上操作；优化交易流程，确保交易项目各环节有序运行，加快项目办理效率；落实省、市规范评标区管理规定，建成一体化评标区综合管理系统，确保交易采购公正、公平。（王　飞）

表3　**2016年丹徒区行政服务中心各窗口办件情况**　单位：件

填报窗口	项目受理件数					项目办结件数
	总件数	其中				
		即办件	承诺件	补办件	上报件	
发改经信委窗口	149	0	149	-	-	149
商务局窗口	43	43	0	-	-	43
国税局窗口	1190	0	1190	-	-	1190
地税局窗口	2647	0	2647	-	-	2647
市场监管局窗口	1923	0	1923	-	-	1923
国土局窗口	889	511	378	-	-	889
住建局窗口	142	12	130	-	-	142
交通局窗口	359	359	0	-	-	359
卫生局窗口	13	0	13	-	-	13
环保局窗口	46	0	46	-	-	46
物价局窗口	0	0	0	-	-	0
气象局窗口	55	0	55	-	-	55
人防办窗口	81	67	14	-	-	81

续表

填报窗口	项目受理件数					项目办结件数
	总件数	其中				
		即办件	承诺件	补办件	上报件	
人社局窗口	6	0	6	-	-	6
房管局窗口	8	0	8	-	-	8
城管局窗口	52	31	21	-	-	52
财政局窗口	47	0	47	-	-	47
银行归口收费	558	558	0	-	-	558
住房公积金中心	3652	3652	0	-	-	3652
水利农机局窗口	22	0	22	-	-	22
民政局窗口	453	0	453	-	-	453
农委窗口	31	0	31	-	-	31
公安窗口	1345	1345	0	-	-	1345
公安出入境窗口	6824	1005	5819	-	-	6824
综合窗口	62	62	0	-	-	62
消防窗口	156	156	0	-	-	156
三证合一窗口	2897	1995	902	-	-	2897
烟草局窗口	86	0	86	-	-	86
规划局窗口	71	0	71	-	-	71
行政复议窗口	26	26	0	-	-	26
安监局窗口	130	130	0	-	-	130
公交IC卡窗口	62010	62010	0	-	-	62010
印章备案	2646	2646	0	-	-	2646
公共资源交易中心	591	0	591	-	-	591
合计	89210	74608	14602	-	-	89210

（王　飞）

信访工作

【概况】 2016年，丹徒区受理群众来信233件，与上年基本持平。群众到区政府上访739批次、3450人次，批数与上年持平，人次比上年减少3%。其中集体上访194批次、2641人次，批数与上年持平，人次减少2%；群众到市政府上访117批次、655人次，批数和人次分别比上年减少30%、39%，其中集体上访31批次、517人次，批数和人次分别比上年减少45%、43%；群众到省集体访7批次、102人次，批数和人次分别比上年减少46%、31%；群众进京上访34批次、59人次，批数和人次分别比上年增长21%、31%。全年中央、省、市联席办、信访局挂牌交办的信访老户案件办结率100%，重大疑难信访案件化解率96%。群众反映的信访诉求主要是：土地征用类，全年有84批、344人次，占11%；拆迁安置类，全年有82批、212人次，占11%；城乡建设类，全年有160批、734人次，占22%；劳动保障类，全年有138批、961人次，占19%；民政类，全年有50批、86人次，占7%。（叶　平）

【信访制度改革】 2016年，镇江市丹徒区信访局（以下简称丹徒区信访局）完善法定途径分类受理群众信访投诉请求机制，制定完善工作规程，建立信访部门与职能部门之间、职能部门内部信访机构与业务单位之间、职能部门之间的衔接机制和统一职能部门内部入口、分类办理的运行机制，推动职能部门履行主体责任，彼此相互协调；进一步落实依法逐级走访权益保障卡制度，营造依法、文明、有序的信访秩序；推动律师参与接访、会办案件、咨询顾问等工作，发挥专业人员在法治信访建设中的作用，增强信访公信力；畅通人民群众建议反映渠道，完善征集机

制，创新征集方法，规范办理方式，扩大社会参与面、征集覆盖面，构建完备、科学、高效的人民建议征集工作新格局。（叶　平）

【信访信息系统应用】 2016年，丹徒区信访局推进互联网资源整合集成，将群众通过来信、来访、来电、网上投诉、视频信访、领导信箱等渠道提出的信访事项，全部纳入信访信息系统，构建功能齐全、资源共享的"一站式"网上信访受理办理综合平台。完善手机信访第三方应用程序，开通微信信访平台，发挥"互联网+"作用，提高网上信访工作质量、效率和公信力；利用信访大数据，实现信访信息流、业务流和管理流深度融合，形成"信访网上投、事项网上办、结果网上评、问题网上督、形势网上判"工作模式。（叶　平）

【信访积案化解】 2016年4～7月，丹徒区信访局本着"尊重历史，面对现状，以人为本，依法处理"原则，在全区开展信访积案百日攻坚化解活动，集中时间、力量、精力，处理信访突出问题，推动一批信访老案、积案、"骨头"案化解，确保信访老户有效稳控，为全区经济社会发展营造和谐稳定的良好环境。（叶　平）

【信访保障】 2016年，丹徒区信访局在全国"两会"、G20峰会、省十三次党代会期间，成立由丹徒区信访局、相关镇（街道、园区）组成的信访保障工作小组，排查不稳定因素，召开专题会议，做好矛盾化解及重点老户就地稳控工作，建立值班备勤、每日信息报告制度，健全应急预案和手段，做到重大矛盾不化解不放过、苗头隐患不消除不放过、薄弱环节不整改不放过，确保全区大局稳定。（叶　平）

侨务·港澳事务

【概况】 2016年，镇江市丹徒区人民政府侨务办公室（以下简称丹徒区侨办）以落实"服务创新发展、关爱侨界行动计划"为中心，为归侨和侨眷做好事、办实事。组织镇（街道、园区）相关企业参加6月20～22日在镇江举办的第八届"华侨、华人创新创业洽谈会"，促成3个项目达成合作意向；推荐江苏益海芯电子公司申报中国侨联侨办届贡献奖；利用海外华文媒体，推出《欧洲时报》丹徒专版，全面介绍世业洲生态旅游新亮点，推介生态旅游项目信息；与高资街道3户困难归侨家庭结对，帮助1户归侨解决医疗费2000余元，家庭人均增收1000余元。年内，宜城街道西麓村开展"江苏省社区侨务工作明星社区"创建工作并获授牌。（徐　琰）

【"侨界关爱、暖侨敬老"系列行动】 2016年，丹徒区侨办开展"侨界关爱、暖侨敬老"系列行动。在高资街道开展侨界关爱行动，向困难归侨赠送医疗就诊卡30份，价值计1.5万元；启用"金轮关爱基金"专项补助，联合区红十字会开展帮扶困难归侨活动；联合谷阳镇成教中心举办农村实用技术培训班，提高农村归侨、侨眷子女就业能力；组织医务人员上门为3户归侨出诊5人次。（徐　琰）

【捐赠资金管理】 2016年，丹徒区侨办接受新加坡支显宗基金会捐赠资金58.65万元，用于教师培训、奖励优秀师生和资助贫困学生。丹徒区侨办专门成立基金管理委员会，确保专款专用，发挥最大效益。协助基金会从培养学生"卓越领导力"角度出发，结合丹徒学生实际，开展校本教材补充活动。完成捐赠资金使用情况调查，规范捐赠项目的备案登记和督查管理。（徐　琰）

外事工作

【概况】 2016年，镇江市丹徒区外事办公室（以下简称丹徒区外办）审核办理因公出国（境）团组13批29人次，其中政府组团4批17人次，办理企业邀请外国人来华函电56批82人次，参与安排外事接待8批75人次，申办APEC（亚太经合组织）商务旅行卡9张。完成年初计划"因公出访团组控制在5个之内、护照收缴率100%、涉外管理无差错"的目标。（王松华）

【纳米比亚省长代表团访问丹徒区】 2016年11月23日，纳米比亚共和国霍马斯省省长劳拉·麦克拉德女士一行18人到丹徒区世业镇，走访茅以升大桥博物馆和先锋村草莓大棚，考察农村和综合农业发展情况。在先锋村草莓大棚，代表团一行

图14　2016年11月23日，纳米比亚省长代表团走访丹徒区世业镇

（丹徒区外办提供）

了解草莓营养土培养、苗木、收益等情况。（王松华）

【南非研修班学员到丹徒区考察】 2016年12月9日，由国务院扶贫办国际扶贫中心举办的2016年第二期“南非农村发展政策与实践研修班”学员一行32人，到丹徒区世业镇考察。国务院扶贫办国际扶贫中心副主任张广平、省委农工部扶贫办调研员孙谦、省扶贫办开发处干部赵虎等陪同。学员们参观先锋村四季春农业园，并就农业生态项目模式、草莓种植技术等提出咨询，市、区农委和世业镇有关负责人参与接待并给予解答。（王松华）

【境外招商】 2016年4月14～22日，丹徒区委书记陈琳随同镇江市党政代表团赴美国、加拿大开展招商推介活动。在美国期间，陈琳出席全球印刷业巨头当纳利公司与江苏恒华传媒有限公司1亿美元项目意向书签字仪式；在加拿大期间，陈琳一行分别与加中经贸合作理事会、安大略省政府和多伦多大学代表交流，探讨增进双方深化科技创新合作的途径。此外，陈琳一行还先后拜访美国加利福尼亚州州长，考察硅谷迈瑞电子公司孵化基地和美国Google（谷歌）公司总部。4月16～24日，丹徒区委常委、丹徒新城党工委书记殷利民一行6人，赴美国、加拿大招商引资。在美国期间，代表团一行拜会CAM公司董事长伍嘉仁，洽谈新型医疗器械合作项目；参观丹徒友好交往城市华盛顿州奥林匹亚市，并拜会新任市长谢丽尔·塞尔比(Cheryl Selby)。在加拿大期间，代表团一行到巴拉德动力系统公司，与公司代表就氢燃料、甲醇燃料电池堆项目相关技术合作开展磋商。4月16～23日，丹徒区委常委、常务副区长谈沁磊一行5人，赴德国、荷兰招商。谈沁磊一行先后拜会江苏省驻德国巴登符腾堡办事处主任潘正明和荷兰华侨总会副会长胡守锡，就荣炳盐资源区盐穴综合利用项目、盐穴储气库相关设备采购项目开展招商活动。（王松华）

【服务地方经济发展】 2016年，丹徒区外办组织相关人员参加“2016江苏—美国西部市长对话会”(8月)、“2016江苏—维州城市合作联盟对话会”(9月)、“2016中法论坛”(10月)等活动，编发宣传资料200余份，向各界人士推介丹徒；对接广东、上海、深圳等地客商，开展互访交流活动；继续开展“三送三帮”主题活动，强化与重点外经贸企业和外籍人士的定期沟通和服务机制，为企业提供帮扶。（王松华）

表4　2016年丹徒区邀请外国人来华情况　单位：人

序号	邀请单位	到华人国籍	人数	到华时间
1	科鲁迪卫浴制品（江苏）有限公司	德国	1	2016.2
2	镇江盛恒进出口贸易有限公司	孟加拉	1	2016.2
3	镇江市丹徒区鸿达制刷厂	孟加拉	4	2016.2
4	镇江市丹徒区鸿达制刷厂	孟加拉	1	2016.2
5	镇江市制刷厂有限公司	法国	2	2016.3
6	科鲁迪卫浴制品（江苏）有限公司	德国	1	2016.3
7	科鲁迪卫浴制品（江苏）有限公司	德国	2	2016.3
8	江苏振光电力设备制造有限公司	巴基斯坦	2	2016.3
9	江苏振光电力设备制造有限公司	巴基斯坦	1	2016.3
10	江苏振光电力设备制造有限公司	巴基斯坦	1	2016.3
11	江苏振光电力设备制造有限公司	巴基斯坦	1	2016.3
12	江苏希西维轴承有限公司	美国	1	2016.4
13	江苏希西维轴承有限公司	意大利	1	2016.4
14	镇江盛恒进出口贸易有限公司	孟加拉	1	2016.4
15	科鲁迪卫浴制品（江苏）有限公司	德国	1	2016.5
16	镇江京绿聚氨酯有限公司	黎巴嫩	2	2016.5
17	镇江长城重工科技有限公司	巴基斯坦	5	2016.5
18	江苏希西维轴承有限公司	德国	1	2016.5

续表

序号	邀请单位	到华人国籍	人数	到华时间
19	江苏华通动力重工有限公司	土耳其	1	2016.5
20	镇江盛恒进出口贸易有限公司	孟加拉	1	2016.6
21	镇江鸿运制刷厂	斯里兰卡	1	2016.6
22	镇江鸿运制刷厂	斯里兰卡	1	2016.6
23	江苏力凡胶囊有限公司	巴基斯坦	4	2016.6
24	江苏希西维轴承有限公司	美国	1	2016.6
25	江苏力凡胶囊有限公司	巴基斯坦	3	2016.6
26	江苏力凡胶囊有限公司	巴基斯坦	3	2016.6
27	北汽（镇江）汽车有限公司	韩国	1	2016.6
28	镇江市丹徒区七彩刷业有限公司	孟加拉	2	2016.7
29	江苏省大港中学	英国	2	2016.7
30	科鲁迪卫浴制品（江苏）有限公司	德国	1	2016.7
31	江苏希西维轴承有限公司	印度	1	2016.8
32	镇江创鑫机械电器设备有限公司	土耳其	2	2016.9
33	江苏省大港中学	英国	1	2016.9
34	镇江盛恒进出口贸易有限公司	孟加拉	1	2016.9
35	上豪包装机械（镇江）有限公司	哈萨克斯坦	1	2016.9
36	镇江市海通国际贸易有限公司	阿尔及利亚	1	2016.9
37	镇江畅海进出口有限公司	伊朗	1	2016.9
38	江苏希西维轴承有限公司	美国	1	2016.10
39	江苏希西维轴承有限公司	美国	1	2016.10
40	上豪包装机械（镇江）有限公司	菲律宾	3	2016.10
41	江苏希西维轴承有限公司	意大利	1	2016.10
42	上豪包装机械（镇江）有限公司	菲律宾	2	2016.10
43	镇江市万丰工具有限公司	孟加拉	1	2016.10
44	江苏希西维轴承有限公司	美国	1	2016.10
45	威灵施（镇江）精细化工有限公司	巴基斯坦	1	2016.10
46	江苏力凡胶囊有限公司	印度	1	2016.10
47	江苏力凡胶囊有限公司	印度	5	2016.10
48	江苏力凡胶囊有限公司	印度	1	2016.11
49	江苏力凡胶囊有限公司	印度	1	2016.11
50	江苏振光电力设备制造有限公司	巴基斯坦	1	2016.11
51	镇江盛恒进出口贸易有限公司	孟加拉	1	2016.11
52	江苏力凡胶囊有限公司	巴基斯坦	1	2016.12
53	镇江市丹徒区鸿达制刷厂	孟加拉	2	2016.12
合计			82	

（王　东）

表5 **2016年丹徒区因公出境人员情况** 单位：人

序号	单位名称	人数	目的地	日期
1	丹徒区政府	6	德国、荷兰	2016.4
2	丹徒区政府	6	美国	2016.4
3	江苏省大港中学	2	澳大利亚	2016.7
4	丹徒区科技局	1	英国	2016.8
5	丹徒区谷阳镇	3	日本	2016.8
6	江苏省大港中学	1	美国	2016.9
7	丹徒实验学校	1	英国	2016.9
8	丹徒区驸马山庄幼儿园 丹徒区上会中心幼儿园 丹徒区石马中心幼儿园	3	澳大利亚	2016.10
9	丹徒区三山中心小学	1	英国	2016.11
10	镇江市宜城中学	1	英国	2016.11
11	丹徒区农委	2	中国香港	2016.11
12	丹徒实验学校 镇江市宜城中学	2	印度尼西亚	2016.12
合计		29		

（王 东）

台湾工作

【概况】 2016年，镇江市丹徒区委台湾工作办公室(以下简称丹徒区台办)发挥对台交流和招引优势，服务地方经济发展，全年实现实到台资2047万美元。年内，有2个公务团15人次、3个企业团队20人次赴台开展经贸交流；邀请台商8批125人次到丹徒区参观访问。全年签订对台合作意向性协议2个。

（徐旭婷）

【台商接待】 2016年2月19日、3月11日、4月21～22日，丹徒区委书记陈琳、区长张映桥、副区长杨益斌分别接待台湾挺卫国际集团总裁王镇皇一行，对接荣炳盐资源区矿泉水及生态旅游项目；接待台湾农委会推广处原处长、颉田农业开发公司总经理陈仁德一行，推介宝堰镇生态旅游特色；接待台湾宜庆芳生物科技有限公司董事长李全友一行，推介宝堰镇投资环境。（徐旭婷）

【台属联谊会改选】 2016年4月5日，丹徒区第五届台属联谊会换届选举大会举行。会议听取第四届台属联谊会工作报告，选举产生第五届台属联谊会理事、常务理事、会长、副会长、秘书长，并审议通过区台属联谊会章程。区人大常委会副主任王卫方当选为新一届丹徒区台属联谊会会长。（徐旭婷）

【区人大专题调研《江苏省保护和促进台湾同胞投资条例》落实情况】

2016年6月29日，丹徒区人大常委会第三十三次主任会议专门听取关于《江苏省保护和促进台湾同胞投资条例》(以下简称条例)贯彻实施情况的汇报。丹徒区副区长杨益斌带领区台办、区发改经信委、区人社局、区环保局、区安监局、区科技局等部门主要负责人与会，并代表区政府汇报《条例》自2012年实施以来全区对台工作情况。区人大常委会主任李幸福就进一步落实好《条例》，推进对台工作，提出指导性意见。会前，区人大组织近20名人大代表调研江苏崇佑新型建材有限公司和江苏领先电子有限公司，听取台企负责人对区政府以及各部门的意见和建议，了解《条例》贯彻实施情况。（徐旭婷）

【对台交流交往】 2016年7月30日，台湾新北市瑞芳区里长交流参访团一行30人到丹徒区走访中国醋文化博物馆、丹徒区社会福利中心和中国米芾书法公园等地。镇江市副市长王常生、丹徒区委副书记谈沁磊陪同走访，并座谈交流。（徐旭婷）

【丹徒农业考察团赴台考察项目】

2016年8月28日至9月2日，丹徒区台办联合宝堰镇政府、区农委、镇江宝锐光电科技有限公司，组建丹徒区农业考察团，一行5人赴台湾新北市瑞芳区和台东县等地参访交流。期间，考察团与台湾宜庆芳生物科技有限公司初步达成生物实验室建设、兰花主培和种植销售协议，双方就高科技农业种培和销售市场领域开展合作。（徐旭婷）

旅游工作

【概况】 2016年镇江市丹徒区民族宗教旅游局（以下简称丹徒区民宗旅游局）以“旅游强区”目标为统领，围绕“一山两岛多点”的全域旅游发展格局，以发展生态旅游、乡村旅游为重点，做强节庆活动，做大产业经济，做响旅游品牌。丹徒区全年接待游客474万人次，实现旅游业总收入56.58亿元，比上年增长20.6%。（刘 琼）

【旅游项目建设】 2016年，丹徒区完成旅游项目投入13.9亿元。江苏长山薰衣草庄园、世业洲开心乐之岛项目一期建成开放，长山文化产业园等重点在建项目加速推进；总投资20亿元的镇江长山旅游度假区项目签约落户，总投资5亿元的长山温泉与漂流项目实现调整盘活。全年申报省级专项引导资金项目8个，获批5个，获得省级专项引导资金230万元；长山文化产业园争取到江苏省旅游产业发展基金500万元。（刘 琼）

【旅游公共服务体系建设】 2016年，丹徒区高标准推进全区智慧旅游、“厕所革命”、旅游交通、集散中心、自驾游营地公共服务设施建设。全年新建或改扩建厕所6座，总面积420平方米；新建或改扩建停车场6座，总面积1.6万平方米；启动扬溧高速镇江南、镇江西、上党、荣炳等出口及沪宁高速镇江出口等处20块旅游交通标示标牌设置工作，年内完成选址与设计；发展智慧旅游，推进景区与乡村旅游区无线WIFI建设，鼓励旅游企业与电商合作开展线上营销，实现服务咨询、网上预定、信息推送网络化，提升旅游公共服务信息化水平。（刘 琼）

【旅游品牌创建】 2016年，丹徒区加大旅游品牌创建力度，获得一批国家级和省级创建成果。10月，在新华网主办的“第四届旅游业融合与创新论坛暨2016最美中国榜盛典”活动中，丹徒区名列“2016旅游业最美中国榜目的地县（区）”，获“生态(自然)旅游胜地”“文化魅力 特色魅力旅游胜地”“美丽乡村旅游胜地”等称号。年内，长山文化生态旅游区创建成为“省级生态旅游示范区”，中国米芾书法公园创建成为“省级诚信旅游示范单位”，中国米芾书法公园、镇江青少年综合实践基地创建成为“首批省级研学旅游示范基地”，中国米芾书法公园被省旅游局确定为“2015年十大新景区”之一，“魅力丹徒体验游”入选江苏省十条旅游新线路；镇江金陵润扬大桥酒店被评为“江苏省精品休闲度假饭店”，是镇江市唯一入选的旅游饭店；江心洲生态农业园区五套村获“首批2016年江苏省休闲观光农业示范村”称号，翰雅有机农场和谷阳镇槐荫村创成省三星级乡村旅游区。中国醋文化博物馆获“江苏省旅游系统先进集体”称号；“恒顺国醋八年陈”、“太平泥叫叫”“水晶肴蹄”、“丹徒印章”“上党蒸汽茶”分获首届“乐购江苏”特色旅游商品金、银、铜奖；宝堰镇联创生态园的“宝堰菜花甲鱼”获江苏省乡村美食大赛“银牌菜”称号；江心洲橘江里33号的“橘江里红烧肉”被评为市级“优秀农家菜”。（刘 琼）

【旅游品牌宣传】 2016年，丹徒区民宗旅游局在市、区电视台和网络平台播放新版丹徒旅游宣传片、“2016中国·丹徒旅游文化节”活动宣传片，协助央视摄制组《文明密码》栏目在中国醋文化博物馆摄制节目；开通“丹徒旅游”微信公众号，开展微营销；举办“2016中国·丹徒旅游文化节”，先后举办10余个分项活动，为期8个月，带动丹徒区全年新增游客50余万人次；组织区内景区、旅游企业参加上海500家组团旅行社推广销售洽谈会、2016中国义乌旅游商品博览会、宁镇扬马都市圈旅游新产品推介会等旅游展会，并组队赴德国、奥地利等国家推介丹徒旅游。（朱虹宇）

【旅游规范化管理】 2016年，丹徒区民宗旅游局继续完善旅游投诉体系，贯彻执行《江苏省旅游投诉暂行规定》，依法、及时、公正处理旅游投诉。全区32家旅游企业按要求公布旅游投诉电话，做到24小时畅通，及时处理旅游投诉和游客信访工作；与各镇（街道、园区）及旅游企业签订“2016年旅游安全生产目标管理责任书”；联合相关部门开展春节、“五一”、“十一”等时间节点的安全生产大检查活动，发出书面整改意见和建议20余条，提出整改安全隐患9处；提供旅游安全咨询服务50余人次；组织旅游企业安全生产责任人参加镇江市综合行业生产经营单位安全培训和消防现场演练，提高企业安全生产意识；“长江音乐节”“惠民旅游”等重大旅游活动期间，做好旅游突发事件的应急预案和安全值班工作。（潘玉洁）

图15 太平泥叫叫 （丹徒区委宣传部提供）

表6

2016年丹徒区景点情况

名称	等级	所在地	评定时间
恒顺醋文化博物馆	AAAA	丹徒新城	2011年
中国米芾书法公园	AAAA	丹徒新城	2014年
江心洲橘江里	AAA	江心洲	2015年
江心洲大套风光带	AA	江心洲	2005年
世业洲旅游度假区	AA	世业洲	2005年
冷遹纪念馆	AA	辛丰镇	2006年
新四军四县抗敌总会纪念馆	AA	宝堰镇	2009年
凤凰山庄	AA	高资镇	2010年
合计	8 家		

（潘玉洁）

表7

2016年丹徒区星级乡村旅游区情况

名称	星级	所在地	评星时间
新颖生态农业园	四星	宝堰镇	2012年
凤凰山庄	四星	高资镇	2013年
联创农业生态园	四星	宝堰镇	2013年
十里长山生态园	四星	丹徒新城	2014年
江岛庄园	三星	江心洲	2010年
尚水印象	三星	上党镇	2011年
百之味农庄	三星	江心洲	2013年
荷塘橘色水景园	三星	江心洲	2013年
江心神珠生态农业园	三星	江心洲	2014年
恒顺生态园	三星	荣炳镇	2014年
兴隆观光度假村	三星	世业洲	2014年
仙人湖主题乐园	三星	上党镇	2015年
民族风情园	三星	世业镇	2015年
硕德农业发展有限公司	三星	荣炳镇	2015年
沁华生态农业园	三星	荣炳镇	2015年
槐荫村	三星	谷阳镇	2016年
翰雅有机农场	三星	上党镇	2016年
丰盛园	二星	世业洲	2009年
开心农场	二星	世业洲	2010年
一水间	二星	世业洲	2010年
卧龙山庄	二星	荣炳镇	2011年
绿郊源农庄	二星	上党镇	2013年
合计	22 家		

（潘玉洁）

表8

2016年丹徒区旅游品牌创建情况

品牌创建	名称	所在地	评定时间
国家级农业旅游示范点(2家)	世业洲旅游度假区	世业洲	2005年
	毓龙湾国际度假村	辛丰镇	2006年
区旅行社（1家）	镇江市九重天旅行社有限公司	丹徒新城	2010年
国家金叶级绿色饭店（1家）	金陵润扬大桥酒店	世业洲	2010年
江苏省工业旅游示范点（1家）	中国醋文化博物馆	丹徒新城	2012年
省级旅游度假区（1家）	世业洲旅游度假区	世业洲	2012年
市级绿色饭店（1家）	丹徒区谷阳大酒店	丹徒新城	2012年
省级自驾车基地（2家）	镇江世业洲	世业洲	2012年
	新颖农业生态园	宝堰镇	2013年
江苏省历史文化名镇（1家）	宝堰镇	宝堰镇	2013年
江苏省特色景观旅游名镇（1家）	世业镇	世业洲	2014年
2015年江苏省十大新景区	中国米芾书法公园	长山	2015年
2015年江苏十条新线路	丹徒区	丹徒区	2015年
2015年全国休闲农业与乡村旅游星级示范创建企业	开心农场有限公司	世业镇	2015年
中国乡村旅游模范村	卫星村	世业镇	2015年
中国乡村旅游金牌农家乐	凤凰山庄、联创、新颖、江岛庄园	高资街道、宝堰镇、江心洲	2015年
首批江苏省农家乐集聚村示范村	橘江里	江心洲五套村	2015年
江苏省特色景观旅游名村（1家）	世业镇卫星村	世业洲	2015年
江苏省特色景观旅游创建示范镇（1家）	丹徒区高桥镇(江心洲生态农业园区）	高桥镇	2015年
省级生态旅游示范区	长山文化生态旅游区	长山	2016年
江苏省特色景观旅游名镇（1家）	宝堰镇	宝堰镇	2016年
镇江市首批休闲农业示范点（2家）	江苏翰雅生态农业有限公司	上党镇	2016年
	江苏长山薰衣草有限公司	长山	2016年
江苏省精品休闲度假饭店	金陵润扬大桥酒店	世业洲	2016年
首批省级研学旅游示范基地（2家）	中国米芾书法公园	长山	2016年
	镇江青少年综合实践基地	世业洲	2016年
首批2016年江苏省休闲观光农业示范村	江心洲五套村	江心洲五套村	2016年

（潘玉洁）

表9

2016年丹徒区星级饭店情况

名称	星级	所在地	评定时间
谷阳大酒店	三星	丹徒新城	2010年
江岛庄园	二星	江心洲	2009年
星岛花都	二星	世业洲	2012年

（潘玉洁）

档案工作

【概况】 2016年，镇江市丹徒区档案局（以下简称丹徒区档案局）继续推进档案资源体系、档案利用体系、安全保管体系"三个体系"建设，提升档案工作服务社会、服务大众能力。档案馆全年接待查档5981人次，调阅案卷6210卷（册），复制利用1.28万页。征集接收各类档案3625件，其中死亡干部档案42卷、婚姻登记档案3578件、资料23本。年内，新增档案工作定级单位3家，其中区公安局通过省五星级定级，辛丰大圣寺通过省三星级和省AAA级数字档案室定级，江心洲生态农业园区排涝总站管理所通过省二星级定级，测评通过率100%；全年复查全区档案等级单位26家，其中2家（区财政局、区国土局）通过省五星级复查，24家分别通过省一星级、二星级和三星级复查，复查合格率100%。（朱蓉娟）

【确权登记颁证】 2016年，丹徒区档案局贯彻落实《江苏省农村土地承包经营权确权登记颁证档案管理实施办法》，与区农委协调开展农村土地承包经营权确权登记颁证工作。随着全区镇（街道、园区）8万余户农户的土地确权登记颁证工作持续开展，丹徒区档案局规范档案的收集、整理及移交程序，促使土地确权文件材料作为重要的民生档案，在形成阶段即达到齐全、完整、准确的质量要求，进馆时能够顺利通过第三方验收，确保各项材料符合规范，全年接收全区1个行政村土地确权登记颁证档案进馆。年内，丹徒区档案馆争取财政投入专项资金130万元，完成确权档案整理扫描工作。（朱蓉娟）

【档案数字化建设】 2016年，丹徒区档案馆完成馆藏档案目录和全文数字化工作，20个全宗的电子文件顺利挂接档案馆服务器。利用率较高的婚姻档案做到当年进馆当年数字化，实现100%全文挂接。年内，完成7个全宗整改工作，其中案卷级目录3855条，文件级目录20.53万条；新增案卷级目录1.53万条，文件级目录22.1万条；累计著录案卷级目录3.98万条，文件级目录162万条。（朱蓉娟）

【到期短期档案销毁】 2016年，丹徒区档案局完成馆藏短期档案到期鉴定工作，并销毁6814卷到期档案。该批被销毁档案涉及7个全宗，所属年度为1950～1996年。被销毁档案形成目录清册，共计90卷，全部存入馆藏档案全宗。（朱蓉娟）

行政事务管理

【概况】 2016年，镇江市丹徒区机关事务服务中心（以下简称丹徒区机关服务中心）履行管理、保障和服务职能，提升服务水平和业务能力，推进安全保障、公务用车制度改革、办公用房管理、后勤服务管理、公共机构节能等工作有序开展。优化后勤服务管理，改善会议中心硬件设施，分期修缮出新客房，提升服务档次。注册宜瑞会议中心微信公众号，实时推送营销方案，展现服务理念和服务品质。全年承办各类会议1068场次，实现"零差错"。（王　江）

【安全保障】 2016年，丹徒区机关服务中心开展设施设备安全检查，确保设备安全可靠，提前消除安全隐患；加强政府大楼监管和巡防力度，严格执行来访人员登记制度，检查登记出入政府大楼的人员。配合做好信访接待工作，及时疏导群众上访并通知相关部门；注重消防安全，配备消防专业器材，强化日常检查和防范，确保消防设施设备和物资随时保持完好状态。（王　江）

【公务用车制度改革】 2016年，丹徒区机关服务中心完成上年度公务用车改革取消车辆拍卖工作，平均溢价率202.5%。开展全区282家涉改非参照公务员管理事业单位公务用车改革前期摸底工作。审定批复各镇（街道、园区）公务用车制度改革方案，制定《丹徒区保留定向化保障应急用车及调研接待用车使用管理口径》；搭建公车管理平台，实行公务用车"定点、定卡、定责"管理制度，强化保险、维修等制度执行。（王　江）

【办公用房管理】 2016年，丹徒区机关服务中心制定《丹徒区党政机关办公用房管理暂行办法》，审核区农委、原区质监局、辛丰镇政府办公楼出新改造项目；拟定区建设投资有限公司、区市场监督管理局、区安监局、区委党校等单位的办公用房调配方案，并经区政府第三十二次常务会议讨论通过。（王　江）

【公共机构节能】 2016年，丹徒区机关服务中心继续强化能源统计、节能示范单位创建、节能考核等工作。调整全区公共机构节能工作领导小组成员，明确专门联络员；开展"节能领跑 绿色发展"节能宣传周活动；推进节能改造，政府大楼照明LED光源改造更换率60%。（王　江）

政协丹徒区委员会

责任编校：王雪松

综 述

【概况】 2016年，中国人民政治协商会议镇江市丹徒区委员会（以下简称丹徒区政协）践行“履职为民、助推发展”工作定位，把握团结、民主两大主题，履行政治协商、民主监督、参政议政三大职能，完成各项工作任务，为建设“强富美高”新丹徒作出贡献。

咨政建言。发挥联系广泛、智力密集的优势，就高效农业品牌建设、传统村落和历史文化名镇（村）保护利用、现代物流枢纽区建设等课题开展调查研究，形成高质量调研报告，为区委、区政府重要决策建言献策；专项视察残疾人权益保护、“七五”普法、大项目建设等内容，提出意见和建议；围绕城乡建设、教育均衡化发展、城市社区规范化建设、城乡客运交通网络建设等内容，开展协商议政。

助推发展。区政协参与“强村富民”工程，领导班子成员每人联系一个贫困村、一户贫困家庭，协同有关部门、企业，排定帮扶方案，落实帮扶措施，帮助贫困村、家庭增收脱贫；参与文明城市创建、卫生城市复检、重点项目挂钩调度等全区中心工作，现场调度督促，确保各项工作顺利完成；142名区政协委员踊跃议政建言，各委员活动小组因地制宜，组织开展形式多样的履职活动；组织有专长的委员，开展送文化、科技、医疗、法律、教育、就业“六下乡”活动；主动对接“支显宗基金会”，资助丹徒教育事业。

履行职责。始终坚持团结民主的主题，广泛联络联谊，密切联系群众，为全区经济社会发展凝聚共识、汇聚力量。为各民主党派、工商联和无党派人士提供知情参政的平台和渠道，邀请各界人士参加政协的专题协商会、专题议政会，参与全区重大方针政策的协商讨论；在政协全委会议、政协常委会议以及各专题协商会议上，确保全区各民主党派充分发表各自的意见和建议；办理民主党派提出的提案，向党委、政府报送有关社情民意；组织委员视察全区的大项目建设、城市建设、民生实事工程建设，切身体验和感受“强富美高”新丹徒建设所取得的丰硕成果；组织部分委员带着课题和思考，赴周边及外地学习考察，增进联系，取长补短；走访丹徒侨资、台资企业，组织慰问港属、澳属、台属、侨属家庭，帮助解决困难和问题；组织走访基层委员，听取意见和建议；接待外地政协到丹徒考察的调研组10余批，展示丹徒发展成就。

自身建设。制定完善《区政协关于加强机关干部队伍及作风建设的意见》《关于开展区政协委员述职的通知》《关于印发区政协委办、委员活动小组工作考核办法（试行）的通知》等文件，完善政协工作创新、管理、服务的工作制度，为政协履职“三化”（政协工作的制度化、规范化、程序化建设）要求奠定基础；创新政协常委、委员领衔重点调研课题和专题视察任务的工作机制，年初即确定政协工作要点、工作安排，并分解落实重点调研、专题视察到相关常委、委员，以便提前谋划、调研思考，提高调研视察质量；邀请委员参加政情通报会、专题视察调研、列席政协常委会议和主席会议，提升政协委员知情履职水平；建立政协委办和政协联络委、政协委员活动小组联系挂钩制度，使政协委办、政协联络委、政协委员活动小组的活动有主题、有内容、有互动、有实效；开展“两学一做”学教活动，进一步坚定机关党员干部理想信念，强化宗旨意识，显现党组织的凝聚力；利用丹徒政协网站，及时发布政协工作新闻信息；编印《丹徒政协通讯》3期，发送到所有政协委员和政协工作部门；一批反映丹徒政协政治协商、民主监督、参政议政的做法和经验在《镇江政协》、丹徒电视台等新闻媒体报道。数名政协委员履职事迹，被镇江市政协“‘委员在行动’特别报道”采用，展示丹徒区政协风采。 （陈珍娜）

重要会议

【中国人民政治协商会议丹徒区第九届委员会第五次会议】 2016年1月5～8日在丹徒区会议中心举行。会议应到委员142人，实到委员131人。区委书记陈琳代表中共镇江市丹徒区委作重要讲话，肯定区政协一年来在促进全区经济社会发展中所发挥的重要作用，并对政协今后的工作提出新要求。会议赞同区长张映桥代表区政府所作的《政府工作报告》，对区政府2015年以及“十二五”期间所取得的成绩表示满意。会议审议通过《中国人民政治协商会议镇江市丹徒区第九届委员会第五次会议关于提案工作情况报告的决议》《中国人民政治协商会议镇江市丹徒区第九届委员会第五次会议决议》《中国人民政治协商会议镇江市丹徒区第九届委员会第五次会议关于常务委员会工作报告的决议》。会议同意徐新祥代表区政协常务委员会所作的工作报告,同意郭祥明所作的提案工作情况报告。大会选举叶向东为政协镇江市丹徒区第九届委员会副主席。会议肯定过去一年的成绩,部署2016年工作,号召全体政协委员为加快建设以“强富美高”为鲜明特征的更高水平小康丹徒贡献智慧和力量。(陈珍娜)

【常委会议】 2016年,丹徒区政协召开常委会议5次。1月6日,召开九届二十二次常委会议,听取区委对候选人提名情况的说明,酝酿候选人名单。区委书记陈琳代表区委就提名情况以及候选人的情况作说明。会议听取各讨论小组汇报情况;讨论通过选举办法(草案)和监票人建议名单。区政协主席徐新祥主持会议。3月10日,召开九届二十三次常委会议,审议通过《区政协2016年工作要点》和有关人事事项,动员部署“弘扬价值观、践行当模范”主题活动。7月21日下午,召开九届二十四次常委会议。区长张映桥出席会议并讲话,区政协主席徐新祥主持会议。会上,张映桥向与会人员介绍区政府“十二五”时期主要工作成绩。会议通报全区上半年经济和社会事业发展情况以及下半年工作安排,通报全区高效农业品牌建设情况。10月31日,召开九届二十五次常委会议。区政协主席徐新祥主持会议,区政府常务副区长皋古和出席会议并讲话。会议听取区政府关于提案办理情况、物流枢纽区建设情况的通报,同时审议通过有关人事事项。12月28日,召开九届二十六次常委会议,通报区政协进行换届的决定、区政协第十届委员会委员名单、区政协十届常委会组成人员名单等事项,并一致通过。(陈珍娜)

【丹徒区政府、区政协联席会议】 区政协九届五次全体会议召开前夕,区政府、区政协召开联席会议,双方围绕2016年政府工作报告和区政协2016年工作要点开展协商讨论。区长张映桥、区政协主席徐新祥出席会议并讲话。张映桥代表区政府向区政协的支持帮助表示感谢,希望区政协一如既往关心支持政府工作,在特色产业发展、加强项目支撑、推进新型城镇化等方面,开展调研,建言献策,齐心协力为建设强富美高新丹徒而不懈努力。区政府将主动接受政协民主监督,做好与区政协各项沟通协作,支持政协参政议政,为政协工作创造有利条件;徐新祥表示,区政协将在下一步工作中,围绕区委、区政府工作中心,重点在高效农业品牌、城乡客运交通网络、现代物流枢纽建设等方面,开展调研、协商议政,为区委、区政府决策提供参考。副区长田志虹、张云鹏,区政协副主席郭祥明、江灿、李晓娟参加会议。(陈珍娜)

重要活动

【“弘扬价值观　践行当模范”主题活动】 2016年3月,丹徒区政协向全体政协委员发出倡议书,倡议全体委员以活动小组为单位,开展“弘扬价值观　践行当模范”主题活动。3月10日动员会上,各委员活动小组结合自身特点,围绕委员“做一件有意义的事”、小组“开展一次有意义的活动”、界别“组织一次有意义的主题实践”,研究小组主题活动方案,制定具体计划。年内,各界别都结合自身特征,开展特色鲜明的活动。侨台联界、工商联界组织开展“强村富民”帮扶活动,企业家委员结合自身优势,针对上党敖毅村黄桃包装、销售以及发展周边配套旅游措施,提出一系列合理可行的建议,受到村委及果农的高度认可;文化艺术界开展书画笔会活动,在陶冶情操中弘扬社会主义核心价值观;医卫界的委员开展义诊活动,免费为基层百姓送诊。(陈珍娜)

【政协委员讲堂】 2016年,丹徒区政协举办委员讲堂3期。4月13日,邀请中共上海市委党校党性研究中心研究员、教授赵大朋到委员讲堂授课,围绕“认识和践行社会主义核心价值观”专题,帮助政协委员准确理解社会主义核心价值观内涵实质;8月3日,邀请上海大学教授胡申生为区政协委员作文化讲座,以中国家训中的文化传承为主题,围绕中国家训、家教文化的功能,中国家训家教文化的基本内容以及家训家教文化传承的当代作用和意义等,完整地阐述家训、家教文化的重要性,使委员们感知和领悟家训、家教文化的内涵;11月16日,邀请南京中医药大学博士生导师、教授黄煌到委员讲堂授课,围绕“职场压力与自我保健”,以理论和实际案例相结合的方式,解读各行业从业人员所面临的压力,传授缓解工作压力的技巧,并向委员们推荐简便易行的自我保健方法。(陈珍娜)

重要工作

【提案工作】 2016年,丹徒区政协完成区政协九届五次会议以来的提案办理工作。提出提案113件,其中集体提案20件、委员联名提案38件。经34个单位承办,提案所提问题得到解决或建议被采纳的有58件,占51.3%;列入计划逐步解决的有52件,占46%;留作参考或说明的有3件,占2.7%。4件重点提案中,解决或采纳的2件,列入计划逐步解决的件。委员对102件提案办理工作表示满意,占90.3%;对11件表示基本满意,占9.7%,满意和基本满意率为100%。(陈珍娜)

【文史工作】 2016年,丹徒区政协文史委与区委宣传部文明办合作编印《丹徒好人》一书,记录全区30位好人的事迹,并在全区范围宣传推广;与区史志办合作,启动《丹徒新城建设史》编纂工作,完成编纂方案审核;10月,参加全省第22次政协文史工作交流会,作《服务大局、助推发展,努力探索文史工作新作为》发言;12月,协调指导全区中华诗词之乡创建工作,高资中心小学和荣炳盐资源区获“中华诗教先进单位”称号。(陈珍娜)

民主党派·工商联

责任编校：王雪松

民革丹徒总支

【概况】 2016年，民革丹徒总支有2个支部、党员35名。加强组织建设，全年开展学习教育活动5次，提升党员参政议政能力。向区“两会”提交集体提案2件、个人提案10件，在镇江市“两会”上，提出建议意见案3件。（王巧兰）

【总支建设】 2016年，民革丹徒总支组织全体党员学习社会主义核心价值观，学习习近平“七一”讲话精神以及“不忘初心、继续前行”相关评论文章。7月29～31日，民革丹徒总支组织支委成员参加民革镇江市委组织的党史教育培训班，了解民革镇江市委会历史、各支部建立过程，并赴安徽巢湖参观张治中、冯玉祥故居，开展“观故居，走多党合作之路”主题教育活动，实地考察学习民革老一辈革命家的先进事迹；7月8日，民革丹徒总支邀请市史志办副主任沈红亮在丹徒区公路处开设“不忘初心、知史前行”知识讲座，增强全体党员的爱乡意识。（王巧兰）

【参政议政】 2016年，民革丹徒总支着力党员参政议政作用发挥，鼓励党员结合区委、区政府中心工作开展调研。7月，组织党员到辛丰镇大圣寺安养院调研寺庙养老情况，并形成调研文章；8月，组织党员到中业慧谷镇江科技产业园，调研丹徒经济社会发展情况；11月，与区委宣传部、区发改委等部门对接，组织党员开展丹徒文化产业发展调研，了解丹徒文化产业发展现状及存在的问题，形成的调研报告列入区政协大会交流材料。（王巧兰）

民盟丹徒委员会

【概况】 2016年底，民盟镇江市委丹徒委员会有盟员31人，比上年增加1人。盟员中有教师16人、政府机关及事业单位工作人员12人、民营企业从业人员2人、银行从业人员1人，有市人大代表1人、区政协常委1人、区政协委员4人。全年各支部每季度至少开展支部活动1次，提升支部活力及凝聚力，鼓励盟员建功立业。年内，组织参加民盟镇江市委“学盟史　读盟章”知识竞赛，获集体二等奖，盟员卢实获个人二等奖；盟员孔令萍被民盟江苏省委评为“纪念民盟江苏省委成立六十周年先进个人”，盟员徐俊获“民盟江苏省委参政议政先进个人”“民盟江苏省委社会服务先进个人”“民盟镇江市委成立六十周年优秀盟员”称号，盟员肖涛当选为镇江市青年联合会第七届委员会副主席，并获“2016镇江杰出青商”称号；盟员姜松亭当选为新一届区工商联副主席。（徐　俊）

【民盟丹徒委员会成立】 2016年11月17日，经民盟镇江市委同意，民盟镇江市委丹徒委员会（以下简称民盟丹徒委员会）在丹徒区教师发展中心召开成立大会。民盟镇江市委主委杨晓勤、丹徒区统战部副部长陈毅强出席会议，民盟丹徒委员会全体盟员参加会议。大会选举徐俊、肖涛、邹国俊、姚凯、徐海燕、卢实、吴丹7人为民盟丹徒委员会第一届委员会委员，徐俊当选为民盟丹徒委员会主委，肖涛、邹国俊、姚凯当选为副主委。区委统战部副部长陈毅强代表丹徒区四套班子，对民盟丹徒委员会的成立表示祝贺。（徐　俊）

【参政议政】 2016年，民盟丹徒委员会参与民盟镇江市委“打击传销需形成合力”调研活动，形成《应警惕传销组织“新变化”》调研文章；组织开展“镇江地区汽车产业集群发展战略与举措”调研工作；组织盟员参加“政协大讲堂”；组织开展“食品安全进校园”活动，受到师生好评。（徐　俊）

民建丹徒区基层委员会

【概况】 2016年底，民建丹徒区基层委员会下设4个支部，有会员57人。会员中有区人大代表1人，市、区政协委员14人，其中市政协委员1人、区政协副主席1人、区政协常委2人；有高、中级知识分子42人。年内，会员蔡正飞被民建中央授予“全国社会服务先进个人”称号，会员纪桂发当选民建镇江市第十二届委员会委员和民建江苏省第九次代表大会代表。（纪桂发）

【组织建设】 2016年，民建丹徒区基层委员会组织开展活动10次，各支部分别组织活动2次；慰问老会员7人次，慰问因病或家庭发生重大变故的会员6人次；3月，组织会员参观镇江中日友好梅樱园；4月，组织会员到镇江高校园区调研“大学城”建设情况；5月，主委纪桂发赴北京参加民建中央主办的“基层负责人培训班”学习；6月，组织会员参观调研长山薰衣草庄园项目；9月，推选民建镇江市第十二次代表大会代表13名；11月，组织13名会员出席民建镇江市第十二次代表大会。（纪桂发）

【主题教育】 2016年，民建丹徒区基层委员会学习习近平在庆祝中国共产党成立95周年纪念大会上的讲话精神，以“不忘合作初心，继续携手前进”专题教育为重点，深入推进坚持和发展中国特色社会主义学习实践活动；组织会员学习领会中共中央统战工作会议精神，提高对统一战线重要地位的认识，坚定正确的政治方向，切实履行党派职能；开展“十三五”规划的宣传工作，向会员赠送《中共中央关于制定国民经济和社会发展第十三个五年规划的建议》单行本；利用民建中央爱国主义教育基地冷遹纪念馆，加强优良传统学习教育；开展学习会章会史系列活动，提高会员的政治素养和理论水平；开展学习和践行社会主义核心价值体系活动，30名优秀会员受到表彰；30余篇社情民意和宣传稿件被各级刊物采用。（纪桂发）

【参政议政】 2016年，民建丹徒区基层委员会围绕区委、区政府中心工作，履行职责，收集社情民意，建言献策。在区政协大会上，提交《关于落实相关政策，扶持农业产业化龙头企业的提案》《关于民营企业发展过程中遇到的问题及对策建议》《实现秸秆综合利用　创建低碳文明城市的建议》《关于宜城街道开通公交的建议》《关于整治城区烧烤、大排档占道经营的建议》等集体提案5件、个人提案16件。会员王荣撰写的《丹徒区特色小镇建设的思考与建议》，获镇江市人民建议征集办公室“2016年度专题建议征集活动”三等奖；会员王荣撰写的《充分发挥民主党派的作用，更好地推进普法工作》，获司法部、全国普法办公室“我为普法献一策”征集活动三等奖。（纪桂发）

农工民主党丹徒区基层委员会

【概况】 2016年底，农工民主党丹徒区基层委员会下设3个支部，有党员54人，其中副处职1人、副科职6人，有市人大代表1人、市政协委员1人，区人大常委1人、区人大代表2人、区政协常委3人、区政协委员10人，当年发展党员2名。支部全年组织活动12次，到会率90%以上。年内，邢朝富被聘为镇江市第三届消化病专业委员会委员、镇江市第一届消化内镜专业委员会委员；殷飞获镇江建筑会计学会先进个人称号，在国家级刊物发表论文2篇；王卫方、周润生、崔萍、李玉霞、何春华、钱良俊、王杏凤、徐荣民、姚金保、张卫星、马雅宾、许培贤、张剑、戴文妍、殷飞等被农工民主党镇江市委员会评为优秀党员。农工党丹徒基层委员会被农工民主党镇江市委员会评为先进基层委员会。（戴文妍）

【基层委员会换届】 2016年4月28日，农工民主党丹徒区基层委员会在丹徒区老干部会议室召开换届大会，完成新一届委员会换届工作。王卫方任委员会主委，崔萍、张剑、戴文妍任副主委，张卫新、李叶红、吴国斌任委员。张卫新任一支部主任，马雅宾、邢朝富任副主任；李叶红任二支部主任，赵明、钱良俊任副主任；吴国斌任三支部主任，凌霞、殷飞任副主任。（戴文妍）

【建言献策】 2016年1月，农工党丹徒区基层委员会向丹徒区“两会”提交《关于扩大城区学前教育资源的建议》集体提案1件，姚金保等7名政协委员个人或联名提案14件，农工党丹徒区基层委员会在政协大会上作《关于加快建设医养结合养老体系的建议》交流发言。（戴文妍）

【开展活动】 2016年，农工民主党丹徒区基层委员会组织开展各项活动，增强基础委员会凝聚力。6月，与农工民主党江苏大学支部开展交流活动，交流落实人才强党战略、组织建设等方面工作，并就巩固和扩大农工党的优势领域、加强参政议政能力建设等方面开展探讨。6月17日，组织党员到上党镇开展便民活动，党员中的老中医、名中医为当地群众免费义诊，开具处方；向群众发放家庭节能环保宣传册以及环保袋等宣教资料，在环保部门工作的党员接受群众的环保咨询。（戴文妍）

致公党丹徒总支部

【概况】 2016年底，致公党丹徒总支部有支部3个、党员31人，当年发展党员2人。党员中任科级职务3人，有市政协委员2人、区政协常委2人、区政协委员11人。7月，组织党员到致公党江苏省委学习致公党史；11月，与致公党丹阳总支部座谈联谊。年内，致公党丹徒总支部被致公党镇江市委员会评为“先进总支部”，总支第一支部被致公党镇江市委员会评为“优秀基层支部”。吴黎红被镇江市政协授予“优秀政协委员”称号；盛莉莉获全国“法治宣传教育先进个人”、致公党江苏省委“年度宣传工作先进个人”称号，其事迹专访《最美致公人——让百姓感受到法律的温度》在江苏致公网站刊发；郭建霞被致公党江苏省委评为“参政议政先进个人”；郭建霞、王心如被致公党镇江市委员会评为“优秀党务工作者”；吕卓、金云霞、张林彬被致公党镇江市委员会评为“优秀党员”。（王心如）

【参政议政】 2016年，党员郭建霞提交的《发挥综合交通优势　促进丹徒现代物流枢纽建设》研究报告，列入2016年政协常委会发言材料；盛莉莉提交的《全民普法强意识　依法治区促发展》文章被丹徒区九届五次政协全委会议列为发言材料；崔鹏参与并执笔的市委会《关于工业机器人产业发展的几点建议》调研报告、冷丽的《让基础教育再公平些》、郭祥平的《关于香山大道与312国道三岔口设置红绿灯的建议》被评为丹徒区政协优秀提案；金云霞的《我爱我家》、郭建霞的《参政议政献良策 履职尽职》建议获致公党镇江市委员会表彰，崔鹏的《丹凤双舞 携手共建——致公党丹徒总支迎来兄弟总支交流》《学习区委统战部会议精神》《最美致公人——不一样的志愿者》，刘刚的《致公党镇江青工委参观中瑞产业园聆听格致基因测序讲座》《情暖中秋，爱在乡间》，戴鹏的《相信我，我会做的更好——一个新党员的心路历程》等文章，分别被致公党中央、江苏省委及镇江市委网站刊载。（王心如）

【总支社会公益活动】 2016年，致公党丹徒总支部坚持致力为公宗旨，热心社会公益事业。1月，主委吴黎红带领部分党员慰问高资困难归侨；2月，盛莉莉参加区政协组织的2016年“新春圆梦行动”；3月，崔鹏参加“鱼跃金山湖”增殖放流主题活动；6月，郭建霞组织“爱心家园托教中心茶课”公益活动；7月，组织参加“完美少年——与留守儿童面对面”公益活动；8月，组织部分党员参加“黄丝带”公益活动，盛莉莉组织参与“法润江苏——走进瑞泰小区”“红领巾 心向党”暑期社会实践活动；9月，刘刚参加市青工委组织的“情暖中秋 爱在其一”公益活动。年内，张林彬多次参加市文广集团组织的法律援助咨询公益活动。（王心如）

九三学社丹徒支社

【概况】 2016年，九三学社丹徒支社有社员11人，副科职以上公务员6人，其中副处职1人、正科职1人、副科职4人；具有硕士学历3人，本科学历7人；有市人大代表1人，市政协委员1人，区政协常委2人、区政协委员2人。年内，社员徐航、严慧被九三学社镇江市委员会评为“2012～2016年度优秀社员”，社员殷克勤被九三学社镇江市委员会评为“2012～2016年度优秀社务工作者”，社员贺丽娟当选为九三学社江苏省第八次代表大会代表。（严 慧）

【支社活动】 2016年，九三学社丹徒支社组织社员学习中共十八届六中全会精神，参加九三学社镇江市第八次代表大会；分2次组织社员赴安徽省安庆市参观邓稼先故居，缅怀九三学社先贤，接受社史教育；邀请全国政协委员、九三学社中央委员、九三学社主要创始人许德珩之孙许进，到丹徒举办社史讲座，帮助社员了解九三学社的核心价值和光荣传统。（严 慧）

【参政议政】 2016年，九三学社丹徒支社发挥党派特色，把民生及热点难点问题作为参政议政重点，提升参政议政、履职尽责能力。向市、区“两会”提交《关于“全面二孩”亟需完善公共政策的建议》《关于出台政策鼓励“抱团养老”的建议》等多条提案，全年向统战系统、政协和上级社组织报送社情民意信息20余条。（严 慧）

工商联

【概况】 2016年，镇江市丹徒区工商业联合会（以下简称丹徒区工商联）积极履行职能，围绕非公有制经济发展工作参政议政。提案《关于推进传统优势产业转型升级的建议》，被列入区政协年度重点提案；调研报告《注入新能量，焕发新动力，促进传统优势产业转型升级》，被区政协列入十届一次会议大会发言材料；开展工商联系统创建“五好”商会活动，逐步建立结构合理、制度健全、运作规范、作用明显的商会组织，指导成立丹徒区民企合作交流协会，有序推进丹徒区青年企业家商会筹建工作。8月，丹徒区工商联被江苏省工商业联合会授予“五好”县级工商联称号。12月21日，丹徒区工商联完成换届工作。年底，全区有企业会员654家，比上年增加39家。（钟雪花）

【服务小微企业发展】 2016年，丹徒区工商联对接全区各基层商会、行业商会（协会）和执委企业，调研小微企业经营情况，帮助小微企业克服困难，服务小微企业发展。联合丹徒区地方税收纳税人权益维护协会，开展“便民办税春风行动走进商会”活动，了解涉及小微企业减免税政策落实情况，并反馈到相关职能部门；与区总工会、区人社局联合开展和谐劳动关系三方协商，规范企业劳资关系，保障企业和职工的合法权益。（钟雪花）

【促进非公企业发展】 2016年，丹徒区工商联搭建银企合作平台，与中国银行、江苏银行、民生银行、广发银行等丹徒分支机构开展合作，促成6家企业与金融部门达成融资意向；探寻引导企业良性发展的策略，创新银企合作模式，帮助企业提高信用等级，降低授信门槛，推动解决企业中普遍存在的“有产品、有人品、无抵押”的共性问题；谷阳镇商会“互联互保”平台继续助推企业发展，全年实现融资1000余万元。（钟雪花）

【新型政商关系建设】 2016年，丹徒区工商联学习贯彻习近平在全国“两会”期间看望全国政协民建、工商联界委员时的重要讲话精神，围绕“两个毫不动摇”“三个没有变”（必须毫不动摇巩固和发展公有制经济，毫不动摇鼓励、支持和引导非公有制经济发展；非公有制经济在经济社会发展中的地位和作用没有变，鼓励、支持、引导非公有制经济发展的方针政策没有变，致力于为非公有制经济发展营造良好环境和提供更多机会的方针政策没有变）和构筑“亲”“清”新型政商关系等重要论述，开展企业调研，推动民营经济转型升级，为企业解忧排难。围绕民营企业存在的普遍问题，继续强化银企对接、法律维权、人才交流、经济联络、教育培训等服务平台建设。年内，丹徒区工商联在江苏百瑞吉新型材料有限公司创建新型政商关系示范点。（钟雪花）

社会团体

责任编校:王雪松

丹徒区总工会

【概况】 2016年末,丹徒区有工会组织602个,会员6.5万人。年内,新建工会组织46个,新发展会员1680人,其中农民工725人。建成省级模范职工之家10家,市级模范职工之家85家,区级模范职工之家71家,区合格职工之家102家。建会企业建立工资集体协商制度465家,完成年度目标100%;村(社区)开展区域性工资集体协商67家,覆盖企业1375家,完成年度目标100%;在餐饮、裘皮、机械制造等8个行业推进工资集体协商,覆盖企业877家;全区建会企业职工代表大会建制率在90%以上;开展下岗失业人员就业技能培训1000余名,安置困难人员就业1200余人。年内,镇江市丹徒区总工会(以下简称丹徒区总工会)被市委、市政府评为"六五"普法先进单位,在全省工会财务会计工作竞赛中蝉联一等奖,连续两年获市总工会工作目标考核一等奖和全区机关绩效考核"十佳单位"称号。(王 纲)

【建功立业行动】 2016年,丹徒区总工会开展建功立业行动。4月19日,在镇江市高校园区江苏科技大学新校区建设现场,举行全区职工技能提升暨重点工程立功竞赛活动启动仪式。年内,高桥镇、宜城街道等相继开展皮毛行业、机械制造行业职工技能竞赛,卫生、教育等系统相继开展护理急救、师德师风等竞赛活动;聂永平、蔡登明、张建坤当选为江苏省劳动模范;走访慰问困难、患病劳模20人,发放慰问金6万元。(王 纲)

【职工素质建设】 2016年,丹徒区总工会举办系列活动,推进职工素质建设。举办"唱响红五月 劳动最光荣"职工文艺晚会,开展职工摄影、篆刻比赛和乒乓球、篮球比赛等活动;在丹徒电视台开设"劳动者之歌"专栏,连续报道6名企事业单位一线职工的感人事迹;实施"1+4"职工优秀人才梯队建设,确定首批职工优秀人才库,其中职工文艺人才50名、优秀体育人才30名、各类职工优秀专业人才50名、职工优秀创新人才30名。(王 纲)

【企业民主管理】 2016年,丹徒区签订综合性集体合同67份,覆盖企业1356家,签订企业工资专项集体合同460份。丹徒区总工会在全市行业工资协商推进会上作典型发言;在镇江市总工会"手机中的厂务公开"作品征集活动中,丹徒区总工会被评为优秀组织奖,报送的2篇作品获征文类一等奖;推进工资协商指导员指导日志制度,以裘皮行业为试点,在龙头企业金德利鞋业建立指导员驻企办公室。(王 纲)

【维权帮扶】 2016年,丹徒区总工会实现职工维权工作在接待、受理、协商调解处理、解释宣传、生活救助、困难帮扶、法律援助等方面集成升级。与区人社局、区司法局等部门联合开展专项监督检查10余次,排查出存在劳资隐患的企业32家,完成整改26家;开展"我心中的法治阳光"征文和职工演讲比赛,收到42篇征文,有35名选手参加演讲比赛;为2.4万名职工办理互助互济保障,赔付和慰问金额42万元;实施职工临时特困救助30余名,金额12万元;开展"点亮微心愿、传递温暖情"活动,征集并实现60余名特困职工的"微心愿";资助贫困职工子女就学100余名,金额160余万元。(王 纲)

【"阳光"经费审计行动】 2016年,丹徒区总工会通过建联动机制、晒账单问题、筑信息平台等一系列"阳光"式做法,推动经费审计工作向事前、事中监督与服务并举转型。与区财政局、区审计局、区地税局组成联合审计队伍,在全区开展工会经费联合审计工作,就基层工会经费开支不当、票据不符合规定等问题提出整改建议,初步建立工会"大经审"工作机制;开展工会经费审计培训,逐一整改前期检查出的问题,全年开展专题联合审计40余场(次),提出整改意见26条。该项工作被镇江市总工会评为2016年度创新奖。(王 纲)

【"职工之家"建设】 2016年7月20日,丹徒区总工会组织镇(街道、园区)、系统(行业)、村(社区)、企事业单位四个层面80余名工会干部,开展"职工之家"现场观摩推进活动,分别到江苏申模、佳星化学、豪国窗饰等企业,观摩"职工之家"建设。活动以"结对共建"为新载体,省级、市级模范"职工之家"分别结对1~2家基层工会,联合开展"结对建家"活动,至年底,全区22家省级、市级模范"职工之家"单位共结对2016年度建家单位55家;实行"班子联建",制定"结对建家"联系点制度,由市总工会主席室成员分别联系指导2~3家结对单位;推行"指尖上的职工之家",创建丹徒工会QQ群、

微信群。年底，区职工活动中心羽毛球、篮球、乒乓球等主要场馆完成装修并投入使用。 （王 纲）

【项目化管理工作】 2016年初，丹徒区总工会十四届三次全委会制定下发《丹徒区总工会2016年度重点工作项目分解表》，从建功立业、维权服务、固本强基、帮扶解困、职工文化、自身建设、创新创优七个方面，细化24项具体活动。全年各级工会按照时间要求，完成常规项目24项，推进创新项目4项。（王 纲）

【走访调研活动】 2016年4～5月，丹徒区总工会组织开展"联系服务基层双周行"活动，围绕"走基层、看创新、找问题、寻对策"，调研镇（街道、园区）、部门工会26家，企事业单位工会50余家。谷阳立升塑胶有限公司开通职工微信群，打造"家人"文化；上党镇总工会聘请人大代表担任工会巡视员，走访并帮助企业解决难题；区人民医院建成职工代表大会制度，选举参会代表，参与讨论医院重要事项与重大物资采购的决策。 （王 纲）

【工会干部培训】 2016年，丹徒区总工会按照"对症下药、有的放矢、上下结合、统筹协调"的原则，大规模、多渠道开展工会干部培训工作，全年举办各类培训36场次、培训工会干部1860人次。在培训对象方面，以镇（街道、园区）工会和规模以上企事业单位工会干部教育培训为主；在培训内容方面，做到理论与实务并重，专业知识和综合素质相结合；在劳动争议调解知识培训中，围绕法律认知水平的提升，推广案例教学，组织工会干部现场观摩劳动争议案件庭审。 （王 纲）

共青团丹徒区委员会

【概 况】 2016年，丹徒区有团员6639人，年内发展新团员847人；全区有基层团委29个、团总支35个、团支部253个。共青团镇江市丹徒区委员会（以下简称丹徒团区委）开展"青春建功实力丹徒""青春圆梦幸福丹徒""青春助力生态丹徒""青春共筑和谐丹徒"四大行动，引领青年向上向善，服务青年成长成才，助推青年建功立业。 （赵 静）

【学雷锋志愿者集中行动】 2016年3月3日，丹徒团区委联合区文明办在宜城街道驸马山庄社区，开展丹徒区学雷锋志愿者集中行动，弘扬雷锋精神和"奉献、友爱、互助、进步"的志愿精神，引导带动更多的青年和群众参与志愿服务活动。活动中，北汽华东（镇江）基地和丹徒消防2个志愿服务队成员，向居民讲解汽车养护常识，并提供简易检修服务；消防志愿者向居民讲解火灾预防、火灾自救、火灾求救等消防知识；现场接待群众咨询近百人次。 （赵 静）

【共青团镇江市丹徒区十八届四次全委（扩大）会议】 2016年3月23日，共青团镇江市丹徒区十八届四次全委（扩大）会议举行。区委常委、组织部部长彭忠东出席并讲话，团省委青农部主任科员李季红以及丹徒团区委全体委员、基层直属团（工）委负责人参加会议。丹徒团区委书记张源之作题为《明确目标方向 落实改革任务 以崭新理念引领全区团员青年为加快建设"强富美高"新丹徒而努力奋斗》的工作报告。会议审议通过丹徒团区委委员卸职确认案（草案）及会议决议（草案），并表彰2015年度全区共青团工作考核优胜单位和先进工作者。 （赵 静）

【镇江市中学、中职学校"六个一"团建工作观摩会】 2016年3月18日，镇江市中学、中职学校"六个一"（参加一次爱国主义教育活动，开展一次青年志愿者服务活动，为回报父母、长辈做一件实事，开展一次社会调查，读一本好书，参加一项文体活动）团建工作观摩会在丹徒区宜城中学举行。会议交流总结"六个一"团建经验，布置全年学校共青团工作，落实中学、中职学校"六个一"团建项目。团市委副书记朱明珠、团市委学少部部长姜玲莉、各辖市区团委分管副书记出席会议，各辖市区中学、中职学校团委书记30余人参加会议。 （赵 静）

【纪念"五四运动"97周年座谈会】 2016年5月4日，丹徒团区委召开丹徒区纪念"五四运动"97周年座谈会。此次座谈以"凝聚青年英才 奏响'强富美高'新丹徒建设的青春强音"为主题，激发团员青年继承"五四精神"、投身丹徒经济社会事业发展的热情。市十大杰出青年代表，区优秀共青团员、团干部和团组织代表，区青联委员代表，创业青年代表及部分行业优秀青年代表参加座谈，区委组织部副部长王正平出席座谈并讲话。会上，表彰全区2015年度优秀共青团员、团干部、"五四红旗"团组织。 （赵 静）

【丹徒区农村青年创业者联盟成立】 2016年5月20日，由团省委主办、团市委协办、团区委承办的2016年江苏省农村青年创业协会"政企面对面"活动，在丹徒区金陵风景城邦大酒店举行。团省委副书记蒋敏，区委常委、组织部部长彭忠东出席，并共同为丹徒区农村青年创业者联盟揭牌；团省委青农部部长卞胜平、团市委书记贾敬远向10名创业导师颁发聘书，2名创业导师讲解创业知识和创业扶持政策。3名团省委下沉镇江部分辖市区的团干部、全区各级团组织负责人及农村创业青年代表等70余人参加活动。 （赵 静）

【"心手相牵 共建七彩"关爱留守儿童主题活动】 2016年5月29日，丹徒团区委联合致公党镇江市委青工委、西津渡文化旅游有限公司，在西津渡举办"心手相牵 共建七彩"关爱留守儿童主题活动。致公党党员、青年志愿者以及爱心企业家为丹徒区上党镇其一村"七彩小屋"的20余名留守儿童提前送上儿童节祝福，分发儿童节礼物，与孩子们一起签字、留影，并带领孩子们游览西津渡历史文化街区，参观昭关石塔、救生会等景点，感受镇江深厚历史文化底蕴。（赵 静）

【"青春相伴 共促发展 北汽青年看丹徒"系列活动】 2016年11月5日，丹徒团区委联合北汽华东（镇江）基地开展"青春相伴 共促发展北汽青年看丹徒"系列活动，并为全市首家"青年之声线下活动实践基地"揭牌。区委常委、组织部部长陈平才出席，北汽华东（镇江）基地青年员工、丹徒区其他领域青年代表共80余人参加。活动中，开展"青年之声——相遇团旗下"青年联谊活动和团队素质拓展训练，参观中国醋文化博物馆和中国米芾书法公园。（赵 静）

【团干部培训】 2016年12月15～16日，丹徒团区委在区委党校举办丹徒区团干部培训班。邀请到来自不同领域的专家学者授课，以达到加强基层团干部队伍建设、提高团干部综合素质、增强团组织凝聚力和战斗力的目的。丹徒区委组织部副部长许南江、团区委书记张源之、区委党校副校长吴慧勇出席开班仪式，全区各镇（街道、园区）及各部门、单位基层团干部参加培训。（赵 静）

丹徒区妇女联合会

【概况】 2016年，镇江市丹徒区妇女联合会（以下简称丹徒区妇联）在推进妇联组织创新、妇女儿童权益保护等方面作出新成绩。年内，召开纪念"三八"国际劳动妇女节106周年暨女性创业座谈会，开展关爱留守儿童、女性创业辅导、交友相亲联谊会等活动；3～8月，开展"好军嫂"推荐评选活动，推荐产生"好军嫂"21名。（王荟慧）

【纪念"三八"国际劳动妇女节106周年暨女性创业座谈会】 2016年3月7日，丹徒区妇联在区会议中心新闻发布厅召开纪念"三八"国际劳动妇女节106周年暨"巾帼建功 幸福丹徒"女性创业座谈会。区委常委、组织部部长彭忠东，区政府副区长贺丽娟出席会议，全区基层妇联主席、妇委会主任参加会议。与会者观看"巾帼建功 幸福丹徒"活动宣传片，21名丹徒区"优秀巾帼创业者"获表彰，5名创业代表作交流发言。（王荟慧）

【关爱留守儿童】 2016年1月4日，丹徒区妇联协同区台商协会、"社会妈妈"代表到荣炳盐资源区留守儿童校外辅导站，开展"关爱留守儿童温暖行动"，向留守儿童们赠送价值2万余元的课外书籍、生活用品和运动器材，并为辅导站更换所有灯具。6月1日，丹徒区妇联联合市级机关妇工委到荣炳盐资源区留守儿童校外辅导站，开展"欢度六一 共同成长"关爱留守儿童活动，向留守儿童赠送书包和蛋糕礼盒；活动中，市级机关妇工委为"玫瑰馨香"巾帼志愿服务队授旗，志愿服务队成员现场与5名困难留守儿童结对，留守儿童们表演诗朗诵、舞蹈、合唱等节目。8月24日，丹徒区妇联联合部分台资企业到荣炳盐资源区留守儿童校外辅导站，开展"守护童年护蕾行动"，向留守儿童捐赠价值2万元的体育用品和学习用品，并为孩子们开设迎接新学期的励志课；活动中，台资企业员工子女代表自己的家庭，认领大白爱心储蓄罐，表达与留守儿童共同成长的心愿，还邀请专业蛋糕师带领小朋友现场学习蛋糕制作，体验劳动乐趣。（王荟慧）

【婚姻家庭基本知识解读与妇女权益保护讲座】 2016年3月18日，丹徒区妇联在区会议中心新闻发布厅举办婚姻家庭基本知识解读与妇女权益保护讲座，全区基层妇联干部40余人与会。邀请原润州区检察院副检察长蒋晓轩以"经营幸福婚姻 构建和谐家庭"为主题，结合具体案例，解读婚姻家庭和妇女权益保护知识，提升全区妇联干部处理夫妻关系、构建和谐家庭理念及妇女儿童权益维护的工作水平。（王荟慧）

【《中华人民共和国反家庭暴力法》专题讲座】 2016年10月13日，由镇江市妇联、市司法局举办，丹徒区妇联承办的《中华人民共和国反家庭暴力法》专题讲座在宜城街道会议室举行。邀请原润州区检察院副检察长蒋晓轩结合典型案例和法律条款，解析当前家庭暴力的特点、危害性，在遭受家庭暴力时如何取证、通过何种方式寻求保护以及妇联组织如何参与解决家庭暴力等内容。丹徒区妇联干部职工、宜城街道各村（社区）妇代会主任及妇女群众70余人听取讲座。（王荟慧）

【巾帼农家好厨娘评审活动】 2016年10月27日，由镇江市妇联、市农委、市旅委和镇江日报社联合举办，丹徒区妇联承办的"镇有一手"巾帼农家好厨娘"十大特色农家菜"丹徒站现场评审活动在宝堰镇举行。江心洲厨娘梁萍的"橘江里红烧肉""糖醋鲤鱼""香菇炒青菜"和宝堰镇新颖生态园厨娘陈白仙的"宝堰甲鱼""过桥排骨""稻草鸭"等6道菜品参与评审。经专家评审团现场评比打分，厨娘陈白仙的"宝堰甲鱼"入围"十大特色农家菜"。（王荟慧）

【"赶走烦恼，快乐微笑"交友相亲联谊会】 2016年11月11日，丹徒区妇联主办的"赶走烦恼，快乐微笑"交友相亲联谊会在镇江喜来登酒店三楼宴会厅举行，来自不同岗位、不同行业的60余名单身男女参加活动。活动通过"击鼓传爱"、填写心愿卡、制作玫瑰花束等环节，让单身青年男女展示个性和才艺，拉近彼此的距离。现场有8对青年男女成功牵手。（王荟慧）

【"镇江市女性周末讲坛"丹徒专场】 2016年11月24日，丹徒区妇联承办的"镇江市女性周末讲坛"丹徒专场在区政府八楼会议室举行，全区机关女职工70余人与会。活动邀请雅姿资深认证讲师陈美希以"魅力女性 多彩人生"为题，围绕服饰的分类、色彩、搭配等内容，详细

讲解服饰搭配要领，帮助女性重塑美丽和自信。5位嘉宾作现场演示。（王荟慧）

【“国际消除家庭暴力日”社区宣传活动】 2016年11月25日，丹徒区妇联协助市公安局、市妇联，在高资街道农贸市场举办以“反对家庭暴力人人有责”为主题的社区宣传活动。工作人员现场解答群众提问，宣传基本维权常识，讲解家庭暴力的形成原因、危害，以及如何运用法律手段保护自己等相关内容，帮助妇女增强反家庭暴力的意识和能力。（王荟慧）

丹徒区科学技术协会

【概况】 2016年，镇江市丹徒区科学技术协会（以下简称丹徒区科协）立足“四服务一加强”(服务科技工作者、服务创新驱动发展战略、服务公民科学素质提高、服务党委和政府科学决策、加强自身建设）工作职责，围绕全区《全民科学素质行动计划纲要》，各项工作有序推进。参与“强村富民达新标”活动，为宝堰镇前隍村、团结村和荣炳盐资源区高庄村3个挂钩联系村提供帮扶资金9万元；实施创新能力提升计划，帮助扶持镇江科众信息科技发展有限公司发展“果子地图”项目，该项目被江苏省科协评为县级科协“四服务一加强”单项工作创新案例。年内，丹徒区科协被江苏省科协评为全国科普日优秀组织单位，被镇江市科协评为目标责任制考核优秀单位。（魏　游）

【科普宣传】 2016年4月23日起，丹徒区科协与区委宣传部、区文广体局合作，在丹徒区广播电视台影视频道开通《科普丹徒——科普大篷车》栏目。该栏目时长5分钟，每周六、周日的12点15分和18点25分播出，节目内容以科学种植技术、科学生活小常识等科普知识为主；5月12日，丹徒区第28届科普宣传周暨“5·12”防灾减灾纪念日活动启动仪式在丹徒区上党镇举行，丹徒区委常委、组织部长彭忠东和区政府副区长李骏出席，全区科普宣传周领导小组20余家成员单位100余人以及千余名上党镇群众参加。活动现场开展形式多样的科普宣传活动，发放资料5000余份；5月19日，丹徒区科协联合区茧丝绸公司在世业洲开心农场举办蚕桑科技普及宣传活动，现场发放蚕桑养殖资料、中小学养蚕教具等200余份；9月21日，丹徒区科协在区会议中心新闻发布厅举行全国科普日启动仪式，邀请各镇（街道、园区）科技助理、全民科学素质成员单位代表参加消防知识培训活动。（魏　游）

【青少年科学素质行动】 2016年，丹徒区科协组织全区中小学生参加各类科普宣传和知识竞赛活动。5月17日，举办科普大篷车进校园活动，组织江苏省大港中学1200名学生参加活动，激发学生求知欲；2月21日至11月29日，组织全区学生参加江苏省“金钥匙科技竞赛”，丹徒区获团体竞赛二等奖，3名学生获特等奖，12名学生获一等奖，26名学生获二等奖，另有3人获“优秀科技教育校长”称号，5人获“优秀辅导员”称号，3人获“活动先进个人”称号，2所学校获“活动先进学校”称号。年内，丹徒实验学校获省机器人比赛小学组二等奖，丹徒区宝堰实验小学获2016年镇江市青少年科技模型竞赛小学男子组团体一等奖。（魏　游）

【先进争创和推优工作】 2016年，丹徒区科协、区财政局联合实施“科普惠农兴村”计划，开展丹徒区“科普惠农兴村”先进单位和带头人评比和表彰活动，发放奖补资金28.5万元，17家单位和10人分别被授予“丹徒区科普惠农兴村先进单位”和“丹徒区科普惠农兴村带头人”称号。年内，丹徒区茗缘茶叶专业合作社被评为国家级科普示范基地，丹徒区明兰瓜果种植家庭农场被评为省级科普惠农服务站；世业镇科协被推荐为全国科协系统先进集体，宜城街道中心社区被评为省级科普示范社区；丹徒区上党镇虾业协会、丹徒区曲阳村天羽蔬菜协会、丹徒区万顷洋水产专业合作社被评为市级科普惠农兴村先进单位；宜城街道光明社区被评为市级优秀科普益民服务站，宜城街道科技办陈梅珍被评为市级优秀社区科普志愿者；谷阳镇黄墟村、辛丰镇石城村建成市级科普示范村。（魏　游）

【丹徒区农村专业技术协会成立】 2016年11月23日，丹徒区农村专业技术协会（以下简称丹徒区农技协）成立大会在区政府八楼会议室举行。大会表决通过《镇江市丹徒区农村专业技术协会章程》，选举产生丹徒区农技协首届理事会、监事会。首届理事会由18名理事组成，其中会长1名、副会长3名、秘书长1名，丹徒区醉园春茶叶专业合作社理事长陈美成当选为会长。至年底，丹徒区农技协有团体会员28家、个人会员42名。（魏　游）

【丹徒区科协第五次代表大会】 2016年11月28日，丹徒区科协第五次代表大会在区政府八楼会议室召开。区委书记陈琳出席开幕式并讲话，镇江市科协党组副书记、副主席王吉武，区领导殷利民、王卫芳、江灿等出席会议。全区110余名科技工作者代表参加大会。大会选举产生丹徒区科协第五届委员会常委、主席、副主席，钱立宪当选为新一届科协主席。（魏　游）

丹徒区文学艺术界联合会

【概况】 2016年，镇江市丹徒区文学艺术界联合会(以下简称丹徒区文联）面向基层和群众，开展“爱上丹徒的100个理由”征文活动、“丹徒好人谱”纪实采访创作活动、“为人民绽放”系列展览展示活动等形式多样的文化活动。年内，王小军、吴呈昱、丁庆平、丰成银等创作的作品入选省、市以上级别展览。全年

刊发《丹徒文苑》《丹徒画廊》8期，发表各类文艺作品200余件，并完成版式设计调整。（巫智勇）

【基层群众文化活动】　2016年，丹徒区文联利用新城人民广场和乡村文化大舞台，开展经常性群众文化活动，每月都安排基层文艺演出，反映丹徒经济社会事业建设成就。在新城人民广场举办庆“五一”专场文艺演出；联合区地税局在丹徒新城管委会报告厅举行“唱响主旋律　颂歌献给党”歌咏比赛；联合区文化馆、区文广体局在宜城社区和高校园区开展“我以园区为荣”系列文化活动；联合区老干部局举办“翰墨颂长征·传递正能量——纪念长征胜利80周年书画作品展”，展出各类书画作品80件；在中共丹徒区第十三次代表大会期间，在区会议中心举办“美丽新丹徒”专题摄影展。（巫智勇）

【“爱上丹徒的100个理由”征文活动】　2016年4月，丹徒区文联联合区委宣传部在全区开展“爱上丹徒的100个理由”征文活动。至9月，收到征文40余篇。经评审，丹徒法院吴婷的《爱上这里，爱上丹徒》等9篇征文获奖。（巫智勇）

【“丹徒好人谱”纪实采访创作活动】
2016年，丹徒区文联组织“丹徒好人谱”纪实采访创作活动，采访丹徒区近年来涌现的道德模范。区作家协会召开征文工作会议，分解创作任务，安排26位作家参与采访。年内，创作人物纪实作品30篇。（巫智勇）

【“为人民绽放”系列展览展示活动】
2016年，丹徒区文联围绕市文联“为人民绽放”系列展示活动，面向群众、面向基层，组织系列专题或联合展览展示。2月，在镇江西津画院举办“余承善中国画作品展”，展出作品近百件，参观人数2000余人次；8月，在区书画爱好者活动中心举办“田野翰墨香——宝堰书法协会书法专题展”，展出老中青三代作者书法作品50件；10月，在京口美术馆举办“新京江画派——丹徒4人展”，展出下美岗、王小军、潘志荣、吴煜明的中国画作品60件；12月，在丹徒区书画爱好者活动中心举办张胜冬书法展，展出作品45件。（巫智勇）

【文艺作品创作成果】　2016年，区摄影家协会吴呈昱的摄影作品《城市绿肺》获省委宣传部等部门举办的“美好江苏·绿色家园”摄影比赛二等奖、作品《品质的诞生》入选《中国摄影报》主办的涟水全国摄影大赛，丁庆平摄影作品《球场》在第三届“二分点”国际（印度）摄影艺术展上获彩色自由组美国摄影协会PSA金牌，贾骏摄影作品《老铺子的最后时光》入展中国摄影家协会主办的第16届国际影展；区美术家协会9位作者的9件绘画作品入选镇江市委宣传部和市文广新局主办的“灵秀镇江·生态之美”创作展览，刘露国画作品《观游鱼》、巫娉国画作品《荷花》分获镇江市第三届女性书画摄影大赛二等奖和优秀奖；区书法家协会16件作品入选镇江市第五届书法篆刻双年展，骨干作者范祥加入中国书法家协会；区作家协会王午生、孙建平、徐润福等作家的多件作品分别在《镇江日报》和《京江晚报》发表，丰成银的散文《一个没有父亲的清明节》获第三届中外诗歌散文邀请赛一等奖。（巫智勇）

丹徒区归国华侨联合会

【概况】　2016年，镇江市丹徒区归国华侨联合会（以下简称丹徒区侨联）开展“知侨情、连侨心、排侨忧、聚侨力”主题实践活动，把握“为侨服务，为发展服务”中心，完成各项工作任务。

为侨服务。全年发放困难归侨定期生活补助10余万元，慰问特困归侨30人次。开展“侨界关爱、暖侨敬老”系列行动，为30位困难归侨的医疗账户每人充值500元；与区侨办、谷阳镇成教中心联合举办创业和实用技术培训班7期，培训归侨、侨眷属子女200人次。

参政议政。丹徒区侨界人大代表、政协委员到侨乡开展调研，了解侨胞的困难与要求，撰写调研文章，向区两会提交提案、议案5件；全年处理信函4件、电话6件，接待到访群众6人次，接待海外华人到访1人，群众到访满意率和结案率均为100%。

服务经济。组织8家侨港资企业参加“2016年华创会”，促成3个项目达成合作意向；在《欧洲时报》推出丹徒新城生态产业园区专版，宣传丹徒生态产业园区发展情况和项目合作信息。

政策宣传。3月20日，召开六届十二次常委（扩大）会议，学习贯彻全国、省、市侨联会议精神。11月28日，在归侨侨眷集中的高资街道和谷阳镇开展《中华人民共和国归侨侨眷权益保护法》《实施办法》《捐赠条例》宣传活动，布置横幅10余条，张贴标语60余条，发放宣传材料300余份。（姜健俊）

【“侨界关爱、暖侨敬老”系列行动】
2016年，丹徒区侨联配合上级侨联组织，在高资街道开展“侨界关爱、暖侨敬老”系列行动，全年向困难归侨赠送医疗就诊卡30份，每份价值500元，上门为生病卧床的困难归侨义诊3户、5人次。（姜健俊）

【服务侨资和港资企业】　2016年4月，丹徒区侨联走访百瑞吉工程科技、华天轴承、镇江全盛节能、江苏申模和开心农场等6家侨资和港资企业，了解企业生产经营情况和面临的困难，并向有关部门反映，帮助协调解决；11月6日，联合区法院、区人大民宗侨委、区政协港澳台侨委走访调研6家侨资和港资企业，为维护企业合法权益提供法律援助。区法院的2名法官以案说法，针对企业在用工、签订合同、处理债权债务、提供担保等方面的问题，分析解读有关法律法规，帮助企业运用法律维权。（姜健俊）

【海外人才工作座谈会】 2016年9月18日，丹徒区侨联召开海外人才专题座谈会，围绕“发挥侨务资源优势、加强海外引才引智、推动经济转型升级”主题，交流研讨海外引才引智工作。区政协港澳台侨委、致公党丹徒总支部、区侨办等部门领导和侨港资企业负责人20余人出席座谈会。（姜健俊）

丹徒区残疾人联合会

【概况】 2016年，镇江市丹徒区残疾人联合会（以下简称丹徒区残联）推进残疾人工作，全年向重残人员发放生活救助1273.45万元，向特殊困难残疾人发放生活救助金84.27万元，向低保家庭重残人员发放低保重残金29.64万元，向重度残疾人发放护理补贴61.54万元；全年发放残疾人燃油补贴7.7万元；全年慰问贫困残疾人100余人，发放慰问金6万元。全年向新闻媒体投稿20余篇，联系新闻单位拍摄电视新闻12次。继续为全区7254名所有持证残疾人办理意外伤害保险，参保金额29.02万元。（王　秀）

【残疾人教育就业】 2016年，丹徒区残联开展按比例安排残疾人就业年审工作，沟通协调地税部门，督促各有关单位，全年安排491名残疾人就业。全区年审企业3986家，残疾人就业保障金入库463万元；10月，与上党镇壹零捌茶叶专业合作社联合举办农村实用技术培训，培训学员69名。（王　秀）

【残疾人康复项目】 2016年，丹徒区残联为贫困精神病残疾人提供免费服药救助330名，完成辅具适配389例、假肢装配12例；帮助全区125名贫困白内障患者实施免费复明手术；完成0岁～6岁残疾儿童抢救性康复救助训练31例，上报7岁～14岁残疾儿童康复训练6例；完成10户贫困残疾人家庭无障碍改造；为3个镇、村配齐残疾人康复器材；年内发放残疾人证708本。（王　秀）

【残疾人证清理】 2016年，丹徒区残联在全区开展“假、错、空”（假证、错证、空证）残疾人证集中清理工作，加强全区残疾人证管理力度，杜绝“假、错、空”残疾人证在社会流转现象。完成全区7400余名残疾人清查工作，查出“假、错、空”残疾人证810本，比例为11%。停止发放不符合条件的重度残疾救助金。（王　秀）

【“残疾人之家”建设】 2016年，丹徒区残联按照江苏省人民政府为民办实事项目要求，完成“残疾人之家”建设任务。依托全区各镇（街道、园区）和村（社区），建成“残疾人之家”10家。“残疾人之家”以辅助性就业为主，集托养、康复、培训、文化体育、维权等服务为一体，其目的是使更多的残疾人融入社会，让残疾人感到家的温暖。（王　秀）

【残疾人扶贫基地建设】 2016年，丹徒区新建区级残疾人扶贫基地4家、市级扶贫基地2家，新增盲人按摩所1家。投入扶贫基地建设资金20万元，安置残疾人就业85人。3月7日，江苏省残疾人联合会副理事长杜晓镇调研丹徒区残疾人扶贫基地建设并给予肯定。年内，世业镇四季青省级扶贫基地获江苏省“扶残、助残‘残疾人之家’”称号。（王　秀）

丹徒区红十字会

【概况】 2016年，镇江市丹徒区红十字会（以下简称丹徒区红十字会）履行《红十字会法》赋予的各项工作职责，按照省市红会目标管理考核要求开展各项工作，完成年度各项目标考核任务。与区级机关工委、区文明办联合开展“博爱在丹徒、人道万人捐”活动，与区教育局联合开展“爱心一元捐”活动，提升红十字会的救助能力。（韩玲玲）

【“丹徒区红十字达标示范学校”创建验收】 2016年，丹徒区学校红十字基层组织工作开展规范有序，全区28所学校在上年创建基础上，继续推进“丹徒区红十字达标示范学校”创建工作。11月28～29日，丹徒区红十字会开展验收工作，28所学校全部通过验收。（韩玲玲）

【“博爱送万家”活动】 2017年，丹徒区红十字会继续开展“博爱送万家”活动。1月6日，向全区10家镇级敬老院和1家残扶基地捐赠慰问大米165袋、毛毯55床；2月1日，走访慰问35名归侨老人，送去慰问大米70袋、毛毯35床，受助者均为低保户或低保边缘户，救助病种主要是白血病、先天性心脏病等重特大疾病。（韩玲玲）

【急救技能培训】 2016年，丹徒区红十字会开展救护培训进学校、进社区、进机关、进企业活动，推动群众参与应急救护培训，了解应急救护理念，增强防灾避险意识，掌握应急救护知识，提高自救互救技能，全年完成公益性初级救护员培训550人次、普及救护员培训6000人次。8月，丹徒区红十字会选派4名选手，参加镇江市红十字会、市机关工委、市职工教育培训技能竞赛领导小组联合举办的全市应急救护技能竞赛。（韩玲玲）

丹徒区见义勇为基金会

【概况】 2016年，镇江市丹徒区见义勇为基金会（以下简称丹徒区见义勇为基金会）发放见义勇为奖金6.35万元、慰问金8.7万元。全区表彰见义勇为积极分子89人，其中有6人被市政府表彰为见义勇为先进分子，3人被市政府表彰为见义勇为先进工作者，5人获镇江市见义勇为基金会表彰；丹徒区见义勇为基金会和谷阳镇见义勇为协会被镇江市政府表彰为先进集体。见义勇为人员协助公安机关抓获各类犯罪嫌疑人25人，协助公安机关破获盗窃案114起、案值55万元，缴获赃款赃物价值7万元；扑救火灾4起，减少群众经济损失11万元；施救落水人员6人，挽回生命5人；抢救交通肇事受害者和危重病人10起，及时救治转危为安。上党镇其益村制作宣传栏，利用健身活动场所、交通道路、公交站点，在村民中普及见义勇为人员权益保护政策，成为镇江市首家见义勇为人员权益保护示范村。

（丹徒区见义勇为基金会）

【见义勇为人员俱乐部成立】 2016年10月26日，丹徒区见义勇为人员俱乐部在谷阳镇黄墟村成立，成为镇江市首家见义勇为人员俱乐部。该俱乐部设有活动室、阅览室、办公室、棋牌室、乒乓球室等设施，为见义勇为人员提供学习交流、联系沟通、共同发展的平台。丹徒区见义勇为基金会和谷阳镇见义勇为协会指导制定俱乐部管理规章，并布置见义勇为事迹宣传牌15块，供广大群众观摩学习。

（丹徒区见义勇为基金会）

丹徒区慈善总会

【概况】 2016年，丹徒区慈善总会以新颁布的《中华人民共和国慈善法》为指导，坚持“慈善为民，扶贫济困”宗旨，积极做好慈善事业，服务丹徒经济社会发展。年内，接收社会捐款605.83万元，支出慈善资金1066.94万元（含省、市支持资金633.16万元），账面结存资金1656.42万元。（付久成）

【慈善宣传】 2016年9月1日前后，丹徒区慈善总会以召开座谈会，组织开展走访慰问、集体捐赠活动等形式，庆祝《中华人民共和国慈善法》正式施行。9月5日，丹徒区慈善总会结合第一个“中华慈善日”，在谷阳镇谷阳村召开“中华慈善日”宣传活动暨谷阳村慈善工作站成立大会，现场募捐慈善资金49.7万元；9月1～10日，利用丹徒新城人民广场、政府大楼的电子屏幕，并通过区电视台滚动字幕，宣传《中华人民共和国慈善法》。年内，在《镇江日报》《京江晚报》、区电视台、区电台等媒体开展慈善专题报道13次，宣传丹徒区扶贫济困的慈善典型和凡人善举；编印《丹徒慈善》简报7期，宣传“爱心捐助”“慈善救助”等活动。（付久成）

【善款募集】 2016年，丹徒区慈善总会采取多项措施，动员社会爱心人士参与慈善资金募集活动。在全区党政机关和事业单位开展“慈善一日捐”活动，实现慈善收入223.17万元；在企业开展劝捐活动，区委、区政府主要领导带头与企业结对，四套班子领导积极参与，全年完成劝捐120.14万元；在村（社区）工作站有序推进募捐活动，全年募集资金130.48万元，累计资金374.63万元，全区2/3以上的村设有慈善基金。另外，部分企业参与定向救助捐款，其中辛丰镇万向集团捐款13.92万元，定向救助辛丰镇72名孤寡老人和孤儿；丹徒区华润房地产开发有限公司捐款4.8万元，定向救助8名丹徒籍困难大学生。（付久成）

【慈善救助】 2016年，丹徒区慈善总会开展各项慈善救助活动，救助17.7万人次，发放善款超1000万元。实施“温暖行动”，向全区2033名受助人发放慈善款284.75万元；开展“情暖江苏”春节慰问，救助癌症、白血病、尿毒症等重大疾病家庭和生活困难群众30人，发放救助资金3万元；实施“慈善助孤”行动，向6名孤儿发放养育费3.7万元；实施“慈善助医”行动，向患重病的低保户、低收入户、贫困户，以及儿童白血病、心脏病患者，发放救助资金645.7万元，惠及17.38万人次；为全区90名贫困精神疾病患者筹措助残金；开展“圆梦行动”，全年救助学生 86名，发放助学资金19.9万元；开展“助残行动”，为全区143名白内障患者实施复明手术，为17名残疾人安装假肢，支出41.6万元；实施“关爱行动”，春节期间联合各镇（街道、园区）慈善分会，走访慰问困难群众314人，发放慰问金29.6万元；全区各村（社区）工作站发放救助资金28.84万元，惠及困难户428户。（付久成）

【灾区捐助】 2016年6月，江苏省盐城市阜宁县遭遇风灾后，丹徒区慈善总会配合区委组织部，组织全区各级党组织、党员开展募集活动。在2个月的募集活动中，全区共募集救灾款33.83万元，并按程序汇往灾区，支援灾区建设。（付久成）

丹徒区商业联合会

【概况】 2016年，镇江市丹徒区商业联合会（以下简称丹徒区商联会）以中国商业联合会（以下简称中商联）“服务、联合、创新、规范”总体要求为指南，倡导商业诚信建设，注重食品安全工作，助推全区旅游业发展，各方面工作取得新成绩。

诚信经营建设。2月，中商联发出《关于开展2016全国商业3·15诚信宣言活动的通知》，发布《全国商业3·15诚信公约》。丹徒区商联会全文印发《全国商业3·15诚信公约》至所有会员单位，落实相关要求，督促并带动全区商业服务企业诚信经营。3月14日，丹徒区商联会会同区市场监督管理局等10余家单位，在宝龙城市广场开展“新消费 我做主”消费者权益保护现场宣传咨询活动。

食品安全工作。丹徒区商联会走访各会员单位，传达和宣传政府相关部门关于食品安全工作的要求，特别在涉及食品原材料加工和餐饮行业会员单位中，强化食品安全宣传力度，推广好的做法和经验，降低食品安全事故的发生概率。

旅游项目服务。服务世业洲开心农场“开心乐之岛”项目，从大型游乐设备进场安装检测，到项目试运营，丹徒区商联会全程参与关注，并在内部刊物上跟踪报道相关动态。及时向各会员单位通报区内旅游项目招商引进信息，助推企业融入全区旅游业发展格局。（丁德荫）

【组团参加“2016·南京台湾名品交易会”】 2016年9月9～12日，由南京市政府与台北“世界贸易中心”联合主办、中商联协办的“2016·南京台湾名品交易会”在南京国际博览中心举行。丹徒商联会组织区内7家企业参加交易会。区茧丝绸总公司等会员单位参展的蚕丝被、桑叶茶、蚕蛹冬虫夏草、滋补药酒等产品，受到与会客商的关注。（丁德荫）

镇江茅山老区兴教助学协会

【概况】 2016年，镇江茅山老区兴教助学协会（以下简称兴教助学协会）按照四届四次理事会提出的工作要求，完成筹资、助学、扶贫、育人等工作目标。贯彻落实《慈善法》，坚持依法治会；全年4次到基层开展集中调研，形成书面报告2篇；9月20日，召开协会第二次理论研讨会，撰写研讨文章18篇。年内，兴教助学协会被江苏省民政厅授予“江苏省示范性社会组织”称号。7月，兴教助学协会投标的为青少年服务“夕阳朝阳手拉手”15万元项目在江苏省社区公益服务项目招标活动中中标。（兴教助学协会）

【基金筹集】 2016年，兴教助学协会筹集基金127万元，资金总量2520万元。年内，宝堰镇分会、荣炳盐资源区分会、高桥镇分会3家分会基金总量均超过100万元。至年底，包括谷阳镇分会、高资街道分会，全区有5个分会资金总量超过100万元。（兴教助学协会）

【助学扶贫】 2016年，兴教助学协会严格筛选标准，开展精准助学，全年资助贫困学子227名，发放助学金75.74万元。与北汽镇江汽车有限公司协作，联合助学扶贫，首次资助丹徒、句容、丹阳茅山老区贫困学子10名，标准为每人每年1万元，计划连续资助4年。至年底，资助贫困学生脱贫2000余户。6月9日，原江苏省委常委杨晓堂等10位志愿者到荣炳盐资源区、宝堰镇，走访慰问贫寒学子。（兴教助学协会）

【“励志感恩”教育和征文活动】 2016年4～8月，兴教助学协会围绕中共十八大关于“立德树人”的精神指引，在协会当年227名受助学生中开展“励志感恩”教育和征文活动。18名学生的征文作品在助学大会上交流，并被《兴教助学》内刊刊发。（兴教助学协会）

【助学宣传】 2016年，江苏省、镇江市电视台及《镇江日报》《京江晚报》等新闻媒体，到兴教助学协会采访6次，开展系列报道，引发社会反响。《兴教助学》内刊发行4期，“镇江茅山老区兴教助学协会网”网站浏览人数超过5500人次，微信公众号“茅山老区兴教助学”年末开通，编发协会简报5期。（兴教助学协会）

丹徒区老区开发促进会扶贫开发协会

【概况】 2016年，丹徒区老区开发促进会、扶贫开发协会落实中央精准扶贫 战略部署，以帮助经济薄弱村发展产业和低收入农户就业增收为中心，落实各项发展措施。至年底，全区设有扶贫工作联系点12个，扶持各类农业项目12个，提供无息贷款项目资金180万元，资助奖励贫困学生350名、40余万元，举办各类农业技术培训班100余期，培训人员4000余人次。（张水楠）

【精准扶贫】 2016年，丹徒区老区开发促进会、扶贫开发协会落实区委、区政府《关于开展“强村富民达新标”行动的意见》，各分会完成经济薄弱村和未达标农户情况摸底，全部建档立卡。按要求组织人员逐户排查，确定精准帮扶对象，逐户落实以村干部牵头的帮扶小组和因户施策的帮扶措施。江心洲生态农业园区多渠道筹集资金，为经济薄弱村引进农业项目，建立无花果基地、草鸡养殖场、蔬菜合作社等，帮助薄弱村顺利脱贫。争取上级资金，开展农业项目扶持和农业生产技能培训及贫困生资助工作，全年发放贫困户帮扶资金100余万元、贫困生资助奖励金40余万元。至年底，全区村级脱贫率40%，建档立卡低收入家庭脱贫率41%。（张水楠）

【调查研究】 2016年，丹徒区老区开发促进会、扶贫开发协会围绕区委、区政府中心工作，建言献策。全区“强村富民达新标”活动开展以来，丹徒区老区开发促进会、扶贫开发协会组织各分会，完成经济薄弱村和低收农户情况分类调查，开展资料分析、调研报告撰写等工作；高资分会调查街道各社区专业合作社现状，完成《农民专业合作社情况的调查报告》；高桥分会就经济薄弱村在发展村级集体经济中遇到的难点问题开展调研，并提出解决建议；荣炳分会到联系点曙光村开展座谈、讨论10余次，制定“强村富民达新标”行动方案，并协助盐资源区党工委做好《茅山老区（荣炳园区）2016～2020建设发展规划》的相关工作。（张水楠）

【联系点工作】 2016年，丹徒区老区开发促进会、扶贫开发协会在全区有联系点12个。通过培育和帮扶，各联系点挖掘资源优势，发展因地制宜的项目和产品，形成当地支柱产业。高桥镇镇扬村、高桥村和宝堰镇团结村等，发展特种水产养殖，成为壮大集体经济和增加农民收入的主要来源；江心洲生态农业园区五墩村、世业镇先锋村以发展特色果品和蔬菜作为主要产业，壮大集体经济；上党镇五塘村、高资街道水台村利用山区自然资源，发展有机农业，形成以有机稻米和有机茶叶为特色的发展模式，走出一条在老区发展高效农业、促进经济增长的新路子。至年底，各联系点村集体收入均超过60万元，农民人均收入超2万元。（张水楠）

国 防

责任编校:李冬冬

人民武装

【概况】 2016年,镇江市丹徒区人民武装部(以下简称丹徒区人武部)学习贯彻习近平总书记系列重要讲话精神,围绕强军目标,坚持战备常态化、训练实战化,人武部建设保持良好发展势头。8月3日,江苏省军区司令员李大清在镇江军分区司令员曹寅、丹徒区委书记陈琳等陪同下,到丹徒区征兵体检站视察,听取相关部门和单位征兵工作情况汇报,对丹徒区征兵工作表示肯定。 (张 沂)

【思想政治建设】 2016年,丹徒区人武部以习近平关于国防和军队建设系列重要论述为指导,教育引导干部职工树立政治意识、大局意识、核心意识、看齐意识。开展"两学一做"学习教育,在镇江军分区统一组织下,开展学习教育活动,推动党内教育从"关键少数"向党员拓展;深化党委中心组理论学习和主题教育,围绕"改革强军"主题,开展"新体制、新使命、新职能"大讨论和"坚定改革强军意志、投身改革强军实践"主题实践活动,履行"五部"(应急应战的指挥部、地方党委的军事部、后备力量的建设部、同级政府的兵役部、军民融合的协调部)职能,强化宗旨意识,锻造过硬作风,提升工作标准;制定整改措施,教育引导干部职工和民兵预备役人员自觉拥护和服从改革大局;贯彻落实中央军委《关于加强和改进新形势下军队党的建设的意见》文件精神,开展党委班子理论学习,提高部党委"一班人"思想政治素质;结合民兵整组,建立健全基层党组织,发挥基层党支部战斗堡垒作用;集体讨论决定全局性工作部署、干部提拔使用、大额经费开支等重大敏感事项,实行民主决策、科学决策、依法决策;深化转隶改革,加强"改革强军"集中学习教育。 (张 沂)

【双拥共建】 2016年,丹徒区人武部坚持党管武装原则,贯彻军民融合发展要求,探索双拥共建新手段、新方法。5月,配合区委、区政府,在镇江市国防园组织为期3天的丹徒区领导干部铁军集训活动。组织全体干部职工参加"射阳龙卷风灾害"捐助和丹徒区"慈善一日捐"活动。全年接待来信来访3人次,协调解决军属涉法问题3起。 (张 沂)

【战备规范化建设】 2016年,丹徒区人武部贯彻落实战备法规,修订完善动员支前、防卫作战、人民防空3个配套方案和突发事件应对等16个应急行动预案。加强战备规范化建设,执行上级关于规范化建设有关要求,加强基层软硬件建设,拓展信息网络,配齐物资器材。12月,谷阳镇武装部通过镇江军分区组织的第一批基层武装部规范化建设达标验收,丹徒新城(宜城街道)、谷阳镇、上党镇、辛丰镇战备规范化建设受到全市通报表彰,谷阳镇武装部魏昌玉被评为镇江市"基层武装机构规范化建设先进个人"。 (黑华征)

【军事训练】 2016年,丹徒区人民武装部分批次组织区人武部本级机关、基层专武干部、民兵应急分队和专业分队开展军事训练。4月,组织全区民兵营长暨情报信息员集训,以提高基层民兵干部履职能力为目标,落实《民兵军事训练大纲》,按照先骨干后成建制方法,开展各级应急训练。5月中上旬,组织民兵骨干开展抗洪抢险集训,规范组训程序,熟练装备使用,重点强化训练管涌抢险、滑

图16 2016年5月17日,丹徒区人武部组织民兵训练
(丹徒区人武部提供)

坡抢险、渗漏抢险、水上救援等防汛科目，并参加镇江市军地联合防汛综合演练；组织民兵应急连进行警棍盾牌术训练。5月下旬，联合江心洲生态农业园区、镇江船艇学院组织抗洪抢险及特殊情况下人员撤离演练，动用指挥艇1艘、登陆艇2艘，组织疏散群众200余人。7月12日，抗洪抢险应急分队第一时间赶赴世业镇，参加江堤管涌抢险，经过6个小时持续奋战，完成险情处置。 （黑华征）

【民兵组织建设】 2016年，丹徒区人民武装部按照上级要求，重点开展民兵组织整顿工作，强化民兵防卫作战、应急维稳和应急救援等能力建设。从2月开始，开展民兵整组工作，年内全区10个基层镇（街道、园区）人武部全部按照规定的内容、程序和要求，完成民兵组织整顿任务。

（黑华征）

【年度征兵】 2016年7月22日，丹徒区召开征兵工作会议，部署2016年征兵工作任务；29日，在丹徒区宝龙广场组织“征兵宣传日”活动。丹徒区征兵办严格执行国家全面推行征兵体检信息化要求，实现征兵体检全要素、全流程信息化管理。重点抓好兵役登记、应征报名、体检政考、走访定兵和廉洁征兵等环节，圆满完成兵员征集任务，新兵质量受到接兵部队好评。 （黑华征）

图17 2016年，丹徒区消防大队开展消防训练

（丹徒区消防大队提供）

公安消防

【概况】 2016年末，镇江市公安消防支队丹徒区大队（以下简称丹徒区消防大队）下辖1个消防中队（谷阳中队），有现役编制31人、合同制消防员8人。有执勤车辆6辆，分别为2吨水罐车1辆、抢险救援车1辆、4吨水1.5吨泡沫水罐车1辆、5.5吨水2.5吨泡沫水罐车1辆、9吨水3吨泡沫水罐车1辆、1吨A泡2吨B泡7.6吨水压缩空气泡沫车1辆。2016年，丹徒区发生火灾71起，火灾损失152万元，未发生亡人火灾事故，火灾起数和直接经济损失分别比上年降低29.7%和22.8%。全年接警出动242起，抢救被困人员18人，疏散被困人员31人，抢救财产价值885万元。

4月22日，丹徒区政府召开全区消防工作会议，签订消防工作责任状。5月24日、10月21日，丹徒区消防大队分别召开夏季消防安全大检查和冬春火灾防控工作部署会，部署专项工作。7月5日，丹徒区政府召开第28次政府常务会议，专题研究辛丰镇、高资街道2支政府专职队升级改造事宜，明确人员力量、器材装备、管理模式、经费保障4个方面的升级改造事宜。年内，丹徒区消防大队落实行业部门监管责任，适时通报部门消防工作开展情况；落实正规化建设要求，规范战备、训练、工作、生活等“四个秩序”；联合区民政局、区教育局、区卫计委等部门，部署养老机构、学校和医院消防安全标准化管理达标评定工作。 （丹徒消防）

【火灾防控】 2016年，丹徒区消防大队结合夏季消防安全大检查、G20峰会安保、冬春火灾防控等系列专项治理行动，突出抓好源头性、区域性、行业性、习惯性等火灾隐患的排查整治。全年检查社会单位3921家，发现、督改各类火灾隐患3026处，下发责令改正通知书1910份，依法查封危险场所、部位30处，责令“三停”（停止施工、停止使用或者停产停业）26家，行政拘留1人，按期完成2家区级挂牌督办的重大火灾隐患单位整改任务；落实单位消防安全主体责任，约谈易燃易爆化工企业负责人，部署阶段性重点工作；落实“六加一”（开展一次消防安全评估，签订一份消防安全承诺书，维护保养一次消防设施，检测一次电气和燃气线路设施，全面清洗一次烟道，开展一次全体员工集中培训；在此基础上，建立一支志愿消防队，确保3分钟内到场处置）工作措施，完成90家二级重点单位微型站建设任务；建成宝龙城市广场和丹徒化工集中区2个区域联防联勤组织，覆盖重点单位17家，定期开展检查、培训和灭火演练工作。年内，全区9家单位接入市消防设施联网监测系统。

（丹徒消防）

【消防宣传】 2016年，丹徒区消防大队贯彻《全民消防安全宣传教育纲要》，创新消防宣传教育形式、方法和机制，扩大消防宣传覆盖面。年内，组织95家重点单位消防安全责任人、管理人参加消防业务培训，组织40名消防控制室值班人员参加全市职业技能培训班；成立“新红军”消防宣传志愿队，走进全区37个村、53个小区、22所学校、9所养老院、29家企业开展消防宣传；利用宝龙城市广场、华府天地等地的电子显示屏、橱窗，建立固定宣传阵地100余处；结合

“11·9”消防宣传日活动，开展广场消防咨询28场次，发放宣传资料5000余份，开展灭火演练59次，开放消防站36次，1万余人次接受消防教育。（丹徒消防）

【消防训练】 2016年，丹徒区消防大队依托“4+X”编成模式，即落实人员编组、车辆编配、装备配置和作战纪律要求，按照灭火班、抢险班、供水班、通信班的编组，开展单兵、班组以及中队合成训练。班组间成员每月轮换一次，做到每名官兵能够适应灭火救援多个岗位；组织官兵学习各类灭火救援事故的处置程序，通过研讨会、战评会等形式，引导官兵思考战术措施，提升中队灭火救援能力；装备大功率进口泡沫消防车，研发高层水带固定器、新型挂钩梯等装备；提高防盗门破拆技术，拆破时间从30分钟缩短为5分钟。全年开展高层、地下、化工等实战化演练20余次，中队战斗力在“4·22”德桥化工火灾等实战中得到检验。（丹徒消防）

人民防空

【概况】 2016年，镇江市丹徒区人民防空办公室（以下简称丹徒区人防办）提升人防核心能力水平，强化人防专业队伍建设，加强人防知识教育宣传。完成人防机动指挥所建设，完成人防工程建设费年度征收任务。人防工作受到省、市民防局表彰，丹徒区人防办被评为“江苏省人民防空十二五先进单位”。（李云霞）

【人防核心能力建设】 2016年，根据江苏省民防局统一部署和要求，丹徒区人防办核查全区人防战备资产资源数据，完成实地采集和信息录入相关工作，推进人防战备资产资源的储备、利用和管理。完善人防工程数据库，录入全区已竣工人防工程的地理位置、工程性质、工程结构、防护等级、设施状况等资料，为人防部门实施战时动员和组织防护工作提供数据支撑和信息保障。（李云霞）

【人防机动指挥所建设】 2016年，丹徒区人防办根据省、市民防局要求，安排专项资金500万元，完成人防机动指挥所建设。新建成的机动指挥所作为全区应急指挥平台，设有会议系统、高清视频系统、音频传输系统、北斗导航系统等设施设备，具备快速、准确、机动等功能。（李云霞）

【人防专业队伍建设】 2016年，丹徒区人防办贯彻落实国家人防办关于人防专业队伍按纲施训相关文件要求，开展人防专业队伍整训。按照“专业对口，平战结合；上下相应，条块结合；便于领导，遂行任务”原则，完成全区10支人防专业队整组，并组织骨干人员参加为期3天的集训，提高人防专业队伍专业技能和整体素质。（李云霞）

【人防工程建设费征收】 2016年，丹徒区人防办执行人民防空法律法规，推进人防工程建设和经费征收工作。落实事中事后监督制度，全过程、全时段监控设计交底、开工验线、旁站监督、安全管理等工作，严格控制工程质量。全年征收人防易地建设费1535.69万元。（李云霞）

【人防知识教育宣传】 2016年，丹徒区人防办在全区15所小学四年级开设人防知识课，开展学校人防知识教育。结合防灾减灾日、防空警报试鸣等活动，开展人防宣传教育活动，发放宣传手册5000余份；投入200万元，建成350平方米的石马中心校人防科普教育体验馆；安排专项资金280万元，在区政府北广场建成1000平方米的国防主题公园。（李云霞）

双拥工作

【概况】 2016年，丹徒区创新开展双拥活动，巩固和发展新型军政军民关系，维护军政军民团结。印发《丹徒区2016年双拥工作意见》《丹徒区纪念建军89周年活动意见》，调整充实丹徒区双拥工作领导小组，统筹推进双拥争创、军民深度融合等工作；区委、区政府主要领导在春节、“八一”建军节等重要节日走访慰问驻军部队，各地、各部门分别开展双拥活动，形成“军地齐动、上下联动、整体推动”的态势；关心官兵“后路、后院、后代”问题，协调解决驻军官兵子女入学问题。提升义务兵家庭优待金，兑付退役士兵、士官地方一次性补助金。开展退役士兵免费教育培训，上调各类抚恤补助经费、农村籍退役士兵财政补助经费、老复员军人和残疾军人遗属补助金；开展军地议事园、

图18　2016年10月，丹徒区人防办到学校开展防震避险知识教育及应急疏散演练（丹徒区人防办提供）

"好军嫂"评比表彰、为部队办实事、军地互访、烈士公祭等活动；开展双拥宣传教育活动，投资230余万元建成丹徒区国防主题公园并对市民开放，开通"丹徒双拥"微信公众号，全年在中国双拥网、《江苏双拥》《中国双拥》《中国社会报》《金山》《镇江日报》等媒体发表稿件70余篇。7月，丹徒区被镇江市委、市政府、军分区评为"七创"全国双拥模范城先进集体（年内，镇江市第七次被授予全国双拥模范城称号），并获集体二等功。

（张芳进　凌　青）

【春节军政座谈会】 2016年1月28日，丹徒区委、区政府在政府八楼会议室召开丹徒区春节军政座谈会。驻镇江市区和丹徒驻军部队军政首长，丹徒区四套班子主要领导，丹徒区委、区政府分管领导，各镇（街道、园区）党（工）委书记、人武部长、民政助理和区双拥工作领导小组全体成员出席会议。会议由丹徒区委副书记、区长张映桥主持。会上，区委书记陈琳作重要讲话，丹徒区委常委、区委政法委书记、区双拥工作领导小组组长韩宏亮作2015年双拥工作总结，并部署2016年双拥工作；上党镇和区交通运输局负责人作双拥述职报告，73860部队代表、镇江军分区政治部主任张惠峰代表驻军部队肯定丹徒区双拥工作。（张芳进　凌　青）

【领导干部军事训练】 2016年5月4～5日，丹徒区委、区政府在镇江市国防园举办第一期领导干部"铁军"集训营军事训练活动。此次集训采用封闭式军事训练方式，全区科级以上领导干部105名参训。训练科目包括内务整理、示范班队列动作观摩、单个军人队列动作操练、周边安全形势分析、战场急救包使用等内容。区委书记陈琳出席开训动员大会并讲话，要求参训领导干部弘扬"铁军"精神，以新姿态、新作风、新形象投入到"强富美高"新丹徒建设中。

（张芳进　凌　青）

【军地议事园活动】 2016年7月19日，丹徒区委常委、区委政法委书记、区双拥领导小组组长韩宏亮，区委常委、区人武部部长、区双拥领导小组副组长刘东，区政府副区长、区双拥领导小组副组长朱彤，以及区财政局、区民政局、区双拥办等部门负责人，到丹徒区人武部开展丹徒区第26次军地议事园活动。丹徒区年初确定的4件实事全部办结，其中3件实事列入镇江市2016年军地互办实事项目。4件实事包括为73860部队援建双拥文化活动中心、为原南京军区联勤部镇江副食品基地援建新营区配电房、为区人武部援建文体活动室、为镇江军分区第三干休所援建老干部活动中心，区财政共支持经费40万元。

（张芳进　凌　青）

【建军89周年慰问活动】 2016年7月25日，丹徒区委书记陈琳，区委副书记、区长张映桥及区四套班子领导和有关部门负责人，开展建军89周年慰问活动，分头走访镇江军分区、73056部队、73057部队、73860部队、丹徒区人武部、镇江预备役高炮二团、武警丹徒消防大队等12家单位，为部队官兵送上"八一"建军节的祝福，并赠送慰问金和慰问品。

（张芳进　凌　青）

【"好军嫂"表彰大会】 2016年9月23日，丹徒区双拥办联合区妇联在丹徒区政府八楼会议室召开丹徒区"好军嫂"表彰大会，表彰"好军嫂"21名。会议由区委常委、区委组织部部长陈平才主持；会上，区委常委、区人武部部长、区双拥工作领导小组副组长刘东宣读区双拥办、区妇联《关于表彰丹徒区"好军嫂"的决定》；受表彰好军嫂代表上党镇副镇长王珏、大港中学教师潘晓宇作典型发言；军地领导向"好军嫂"颁发获奖证书。受表彰的"好军嫂"、驻军代表，各镇（街道、园区）分管领导、妇联主席、民政助理，区级机关直属妇委会主任120余人参加会议。（张芳进　凌　青）

【烈士纪念日公祭活动】 2016年9月30日，丹徒区在区烈士陵园举行烈士纪念日公祭活动。区四套班子、区人武部、73860部队主要领导，区级机关干部、各镇（街道、园区）负责人、学生、公安干警、烈士家属、解放军代表等700余人参加。活动通过缅怀革命先烈、追忆峥嵘岁月，表达全区干部群众弘扬革命光荣传统，不忘初心，继续前行，建设"强富美高"新丹徒的决心和意志。活动由区委常委、区委政法委书记韩宏亮主持，区委书记陈琳作重要讲话。

（张芳进　凌　青）

【武警镇江支队举行扶贫帮困启动仪式】 2016年11月1日，武警镇江支队在丹徒区高资街道石马幼儿园举行扶贫帮困启动仪式。武警镇江支队支队长张道政、政委张帆，丹徒区委常委、区委政法委书记、区双拥工作领导小组组长韩宏亮，区委常委、区人武部部长、区双拥工作领导小组副组长刘东，以及区教育局、区双拥办、高资街道等军地领导出席活动。张帆、韩宏亮分别代表军地双方签订扶贫帮困协议，武警镇江支队领导向21名受助学生发放每人1000元助学金及学习用具，向石马中心小学等6所小学捐赠价值1.5万元的文体器材。仪式结束后，武警镇江支队领导到高资街道厚固村慰问贫困户，赠送食用油、大米、棉被等生活用品。

（张芳进　凌　青）

【老兵复员退伍欢送会】 2016年12月1日，丹徒区委、区政府在武警丹徒消防大队举行老兵退伍欢送会，军地双方有关人员出席会议。武警丹徒消防大队负责人向与会者通报大队老兵复员退伍情况。退伍士官潘志、张尉和留队老兵杨文龙分别作表态发言。丹徒区民政局局长、区双拥办主任姚遇平代表区委、区政府向每位退伍士官发放慰问金3000元。

（张芳进　凌　青）

政　　法

责任编校：李冬冬

综　述

【概况】　2016年，丹徒区政法系统围绕中央和省、市、区委决策部署，推进社会治理法治化和精细化建设，打造升级版“平安丹徒”“法治丹徒”品牌。加强政法队伍建设，全年组织政法干警参加中央政法委、省委政法委视频学习讲座8次；落实党风廉政建设责任制，开展规范司法人员接触交往行为自查自纠、“五不一乱”(不规范、不公正、不文明、不廉洁、不作为或乱作为)行为专项整治，完成员额法官、检察官首批入额遴选和执行人员警务化改革等工作。年内，全区政法机关受到中央和省、市表彰70余人次，政法队伍建设满意率列全市第三；丹徒区连续13年被评为“省级平安区”，公众安全感并列全市第一；丹徒区通过“六五”普法考核验收；7个镇（街道、园区）被评为“全市法治建设创建工作先进单位”。（朱俊华）

【社会稳定维护】　2016年，丹徒区围绕社会稳定主线，组织开展信访积案化解“双月行动”、进京越级访专项整治“百日会战”等活动，化解一批涉及企业破产、职工欠薪、征地拆迁、涉法涉诉等领域的疑难信访案件。完成全国“两会”、“G20”峰会、十八届六中全会和省、市党代会等重大维稳任务，全区进京非访登记人数比上年降低87.5%，信访考核列全市第二；深化反恐怖、反渗透、反邪教斗争，严厉打击违法犯罪活动，全年刑事案件破获率比上年增长19.6%，实现省市挂牌案件全部破获，3个省挂牌督办的重点区域治安状况明显好转；全年火灾事故发生起数比上年降低47.3%，直接经济损失降低39.95%，危险化学品管理实现连续14年“零事故”。（朱俊华）

【平安建设】　2016年，丹徒区加强社会矛盾预防、排查与化解力度，“平安建设”取得新成绩。实施重大稳评事项30个，调处矛盾纠纷3389件，劝阻群体性上访22批236人次；加强社会治安防控体系建设，镇村两级1172个高清技防探头运行率100%、完好率99%，案件现行抓获率比上年增长11.2%；成立区平安志愿者协会，配齐区巡特警大队人员，3个镇（街道、园区）建立巡防中队，村级“五大员”(一村一警、一村一法律指导员、一村一专兼职调解员、一村一支治安巡防员队伍、一村一民情信息员)队伍全年采集信息3000余条；加强特殊人群服务管理，建立信访救助资金和司法救助资金使用管理办法，落实19名严重易肇事肇祸精神障碍患者监护人制度和责任险政策，全区社区矫正人员数量比上年降低29.8%，未发生因监管不力而重新犯罪的案件。（朱俊华）

【法治建设】　2016年，丹徒区深化“一案三防”(执法人员裁判每一件案件都要预防腐败、预防差错瑕疵、预防引发涉法涉诉信访)责任制建设，完善“两法衔接”(行政执法与刑事司法衔接)，加强权力节点监控，开展行政执法活动、刑事侦查活动检察专项监督，集中治理执法突出问题；发布首份《行政审判白皮书》，全年行政机关负责人出庭应诉率保持100%；移送各类涉法违法案件线索20件，完成案件评查112件；全面启动“七五”普法工作，制定普法工作清单，全年培育巾帼法律援助团等普法社会组织5个；区法学会与南京财经大学法学院开展合作共建，成立大学生普法志愿者大队；组织开展“法治惠民镇村行”活动，建立法治建设指导团队，完成省、市、区法治惠民实事16项，提升人民群众法治获得感。（朱俊华）

【基层基础建设】　2016年，丹徒区新增省级和谐社区建设示范镇（街道、园区）1个、示范村（社区）5个，达标率97.8%。新增省级民主法治示范村（社区）6个，达标率42%。年底，丹徒区社会组织每万人拥有数为15个，在全市保持领先；实施三级（区、镇、村）综治法治平台建设，增强区公共法律服务中心、检察为民服务中心、诉讼服务中心“窗口”作用；深度应用综治信息系统，预防职务犯罪警示教育基地、平安先锋工程展示馆建成并投入使用；全年新增镇江市“一级综治办”3个。（朱俊华）

公　安

【概况】　2016年，镇江市丹徒区公安局（以下简称丹徒区公安局）坚持改革创新，主动防控风险，以打击犯罪、基础防范、重点整治、安全监管和提升群众满意率为重点，履行维稳职责，处理突发事件，落实打防管控各项措施，有效维护社会和谐稳定。完成全国“两会”、“G20”峰会、十八届六中全会等重大安保维稳任务；完成中央环保督察组交办的华通动力清算分流等重点涉稳工作保障任务；“八类”案件（社会治安工作中，对故意杀人、故意伤害致人重伤或者死亡、强奸、抢劫、贩卖毒品、放火、爆炸、投毒罪等八类案件的总称)以及省公安厅、市公安局挂牌督办案件全部侦破,群众社会治安安全感年度测评居全市第一;推进"金盾护企直通车"建设,强化公共安全监管,保持一次死亡3人以上重大交通事故、亡人火灾事故、危化品管理事故"三个零发生";推进户籍制度改革,开展"微警务"平台建设,落实公安行政审批"绿色通道"全覆盖、窗口服务延时"5+1"(每周五个工作日加上星期六),提升企业和群众的满意度;推进执法规范化建设,强化基层执法队伍的法治思维和法治理念,全年公安涉法、涉诉信访案件比上年降低50%;强化公安队伍建设,开展"警·思"学习教育、"青蓝行动"传帮带等活动,全年开展各类培训、岗位考核练兵活动30余场次。

年内,丹徒区公安局创建成为江苏省五星级档案工作单位。"OA工作平台"(公安内部协同办公平台)被镇江市委评为"百项基层党组织创先争优经验做法"。1人获省"三八红旗手"称号,2人获全省"最美警嫂"称号,1人获"镇江五四警星"称号,2人获"镇江公安警星"称号,26个集体、67名个人被上级记功嘉奖。 (姚 欢)

【维护社会稳定】 2016年,丹徒区公安局坚持底线思维,主动防控风险,始终将维稳置于全部工作首要位置,实现全区影响稳定的重大事件零发生。按照无死角、无盲区、全覆盖的要求,强化公安人力情报建设,全时空掌握辖区动态,超前获取、上报情报信息1231条,超前妥善处置化解社会各类矛盾纠纷1876起;强化部门协作,落实重点人员的管控措施和责任,超前劝返赴省进京上访人员15批68人次,处理非访人员1人、刑事拘留1人、逮捕1人;健全突发事件、灾害事故、重大案件、敏感舆情等应急处置预案,落实指挥中心、专业警种、派出所职责任务,提高反恐防爆、应对突发事件的能力水平。全年快速妥善处置到区92批1398次人、赴市25批388人次、赴省7批102人次的集访、闹访、非访事件;全国"两会"、"G20"峰会、十八届六中全会等期间,完成各类安保任务359次。(姚 欢)

【打防管控工作】 2016年,丹徒区公安局围绕群众对社会治安的需求期盼,深化打防管控,打造丹徒"平安高地"。侦破刑事案件439起,比上年增长12.3%,抓获刑事犯罪嫌疑人370名,比上年增长18.1%;实体化运行"四侦一情"(刑侦、技侦、图侦、网侦和情报研判)合成侦查作战机制,主攻涉及群众切身利益的侵财小案,五类侵财警情(盗窃、抢劫、抢夺、诈骗、掩饰隐瞒犯罪所得)发案比重为59.31%,比前两年同期平均数降低9.07%;省公安厅、市公安局挂牌督办案件及"八类"案件全部侦破;开展"黄赌毒"常态化集中整治行动,全年查获娼赌违法人员67名,收缴赌博机139台,破获毒品犯罪案件11起,全区吸毒人员平均在控率91%;落实金融单位、公共娱乐场所安全检查制度,开展出租房屋、废品收购等治安复杂场所清理检查行动,全年组织清查行动37次,清查行业场所4800余家次,现场发现、敦促整改各类安全隐患421处;加强巡特警、交警、机关巡逻、派出所巡逻4支警察队伍建设和动态联防,布设固定与临时卡点18个,加大技防设施投入和智能交通建设应用。 (姚 欢)

【社会治安综合整治"利剑"行动】 2015年12月30日至2016年5月31日,丹徒区公安局开展社会治安综合整治"利剑"行动。全区公安机关针对"黄赌毒娼""涉黑涉恶"等治安突出问题,实地检查全区娱乐服务场所725家、重点单位658家,整改安全隐患350处,破获刑事案件99起,抓获犯罪嫌疑人82名。 (姚 欢)

【户籍工作】 2016年,丹徒区新增城镇常住人口12368人,户籍人口城镇化率46.87%,比上年增长4.09%。丹徒区公安局推进户籍制度改革,制定《2016年全区户籍制度改革工作计划》,加快推进无户口人员登记工作,全面推行居住证制度。年内,新发放流动人口居住证8480张,累计发放居住证26790张,发证量达到应发证流动人口总量的90.3%。 (姚 欢)

【"G20"峰会安保工作】 2016年7~9月,丹徒区公安局按照省公安厅、市公安局决策部署,落实各项安保措施,完成"G20"峰会各项安保维稳任务。其间,丹徒区公安局搜集上报涉稳情报信息368条,调处各类矛盾纠纷812起;盘查人员859人,盘查车辆信息568辆;滚动排查全区489家重点单位,发现隐患236处,整改228处,全区未发生重大涉稳事件,未发生重大刑事、治安案件,未发生重大安全灾害事故,全区社会治安大局保持稳定。 (姚 欢)

【全国文明城市复核迎检工作】 2016年11~12月,全国文明城市复核迎检期间,丹徒区公安局制定迎检方案,明确职责分工。局领导班子成员到一线指挥;各部门对照目标任务,细化责任分解,确保迎检工作取得实效;全体执勤民警规范文明执法,强化交通秩序整治,走访社区、企业、学校,开展宣传活动,营造良好迎检氛围。其间,全区投入执勤警力660人次,提供各类咨询130余次,纠正、查处交通违法450余起。 (姚 欢)

【服务民生】 2016年,丹徒区公安局服务发展、服务企业,建立涉企警情处置、入企服务、平安体检、网上服务、掌上服务"五条护企直通道"。全年走访企业2960家次,建立涉企QQ群、微信群31个,协调解决影响企业发展难题75件,查处经济案件21起,为企业挽回经济损失1390万元;创新推进政府主管、公安牵头、部门联动的公安安全监管机制,全年滚动排查各类安全隐患1161处,整改率95%;全年未发生亡人火灾事故,实现连续7年死亡3人以上重大交通事故零发生;实现连续14年危险化学品管理零事故;顺应"互联网+警务"模式,开通丹徒公安"微警务"综合服务平台,网上运行公安窗口办事办证项目以及公安便民服务事项,为群众办事提供便利;开通公安行政审批项目"绿色通道",推行"一日办、上门办、专项办、优先办、预约办"等高效便捷服务，在窗口单位推行“5+1”(每周五个工作日加上星期六)周六受理业务延时服务，群众对公安窗口服务满意率99.7%，出入境窗口连续10年被省公安厅评为“省级文明窗口”。（姚　欢）

【夏季防汛】　2016年入夏后，丹徒区天气变化异常，恶劣天气频发。6月，连续多日发生强降水过程，造成全区主要道路多处积水。全区公安干警强化情报信息报送，加强日常巡逻防范和交通秩序维护，完善应急处置预案，加强应急物资储备，落实24小时值班备勤、领导带班制度，确保快速反应、高效有力处置各类险情。其间，全区出动警力1200余人次，帮助转移重点汛情地区群众159人，解救被困群众18人，施救被困车辆45辆，抢救群众财产13.6万元。（姚　欢）

【“12·29”持枪蒙面抢劫案】　2016年12月29日凌晨4时许，丹徒新城幸福城小区“小桂棋牌室”发生持枪蒙面抢劫案，受害人被抢人民币1万余元。接警后，丹徒区公安局启动大要案件侦破机制，刑侦、技侦、网侦和图侦快速反应，迅速锁定并抓捕犯罪嫌疑人朱某，查获其作案工具。经审讯，朱某对抢劫事实供认不讳。从接到报案到抓获犯罪嫌疑人，公安机关仅用时4个小时。（姚　欢）

【辛丰镇儿童走失事件处置】　2016年5月18日下午，随祖父母从上海回辛丰镇探亲的4岁男孩戴某，在魏家村走失。接警后，丹徒区公安局成立专案组，组织刑侦、治安、巡特警、派出所等部门警力开展地毯式搜查。副市长、市公安局局长赵建生，省公安厅刑侦局副局长周盛斌，副区长、区公安局局长贺文先后到案发现场视察指导工作。丹徒区公安局100余名警力，放弃休息时间，全力投入搜寻工作。5月24日13时许，在魏家村某化粪池内发现戴某尸体，经法医鉴定为溺亡。公安部门及时告知走失儿童家属鉴定结论，并向社会公布事件处置始末，有效控制社会舆情。（姚　欢）

检　察

【概况】　2016年，镇江市丹徒区人民检察院（以下简称丹徒区人民检察院）以司法办案为中心，履行检察职能，加强司法公信力建设，推动检察工作迈上新台阶。建立并完善领导挂钩联系制度，制定并实施服务丹徒经济社会事业发展的相关文件；加强队伍建设，组织全院干警分批赴华东政法大学培训；推进司法改革，遴选首批员额制检察官25人；开展检察文化建设，建设廉政画廊、警示教育长廊；组织提职晋升和新进人员廉政谈话23人次；开展专项预防行动2次、法制教育活动8次，召开重大典型案件剖析会2次。

全年立案查办职务犯罪案件14件21人，其中贪污贿赂案件11件16人，渎职侵权案件3件5人，涉案人员中有科级干部3人；案值超100万元案件5件，超300万元2件，共挽回经济损失1000余万元。

全年批捕各类刑事犯罪嫌疑人40件61人，起诉161件224人。加强侦查活动的监督力度，立案监督1件、纠正违法7件，追捕1人，追诉2人；加大审判活动的监督力度，提请市院以审判监督程序抗诉1件，发出再审检察建议2件。

年内，丹徒区人民检察院连续2年获全市“先进检察院”称号，获全区“平安丹徒、法治丹徒建设”先进集体称号，连续3年获区级机关绩效管理考核“十佳单位”称号。丹徒区人民检察院反贪局被省人民检察院记集体二等功，为全市唯一；丹徒区人民检察院控申部门被评为市“公正司法示范点”。《微电影：面孔〈“三·八”特刊〉》和《镇江市丹徒区检察院创新推行“163”开放式救助模式深入推进司法救助工作向社会化发展》分别获全省检察机关“十佳”(优秀)新媒体作品和优秀信息，1人被评为“全省民事行政检察优秀办案人”，1人在全市检察机关业务竞赛中获三等奖。（胡晓莼）

【警示教育基地建成】　2016年7月19日，丹徒区人民检察院警示教育基地建成并投入使用。该基地位于检察为民服务中心二楼，总投资200万元，占地面积200余平方米，建筑面积280余平方米，设置“贪腐之殇”“声声忏悔”“警示之窗”等10个功能区，采用声光电技术，集教育性和互动性于一体。区委书记陈琳及四套班子领导参观基地并为基地揭牌。（胡晓莼）

【《服务和保障“四新丹徒”建设十二项举措》】　丹徒区人民检察院2016年5月24日制定下发。该文件提出4点、12条举措，立足检察职能，聚

图19　2016年7月19日，丹徒区检察院警示教育基地揭牌仪式
（丹徒区检察院提供）

焦富民惠民项目，秉持绿色发展新理念，依托创新社会治理工程，为推进"实力新丹徒""幸福新丹徒""生态新丹徒""和谐新丹徒"贡献检察力量。（胡晓莼）

【《关于加强行政执法检察监督协作配合工作的意见》】 丹徒区人民检察院2016年6月23日制定下发。该文件提出3项、8条意见，阐述行政执法行为检察监督的重要性，规定联席会议制度、联络员制度、案件通报制度、沟通协调制度4项配套制度，明确各部门在该项机制中具体职责和任务。（胡晓莼）

【宜城街道诈输社区窝串案查处】 2016年，丹徒区人民检察院立案查处宜城街道诈输社区窝串案特大案件。该窝串案涉及4件7人，其中贪污贿赂案件3件4人、渎职案件1件3人；查明原丹徒新城管委会农工部主任、宜城街道诈输社区党总支书记唐某（副科级）受贿300余万元、贪污100余万元，并滥用职权造成集体损失2800余万元。该窝串案在社会上引起较大反响，是典型的"小官大贪"犯罪行为。（胡晓莼）

法 院

【概况】 2016年，镇江市丹徒区人民法院（以下简称丹徒区法院）围绕"转作风、强队伍、提质效、谋发展、促改革"工作思路，开展各项工作。全年受理各类案件8088件（含旧存），结案6348件（含旧存），涉案金额计14.6亿元。完成审判办公大楼出新工程，增加安检设备，前移安检关口，减少安保隐患；推进数字化法院建设，提高执法办案办公信息化水平。加强司法队伍能力建设，全年组织干警参加各级各类业务培训2065人次，举办"青年法官论坛"、庭审观摩评议、法律文书评查等活动14次；执行"一案三防"（执法人员裁判每一件案件都要预防腐败、预防差错瑕疵、预防引发涉法涉诉信访）制度，全年由案件承办人作出"一案三防"承诺书近5000份，向案件当事人随案发放廉政监督卡6800份，开展庭审纪律督查32次，促进公正廉洁司法；加强后备力量建设，年内招录公务员6名、聘任制书记员4名。

全年受理各类刑事案件199件，审结215件，判处被告人288人。完成原丹徒高级中学校长蔡某贪污案等一批社会影响较大的贪腐案件审理工作；公开审判涉及全国多个省市的特大假药案、"1014阳光工程"非法传销案。

全年受理各类民商事案件3630件，审结3575件，涉案争议标的金额1.29亿元。完成大学城项目土地租赁合同纠纷等一批疑难复杂、矛盾易激化案件的审理。

全年受理行政诉讼案件54件，审结59件，依法判决撤销、确认行政行为违法等行政机关败诉案件8件，行政机关负责人出庭应诉率保持100%。首次发布《行政审判白皮书》，为区级行政机关依法行政提供参考。

全年受理执行案件2169件，执结1836件，执行到位标的额1.36亿元。向社会公布失信被执行人员名单277名、失信企业68家；促使28件陈年旧案得到解决；开展指尖"动态微执行"（即利用微信公众号客服平台与当事人进行实时互动交流，可第一时间告知当事人案件执行进展、财产保全情况，也可依据当事人的线索举报等方式，第一时间采取相关执行手段，做到办案轨迹全程留痕），探索"微信执行"新模式，减轻当事人诉累，提高执行工作效率，推进执行体制改革，提高执行信息化水平。

年内，丹徒区法院获"全市政法系统关心下一代先进集体"称号；1人获"江苏优秀女法官"提名奖，1人获"全市十大法治人物"称号；3篇论文获市级以上表彰，其中1篇论文获最高人民法院征文比赛二等奖，1篇论文获"2014～2015年度（全国）经济建设与科学发展理论实践成果"公检司法系统特等奖。（胡 俊）

【司法为民】 2016年，丹徒区法院成立"一站式、门诊式"诉讼服务窗口，细化20项服务职能，开展司法为民活动。全年网上办理预立案手续22件，提供"12368"服务热线及诉前网上咨询96次；落实"法治惠民镇村行"活动，选派20名中层以上干警担任村（社会）法治工作指导员；制定"一村一法官"制度，全年为残疾人、老年人等特殊群体办理上门立案12件，开展送法下乡16次；化解涉诉信访矛盾，创新采用QQ、微信等方式，开展法律咨询与案件调解，减少异地当事人诉讼负担；以信访化解机制为着力点，推动多元化解决纠纷，确立"1+4"（"1人1日信访接待制度"和"4级预约接访制度"）信访接待长效机制；借助远程视频接访系统，通过四级法院联网接访，开展越级访、长期信访案件的化解工作。全年回复网络舆情20条、接待群众来访378人次，化解32件涉诉信访积案；联合区司法局、区律师协会等单位建立"公益律师进法院"工作机制，设立"律师公益服务岗"，为当事人提供规范高效的法律服务；建立律师参与化解和代理涉法涉诉信访案件制度，促进法院与信访人有效沟通，指导信访人理性申诉；与区司法局、区住建局联合成立物业纠纷调解工作室，与区市场管理局联合成立消费者权益纠纷调解工作室，物业纠纷调解工作室、消费者权益纠纷调解工作室与此前成立的"郭正英调解工作室"年内化解各类纠纷405件，送法下乡21次，调解成功率85%；加大司法救助力度，全年为经济困难当事人依法缓、减、免诉讼费67.03万元，为特困执行申请人、信访当事人及刑事被害人实施司法救助91万元。（胡 俊）

【司法体制改革】 2016年，丹徒区法院推进法官员额制改革，完成首批员额法官遴选，该院有30名法官入额；深化宝堰法庭审判权运行机制改革试点工作，"1+N+N"（主审法官+法官助理+书记员）审判团队运行模式运作有序；转变院庭长审判管理方式，落实院庭长办案制度，全年院庭长办案2240件。（胡 俊）

【司法公开】 2016年，丹徒区法院加强司法公开载体建设，开通丹徒法院外网、微博、微信网络平台，实现三个载体互联互通。全年利用互联网直播庭审110次，在各级媒体发表宣传稿件2869篇，在官方微博发布快讯584条，在官方微信发送工作动态与普法信息465条，召开新闻发布会3

次，向中国裁判文书网上传生效法律文书5027件，文书上网率及“庭审三同步”工作均居全市法院前列。全年走访人大代表、政协委员78人次，邀请代表、委员旁听庭审评议49人次，向人大代表、政协委员发送《丹徒法院工作通报》1022份。（胡　俊）

司法行政

【概况】 2016年，镇江市丹徒区司法局（以下简称丹徒区司法局）发挥司法行政职能和资源优势，服务地方经济社会事业发展。丹徒区被评为全市“六五”普法先进单位，区普法办被评为全省先进单位。丹徒区司法局被省司法厅评为“四个全覆盖”（矛盾纠纷排查调处、公共法律服务、特殊人群服务管理、法制宣传教育“四个全覆盖”）先进单位，年度绩效考核名列全市辖市区第二名。

法律服务。建立律师坐班答疑、法律服务志愿者跟班协助机制；法律援助经济困难标准放宽至低保标准2倍执行，全年受理法律援助案件410件；公证处推出小额存款继承公证简化程序、预约服务等便民举措；规范运行“一村（社区）一法律顾问”工作，强化司法惠民效能。宜城街道司法惠民做法获市主要领导肯定。

刑罚执行。社区矫正整合执法力量，分片区执法，落实“双严”（严格执法、严格管理）集中整治和“三检查、三规范”（检查廉洁自律、规范执法监督；检查职能履行、规范执法行为；检查责任落实、规范队伍管理）专项整改，在全省率先开展电子腕带试点工作，启用“12348”电话报告系统，规范“社区矫正结构化监管机制”（即以月为周期，在确定的时间，按照固定模式和标准程序，将社区矫正的各项监管措施落实到位的监督管理机制）。辛丰镇编写的社区矫正日常管理“三字经”得到省司法厅肯定。

社会治理。强化调解工作网络建设，全年成立人民调解基层组织9个，推动成立专业性、行业性调委会21个，高桥司法所调解的1起非正常死亡案件案例入选省级优秀调解案例；加强刑满释放人员信息排查衔接管理，启用服刑人员远程会见系统，启动解除强制隔离戒毒人员后续监管工作；联合区关工委，安置生活困难刑释人员2名，落实35名刑满释放人员责任田。

基层建设。创新“融合共建”机制，指导和推动基层司法所谋划发展思路、破解工作难题、拓展服务领域，基层建设经验在省司法厅现场会作专题介绍；培育发展社会组织，宝堰镇新增法治宣传类社会组织1家，司法行政机关主管社会组织共66家。

法治宣传。丹徒新城（宜城街道）、谷阳镇、高桥镇、荣炳盐资源区和高资街道结合“法润丹徒·春风行动”“美好城市·法律相伴”系列活动，采取多项措施服务群众；调研文章《丹徒区司法局实战化建设的多项实践与思考》在《江苏司法》杂志刊发，并得到省司法厅厅长柳玉祥批示；《新华日报》和《江苏法制报》在头版报道丹徒区司法行政工作，新闻报道和信息发稿量综合得分位列全市前列；与省外相关单位开展社区矫正、公共法律服务体系建设交流，推介丹徒区司法行政工作；启动“七五”普法“158法润工程”，“12348”公共服务平台、司法行政网、普法网、官方微博、微信公众号有序运作。

（吴新中　刘　丽）

【“七五”普法及“158工程”】 2016年11月29日，丹徒区“六五”普法总结表彰暨“七五”普法动员部署大会在区政府八楼大会议室举行。会议总结全区“六五”普法工作，部署“七五”普法工作，表彰2011～2015年获国家、省、市、区法治宣传教育工作先进集体和先进个人。区领导韩宏亮、王卫芳、朱彤、李晓娟、薛恒初出席会议，镇（街道、园区）分管领导、司法所所长、区法治宣传教育领导小组成员单位分管领导共120余人参加会议，区法宣办主任、区司法局局长赵勤作工作报告。大会提出并部署全区“七五”普法期间“158工程”的实施方案和步骤，“1”是实施1份清单，即政府工作部门“七五”普法责任清单；“5”是实施“五大工程”，包括“法治大讲堂”全覆盖工程、青少年法治教育建设工程、法治文化作品创研中心建设工程、“互联网+法治文化教育”示范工程、民主法治示范引领工程；“8”是开展“八项主题行动”，包括“法润丹徒”春风行动、尚法明德文化墙全覆盖行动、法治文化广场（公园）品格提升行动、“法律服务镇村行”专题行动、法治主题宣传全屏行动、法治宣传社会组织培育行动、“阳光·法治夏令营”共建行动、生态文明建设护航行动。（吴新中　刘　丽）

【“融合共建”活动】 2016年，丹徒区司法局深化落实“365工程”（“365工程”，包括实施基层基础建设“三年行动计划”；强化基层基础建设的“六项目标”，即组织体系进一步健全、基础保障进一步加强、服务能力进一步提高、队伍素质进一步增强、职能作用进一步发挥、群众满意率进一步提升；强力推进基层基础和能力建设的“五项措施”，即全面推进局所站一体化建设、县级司法局实战化建设、基础工作信息化建设、基本保障规范化建设和基层队伍正规化建设），指导和推动基层单位谋划发展思路、破解工作难题，在全区司法行政系统开展“融合共建”活动。丹徒区司法局领导班子、职能科室与全区10个基层司法所、2家律师事务所、6家法律服务所开展挂钩结对工作，加强工作指导、协调解决困难。活动期间，全系统开展法治宣传活动50余场次，发放法律宣传资料2万余份，解答群众咨询1100余人次，组织矛盾纠纷排查1834次，接待群众1558人次。

（贡　超　刘　丽）

【丹徒区人民调解协会成立】 2016年4月21日，丹徒区人民调解协会成立。该协会是由全区人民调解员，从事人民调解指导、研究、教学工作的人员以及各类人民调解组织自愿组成的非营利性社会团体。至年底，全区有人民调解组织146个，有专职调解员212人、兼职调解员450人；全年组织矛盾纠纷排查4086次，接待群众4850人次，受理调解纠纷871件，调解率100%，其中调解成功867件，调解成功率99.54%；全年劝阻群体性上访218批209人次。（孙忠梅）

综合经济管理

责任编校：李冬冬

发展改革与经济信息化

【概况】 2016年，镇江市丹徒区发展改革和经济信息化委员会（以下简称丹徒区发改经信委）坚持稳中奋进工作总基调，加快产业转型升级，推进重大项目建设，提高经济运行质量和效益，增强经济运行稳定性和协调性，全区经济运行总体呈现平稳发展、转型加快态势。全年组织参加综合性、专题性招商活动5场，小分队招商300余批次，接待境内外客商120余批次，收集项目信息200余条；全区洽谈推进项目100余个，其中重大项目13个、重点项目15个、外资项目15个，签约落户项目40余个。

重大项目建设。全年审批项目127个，总投资82.8亿元。其中工业项目62个，总投资54.22亿元；农业项目11个，总投资10.43亿元；服务业和社会事业项目54个，总投资18.15亿元；亿元以上项目21个，总投资58.6亿元。全区重点产业项目56个，完成投资148.1亿元。

强化企业服务。实施全区"40强"工业企业生产运行监测月报制度，把握企业运行动态。加强中小企业融资担保平台、中小微企业统贷平台等服务平台建设；企业上市步伐加快，新增上市企业1家（长三角精细化工股份有限公司），有7家企业与券商签订挂牌辅导协议；新增省级企业技术中心1家，市级技术中心2家。年内，全区有企业技术中心29家，其中国家级1家、省级7家、市级21家。"金山英才"成功申报人才项目13个。

产业集聚发展。燃机热电联产、润丰生态农业、万亩果蔬基地等项目进展顺利，年内开工建设；长山国际旅游度假区项目、奥特莱斯商业中心项目、天普生态农业园项目、宜人有机生态农业园项目等"321"重大项目取得进展，完成签约。全区规模以上企业完成产值1125.72亿元，实现销售收入1100.01亿元，实现利税总额122.9亿元。市重点建设先进制造业园区完成应税销售收入132.9亿元，比上年增长30.6%；现代服务业园区完成应税营业收入67.3亿元，比上年增长8.8%；现代农业园区完成总产值15亿元，比上年增长15.9%。

信息化建设。全区软件产业营业收入53.4亿元，比上年增长19.1%，信息化发展总指数为90.5，规模以上工业企业应用信息技术比例超过92%。明润信息科技有限公司获镇江市软件和信息服务业"名企"称号，其研发的"明润耙吸疏浚监控平台"获2016年江苏省软件产品"金慧奖"；恒顺醋业、江苏捷诚等4家企业被认定为省"企企通"试点企业，恒顺醋业"全生命周期食品安全追溯体系"创新项目、北汽数字工厂信息化工程项目成功申报省"企企通"示范工程。

新兴产业和服务业发展。全区新兴产业实现销售收入475.1亿元，比上年增长13.1%，增幅比工业销售收入提高4.4个百分点，占规模工业销售收入41.3%，比上年提高1.7个百分点；新增江苏省首台（套）重大装备及关键部件产品2个，全区总数达11个，居全市第二，实现江苏省"高端装备赶超工程项目"零的突破。服务业增加值158.3亿元，占地区生产总值比重42.6%，完成服务业投资118.59亿元，比上年增长22.9%；新增列统（即新增加的列入统计库的服务业企业，具体标准为年营业收入1000万以上或者用工人数50人以上的服务业企业）服务业企业10家；丹徒新城市商圈建设方面，宝龙城市广场开业，万博商业街对外招商，平安综合金融电商物流产业园项目进展顺利；长山科技文化产业园建设方面，米芾书法公园对外开放，海岳天地、宝晋怡园、长山寺、世界奇石园等配套项目加快建设，长山温泉漂流文化旅游综合体项目启动；世业洲旅游度假区"乐之岛"项目建成并试运营，成功举办第九届"长江国际音乐节"吸引乐迷16万人次；镇江软件园一期南区建成。

产业转型升级。全年工业技改投资89.4亿元，比上年增长35%，位列全市第三。推动节能降耗，审核3家大中型企业清洁生产情况，推广分布式光伏发电项目，全区分布式光伏发电装机容量47.12MWp（兆瓦）；发展散装水泥，全区水泥生产总量1011.6万吨，比上年增产121万吨，其中散装水泥产量977万吨，水泥散装率96.58%；淘汰落后化工产能项目17个，其中省级项目2个、市级项目15个。（施　皓）

【固定资产投资】 2016年，丹徒区完成固定资产投资354.53亿元，比上年增长15.5%，增幅居全市第一。其中工业投资完成208.74亿元，比上年增长10.4%；工业技改投资完成89.4亿元，比上年增长35%，增幅居全市第三；高新技术产业投资完成74.2亿元，比上年增长3.1%；服务业投资完成145.8亿元，比上年

增长22.9%。（蒋　莹）

【产业"三集"发展】 2016年，丹徒区产业"三集"(集中、集聚、集约)发展主要指标均完成或超过年度目标。服务业集聚区固定资产投资63.2亿元，比上年增长23%，应税销售收入67.3亿元，比上年增长8.8%；制造业园区固定资产投资89.8亿元，比上年增长18.6%，应税销售收入132.9亿元，比上年增长30.6%，入库税收完成3.7亿元，比上年增长22.6%；农业园区固定资产投资1.6亿元，比上年增长20.5%，农业总产值15亿元，比上年增长15.9%。（姚　亮）

【物流业发展】 2016年，丹徒区物流业增加值完成21.2亿元，增幅11.5%，完成年度目标任务。推进8个市重点物流项目，全年完成投资41.5亿元，市重点物流企业江苏苏润港务物流有限公司年营业收入6334万元，实现利润1223万元。（徐　玲）

【镇江生态汽车产业园建设】 2016年，丹徒区以北汽华东(镇江)基地为龙头，打造镇江生态汽车产业园，编制完成镇江生态汽车产业园区规划及产业发展规划。年内，镇江生态汽车产业园区管委会获镇江市政府批准设立，园区内道路、水电气等基础设施建设有序开展，燕丹路、宜业路具备通车条件，海纳川零部件产业园、中都物流、合肥常青机械等项目前期工作有序推进。（冯　涛）

国土资源管理

【概况】 2016年，镇江市国土资源局丹徒分局（丹徒国土分局）全面深化"节地增效"主战略，以服务经济建设为中心，以保护耕地为宗旨，推进和提升国土资源管理工作。

服务经济发展。完成丹徒中心城区、新312国道安置用地等土地报批项目10批次，总面积252.87公顷（3793.1亩）；推进热电联产等独立选址计划以及连镇铁路主线和安置用地报批工作；市、区二级交易市场成交土地32宗，交易总面积126公顷（1889亩），交易总价5.75亿元，涉及北汽二期、海纳川零部件、宝龙等重点项目；全年供地36宗，面积127.8公顷（1917亩），保障重点项目建设顺利实施；确保全区发展布局与新一轮规划调整无缝对接，实现核心指标"两减一增"("两减"即耕地面积、基本农田建设保护面积减少，"一增"即建设用地增加)，流量指标下达666.67公顷(10000亩)。

图20　2016年6月25日，丹徒国土分局开展全国土地日宣传活动

（丹徒国土分局提供）

民生国土建设。落实领导信访接待日制度和重点信访领导包案制，推行科室轮岗信访接待。制定下发《丹徒国土分局关于进一步规范信访工作的意见》《丹徒国土分局通过法定途径分类处理信访实施意见》等文件，实现信访事项合理分流、依法处理；依法对128个建设地块实施"两公告"(《征用土地公告》和《征地补偿安置方案公告》)，涉及土地面积270.93公顷（4064亩）；推进41个项目土地征地补偿工作，涉及土地面积244.36公顷(3665.41亩)，拨付补偿资金2.24亿元，安置农业人口840人；全年排查地质隐患75处，全部整改标识到位，确保安全度汛。

发挥职责职能。不动产登记中心投入运行并发出全区第一本不动产权登记证书，全年发放不动产权登记证7015本、登记证明2291份；成立全市首家防控巡查拆违队，全年拆除违章乱建67处、建筑面积3万余平方米；建立国土执法专题汇报机制，定期向地方党委政府汇报全区违法用地基本概况、态势分析和对策建议；推行违法用地重点乡镇通报机制，明确资源破坏现状及危害后果，正面督促其落实规划、强化管理和积极整改；完善资源保护责任体系和考评激励机制，构建党政牵头，联动管理的资源共管格局。（沈　涛）

【国土生态建设】 2016年，丹徒国土分局开展全区砖瓦窑企业排查、关闭、拆除工作，落实中央环保督查组督查反馈问题，按照因地制宜、科学有序、多点推进的方法，实施矿山生态修复。完成辛丰国家级废弃矿山治理示范工程3标段工程，有序推动1、2标段工程；十里长山废弃矿山治理项目完成东古、谷阳、长安3个标段施工；开展"4·22"地球日、"6·25"全国土地日宣传活动，推进"青山绿水就是金山银山"的生态发展理念深入人心。全年联合区公安局联合巡查144次，抓获非法开采行为14起，扣押盗采机械22台，立案查处12起。（沈　涛）

【节地增效】 2016年，丹徒国土分局定期开展全区节约集约用地专项调研清理，掌握各类用地现状、面积、效能等基础数据，推动批而未建、低效闲置土地及违法违规用地清理工作有序开展。全年发出《履约通知书》26份、《闲置土地调查通知书》15份、约谈违规项目法人50余人次，盘活利用低效用地64公顷（960亩），有效处置闲置土地20.06公顷（301亩）；完成镇江市国土资源局分解下达的节约集约用地"双提升"计划任务，建设用地批后监管率为100%；编制建设用地供应储备计划，严格遵循经营性用地计划供应，全年保障性住房和中小套型住房用地供应占住宅用地供应总量的比例超70%；落实产业政策，实现经济开发区工业项目用地投资强度均高于每亩350万元，其他工业集中区工业项目用地投资强度均高于每亩300万元，2016年平均投资强度为每亩410万元。（沈 涛）

【耕地保护】 2016年，丹徒国土分局按照多方协同、因地制宜、跟进管护的原则，开展"严守耕地红线主题行动"。依据市局下达的耕地、基本农田保护任务，与各镇（街道、园区）签订耕地保护目标责任书，推进"大家管、合力抓"的耕地保护工作格局形成；推动全区基本农田划定上图入库工作，上党镇其一村市级高标准农田示范项目有序推进；全年占补平衡通过验收项目18个，涉及辛丰镇、江心洲生态农业园区等5个镇（街道、园区），建设规模56.72公顷（850.8亩），新增耕地48.34公顷（725.1亩）；完成工矿废弃地复垦30.2公顷（453亩）；全年在新312国道等重点工程基础上，制止和查处卫片违法7起、面积10.44公顷（156.6亩），其中涉及耕地3.51公顷（52.7亩），年度卫片违法用地耕地面积占新增建设用地占用耕地总面积比例为3.23%。全年移送违法用地涉刑案件5起，追究刑事责任3起。（沈 涛）

市场监督管理

【概况】 2016年，镇江市丹徒区市场监督管理局（以下简称丹徒区市场监管局）强化市场监管责任，简政放权，优化服务，开展商事制度改革，推动大众创业、万众创新，服务经济发展；强化食品安全、药品安全、特种设备安全、消费安全建设，促进安全生产、放心消费，维护公共安全；开展打假治劣工作，维护公平、公正、透明市场秩序。年内，丹徒区市场监管局获2016年度全市工商行政管理工作目标考核一等奖，连续2年被评为区级机关绩效考核"十佳单位"，行政服务窗口连续12个月被评为丹徒区"红旗窗口"。（郭加明）

【商事登记制度改革】 2016年，丹徒区实有各类市场主体28817户、注册资本（金）603.75亿元，全年新注册发展企业、个体工商户、农民专业合作社分别为1309家、3081户、54个，分别比上年增长23.3%、41.1%、63.64%。丹徒区市场监管局优化并联审批，落实住所（经营场所）登记申报制，放宽"住用商"（投资人将住宅作为经营性住所进行登记）登记限制；放开"一址多照"和部分行业的"一照多址"登记，鼓励"集群注册"，允许在校大学生"信箱注册"，全年有2547户市场主体享受便利；在全市率先推行个体户全程电子化登记，共办理267件；推进"多证合一"（证照整合改革，实现企业一照一码），全年换照6268户；开展企业年报及抽查工作，全区申报2015年度报告22308户，占企业总数的91.9%，连续3年居全市首位；依法将1564户市场主体以及各类抽查中发现问题的9家企业列入经营异常名录，依法办理移出214户次；全年抽查企业276家，抽查工作完成率100%。（郭加明）

【商标品牌战略】 2016年，丹徒区市场监管局引导企业申请注册商标，提升品牌意识。在汽车、农业、工程机械、化工医疗等领域，筛选36家企业作为重点培育对象，制定品牌跟踪服务计划，推动全区商标品牌建设。全年新申请商标注册310件，其中马德里注册申请2件，培育省著名商标5件、重新申报8件，市知名商标8件、重新认定13件；指导6家企业申报省名牌及12个产品（服务）申报市名牌。（郭加明）

【"质量强区"工程】 2016年，丹徒区市场监管局加强和推进"质量强区"工程。全年召开全区"质量强区"联络员会议2次，推进18个部门开展相关工作；举办质量提升暨卓越绩效管理现场交流会、质量知识培训指导讲座等系列活动，帮助企业导入和实施先进质量管理方法，提升企业宏观质量管理水平；召开产品质量提升分析会，邀请专家分析区域特色产品发展情况，帮助企业分析问题产品原因，督促企业提升产品质量。年内，区内企业获省长质量奖1家、市长质量奖1家，申报工业企业质量信用AA级4家、AAA级1家，申报质量管理创新奖2家。（郭加明）

【行业标准示范】 2016年，丹徒区市场监管局指导区茶叶综合标准化示范区建立完整的标准化体系，协助区农委编写发布省地方标准《长山剑毫茶加工技术规程》。年内，培育省级农业标准化示范区项目1个、市级农业标准化示范区4个，区茶叶综合标准化示范区高分通过国家级验收。（郭加明）

【服务企业发展】 2016年，丹徒区市场监管局精简登记手续，优化并联审批，在全市率先推行全程电子化登记。服务重大项目，开展专业化服务、"一对一"服务。全过程服务江苏中兴药业有限公司的水飞蓟宾磷脂复合物生物利用度关键技术研究、江苏力凡胶囊有限公司的纤维素Ⅱ代空心胶囊研发、镇江恒生消恩医疗器械有限公司研发的一次性使用无针表皮缝合器等项目的注册申报工作,促进科技创新成果落地;跟踪服务世业洲“开心乐之岛”主题公园大型游乐设施项目,促使项目建设有序开展;帮助“守合同重信用”企业实时对接金融机构,举办“合同助农进老区,合同助企进园区,合同助微进电商”活动,在上党镇、高资街道、高桥镇举办银企对接会3场,组织全区200余家农民合作社、园区企业、电商企业参与对接活动,办理动产抵押27件,为企业融资提供担保1.23亿元;支持文化创意产业发展,做好广告企业跟踪服务工作。 (郭加明)

【消费维权】 2016年,丹徒区市场监管局受理消费者投诉、举报600余件,办结率99%,挽回经济损失100余万元。加强消费者维权组织建设,全年新建维权服务站15家,其中AAAA级景区1家、高速服务站1家;推进“放心消费”单位创建工作,年内新申报省级4家、市级5家;推进消费者维权社会网络建设,构建消费维权律师团;与区人民法院建立“诉调对接机制”(指矛盾纠纷调处中的诉讼方式与非诉讼方式相衔接),在法院成立消费者权益争议调解工作室,维护消费者合法权益。 (郭加明)

【食品安全监督管理】 2016年,丹徒区市场监管局落实各级食品安全主体责任,建立健全保障食品安全“六大体系”(食品安全责任、食品安全检测、食品市场监管、食品安全应急、食品安全社会共治、食品安全诚信体系),推进食品安全城市创建。强化食品抽样检测,建成丹徒区食品快速检验检测中心,全年抽样检测1280批次;推行“你点我检”快检模式,组织参加全市食品安全快速检测业务技能竞赛获“优胜团体”称号;推行食品生产企业“三分”(分级、分类、分等)监管模式,实现安全生产公示栏上墙率100%;量化分级评定全区893家餐饮服务单位,评选学校食堂A级单位23家。年内,丹徒区市场监管局被区政府评为“省级食品安全城市创建先进单位”,被市食药局评为“2016年度食品药品监管工作先进集体(食品安全考评优秀单位)”。(郭加明)

【药品药械市场监管】 2016年,丹徒区市场监管局开展各类药品药械检查专项行动10余次,保障全区药品药械市场安全有序;完成新开办药品经营企业GSP认证(GSP是英文“Good Supply Practice”的缩写,意即良好供应规范,是一整套控制医药商品流通环节中所有可能发生质量事故的因素,从而防止质量事故发生的管理程序)20家;推进药(械)不良反应(事件)监测哨点医院建设,全区有29家单位实现药品不良反应在线直报,全年收集报告567份,比上年增长46.1%,25家单位上报医疗器械不良事件报告561份;深化药品安全信息化监管,继续强化“药品远程监管系统”运用,开展处方药销售追溯系统建设;严格执行药械经营企业信用等级扣、积分管理制度,公示信用评定结果,评选“星级药店”45家。年内,丹徒区市场监管局被评为“2015年度镇江市药械不良反应监测工作先进单位”。 (郭加明)

图21 2016年12月27日,丹徒区市场监管局开展药品零售企业检查
(丹徒区市场监管局提供)

【特种设备安全监管】 2016年,丹徒区市场监管局完善监管工作机制,编制《特种设备安全监察工作要点》,制定《特种设备监管工作手册》,明确工作责任和监管程序。实施特种设备现场监督检查活动,检查对象为全区5%的特种设备使用单位以及全部电梯维保单位、全部气瓶充装单位,计180余家单位、569台设备,并督促被检单位完成安全隐患整改;组织特种设备安全大检查等专项整治活动8次,要求全区524家企业开展安全隐患自查自纠,重点检查114家单位、222台设备;多次突击检查全区11家气瓶充装单位和3家气瓶检测单位,推进气瓶安全管理工作;组织电梯维保单位自查全区1101台电梯安全状况,抽查电梯使用单位73家、维保单位13家,排查在用电梯551台;检查叉车使用单位300余家,排查叉车506台,全区149家单位对叉车安全管理作出承诺。 (郭加明)

【标准计量监督管理】 2016年,丹徒区市场监管局根据《江苏省企业产品标准自我声明公开管理办法(试行)》的规定,推行“企业产品标准自我声明公开”制度,全区有80项企业标准进行公开声明;开展重点企业计量服务,完成企事业单位计量检定员考核发证和企事业单位计量标准建标工作;开展“两免费”检定(免费检定经核准登记及有固定场所的集贸市场的电子秤、台秤、案秤;免费检定乡镇卫生院、计划生育指导站、村卫生室在用医用计量器具)服务,全年检定全区16家集贸市场计量器具596台件、13家农村医疗机构计量器具332台件;全年检查商场、超市、餐饮店73家,检查定量包装商品185批次,抽查计量器具69台次;开展定量包装商品生产企业分级分类监管工作,完成名单内27家企业检查工作,覆盖率100%。 (郭加明)

【事中事后监管】 2016年,丹徒区市场监管局降低市场准入门槛,强化事中事后监管。“市场监管信息系

统”上线运行，初步实现“强化信用约束、强化协同监管，强化社会共治”的目标；牵头推进“平安市场”创建工作，开展宣传发动，营造创建氛围；配合相关部门开展“平安企业”“平安校园”“平安医院”创建活动；强化网络商品交易监管，全年登陆“江苏省网络交易监测中心”操作1899次，监测全区企业网站、网店运营情况；全区经营性网站申领“工商网监”电子标识224个，完成贴标160个，占经营性网站总数的比例分别为93.72%、67.23%；开展投资理财类广告专项整治，加强户外广告和各类媒体监督检查，全年检查户外广告牌400余块，开展互联网广告监测6次；落实中央环保督查组吊销有关企业营业执照的处理决定，开展非法码头专项整治行动；全年办结各类案件128件，罚没款139.3万元，办结上年度结存案件45.7万元，全年实际入库157.6万元；拉网式检查全区主要镇（街道、园区）集市，全年立案查处37件，罚没款31万元；开展集中整治公用企业限制竞争和垄断行为专项执法行动，依法查处扰乱市场竞争秩序、损害经营者和消费者权益的典型案件，查处不正当竞争案2起、公用企业强制消费案件1起；向全区通报暂停销售药品信息2次、不合格化妆品信息180批次、不合格药品信息26批次，查处销售暂停销售药品案件2件，查获乡镇医院使用违规全自动生化分析仪1台；开展清查取缔“地条钢”执法行动，取缔全区12家“地条钢”窝点，强化长效管理，推进供给侧结构性改革。（郭加明）

安全生产监督管理

【概况】 2016年，丹徒区贯彻落实习近平关于安全生产工作系列重要讲话精神，健全“党政同责、一岗双责、齐抓共管”的安全生产责任体系，有效预防和减少安全生产事故的发生。全年发生安全生产事故6起，死亡6人，占全市8.8%，与上年相比各下降46%。镇江市丹徒区安全生产监督管理局（以下简称丹徒区安监局）履行安全生产监管职责，加强安全生产宣传教育，夯实安全生产基础，强化隐患排查治理，定期组织应急救援演练，各项工作取得新成绩。年内，丹徒区安监局先后获“镇江市安全生产工作先进单位”“丹徒区安全生产先进单位”“丹徒区依法行政暨法治政府建设先进单位”称号。（刘　玲）

【安全生产宣传教育】 2016年，丹徒区安监局落实企业安全生产主体责任，印制“致全区企业的一封信”470份，寄发全区重点企业；6月，围绕“加强安全法治、保障安全生产”主题，组织开展“安全生产月”活动，联合区公安局、区交通局等部门于20日在谷阳镇举办安全生产咨询宣传活动，现场展示各类安全生产知识宣传展板53块，向群众发放安全知识读本、画册、宣传页、扑克、文化衫等各类宣传资料1.3万份；举办2016年度“三项岗位”人员培训活动，其中工矿商贸企业培训班培训930人次，危化品企业培训班培训288人次，烟花爆竹行业培训班培训532人次，职业卫生培训班培训92人次，全区危险化学品企业全部参加培训。年内，《中国安全生产》杂志、《镇江日报》、《镇江安全生产》杂志等报刊均刊文报道丹徒区安全生产工作。（刘　玲）

【安全生产基础】 2016年，丹徒区安监局推进基层安全生产监督管理规范化建设，组织全区各安监站参加基层安监机构能力建设项目省级专项资金申报，争取到省级安全生产专项资金20万元；落实企业安全生产主体责任，继续推进隐患排查治理信息系统、工作场所职业病危害项目等网上申报系统建设；推进“互联网+安全生产平台”建设，发挥企业在安全生产中的主体作用。（刘　玲）

【安全生产检查】 2016年，丹徒区安监局制定《丹徒区安监局2016年度安全生产监管执法计划》，强化日常执法检查，加大对企业在事故发生前、发生中违法违规行为的处罚力度，保持打击非法违法生产经营行为高压态势。在14个重点行业领域开展专项检查，消除各类隐患；按月统计全区安全生产检查开展情况，按季度考核安全生产检查情况，形成安全生产检查和考核长效机制。年内，丹徒区安监局组织检查企业4098家，查出隐患4852个，并全部完成整改。（刘　玲）

【危险化学品安全专项整治】 2016年，根据国务院和省、市关于开展

图22　2016年6月20日，丹徒区安监局联合开展“安全生产月”活动

（丹徒区安监局提供）

"危险化学品安全专项整治实施方案"的工作部署，丹徒区成立由区政府主要领导任组长，相关单位负责人为成员的领导小组，召开危险化学品安全专项整治工作会议，动员部署危险化学品安全专项整治工作；邀请有关化工专家，会同所在镇（街道、园区），全方位、全领域、立体式排查整治全区化工生产、使用、储存企业56家，共发现各类隐患202个，并全部下发《责令限期整改通知》。各相关企业按要求制定隐患治理工作方案，按时完成整改任务。（刘 玲）

【安全生产应急救援演练】 2016年，根据丹徒区新修订的《重点行业领域和综合性生产安全事故应急救援预案》要求，丹徒区安监局定期组织开展应急演练，提高安全生产应急反应水平。8月，结合高温、汛期安全生产工作特点，组织汛期安全生产、水上交通、消防等各类应急演练26次，参加人员1558人次。（刘 玲）

价格管理

【概况】 2016年，镇江市丹徒区物价局（以下简称丹徒区物价局）以稳定价格总水平作为首要任务，加强价格调控，服务民生改善，维护市场稳定，推进平价商店建设、市场监督检查，强化收费监管，推广价格诚信、价格政策宣传和价格认证服务等工作。全年受理"12358"价格投诉举报和"12345"政府热线网络信箱119件（其中咨询90件、举报29件）；完成各类价格鉴证、认证、认定415件，标的额1.2亿元，调处价格争议纠纷2起，标的额2.08万元；举办"3·15"消费权益日、平价惠民和"三下乡"活动，借助媒体开展价格法律法规宣传，发放相关资料2100余份；废止收费项目22项，暂停（免征）收费项目23项，降低收费标准8项；编印《阳光收费新动态》3000余册，介绍35项优惠政策和规定，该做法被全市推广；采取市、区两级上下联动方式，组建12个巡查小组，开展农贸市场、商场超市、旅游景点、宾馆酒店、停车场、加油站检查监管行动；规范物业服务收费行为，全区14个片区前期物业收费标准完成备案，9个小区停车收费标准完成报备，区属物管小区的物业服务收费公示率在95%以上；按照"试点先行，三级联动"的原则，推行区、镇（街道、园区）、村（社区）"监管网格化、责任明晰化、力量全员化和监督社会化"的"三级四化"监管模式，推进明码实价和价格诚信单位建设。（金荣贵）

【医疗价格监管】 2016年1月，丹徒区物价局结合市第三次医药价格改革调整方案，会同区人社局、区财政局、区卫计委，执行市医疗机构收费调整政策，推进医疗卫生价格综合改革，促进医疗收费环境改善。至年底，全区2家参改医院提供医疗惠民服务14万人次，为群众药品让利278.1万元，减免困难群众医疗费84.9万元。（金荣贵）

【行政事业性收费项目和经营服务性收费清理】 2016年，丹徒区物价局清理全区行政事业性收费项目和经营服务性收费（价格），完成全区涉民收费目录清单，实现清单动态化、常态化管理，并以文件和网上信息公开的形式对外公布。目录清单涉及28个部门(单位)的95项收费（价格），收录38项优惠（暂停、免征）价费政策，全年减轻群众负担300余万元。（金荣贵）

【平价商店建设】 2016年，丹徒区物价局强化平价商店考核管理，发挥平价商店"稳价惠民、平抑市场"作用。对不达标且整改不合格的2家平价商店，责令退出，并完成增补工作，保持平价商店总数不变。永辉超市金谷路店是新增补平价商店之一，在丰富丹徒新城居民"菜篮子"方面作用显著。6月，区属8家平价商店全部参加市物价局组织的"优秀平价商店"争创活动。（金荣贵）

【价格诚信建设】 2016年，丹徒区物价局开展"价格诚信单位"评选活动，全区商业经营企业、餐饮业企业参加评选。开展全区中心社区"价格诚信社区"创建活动，以"风景城邦示范街"创建为重点，打造丹徒区价格诚信典型；组织开展"价格诚信优化月"活动，召开价格政策提醒会，组织餐饮、宾馆、停车场、公园景点等19家单位代表参加价格政策培训，抽样检查10家单位的价格行为，强化经营者合法经营、诚信经营意识。年内，2家单位申报2016年度省级价格诚信单位，2家单位完善和推进企事业单位物价员制度。（金荣贵）

【价格专项检查】 2016年，丹徒区物价局开展涉企收费减免政策落实情况专项检查，重点检查民政、民防、交通、旅游、气象5个部门8家单位；开展专项检查，查处不按规定取消、取缔、免征收费和降低收费标准项目，自立收费、自定收费标准项目，以及利用行政权力、管理职能或垄断地位强制企业接受服务并收费、只收费不服务等违反行政事业性收费管理规定的违法行为；4月8～27日，开展电信市场价格专项检查，检查中国电信、中国移动、中国联通在丹徒区设立的10家分支机构。（金荣贵）

【价格监测】 2016年，丹徒区物价局在高桥镇、世业镇设立江鲜价格监测点，掌握江鲜价格走势。4月，开展茶叶生产和价格调查、生猪收购市场价格监测等活动，掌握相关市场情况。全年在丹徒价格信息网上发布民生价格信息、服务收费20期，在新区广场大显示屏发布丹徒新城民生价格信息42期。（金荣贵）

审 计

【概况】 2016年，镇江市丹徒区审计局（以下简称丹徒区审计局）履行审计监督职能，发挥审计"免疫系统"功能，完成审计项目118个，管理不规范资金7.92亿元，提出审计建议297条。创成江苏省文明单位，在国家、省、市级媒体发表审计信息、文章20篇（次）。丹徒区审计局被授予“省级文明单位”称号。（李　芸）

【区级财政预决算审计】 2016年，丹徒区审计局围绕预算执行，推进“同级审”（即审计机关审计监督本级政府及其部门的预算执行情况和决算草案以及其他财政收支情况）深入开展，审计资金总额占全区资金支出总额的50%以上。采取边审边改方式，发现问题即提出整改意见和建议，受到区政府及被审单位认可。（李　芸）

【固定资产投资审计】 2016年，丹徒区审计局重视固定资产投资审计，为地方经济建设提供支持。完成镇荣公路一期拓宽改造决算工程、区宜城中学建设决算工程等审计项目76个，送审金额11.77亿元，审定金额10.56亿元，核减金额1.21亿元，平均核减率10.3%。（李　芸）

【经济责任审计】 2016年，丹徒区审计局完成经济责任审计项目12个，其中包括丹徒区纪委委托的“三责联审”（用人责任审查、编制责任审核、经济责任审计）项目3个、镇（街道、园区）党委书记经济责任审计2个，离任审计项目比例为42%。（李　芸）

【专项资金（绩效）审计（调查）】 2016年，丹徒区审计局以民生工程作为审计重点，做好专项资金审计（调查）。开展区财政局2015年度区就业基金管理情况专项审计调查，提出审计建议3条。（李　芸）

【行政事业（企业）审计】 2016年，丹徒区审计局对区公安局2014年度财务收支情况、区机关事务服务中心2015年度预算执行及财务收支情况、区信访局2015年度预算执行及财务收支情况、镇江新运公交运输有限公司2015年度学生上下学接送车及镇村公交线路运营费用情况、区建设投资有限公司2015年度资产负债损益情况进行审计，提出审计建议5条。（李　芸）

【审计法治建设】 2016年，丹徒区审计局围绕“预防为主，防查结合”原则，继续深化“法治丹徒”建设，注重将法制建设和廉政建设渗透到审计工作的每个环节。建立健全审前教育制度、现场审计执法情况反馈制度、审计执法情况监督回访制度和审计机关执法过错责任追究制度，促使审计人员严格执行审计纪律，规范审计行为；开展审计回访工作，不定期回访被审计单位，避免审计风险；定期召开行风监督员座谈会，征求社会各界的意见和建议，保证审计工作“阳光”运行；开展“12·4”法制宣传日活动，宣传《中华人民共和国审计法》《审计法实施条例》等法律法规。（李　芸）

图23　2016年9月，“新闻媒体基层行”——“农业普查福到农家”集中采访活动在世业镇举行（丹徒区统计局提供）

统　计

【概况】 2016年，镇江市丹徒区统计局（以下简称丹徒区统计局）致力于提高统计数据质量，提升统计能力和统计公信力，强化经济运行和社会发展统计监测。组织实施第三次全国农业普查。定期召开季度及年报的形势分析会及业务培训会议；强化报表单位名录库的管理、维护和更新工作，推进农业、工业、能源、投资、科技、贸易、城乡住户、劳动工资等领域统计数据质量审核和评估；开展并推进全区联网直报统计检查，提高源头数据质量；完成2015年统计年报和2016年定报，以及城乡住户调查、月度劳动力调查、人才统计监测调查等工作；全年上报统计分析11篇、统计动态50余篇。年内，丹徒区统计局获全市“效能建设优胜单位”、全市统计工作综合考评“优秀单位”称号。（王　薇）

【第三次全国农业普查工作】 2016年，丹徒区成立第三次全国农业普查领导小组，副区长朱彤任组长，全区12个部门参加。在丹徒区第三次全国农业普查动员工作会议上，区政府与各镇（街道、园区）签订目标责任书。年内，丹徒区统计局先后开展农作物面积遥感测量、农业普查综合试点和农业普查清查摸底、预登记等工作，并在丹徒新城张巷村和世业镇世业村、先锋村开展区级普查综合试点工作。9月，在第七届“中国统计开放日”活动中，由国家统计局组织的“新闻媒体基层行”——“农业普查福到农家”集中采访活动在世业镇进行,10余家中央、省、市媒体记者采访世业镇普查员、普查指导员,了解丹徒区第三次全国农业普查开展情况。(王 薇)

【统计基层基础建设】 2016年,丹徒区统计局推进第四批企业规范化建设全区完成率达到90%以上。推进执法证管理,全区有持国家统计局执法证人员8人、持江苏省政府颁发的执法证件人员3人。组织人员参加丹徒区法制办举办的执法证、监督证培训班,参训率100%。定期开展统计继续教育培训活动,提高基层统计人员统计综合素质。(王 薇)

能源管理

【概况】 2016年,丹徒区规模以上工业企业能源消耗242.6万吨标准煤。镇江市丹徒区能源办公室(以下简称丹徒区能源办)组织区内工业企业开展节能生产,镇江宏顺热电有限公司、江苏镇江发电有限公司、镇江茂源化工有限公司、金海宏业(镇江)石化有限公司、江苏鹤林水泥有限责任公司、中化镇江焦化有限公司6家企业被列入"万家企业节能低碳行动计划"企业名单;推进清洁生产,镇江合力汽车紧固件有限公司、江苏特友诺新材料科技有限公司、帝高力装饰材料(江苏)有限公司3家企业完成自愿性清洁生产审核。(徐晓江 赵倩倩)

【分布式光伏发电项目建设】 2016年,丹徒区建成分布式光伏发电项目装机总量47.12MWp(兆瓦),分别为镇安电力0.8MWp分布式屋顶光伏发电项目、镇江国华绿能新能源科技有限公司恒顺醋业2.12MWp分布式光伏发电项目、江苏海克力斯电力科技有限公司宝瑞轴承0.5MWp分布式发电项目、江苏海克力斯电力科技有限公司镇江博硕高科1.6MWp分布式发电项目、中冶华康镇江丹徒区北汽(一期)10MWp分布式光伏发电项目、镇江浩阳光伏电力有限公司丹徒区沃得重工17.1MWp分布式光伏发电项目、镇江鑫利光伏电力有限公司丹徒区宝堰镇渔光互补15MWp分布式发电项目。(冯文斌)

散装水泥管理

【概况】 2016年,丹徒区水泥总产量1011.6万吨,比上年增加121万吨,其中散装水泥产量977万吨,比上年增加107万吨。全区水泥散装率96.58%,散装率处于全省前列。由于大项目开工量减少和停止征收水泥生产企业专项资金,散装率比上年降低1.29%(上年为97.6%),其中鹤林水泥有限公司散装率96.42%,北固海螺水泥有限公司散装率94.53%。

年内,"散装水泥专项资金"更名为"新型墙体材料专项资金(散装水泥)"。由于专项资金征收渠道收窄,财政部调整相关目录清单,年内专项资停止征收2个月,造成减少征收20万元。镇江市丹徒区散装水泥办公室(以下简称丹徒区散装水泥办)拓展专项资金征收渠道,全年征收专项资金128万元,与上年基本持平。(吴志良 陈 琴)

【预拌混凝土】 2016年,丹徒区5家预拌混凝土企业生产总量为440万立方米。全区所有在建工程及农村居民自建房等小型建设项目都能按规定使用预拌混凝土。福世特混凝土有限公司湿拌砂浆投产,并通过省绿色建材企业认定。(王 然)

【预拌砂浆】 2016年,丹徒区4家预拌砂浆企业生产总量为35.85万吨,预拌砂浆应用量在全市保持领先。丹徒区散装水泥办联合区住建局、区墙改办,依据城区禁止现场搅拌和省散装水泥促进条例法律法规,推广预拌砂浆应用。在相关调研中,丹徒区散装水泥办发现预拌砂浆市场普遍存有恶性压价的竞争现象,且预拌砂浆企业的垫付工程款回收困难,均对预拌砂浆全面推广工作形成阻碍。(殷 俊)

【散装水泥行政执法】 2016年,丹徒区散装水泥办开展建筑工程施工工地行政执法稽查行动,全年巡查施工现场14处、49次,检查并发出违章整改通知书2份,并确保整改到位。(殷 俊)

【省级"散装水泥示范乡镇"创建】 2016年,丹徒区散装水泥办联合荣炳盐资源区,开展省级"散装水泥示范乡镇"创建工作。荣炳盐资源区落实创建各个环节工作,完善考核机制,并依托荣炳水泥制品集中供应点,开展散装水泥推广应用。10月,荣炳盐资源区"散装水泥示范乡镇"创建工作通过省级考核验收。至此,丹徒区连续5年开展省级"散装水泥示范镇"创建工作,每年均有1个镇(街道、园区)创成,创建数量、质量位列全市首位。(周文彬)

人力资源和社会保障

责任编校：刘 芳

综 述

【概况】 2016年，镇江市丹徒区人力资源和社会保障局（以下简称丹徒区人社局）以“民生为本、人才优先”为主线，围绕全年目标任务，突出重点难点工作，在就业创业、社会保障、人才队伍建设、维护劳动关系和谐稳定等方面取得新成绩。

全区新增城镇就业8947人，新增转移农村劳动力1411人，分别完成目标任务的120%、109%，城镇登记失业率控制在2.02%以内。开展“就业援助月活动”和“春风行动”等系列就业服务专项活动，依托镇（街道、园区）人社服务中心及社区，对要求就业的“零就业”家庭、登记失业人员等就业困难人员，通过“送政策、送岗位、送培训”活动及组织招聘会等方式进行就业援助。全年扶持创业1319人，引领大学生创业118人，分别完成目标任务的110%、118%。

全年企业职工养老、医疗、失业、工伤和生育保险参保人数分别为6.9万人、5.9万人、3.23万人、4.2万人和3.1万人，分别完成目标任务的100%、100%、101%、100%、100%，“五大保险”（养老保险、医疗保险、生育保险、工伤保险、失业保险）实现基金收入6.19亿元；养老金按时足额发放率为100%；城乡居民基本养老保险参保人数累计3.6万人，完成目标任务的100%；企业职工养老保险退休人员养老金人均调资170元/月，增幅为7.3%。

落实镇江市《“百千万”人才工程实施意见》，围绕高端装备制造、新材料、新能源、新一代信息技术、航空航天、生物技术与新医药等战略性新兴产业，推行“产业+项目+人才”人才引进模式。通过“新兴产业综合招聘会南京专场活动”“2016中国镇江航空航天产业专场活动”“江苏省第六届新一代信息技术和软件产业人才交流会”“第九届百家企业高校行”等招聘活动，引进紧缺、急需的对口高校毕业生及高层次高技能人才，全年引进本科及以上人才1045人，其中硕士及以上128人，新增留学回国人员10人，新引进长期外国专家3人。

图24 2016年，丹徒区人社局开展“春风行动”进社区送岗位活动

（丹徒区人社局提供）

全年接待投诉举报260起，接受省“12333”和市人社局流转案件投诉51起，立案279起，结案266起，发出询问通知书271份，整改指令书96份，调查涉及劳动者3652人，涉及金额1971万元；2016年1月1日，最低工资从1630元/月调整为1770元/月，非全日制用工小时最低工资标准为15.5元/小时；3月，开展全区安全生产大检查、清理整顿劳动力市场秩序专项行动；4月，开展全区劳动密集型企业、餐饮企业专项检查；5月，开展全区用人单位2016年用工情况书面审查，审查用人单位2036家，覆盖职工4.8万人；6～7月，开展用人单位遵守劳动用工和社会保险法律法规情况专项检查，检查企业50家；9月，开展全区农民工工资支付情况专项检查，检查企业228家，涉及农民工8794人。

全年招录公务员31名，公开招聘事业单位人员91名。公务员在职培训2300人次，完成目标任务的115%。完成2016年度公务员和事业单位人员的考核工作，全区参加公务员考核1530人，参加事业单位考核4999人，公务员考核备案率100%。采取货币安置与市场结合的方式，推进军转干部安置改革，全年接受安置营职军转干部7名。（李 茜）

就业创业

【概况】 2016年,丹徒区实施就业援助行动。搭建就业服务平台,组织专场招聘活动27场,印发活动宣传资料4000余份,提供岗位2.04万个;对37名初次创业领取营业执照、稳定经营6个月以上、正常缴纳社会保险和申报纳税的创业者,按规定给予一次性初始创业补贴和创业扶持资金共计3.9万元;全年慰问特困人员162人,发放慰问金16.2万元;组织农民工就业专场招聘会21场,提供就业岗位1.47万个,新增农民工就业7672人,新增转移农村劳动力就业4644人,输出就业2294人;举办指导性培训及农业生产技术培训班87期,培训农民4702人,举办创业培训班41期,培训农民1392人,举办技能培训班71期,培训农民1670人;全年举办企业职工技能提升培训班102期,培训5142人,举办创业培训班29期,培训1000人,举办再就业培训班66期,培训职工3656人;发放职业资格证书2835份,其中高级工发证人数647人。 (李 茜)

【"2016春风行动"大型就业招聘会】 2016年2月29日,丹徒区人社局在大港新区举办"2016年春风行动"大型招聘会活动。招聘会筹办期间,借助社会媒体,利用人社部门"就业e图"网络平台,向社会发布用工信息;拓宽用人单位信息采集渠道,组织区域内用人单位并邀请周边地区大中型企业参加招聘会;以缓解春节前后企业"用工难"为重点设置用工岗位,推进农村劳动力转移就业。该次招聘会有参会企业20家,提供就业岗位 1400个,进场求职人数900余人,初步达成意向780人。 (李 茜)

【人力资源区场秩序清理整顿】 2016年3月 ,丹徒区人社局联合区市场监督管理局,开展为期1个月的清理整顿人力资源区场秩序专项行动,依法打击未经许可和登记、擅自从事人力资源服务和劳务派遣活动的组织或者个人;依法打击以暴力手段胁迫劳动者接受其人力资源服务的行为,营造春季就业良好和谐环境。活动期间,检查各类用人单位319家,涉及劳动者9650人,发出预警提示函14份,责令补签劳动合同12家384人;开展劳动保障法律、法规宣传活动,指导企业24家,涉及劳动者1890人。 (李 茜)

【失业保险保障落实】 2016年,丹徒区人社局调整失业保险费率政策,从1月1日起,将失业保险费率由2%降至1.5%,为参保人员减负400余万元;落实失业保险基金支持企业稳岗补贴政策,受理符合条件企业177家,落实稳岗补贴298万元;全年有1303人次享受失业保险待遇,发放失业保险720万元;推进失业保险稳岗补贴和失业动态监测工作有机结合,扩大监测范围,至年底,全区监测企业样本为15家,涉及农产品加工、零售业、服务业等6类行业,覆盖职工3360名。 (李 茜)

社会保障

【概况】 2016年,丹徒区人社局按照年初市政府下达的各项社会保险指标任务,与各镇(园区、街道)签订目标责任书,将目标任务纳入到年度考核,形成责任传递、层层落实的工作机制;以个体私营企业和灵活就业人员为重点,加大监察和稽核工作力度,每月公布《丹徒区企业职工养老保险扩面进度表》,全年新增参保人员3019人,超额完成年度指标;做好灵活就业人员、断保人员缴费工作,通过政策宣传、电话催缴等方式,鼓励灵活就业人员、断保人员及时续保缴费。

丹徒区调整社会保险有关缴费基数标准的时间为2016年1月1日至2016年12月31日,缴费基数标准的下限从2432元上调至2725元,上限为15446元。城乡居民保险基础养老金发放标准由105元/月提高到115元/月。 (李 茜)

【异地就医机制】 2016年,丹徒区医保中心办理异地医疗费报销证61人,至年底全区登记异地医疗人员1156人;办理异地就医实时结算登记36人。全年支付异地医保零星报销费用820万元。 (李 茜)

【被征地农民基本生活保障标准增长机制】 2016年7月,丹徒区贯彻《镇江市征地补偿和被征地农民社会保障办法》,建立被征地农民基本生活保障标准增长机制,按照"被征地农民基保待遇随城乡最低生活保障标准同步调整"要求,将劳动年龄段被征地农民月基本生活保障标准提高10%,老年段被征地农民月基本生活保障标准按城乡居民最低生活保障标准的1.1倍发放,即第二年龄段月标准由140元调整为154元,第三年龄段月标准由250元调整为275元,第四年龄段(老年段)月标准由671元调整为688元。该次调整是2005年以来丹徒区第9次提高被征地农民基本生活保障待遇,全年实际增加支出370万元,其中老年段增加支出210万元。

(李 茜)

【《镇江市工伤保险费率浮动管理办法》实施】 2016年7月1日起,丹徒区按照《镇江市工伤保险费率浮动管理办法》浮动管理工伤保险费率,促进用人单位改善条件、加强管理,做好工伤预防和职业康复工作,减少职工的工伤事故伤害。首个浮动周期为2015年10月1日至2017年9月30日。用人单位工伤风险类别由三类细化为八类,平均基准费率下调0.26%,减少企业缴费5000余万元。 (李 茜)

人力资源

【概况】 2016年,丹徒区人社局指导企业和人才申报首批镇江市"金山英才"计划,完成申报创业类项目16个;开展江苏省"双创计划"人才申报,恒顺集团的朱淑云入围"双创博士"面试;申报第二批"长山计划”创业类项目14 个,5 个项目获支助;申报第十三批省“六大人才高峰”计划10 人,镇江建华轴承有限公司蔡振兵、镇江劲草堂生物科技有限公司周克权、江苏捷诚车载电子信息工程有限公司戴永前获得C 类资助;协助做好江苏省第五期“333 工程”培养对象选拔工作,推荐江苏捷诚车载电子信息工程有限公司戴永前入围第三层次培养对象;审核并推荐64 份高级、92 份中级专业技术资格评审材料。随时受理、定期审批初定初级职称人员,全年完成初级专业技术资格审批5 批135 人。 (李 茜)

【“引智示范基地”推广项目】 2016 年,丹徒区“引智示范基地”(“引智示范基地”是对引进国外智力取得成果并在成果示范推广工作方面做出显著成绩,由江苏省人力资源和社会保障厅批准并给予命名的单位)天成畜禽有限公司的稻鸭共作技术得到快速推广应用,覆盖江苏、浙江、安徽等省,服务面积666.67 公顷(1 万亩),发挥良好示范推广作用;天成畜禽有限公司的“发酵床养殖技术”项目获得“引智示范基地”项目立项,继续被确定为太湖治理重点推广项目。 (李 茜)

【博士后工作站点管理】 2016 年,丹徒区有博士后工作站点4 家。年内,镇江江大泵业科技有限公司、江苏百瑞吉新材料有限公司2 家企业被江苏省人社厅评为2015 年度省级博士后创新实践基地;丹徒区人社局重点对接江苏捷诚电子博士后站点规范管理工作,主动上门服务,指导健全规范博士后工作站各项规章制度,补充各类台账资料,并做好省博士后网站信息维护等工作;对接新设站的江苏百瑞吉新材料有限公司和镇江江大泵业科技有限公司,帮助企业申请政策支持。年内,捷诚电子博士后创新实践基地引进江苏大学电气信息工程学院博士杜怿进站工作,江苏百瑞吉创新实践基地引进江苏大学化学化工学院博士赵龙进站工作,江大泵业达成引进意向。 (李 茜)

【公务员和事业单位管理人员能力建设培训】 2016 年8 月,丹徒区人社局面向全区公务员和参照管理单位工作人员,开展以“中国梦”和“创新理论与实践”为主要内容的能力建设培训。该次培训以中国梦宣传教育以及理论创新与实践创新相互推动等知识为重点,在准确把握中国梦的精神实质中扩大受训人员的认知感、认同感。培训主要采取网络学习方式,除必修课外,有选修课科目100 余门。全区公务员和参照管理单位工作人员1979 人参加培训并通过网络考试。培训结束后,按应考总人数的5% 抽取43 人,参加集中书面开卷考试,其成绩作为检验各单位培训效果的重要依据。 (李 茜)

维权维稳

【概况】 2016 年,丹徒区人社局全年受理各类案件284 件,上期未结争议案件5 件,结案271 件,期末累计未结案18 件,结案率94%,其中调撤案件155 件,调撤率57.2%,裁决112 件,终结审理4 件(其中超期限终结审理3 件);检查各类用人单位720 户,涉及劳动者2.94 万人,对49 家用工单位发出劳动用工情况“三色预警”(黄色表示用人单位存在轻微和一般劳动保障违法行为,橙色表示用人单位存在较重劳动保障违法行为,红色表示用人单位存在严重劳动保障违法行为),发出预警提示函49 份;开展劳动用工执法检查专项行动7 次,重点关注企业兼并重组和关闭破产数量较多、职工安置任务较重的行业,及时发现和查处违法行为。全年处理各级交办信访办件273 件,办结率、及时率均为100%。全年直接接待来访157 人次。组织全局17 名行政执法人员参加各类行政执法培训,提高理论知识和业务能力,并全部通过执法证年度考核。 (李 茜)

【农民工工资专项检查】 2016 年,丹徒区人社局与区公安局、区住建局、区交通运输局、区水利局、区财政局、区工商局、区总工会7 个部门联合开展农民工工资支付专项检查,维护农民工合法权益。依法对存在拖欠工资问题的用人单位作出行政处理或处罚,依法将涉嫌拒不支付劳动报酬犯罪案件移送公安机关,按规定向社会公布无故拖欠农民工工资数额大、时间长、性质恶劣的用人单位名单,依法向司法机关移送恶意欠薪案件;对发生欠薪逃匿事件、欠薪恶性突发事件和涉及10 人(含)以上欠薪群体性事件,24 小时内报市专项检查领导小组办公室;对欠薪100 万元以上、10 人以上的违法案件,实施挂牌督办,上报列为市级监控重点。全年为1925 名农民工追回工资880 万元,责令补订劳动合同442 份,责令补参社会保险235 人。 (李 茜)

【劳动争议案件电子书编发】 2016 年,丹徒区人社局编写劳动争议案件电子书,发送给全区30 余家大中型企业。该电子书收录100 余个劳动争议典型案件,将每个案件整理为裁决要旨、案件概要、法官点评3 个部分,按经济补偿金、经济赔偿金、加班工资、双倍工资、工伤认定、劳动合同6 个关键词编排,涵盖劳动争议的主要方面,帮助企业了解人事劳动方面的法律知识,受到企业好评。 (李 茜)

【仲裁优质服务窗口建设】 2016 年,丹徒区劳动人事争议仲裁院试行“流动仲裁庭”办案,将庭审搬入各镇(园区、街道)、搬进企业,就近调解争议,提升基层的法律意识和服务水平。推行网上调解服务平台工作,使劳动者可以足不出户,通过电话或网络申请仲裁,与仲裁部门线上沟通,解决矛盾。年内,网上调解服务平台受理案件146 件,占立案受理总数的43.2%,年内全部结案,其中调解结案145 件、转入仲裁程序1 件,按期结案率、调解率分别为100%、99.3%。 (李 茜)

农林·水利

责任编校:李冬冬

农　林

【概况】 2016年,镇江市丹徒区农业委员会(以下简称丹徒区农委)按照“农业强、农村美、农民富”的目标要求,转变农业发展方式,推进农业供给侧结构性改革,完成全年各项工作任务,全区农业经济总体保持平稳发展态势。

农业综合生产。全区实现农业总产值35.21亿元,比上年增长5.1%。粮食总产量18.12万吨,平均亩产442千克;瓜果、蔬菜、茶叶总产量12.15万吨,总产值12.47亿元;新增设施园艺面积1533公顷;实现畜牧总产值9亿元,生猪大中型规模养殖比重为63.2%;实现渔业总产值8.1亿元,新增高效设施渔业面积66.67公顷。

农业经济发展。重点农业项目有序推进,全区10个重点农业项目总投资16.57亿元,年内完成投资7.1亿元;农业“三集”园区建设稳步推进,完成全年市级重点园区总产值、新增固定资产投资、新增规模经营面积、新增规模经营主体4项主要经济考核指标;全区农业信息化覆盖率62%;社会资本投资农业9.47亿元。

农业农村改革。继续开展土地确权工作,全年完成村民小组确权登记1557个,签订农村土地承包合同的农户比例为96%;开展农民专业合作社示范社建设,公示2016年政府优先扶持的农民专业合作社291家,参加示范建设的农民专业合作社比重为77.6%,新型农业经营主体家庭农场的经营比重为28.2%。全区农民人均可支配收入19381元,比上年增长9.2%。

农业生产保障。惠农补贴和农业保险有效落实,高效设施农业保险覆盖面63%;开展农资打假、种植业和“瘦肉精”专项整治等工作,全年检查生产经营企业230家,出动执法人员480人次;全年开展农民培训1000人次。

农业生态建设。完成成片造林145.33公顷,森林覆盖率21.15%,林木覆盖率23.37%,8个村庄通过绿化示范村验收;大中型规模养殖畜禽粪污综合利用率96.3%,生态健康养殖示范创建全面完成;应用测土配方肥9169.4吨,商品有机肥推广面积266.67公顷;秸秆综合利用率95.4%,农业废弃物综合利用率96.5%;新增“农三品”(无公害农产品、绿色食品和有机农产品)产品认证21个,种植业“农三品”产量占食用农产品产量比重为40.1%。(阮振坤)

【农业“三集”园区建设】 2016年,江苏省丹徒现代农业产业园、宝堰现代渔业精品园、镇江山水湾现代农业产业园、丹徒区荣炳现代渔业园区、丹徒江心洲现代特色园艺(蔬菜)产业园区5个市级农业“三集”(集中、集聚、集约)园区规划总面积3366.7公顷,建成面积3010公顷,新增规模经营面积237公顷,总投资4.18亿元,比上年增长27%;园区基础设施投资0.81亿元,比上年增长15.7%;固定资产投资1.61亿元,比上年增长21.05%;实现总产值15.03亿元,比上年增长23.01%。(张　军)

【农业项目建设】 2016年,丹徒区新建和续建千万元以上农业项目10个,其中5000万元以上7个,总投资16.57亿元。总投资超亿元的项目有3个,分别是镇江市海兴生态农业科技有限公司承担的海兴生态农业休闲观光项目,位于上党镇薛村,占地面积37.2公顷(558亩),总投资1.5亿元;镇江开心农场有限公司承担的世业开心农场休闲观光项目,位于世业镇世业村,占地面积64公顷(960亩),总投资1.8亿元;江苏长山庄园薰衣草有限公司承担的江苏长山生态观光旅游农业项目,位于丹徒新城(宜城街道),占地面积13.33公顷(200亩),总投资5亿元。全年立项申报省级现代农业发展项目12个,其中设施园艺项目4个、休闲观光农业项目3个、设施畜牧项目2个、农产品精深加工技术装备升级改造项目3个,共争取省级扶持资金760万元。(王亚萍)

【农业龙头企业】 2016年,丹徒区有农业龙头企业51家,其中国家级1家(首次纳入丹徒区统计)、省级6家、市级29家、区级15家(年内淘汰4家,新认定6家)。区级以上龙头企业固定资产总额19.24亿元,比上年增长8.13%;年销售总额34.78亿元,比上年增长9.15%;实现利润4.02亿元,比上年增长5.6%;其中市级产业化龙头企业带动农户9.91万户,比上年增长15.2%。(朱平义)

【丹徒区国家茶叶综合标准化示范区建设】 2016年6月21日,丹徒区国家茶叶综合标准化示范区建设项目通过国家标准委的考核验收。

该项目实施3年来，丹徒区建成“协会+企业+农户”的产业化服务体系；制定并发布《长山剑毫茶加工技术规程》等省级农业地方标准；围绕茶叶综合标准化关键环节，建立栽培管理、原料加工、质量管理等标准体系。2016年，示范区内有市级农业产业化龙头企业3家、区级龙头企业5家、省级茶叶标准园1个，有通过QS认证企业11家，通过绿色食品认证和有机食品认证企业各1家；示范区总产值1.6亿元，其中新增茶叶经济效益8414.5万元，辐射带动农户2800户，茶农人均收入22048.1元。（凌须美）

【《丹徒区林场改革实施方案》获省批准】 2016年，《丹徒区林场改革实施方案》（以下简称《方案》）经丹徒区政府常务会和镇江市人民政府研究通过，并获省国有林场改革领导小组批准。该《方案》从明确机构公益性质、保障人员编制配备、确保财政支持投入、强化森林资源监管、加大基础设施投入等方面，就长山林场体制改革作具体部署。（殷 俊）

【“一村一品”建设】 2016年，上党镇敖毅村及其“尚香黄桃”获农业部第六批全国“一村一品示范村”称号，建成丹徒区第二个国家级“一村一品示范村”。全年申报市级“一村一品”项目40个，其中园艺类项目29个、农产品加工类项目5个、畜牧类项目3个、水产类项目3个，项目总投资2765.13万元，争取财政资金935.6万元，“一村一品”项目规模、数量、投入水平均超过往年。（朱平义）

【农业电子商务及物联网发展】 2016年，丹徒区农产品电子网络直销店数量超过100家，江苏三源生物科技有限公司全年网上销售额1440.8万元，进入镇江市农产品网络销售额前三名。新增农业物联网技术集成应用示范点2个（江苏润丰现代农业开发有限公司、丹徒区江心洲高祥家庭农场）。（朱平义）

图25　　丹徒区万亩茶园　　（丹徒区农委提供）

【秸秆综合利用】 2016年，丹徒区农委推广以秸秆还田为主、多种形式为辅的秸秆综合利用方式，发挥项目带动效应，争取省级秸秆补助资金93万元。全区粮油种植面积3.26万公顷，秸秆总量26.46万吨，其中水稻秸秆11.2万吨、三麦秸秆7.5万吨、油菜秸秆2.23万吨、玉米秸秆4.7万吨、豆类秸秆6300万吨、其他秸秆2000吨。全区秸秆机械化还田面积为夏季1.1万公顷、秋季9200公顷，消耗秸秆17万吨；通过秸秆饲料化、秸秆肥料化、秸秆能源化和秸秆原料化等形式，消耗秸秆8.3万吨。全年秸秆综合利用率95.4%。（洪 艳）

【森林防火】 2016年，丹徒区投资260万元，建成长山林区森林防火智能化监控系统，设有数字高清、红外热成像等12个监控探头和1个监控指挥中心，监控覆盖面积2500公顷。区农委下属的林业站、森林警察大队开展森林防火工作，区防火办被江苏省森林防火指挥部评为江苏省“2013～2016年度森林防火工作先进单位”称号。（郦建纲）

【农产品“三品”认证】 2016年，丹徒区新增农产品“三品”认证数21个，累计“三品”有效数111个；新增认定面积6938公顷，累计认定面积1.42万公顷；“三品”认定面积占全区耕地面积的比例为58.37%；全年有效认证产量13.4万吨，占食用农产品产量比例为40.1%。（吴俊雅）

【农村土地确权颁证】 2016年，丹徒区农委继续推进农村土地确权工作。至年底，全区测绘成果第三方验收基本完成，并明确档案资料第三方验收单位。全区96%的农户签订农村土地承包合同，打印证书4.8万份，占应打印证书农户的比例为86%；发放证书1.8万份，比例为32%。（朱伟俊）

【“一事一议”财政奖补项目】 2016年，丹徒区农委在“一事一议”财政奖补项目库基础上，筛选36个村开展“一事一议”筹资工作。项目总投资1011万元，其中获省级奖补资金583万元。道路、路灯、健身广场、老年活动中心等基础设施建成，并全部通过第三方验收。（殷 可）

【新型农业经营主体培育】 2016年，丹徒区培育新型农业经营主体，发展多种形式规模经营，确保农民稳定增收。开展农民专业合作社示范社建设，提升农民专业合作社运行质量，建立并公示2016年政府优先扶持的291家农民专业合作社名录，其中丹徒区五塘有机稻米专业合作社等11家农民合作社被列为省级新型农业经营主体培育对象，共获扶持资金376万元；全年新增市级以上家庭农场29家，全部进入省、市家庭农场名录，其中省级8家、市级21家；完成省级家庭农场项目申报10家，获扶持资金91万元；完成市级家庭农场项目申报10家，获扶持资金50万元。（李生华）

【农业招商】 2016年，丹徒域内农业企业参加全国、省、市组织的农展暨农业招商活动7场，签约农业项目9个，其中包括投资2亿元的上党160吨南美对虾养殖、投资1.2亿元的镇江宜人有机生态庄园等亿元以上项目，吸引社会资本6.5亿元。丹徒区恒顺系列产品、京友麻油、三泉茶叶、五塘有机大米、恒宇蝴蝶兰等一批特色农产品受到市场欢迎。

（吴玉青）

【园艺生产】 2016年，丹徒区园艺业生产总面积1.06万公顷，总产值12.47亿元。其中，蔬菜播种面积3744公顷，产量11.68万吨，产值6.56亿元；果园种植面积965公顷，产量9814吨，产值9010.3万元；茶园种植面积1073.4公顷，产量340吨，产值1.2亿元；花卉种植面积592.34公顷，产值4776万元；食用菌产量0.386万吨。观光旅游农业产值3.79亿元，比上年增长5.15%。

（丁玉祥）

【惠农补贴】 2016年，丹徒区农委免费发放农作物重大病虫害防控药剂补贴、绿肥种植补贴、商品有机肥推广应用补贴、市级机插秧集中育秧硬盘购置专项补贴、扶持稻鸭共作发展专项补助“五项补贴”322.34万元。其中，发放农作物重大病虫害防治药剂补贴137.49万元，补助面积1.27万公顷；绿肥种植重点补贴30万元，补贴规模基地20余家，补贴面积333.33公顷；商品有机肥推广应用补贴覆盖优质稻米、茶叶、水果、蔬菜等多种农作物，以扣除财政补贴的方式供给有机肥2500吨，全区60余家规模基地及种植大户实际享受补贴资金50万元，发放市级机插秧集中育秧硬盘购置专项补贴94.96万元，发放稻鸭共作发展专项补助9.89万元。“五项补贴”全部实行公开发放。年内，丹徒区农委发放农业支持保护补贴(耕地地力保护)2572万元，涉及10个镇街道、园区)、84个行政村、61858户农户，合计补贴面积1.43万公顷。（刘 铭）

农业资源开发

【概况】 2016年，丹徒区农业资源开发工作紧扣“农业增效、农民增收、农村发展”主题，突出科学规划和管理，加大农业综合开发项目投入，全年总投资3314.99万元，各级财政资金投入2940万元。“强村富民达新标”行动、农业动态监测等方面取得新进展。（袁海燕）

【农业综合开发项目】 2016年，丹徒区有农业综合开发项目11个。其中高标准农田建设项目3个，总投资2299.94万元，各级财政资金投入2250万元，分别在上党镇、江心洲农业生态园区和宝堰镇实施土地治理面积1000公顷；省级丘陵项目8个，总投资1015.05万元，其中财政资金投入690万元，实施治理面积280公顷。高标准农田建设项目完成修建渠道10.5千米、田间道路14.43千米，沟塘疏浚15万立方米，平整土地33.33公顷，新建单孔滚水坝8座、双孔滚水坝3座、箱涵2座、农桥3座、各类涵洞501座、灌溉站6座；省级丘陵项目完成修建渠道17.64千米、小沟建筑物63座、各类涵洞77座、硬化道路23.93千米，新建农桥3座、排灌站2座。

（冯建华）

【“强村富民达新标”行动】 2016年，丹徒区按照村集体经营性收入不高于80万元的标准及重点倾斜茅山老区的要求，识别经济薄弱村43个；按照家庭人均纯收入不高于8000元标准，识别贫困户1791户、3889人。年底，经建档立卡户数据清洗，实有建档立卡户1176户(2649人)，新增户48户（117人），脱贫户633户（1249人），死亡户28户(80人)。年内，丹徒区扶贫办被江苏省扶贫办评为“先进集体”。

（李 霞）

【农业动态监测】 2016年，丹徒区农委以宝堰镇、上党镇、高资街道的60户定点农村农户家庭为监测样本，分析农村农户家庭经营性收入情况。3个镇(街道)农村社会总产值比上年增长7.63%，总人口比上年减少101人，总劳动力降低比上年0.92%，年内耕地面积净减1.33公顷。3个镇（街道)农业结构调整89.2公顷，比上年减少45.93公顷；水稻面积5203公顷，总产量4.22万吨，小麦面积4351.4公顷，总产量1.9吨；定点农户承包面积7.33公顷，定点农户总收入551.89万元，总支出317.2万元。全区农民家庭现代化水平比上年有所提高。

（李 霞）

水利·农机

【概况】 2016年，镇江市丹徒区水利农机局（以下简称丹徒区水利农机局)坚持“节水优先、空间均衡、系统治理、两手发力”的治水新思路，强化水利建设管理，推进水利改革发展，为提高农业综合生产能力、推进水利现代化建设、保障经济社会又好又快发展提供支撑。年内，丹徒区水利农机局被评为“区级机关绩效管理考核十佳单位”“丹徒区八大类重点项目建设有功单位”“建设更高水平文明城市工作先进单位”“信访稳定工作先进单位”“政务便民服务工作先进单位”“东西部环境整治工作先进集体”“安全生产工作先进单位”“三农工作先进集体”。

（徐 军）

【农田水利建设】 2016年，丹徒区组织实施“2016年小型农田水利重点县工程”，总投资3800万元，对高桥镇、辛丰镇、宜城街道、谷阳镇开展区域治理，更新改造灌溉渠道19.85千米、渠系配套建筑物152座，整治塘坝11座、排水沟道14.63千米，新建、改造引水堰闸16座；新建、改造各类灌溉泵站（含灌排结合）26座26台套，装机功率637.5千瓦，新建、改造各类排涝泵站2座12台套，装机功率927千瓦；完成清淤整治河道25条、55.87千米，清淤村庄河塘74个，总计各类土方123.95万立方米。完成农村水利"一事一议"项目3个，工程总投资148万元；在谷阳镇、辛丰镇、高资街道、宜城街道实施2016年农田水利工程维修管护项目，总投资142万元。年内创成水美乡镇1个、水美乡村3个。（刘艳明）

图26　　新建滚水坝　　（丹徒区水利农机局提供）

【水利示范工程创建】 2016年，江心排涝总站通过省二级水管单位验收，为全市首家乡镇级水管单位创成省级水管单位；长山提水站管理处和凌塘水库管理所通过省一级水管单位复核工作；创建群益水库、靠背山水库2座规范化水库，全区小水库规范化率87%，继续在全省保持领先。（冯国秋）

【农机推广】 2016年，丹徒区水利农机局落实国家惠民政策，推广先进适用农业机械。全区实施农机购置补贴资金592.33万元，其中中央、省补资金414.87万元，市补资金131.2万元，区补资金46.26万元，补贴机具776台套，享受补贴224人次。全区基本实现主要农作物生产机械化作业，农机化综合利用水平在81%以上。（朱跃庭）

【秸秆机械化还田】 2016年，丹徒区秸秆总量26.46万吨。丹徒区水利农机局有序推进全区秸秆机械化还田工作，全年组织大中型拖拉机650台及配套大型秸秆还田机700余台，小型拖拉机及配套秸秆还田机1000余台套，完成夏季秸秆还田面积1.16万公顷（17.4万亩）、秋季8026公顷（12.04万亩），消耗秸秆17万吨。（朱跃庭）

【"世界水日""中国水周"宣传活动】 2016年3月22～28日，丹徒区水利农机局组织开展"世界水日""中国水周"宣传活动，推进水法律法规和水情知识的宣传普及。3月22日，在辛丰镇黄墟村开展"世界水日"宣传活动，发放资料1000余份；"中国水周"宣传期间，该局出动宣传车7台次在全区范围内巡回宣传，并在人民广场悬挂气球，在各镇（街道、园区）张贴临时标语520张，制作横幅、条幅、固定标语18条。（刘正法）

【水资源管理】 2016年，丹徒区水利农机局围绕取水大户和重点工程项目管理，安装取水计量设施，完善计量考核措施，促使企业节约用水。全年安装计量设施14台套，完成企业取水年审18户；加强地下水管理，对照江苏省水利厅"四个一"（一证、一表、一卡、一账）规定，限期修改违规现象；加强水质和排污监督与管理，全年查处水事违法案件7起，现场处理7起；强制拆除高资街道、世业镇6座违章码头（潘春生码头、将军港码头、船山矿下游码头、世业新滩装卸部码头、世业洋灯河装卸部码头、世业古刚装卸码头），维护水事正常秩序。（刘正法）

【农机安全监理】 2016年，丹徒区水利农机局坚持"安全第一、预防为主、综合治理"方针，落实农机安全生产责任制，加强源头管控，开展农机安全生产大检查、"打非治违"、隐患排查治理等专项行动，组织安全宣传教育培训和"平安农机"创建活动，确保全区农机安全生产形势稳定。全年办理拖拉机注册登记95台，换领牌证52台，年度检验369台，注销771台；办理联合收割机年检67台，注册登记42台，注销1台；拖拉机驾驶员驾驶证初次申领21人，增加准驾机型1人，有效期满换证103人，违章审验5人，健康审验69人，注销340人次；上道路拖拉机交强险投保率100%；兑付农机行业职业技能获证奖补资金50人，共计5.5万元。全年排查治理隐患单位207家，排查农机事故隐患129项，整改129项，整改率100%。道路外未发生较大以上农机事故。（符荣良）

【防汛工作】 2016年，丹徒区在梅雨期中段出现集中强降雨过程，其中7月1～5日出现持续大到暴雨，局部大暴雨天气。7月上旬，受强降雨和上游客水影响，全区31座中小型水库中，最高有25座水库同时溢洪，其他水库均在高水位运行，其中江心洲长江最高水位8.05米，超警戒水位1.05米；世业洲长江最高水位8.79米，超警戒水位1.79米；高桥长江最高水位7.76米，超警戒水位1.26米；高资长江最高水位8.74米，超警戒水位1.74米；通济河最高水位8 米，超警戒水位1 米；胜利河水位最高水位9 米，超警戒水位2米。丹徒区防汛抗旱指挥部统一调度，组织全区储存草包24.8 万只、编织袋11.5 万个、集成编织袋500只、木材92 立方米、土工布4760 平方米、块石4000 吨、钢管10 吨、彩条布1 万平方米、铁丝圆钉4.2 吨，做好防汛准备工作。汛期，全区多次紧急响应并全面启动防汛应急预案，其中7 月2 日发布启动丹徒区防汛Ⅳ级应急响应，7 月3 日发布启动丹徒区防汛Ⅲ级应急响应，7 月4 日发布启动沿江防汛Ⅱ级应急响应；全区中、小型水库提前预降水位；各圩区排涝泵站全部开机排涝；组织人员清理河面杂物，保证泄洪畅通；加强巡查工作，确保抢险物资前移，及时补充各类防汛物资，并紧急调拨495 柴油机5 台套，3 台调运至宝堰镇，2 台调运至高资街道。

（丁幸国）

农业气象

【概况】 2016 年，镇江市丹徒区气象局（以下简称丹徒区气象局）围绕率先基本实现气象现代化目标，提高气象监测预报服务能力、气象防灾减灾能力和应对气候变化能力，全年综合气象观测质量良好，各项气象服务和保障工作科学、准确、及时。履行社会安全管理职能，完成全区厂矿企业防雷安全检测近100 家，参与由丹徒区人民政府和镇江市交通运输局主办的“2016 年港口危险化学品泄漏及火灾事故应急救援”演练；完成气象行政审批制度改革，建立双随机抽查、事中事后监管工作方案，推行精简行政审批事项和行政权力网上公开透明运行；开展科普宣传周、安全生产咨询日、“三下乡”宣传活动，为公众普及气象灾害防御知识；“3·23”世界气象日期间，举办播放科普短片、开设气象科普知识讲座等活动，并向公众开放观测场，该活动被金山网、中国江苏网等媒体报道；镇江民生频道《看见大市口》栏目组制作的专题节目《气象人》，在气象日当天播出。年内，丹徒区气象局获“2012 ～2015 年度江苏省文明单位”“2012 ～2014 年度镇江市文明行业”“2013 ～2015 年度丹徒区文明单位”称号。（张亚男　巫培源）

图27　　2016 年3 月23 日，丹徒区气象局开展气象科普知识讲座

（丹徒区气象局提供）

【水稻种植与气象】 2016 年，丹徒区水稻播种期间大于等于0.0 摄氏度的积温为4140.3 摄氏度，比历年平均数偏多418.8 摄氏度，比上年偏多319.7 摄氏度；全年降水量1418.4 毫米，比上年增加386.0 毫米；日照时数791.5 小时，比上年增加27.6 小时。农业气象条件对水稻生长发育的影响是：前期较有利，中后期利弊相间。秧苗期（5 月中旬至6 月中旬）：水稻秧苗期气温前期偏低后期偏高，降水偏多，日照偏少，以晴雨相间天气为主，利于水稻播种出苗和壮秧的培育；移栽分蘖期（6 月下旬至7 月下旬）：水稻移栽后，为晴雨相间的天气，利于水稻活棵。丹徒区6 月18 日入梅，7 月20 日出梅，梅期偏长，梅雨量偏多，降水主要集中在6 月下旬和7 月上旬，且该时期气温偏低，日照偏少，受其影响，全年水稻分蘖增长缓慢，时间拉长。出梅后多晴热高温天气，有利于水稻水肥管理，晴好天气利于搁田控苗，控制群体旺长，构建适期够苗的中期群体，提高群体质量和成穗率；拔节孕穗期（8 月上旬至中旬）：该期间气温偏高，降水偏少，日照偏多。8 月上旬以阵雨天气为主，利于水稻生长发育。8 月中旬旬平均气温比历年平均偏高4.1 摄氏度，日平均气温均在30 摄氏度以上，持续的高温晴热天气，导致穗分化时间缩短，花粉败育，结实率降低；抽穗成熟期（8 月下旬至10 月下旬）：8 月下旬至9 月气温偏高，光照、水分条件适宜，气温日较差大，气象条件有利于水稻抽穗扬花和灌浆结实。10 月多阴雨寡照天气，气象条件不利于水稻后期的灌浆和籽粒充实。收获期为阶段性晴雨天气，基本能满足水稻收割和晾晒的条件。（张亚男　巫培源）

表10　　**2016 年丹徒区温、光、水与历年平均值比较情况**

项目		12月	1月	2月	3月	4月	5月	6月	7月	8月	9月	10月	11月	12月	全年值	常年值
平均气温（℃）	历年	5.1	2.7	4.7	8.9	14.9	20.5	24.3	27.8	27.2	23.2	17.7	11.2	5.1	-	15.7
	本年	6.6	3.2	6.6	11.1	17.4	20.3	24.3	29.1	29.5	24.5	18.7	11.4	7.5	17.0	-
极端最高气温（℃）		-	-	-	-	-	-		39.1	-	-	-	-	-	39.1	39.5
≥35℃高温日（天）		-	-	-	-	-	-	-	12	8	1	-	-	-	21	11.5
极端最低气温（℃）		-	-10.1	-	-	-	-	-	-	-	-	-	-	-	-10.1	-12.0
≤0℃低温日（天）		-	16	10	-	-	-	-	-	-	-	-	1	5	32	43.5
降水量（毫米）	历年	33.5	50.7	55.1	82.9	76.8	85.1	171.5	206.3	147.8	76.5	57.8	62.0	33.5	-	1106.0
	本年	15.8	64.1	26.0	30.9	135.4	162.9	181.4	380.5	94.6	315.2	416.6	121.8	66.7	1996.1	-
梅雨量（毫米）		-	-	-	-	-	-	112.3	380.4	-	-	-	-	-	492.7	251.8
日照时数（小时）	历年	153.0	140.2	130.8	150.3	174.1	202.5	165.7	199.3	204.8	175.5	172.1	157.4	153.0	-	2025.7
	本年	121.5	111.0	178.2	135.2	155.9	130.9	111.2	166.7	253.4	155.7	50.5	118.9	150.7	1718.3	-

说明：表中第一个“12月”指2015年12月，历年为1981～2010年月平均值，常年值为1981～2010年平均值

（张亚男　巫培源）

农村能源

【概况】 2016 年，镇江市丹徒区农村能源办公室（以下简称丹徒区农能办）实施农村能源建设工程，申报规模养殖场沼气治理工程2 处，丹徒区宝堰镇小康猪场沼气工程（2015 年项目）通过省级验收；开展全区农村沼气服务网点、户用沼气池、规模养殖场沼气工程、秸秆气化集中供气工程检查活动，掌握全区农村清洁能源项目使用现状及存在问题，并组织技术人员指导沼气池用户开展故障维修工作，消除安全隐患，确保清洁能源建设发挥综合效益；组织规模畜禽养殖场沼气工程建设单位参加省（沼气生产工）职业技能培训班；配合区农委推广秸秆综合利用，完成秸秆综合利用示范区建设年度工作任务。

（曾　俊　杨传俊）

图28　2016 年项目——辛丰镇石城村袁氏畜牧养殖场Ⅳ-a 型沼气工程

（丹徒区农能办提供）

【申报规模养殖场沼气工程2 处】 2016 年，丹徒区农能办实施农村能源建设工程，争取省级项目经费190 万元、市级配套经费16 万元，申报规模养殖场沼气治理工程2 处，在辛丰镇德胜村云立牧业有限公司、辛丰镇石城村袁氏畜牧养殖场内建设规模养殖场Ⅳ-a 型沼气工程（500 立方米地上厌氧发酵池、120 立方米储气柜）各1 座。丹徒区农能办统一规划、统一图纸、统一施工队伍、统一质量标准、统一材料供应，做好项目建设材料招标采购工作，确保工程质量达标，年内完成招投标任务。　（曾　俊　杨传俊）

工业·民营经济

责任编校：李冬冬

全区工业

【概况】 2016年，丹徒区销售超亿元企业45家，比上年净增1家，其中销售额1亿元～5亿元的企业31家，销售额在5亿～10亿元的企业5家，销售额在10亿～20亿元的企业7家，销售额超20亿元以上的企业2家。

全区规模以上企业完成工业产值1125.72亿元，比上年增长8.8%；实现销售收入1100.01亿元，增长8.7%，实现利税总额122.9亿元，增长5.9%，其中利润79.03亿元，增长6.2%。“40强”企业实现应税销售收入214.6亿元，占全区总量的57.9%。 （凌秀华）

表11 2016年丹徒区工业应税销售前“40强”企业名单

序号	企业名称	所属部门、镇（街道、园区）	序号	企业名称	所属部门、镇（街道、园区）
1	镇江龙源铝业有限公司	丹徒新城（宜城街道）	21	金海宏业（镇江）石化有限公司	高资街道
2	帝高力装饰材料（江苏）有限公司	丹徒新城（宜城街道）	22	江苏苏亚迪炭材有限公司	高资街道
3	江苏沃得起重机有限公司	丹徒新城（宜城街道）	23	江苏苏润高碳材股份有限公司	高资街道
4	健力宝（镇江）饮料有限公司	丹徒新城（宜城街道）	24	江苏城科建设发展有限公司	高资街道
5	沃得重工（中国）有限公司	丹徒新城（宜城街道）	25	江苏华元焦化有限公司	高资街道
6	江苏镇安电力设备有限公司	丹徒新城（宜城街道）	26	江苏长三角精细化工有限公司	高资街道
7	江苏恒顺醋业股份有限公司	丹徒新城（宜城街道）	27	西卡（江苏）建筑材料有限公司	辛丰镇
8	江苏力凡胶囊有限公司	丹徒新城（宜城街道）	28	江苏希西维轴承有限公司	辛丰镇
9	江苏百佳斯特汽车制品有限公司	丹徒新城（宜城街道）	29	江苏钱潮轴承有限公司	辛丰镇
10	江苏捷诚车载电子信息工程有限公司	丹徒新城（宜城街道）	30	镇江维科精华棉纺织有限公司	辛丰镇
11	镇江李裕碳素有限公司	丹徒新城（宜城街道）	31	江苏凯力德科技有限公司	辛丰镇
12	江苏真绩机械制造有限公司	丹徒新城（宜城街道）	32	镇江合力汽车紧固件有限公司	谷阳镇
13	江苏苏菱铝用阳极有限公司	高资街道	33	江苏领先电子有限公司	谷阳镇
14	中盐镇江盐化有限公司	高资街道	34	镇江大力液压马达股份有限公司	谷阳镇
15	江苏镇江发电有限公司	高资街道	35	江苏振光电力设备制造有限公司	上党镇
16	江苏鹤林水泥有限公司	高资街道	36	镇江市华铖旅游用品有限公司	上党镇
17	镇江利德尔复合材料有限公司	高资街道	37	镇江宏联电工有限公司	高桥镇
18	镇江北固海螺水泥有限责任公司	高资街道	38	镇江市欧泊服饰有限公司	荣炳盐资源区
19	镇江李长荣综合石化工业有限公司	高资街道	39	江苏中兴药业有限公司	高新技术产业园
20	镇江宏顺热电有限公司	高资街道	40	镇江市富华面粉有限公司	区属

（凌秀华）

区属工业

【概况】 2016年，镇江市丹徒区工业资产管理总公司（以下简称丹徒区工业总公司）在宏观经济下行压力持续加大的形势下，强化区属企业管理，为工业系统改革发展、稳中有进创造良好环境。区属定报企业全年完成工业总产值3.7亿元，产品销售收入2.8亿元，利润、税收继续保持增长。（卢 勃 张 君）

【东西部环境整治】 2016年，丹徒区工业总公司按照市政府序时要求，推进镇江市东西部生态环境整治工作。编制镇江市丹徒化肥厂搬迁用地可行性报告并通过专家论证，搬迁用地协调落实工作有序推进；完成丹徒区天龙化工有限公司关停前厂房、土地资产评估工作，资产收储主体确定工作启动；确定镇江雩山水泥有限责任公司关闭方案，职工安置方案获职工代表大会讨论通过；完成华森白云石矿业关停工作。（卢 勃 张 君）

【丹徒化肥厂降能升级】 2016年，镇江市丹徒化肥厂在经济下行压力持续加大形势下，全年完成销售收入1.79亿元，自营出口1595万美元，完成利税1169万元，实现在岗职工人均年收入比上年增长11%。全年投入技改资金200万元，降本增效成绩明显；升级37千瓦螺杆无油润滑空压机1台，实现各车间统一供气，降低全年维修费及润滑油、能消20万元；投资150万元，改造10吨锅炉为15吨炉，新上脱硝装置1套，每年可节约煤、电费用300万元。（卢 勃 张 君）

镇（街道、园区）工业

【概况】 2016年，丹徒区有镇（街道、园区）工业企业4353家，实现规模以上工业总产值1115.31亿元，完成规模以上工业销售收入1093.6亿元、利税122.61亿元。高资街道列全区各镇（街道、园区）工业经济第一位，丹徒新城（宜城街道）、辛丰镇、谷阳镇分别列第二位至第四位。

（丹徒区史志办）

表12 2016年丹徒区镇（街道、园区）工业情况

镇（街道、园区）	工业企业数(家)	规模以上工业总产值(亿元)	规模以上工业销售收入(亿元)	规模以上工业利税(亿元)
高桥镇	503	7.54	7.05	0.45
辛丰镇	888	173.79	170.33	17.60
谷阳镇	802	151.73	151.57	13.86
上党镇	1038	80.81	76.76	2.48
宝堰镇	376	25.23	24.44	3.91
世业镇	12	2.21	2.21	0.16
高资街道	186	377.76	374.29	45.65
江心洲生态农业园区	31	9.57	9.30	0.76
荣炳盐资源区	152	21.07	21.07	3.62
丹徒新城(宜城街道)	365	265.60	256.58	34.12

（丹徒区史志办）

民营经济

【概况】 2016年，丹徒区民营经济继续保持平稳增长发展态势。全年新增私营企业1305家，新增个体工商户3048户，新增私营企业注册资本66.36亿元。（卢 勃 张 君）

【招商引资】 2016年，丹徒区结合自身产业资源特点，加强招商引资工作。10月中旬，丹徒区民营经济工作领导小组受区政府委托，组织各镇（街道、园区）参加中国制造2025（上海）镇江发展推介会，洽谈本省级上海、福建、湖北等省市客商13名，参加全市集中签约活动项目3个，签约总投资额13.8亿元，其中辛丰镇与协鑫新能源江苏有限公司签署的“15兆瓦渔光互补光伏电站项目”投资总额10亿元。

（卢 勃 张 君）

【中小企业服务平台建设】 2016年，丹徒区中小企业公共服务平台建设稳步推进。全区有小企业创业基地7家，其中省级示范基地4家、市级示范基地3家；全区组建各类中小企业公共服务平台8家，服务企业500余户；全年组织开展各类培训10余场，受训人员500余人次，提升丹徒区在招商推介、信息服务、人才培训、创业辅导等方面的工作水平。（卢 勃 张 君）

表13

2016年丹徒区民营经济主要经济指标完成情况

镇(街道、园区)	新增私营企业(户)			新增个体工商户(户)			新增私营企业注册资本(亿元、万元)		
	新增目标	实际完成	完成比例(%)	新增目标	实际完成	完成比例(%)	新增目标(亿元)	实际完成(万元)	完成比例(%)
辛丰镇	60	176	293.33	120	364	303.33	5.2	84088	161.71
谷阳镇	50	124	248.00	110	298	270.91	3.8	55037	144.83
上党镇	50	85	170.00	110	292	265.45	4.0	43957	109.89
丹徒新城(宜城街道)	120	600	500.00	300	1049	349.67	8.9	252953	284.22
经济开发区(高资街道)	60	114	190.00	120	442	368.33	5.3	47553	89.72
世业镇	20	23	115.00	90	59	65.56	2.3	14013	60.93
荣炳盐资源区	35	48	137.14	90	108	120.00	2.0	21967	109.84
宝堰镇	35	52	148.57	90	197	218.89	2.0	27296	136.48
高桥镇	45	50	111.11	90	142	157.78	3.0	30088	100.29
江心洲生态农业园区	10	21	210.00	40	47	117.50	1.0	15798	157.98
高新技术产业园	15	12	80.00	40	50	125.00	2.5	70860	283.44
合计	500	1305	261.00	1200	3048	254.00	40.0	663609	165.90

(卢 勃 张 君)

图29　“40”强企业——沃德重工(中国)有限公司　(丹徒区委宣传部提供)

重点项目建设

责任编校：王雪松

综　述

【概况】　2016年，丹徒区发改经信委（丹徒区重大项目服务中心）把重点项目建设作为稳增长、调结构、优环境、惠民生的核心支撑和关键落脚点，创新工作思路，在领导挂钩、月度考核工作基础上，加快调度节奏，强化每周督查会办制度、每月联席会议制度和每季集中观摩制度等措施，并在全市率先实施《丹徒区产业项目综合预审评估办法（试行）》，全区项目建设稳步推进。年内，全区56个重点产业项目完成投资148.1亿元，三维精确农业项目一期投入运营。润丰生态农业、万亩果蔬基地等项目进入配套设施建设阶段；北汽华东（镇江）基地SUV车型BJ20上市销售；先锋汽车零部件、金和环保设备等工业项目相继竣工；世业镇“开心乐之岛”、长山薰衣草庄园先后开园，天盛广场、恒宇广场等项目开工建设。（冯　涛）

【健全项目服务机制】　2016年，丹徒区健全项目服务机制，围绕项目实施需要提供“全周期、全过程、全方位”服务，推进大项目建设。修订和完善项目建设考核办法，将季度考核与年度考核相结合，在综合绩效考核中明确项目建设“加分不封顶”和“一票否决”等规定，进一步强化考核导向，使服务企业和项目建设成为部门之间、板块之间相互赶超的重要内容；实施“暖企行动”，建立常态长效制度，强化“领导一线调度、部门靠前服务、板块具体负责”推进机制，优化并联审批、“绿色通道”等服务措施，为重点项目提供土地、资金、审批等方面的便捷；将全区重点项目跟踪协调任务分解到个人，建立“一周一联系，每月一督查、通报，季度一分析，半年一考核”的工作机制。（冯　涛）

【重点产业项目建设】　2016年，丹徒区重点产业项目56个。其中，29个市重点项目提前完成投资序时进度，开工率和签约率均为100%；31个计划新开项目，开工29个，开工率93.5%。完成市委、市政府下达的“321”（即制造业园区为总投资30亿元以上项目、服务业园区为总投资20亿元以上项目、农业园区为总投资1亿元以上项目）重大产业项目任务，项目综合考核排名位居全市第二。（冯　涛）

【“三集”园区建设】　2016年，丹徒区继续提升“三集”（集中、集聚、集约）园区建设水平。有序开展载体建设，全年新开工标准化厂房14.6万平方米；推进项目建设，市级重点建设园区实现“321”重大项目全覆盖，燃机热电联产、润丰生态农业、万亩果蔬基地等项目开工，长山国际旅游度假区、奥特莱斯商业中心、天普生态农业园、宜人有机生态农业园等“321”重大项目签约；全年组织或参加综合性、专题性招商活动5场，小分队招商300余批次，接待境内外客商120余批次，收集项目信息200余条，全区洽谈推进项目100余个，其中重大项目13个、重点项目15个、外资项目15个，年内签约落户项目40余个。市重点建设先进制造业园区完成应税销售收入132.9亿元，比上年增长30.6%；现代服务业园区完成应税营业收入67.3亿元，比上年增长8.8%；现代农业园区完成总产值15亿元，比上年增长15.9%。（冯　涛）

重点项目选介

【北汽华东（镇江）基地项目】　该项目由北汽集团与镇江合作建设，位于丹徒区上党镇境内，总投资150亿元，规划分两期建设。第一期总投资45亿元，规划年产能15万辆，主要生产SUV、MPV；第二期总投资55亿元，规划年产能15万辆，主要生产轿车、新能源汽车及汽车发动机等核心零部件；零部件及物流项目投资20亿元，按照整车的产能规划配套实施。2016年9月，北汽华东（镇江）基地SUV车型BJ20汽车上市销售，至年底销售1.8万余辆，实现营业额16亿元。（冯　涛）

【晋工工程机械项目】　该项目由江苏晋工机械有限公司在丹徒区谷阳镇投资建设，总投资45亿元，占地28.33公顷（425亩）。项目一期项目投资11.7亿元，总建筑面积12.4万平方米，主要生产制造装载机、挖掘机等大型工程机械设备，规划年产能7500台，其中轮式装载机5200台、液压挖掘机2300台。年内，该工程建设完成，整车下线仪式准备就绪。

（冯　涛）

开发区和产业集中区

责任编校：王雪松

江苏省丹徒经济开发区

【概况】 2016年，江苏省丹徒经济开发区（以下简称丹徒经济开发区）保持区域经济和社会各项事业平稳发展。全年完成地区生产总值86.17亿元，比上年增长8.64%；完成工业总产值393.9亿元、销售收入389.4亿元、利税47.5亿元、利润31.5亿元，分别比上年增长8.3%、9.1%、2.7%和1.7%；完成一般公共预算收入2.2亿元；完成规模以上投资73.8亿元，比上年增长6.3%；实际利用外资及港澳台资2669.6万美元。5月，丹徒经济开发区通过江苏省知识产权试点园区期满验收；10月，通过省级循环化改造示范试点园区考核验收；11月，通过ISO：14000环境质量体系复查，为推进循环经济发展和生态园区建设奠定基础。年内，办理农民基本养老保险491人，完成新型农村社会养老保险保扩面261人，新增农村低保户18户；新建养老院综合楼633.6平方米；完成丰泽新苑二期安居工程安置房分配，安置拆迁户917户。（黄　伟）

【项目建设】 2016年，丹徒经济开发区排定重点项目26个，其中市、区重点项目10个（含续建项目2个、新开工项目5个、前期项目3个），计划总投资16.9亿元，实际完成投资16.7亿元。总投资20亿元的船港物流园项目一期码头项目建成并投入使用，国机二重重装装备基地项目配套及形象提升工程竣工，总投资6.3亿元的李长荣石化产业升级项目建成MIBK（甲基异丁基酮）、甲醇制氢生产装置，总投资1亿元的镇江悠然包装高科技环保垫衬项目竣工投产，总投资18亿元的美人谷生态旅游度假区项目签订协议，建科模块化建筑研发中心、高效清洁能源项目等项目按序时推进。（黄　伟）

【基础设施建设】 2016年，丹徒区经济开发区投入70万元，完成民营工业园污水管道建设；投入36万元，维修园区迎宾南路；投入16万元，疏通园区污水管道、河道；投入32万元，完成园区枫丹路、丰泽路、迎宾南路绿化补植；完成243省道拓宽工程的245户拆迁交地任务；完成镇江大学城川气东送、西气东输、中成品油、中盐卤4条管道迁移和新312国道拆迁扫尾工作。（黄　伟）

【科技创新】 2016年，丹徒经济开发区新增私营企业116家、个体工商户301家，大众创业、万众创新氛围浓厚；全年完成高新技术产业产值107.87亿元，全社会研发投入3.11亿元，各类专利授权74项；新增本科以上人才120人，新增高技能人才115人；开展企业职工技能培训828人次；申报并通过高新技术企业认定1家，获批江苏省企业研究生工作站1家；全年申报各类科技项目9项，其中市级科技项目3项、区级科技计划项目6项。（黄　伟）

江苏省世业洲旅游度假区

【概况】 世业洲位于镇江市西郊，四面环江，南与镇江市区一水之隔，北与扬州市隔江相望，为长江中第三大岛。全岛呈"元宝状"，东西长16.5千米、南北宽3.5千米，总面积44平方千米，其中陆域面积26平方千米，四周筑有防洪大堤长26.5千米，岛上有120公顷的自然式开放公园和湿地景观。润扬长江公路大桥横跨世业洲南北，并在世业洲东部建有双向互通，北与扬州市相连，南与沪宁高速、宁杭高速、312国道、沿江高等级公路相连，区域交通优势突出。世业洲环境幽静、空气清新、河道纵横，是名副其实的江中绿岛、生态之岛。

2016年，江苏省世业洲旅游度假区（以下简称世业洲旅游度假区）完成地区生产总值8.28亿元，比上年增长7.81%，其中第一产业增加值1.28亿元，第二产业增加值0.22亿元，第三产业增加值6.78亿元。全年接待游客173万人次，直接带动经济收入2.7亿元。年内，世业洲旅游度假区开展"美丽宜居镇村"建设，推进四季春生态农业园建设，实施集镇主干道亮化工程，美化高速公路出入口，提升高速公路过境车辆乘客对世业洲的视觉印象；开展省级旅游度假区创建工作，细化评价体系，实行定人定责，确保创建工作有序开展。（肖　杨）

【"开心乐之岛"音乐主题乐园一期试运营】 2016年10月29日，世业洲"开心乐之岛"音乐主题乐园试运营启动仪式举行。该项目由江苏捷星游乐园管理有限公司投资建设，项目分三期开发建设，总投资6.2亿元，总规划面积28万平方米，占地面积33.33公顷（500亩），于2015年12月开工建设。一期工程包括65米高的"长江之星"摩天轮、全程888米的五环过山车、大摆锤、松林飞鼠、自控飞机等28个游乐项目，是年内镇江市最大、具备国内一流水准的大型音乐主题乐园。（肖　杨）

【金色年华健康养生谷项目签约】 2016年12月19日，武汉军威文化传播集团有限公司与世业洲旅游度假区管委会在世业镇政府举行金色年华健康养生谷项目签约仪式。该项目位于世业洲西洲头（先锋村），规划占地面积26.67公顷（4000亩），总投资15亿元，分为三期开发。其中一期占地138.67公顷（2080亩，含滩涂65亩），二期占地128公顷（1920亩）。年内，养生木屋、移动船坞等设施竣工并完成内部装修，种植银杏树1.2万株、红豆杉2000余株，石斛种植、培育工作有序开展。（肖 杨）

【长江国际音乐节】 2016年4月30日至5月1日，2016长江国际音乐节在世业洲旅游度假区举行。该次音乐节以“正是江南好风景，缤纷时节又逢君”为主题，接待来自全国各地、多个国家的新老观众16万人次，后街男孩、许巍、崔健、孙燕姿等32组知名艺人参与演出，并通过微博等社交平台，吸纳陈粒、好妹妹乐队、声音玩具等人气歌手登上舞台，还有《中国之星》的杨乐、2016《中国好歌曲》的沙楠杰和11乐队、坡上村乐队等参加演出。该次音乐节成为海纳百川、兼容并蓄的音乐盛宴。（肖 杨）

图30　2016长江国际音乐节现场　（贾 俊 摄）

丹徒星火技术密集区

【概况】 丹徒星火技术密集区位于镇江市东南部，总面积10.9平方千米，分民营私营园区、外向型园区、轴承工业园区、纺织工业园区四个发展片区，以轴承、笔刷、防弹运钞车和各种金融保险机具、系列自动信封机等为主导产品，拥有规模企业60余家。2016年，丹徒区星火技术密集区销售收入、利润总额分别占辛丰镇的25%和22%。（姜国平 刘明昌）

【江苏希西维轴承有限公司】 江苏希西维轴承有限公司位于镇江市丹徒区辛丰镇石城村，项目总投资5.2亿元，占地13.58公顷（163亩），规划总建筑面积7万平方米，其中生产厂房及仓库5.4万平方米、办公楼约1.6万平方米。年内，项目全部建成并投入生产，年生产能力为4233万套精密滑动轴承，全年完成产值5.5亿元，实现利税6000万元。（姜国平 刘明昌）

【江苏苏建路桥机械有限公司】 江苏苏建路桥机械有限公司是公路钢桥设备制造企业，位于辛丰镇辛丰村，总投资3亿元，占地面积4.27公顷（64亩）。该公司公司年产3万吨贝雷片项目一期投资1.5亿元，占地面积2.58公顷（38.7亩），建筑面积2万平方米，年内投入生产，全年完成产值3亿元，实现利税1500万元。（姜国平 刘明昌）

丹徒高新技术产业园

【概况】 2016年，镇江市丹徒高新技术产业园（以下简称丹徒高新园）以区域经济创新升级为中心，围绕科技型项目招引、创新型人才培育和特色化品牌塑造，推动“新能源、新制造、新创意”产业加速发展。全年实现地区生产总值2.65亿元；完成规模以上固定资产投资24.6亿元，比上年增长20.2%，其中规模以上工业投资15.8亿元，比上年增长11.8%；完成工业总产值8.3亿元，比上年增长4.9%；完成一般公共预算收入3567万元，比上年增长9.2%；实际利用外资及港澳台资1249万美元。年内，占地面积500平方米的丹徒高新园党群综合服务中心建成并投入使用。（张 宇 赵 宇）

【招商选资】 2016年，丹徒高新园实施“招商选资+招高选新”战略，引进正和堂精准药用植物细胞、国泽光电科技、华京通讯设备、和瑞环境技术、毅达光伏发电、东大新能源、滴滴网络生活等14个高新技术产业项目；总投资3亿元的泛沃汽车零部件、2.5亿元的5G通信产品、2亿元的兆能电子、1.5亿元的健康医疗器械、1亿元的蓝博制氢设备等项目洽谈工作有序开展。（张 宇 赵 宇）

【项目建设】 2016年，丹徒高新园有市、区重点项目8个，其中续建项目3个，总投资27.96亿元；新开工项目5个，总投资10.4亿元。总投资6亿元的先锋汽车零部件项目厂房、办公研发楼装修基本完成，总投资20亿元的乾景文创园项目进入上报规划方案和立项审批阶段，总投资1.96亿元的东艺机械项目进入设备安装调试阶段，总投资5亿元的镇江专汽驱动桥项目完成地块平整，总投资1亿元的仕德汽车零部件项目1号主体厂房和办公楼竣工，总投资2亿元的弘毅环保锅炉项目主体厂房钢结构安装结束、办公楼封顶，总投资1.2

亿元的安之盾新型保温材料项目和总投资1.2亿元的舜天船用设备项目土地证、规划建设许可证办结。

(张　宇　赵　宇)

【载体平台建设】 2016年，丹徒高新园搭建创新创业平台，加快完善基础设施配套，优化载体功能服务。经四路续建项目完工，博园路南延雨污水管网改造工程完成，标准厂房内部设施及给排水设备安装到位，宜歌路、硕园路项目立项和设计方案通过审批；中科广场开启科技孵化和商务办公项目招商，颐高集团、益海芯电子、高新园三方签约建设“镇江楼友会”众创空间，“志在千里”创客工场申报省级创业平台；博硕、氢能投资公司与金融机构合作，设立创业“种子基金”融资平台；知识产权服务机构、律师和会计师事务所、仪器检测公司等专业团队进驻园区，法律、知识产权、财务、审计、检验检测认证及技术转移转让等综合咨询服务中心建成；“高新讲堂”定期邀请专家讲师授课，提供创业辅导、人才培训和政策解读。

(张　宇　赵　宇)

【科技人才引进】 2016年，丹徒高新园完成高新技术产业产值8亿元，全社会研发投入4100万元，获各项扶持资金265万元；新增发明专利授权13件；组织申报科技人才项目立项12项，引进国家“千人计划”顶尖人才1名、市“金山英才”领军人才3名、区“长山计划”人才2名。引进创新、创业类项目11个，其中，国泽光电科技是全区首家集成电路企业，和瑞环境技术是全省首家水质监测无人船搭载机器人研发制造企业，华京通讯科技研发的射频同轴连接器、转接器等产品处于行业领先地位。(张　宇　赵　宇)

【光伏应用】 2016年，丹徒高新园按照《“十三五”国家战略性新兴产业发展规划》要求，推进新能源特色产业发展，开展光伏发电应用。利用丹徒刺莉山石灰石废弃采矿区用地，结合市政府西南片区生态环境综合整治，引进总投资1.2亿元的镇江毅达光伏发电项目，装机容量15兆瓦；江苏海克力斯新能源、江苏埃阿科斯新能源等企业利用园区科技孵化中心标准厂房及区域内其他企业厂房屋顶，建设分布式光伏发电站，装机容量3兆瓦。

(张　宇　赵　宇)

【“军民融合”项目】 2016年，丹徒高新园以特色产业项目为引领，落实“军民融合”项目。江苏乾景新能源产业技术研究院与北方特种能源集团西安庆华公司签署《军用燃料电源系统合作开发框架协议》，建立战略合作关系，研发无人机锂电池与燃料电池混合动力系统，试验样机进入系统卡口技术对接试验阶段；江苏乾景新能源产业技术研究院与军委后勤保障部某能源研究所达成合作意向，在大型电电混合系统试验平台、热电联供系统、便携式小功率燃料电池发电系统3个领域开展野外动力能源相关技术研究。

(张　宇　赵　宇)

【“楼友会”项目签约】 2016年8月11日，丹徒高新园管委会、杭州楼友会创客商务有限公司、益海芯电子技术江苏有限公司三方签订合作协议，依托“楼友会”品牌影响和成熟经验，合作运营镇江“楼友会众创空间”，致力于推动“大众创业，万众创新”。“楼友会众创空间”依托建立合作关系的风险投资机构，引导政府资金与社会资本为创业孵化群体提供资本支持，并开展与区域产业定位相吻合的各类技能培训、创业辅导和项目路演等活动，年内签约合作机构8家。(张　宇　赵　宇)

丹徒区长山文化产业园

【概况】 2016年，镇江市丹徒区长山文化产业园（以下简称丹徒区长山文化产业园）以创建江苏省“生态旅游示范区”品牌建设为工作着力点，整合长山区域内旅游资源，完善软硬件建设，强化景区运营，完善配套基础设施建设，促进项目建设有序开展。全年接待游客40万人次。7月，中国米芾书法公园创成省旅游局、省教育厅联合认定的首批省级“研学旅游示范基地”；9月，丹徒区长山文化产业园挂牌“镇江市社会科学普及示范基地”；11月，“生态旅游示范区”创建工作通过省旅游局、省环保厅验收；12月，丹徒区长山文化产业园获批“江苏省诚信旅游单位”。年内，筹建镇江市米芾文化研究会，中国米芾书法公园被评为“2015年江苏省十大新景区”。

(杜　宇)

【运营管理】 2016年，丹徒区长山文化产业园与华侨城运营团队合作，建立全新的景区管理机制；与美团网、携程网、同程网3家旅游网站合作，开展联营促销；与风景城邦大酒店、衡山思泊丽温泉酒店合作，开展联合打包促销；投放公交车、出租车广告，提升景区市场知名度；与《镇江日报》等传统媒体合作，开展景区宣传工作；参加苏州、上海等地的专场旅游推介活动，拓展周边市场；加入镇江文化旅游精品工程旅游主线序列，全年接待外地旅游团100余次；开展兰花展、梦幻灯光节、“小橘灯”公益实践、吴桥杂技周等系列主题活动，满足不同消费人群消费需求。年内，精品拓片互动馆、米芾机器人馆对外营业。

(杜　宇)

【项目建设】 2016年，丹徒区长山文化产业园项目建设有序开展。宝晋怡园A区对外营业，B区外部装饰竣工；海岳天地酒店部分外装结束，餐饮部分用地指标到位；世界奇石馆—百石园开工建设；长山寺项目的山门、钟楼、天王殿基本竣工，大雄宝殿和藏经楼工程开工建设；长山古镇项目完成主打业态定位和方案设计等工作，长山温泉漂流项目漂流道和附属工程开工建设；市重点城建工程米芾公园入口牌楼建成，并对市民开放；千禧路西延一期工程竣工，长山健身绿道一期工程、福因阁复建工程开工；长山寺宕口滑坡治理工程竣工；中国文字体验园项目年内完成策划、设计等前期工作。(杜　宇)

交通·通信

责任编校:李冬冬

交 通

【概况】 2016年,丹徒区完成交通基础设施建设投资2.91亿元,其中265省道(镇荣公路二期)建设2亿元、公路危桥改造380万元、县道改造2250万元、乡村道改造3200万元、公交站亭建设310万元、其他投资2960万元。至年底,全区公路总里程995.27千米,其中高速公路7.51千米、一级公路111.69千米、二级公路107.73千米、三级公路87.03千米、四级公路681.31千米,全区MQI(公路技术状况指数)为95.03%,PQI(路面使用性能评价指数)为93.07%,县道优良路率88%,乡村道路好路率86%;全区有农村客运站场7个、城市公交首末站及枢纽站9个、长江汽渡2家。全区航道总里程57.52千米,其中三级航道10.26千米、七级航道18.53千米、等外级航道28.73千米;全区有港口21个、码头泊位57个,码头总延长2510米。年内,丹徒区交通运输局本系统内没有发生伤亡事故。 (朱雯君)

【交通运输管理】 2016年,镇江市丹徒区交通运输局(以下简称丹徒区交通运输局)执法人员上路巡查300人次,上报处置各类应急事件67件,清除路障71立方米、摊点341处、非标271块;审批施工路段安全管理方案11起,立案412起,卸驳载货物2068吨,案件查处率、结案率分别为100%、99%,实现行政执法无投诉、无复议、无诉讼;处理水毁抢险里程21.37千米,沥青路面病害修补516立方米,更换塑钢百米桩70根,维修窨井盖37个;受理各类许可335件,新增各类营运车辆498辆,没有发生违规发放许可案件;全区有5辆车以上(含)道路货运企业66家、水路货运企业7家,质量信誉考核率均为100%;完成道路危化品运输车辆年审79台,车辆年审率100%;核查水路运输企业资质7家,完成水路运输企业船舶审验139艘,年审率100%;全年收取航道赔补偿费32.94万元,开展巡航96次;各类投诉举报均在规定期限内办结,结案率100%,投诉处理满意率100%;查处各类违章568起,结案324件,罚款39.5万元,未发生"三乱"(乱收费、乱罚款、乱摊派)败诉案件;组织召开安全工作会议14次,安全检查48次,查整安全隐患5处,整改率100%,安全巡航18次,航道通航率100%。 (朱雯君)

图31 2016年,265省道(镇荣公路二期)建设现场
(丹徒区交通运输局提供)

【运输生产】 2016年,丹徒区境内公路客运量235万人次,客运周转量11887万人千米;货运量1183万吨,货运周转量132547万吨千米;水路货物运输量339万吨,货运周转量132547万吨千米;港口货物吞吐量505万吨。大港汽渡全年渡运航次4.65万个,渡运车辆145.83万辆,运营收入5544万元,比上年增长6.43%。 (朱雯君)

【镇荣公路二期改扩建工程】 S265省道镇江至荣炳段改扩建工程(二期)起点位于精功路平交口,终点位于上会加油站,全长5.5千米,采用双向四车道一级公路标准建设,设计时速为100千米/小时,为沥青混凝土路面结构形式。该工程2015年8月开工,总投资2亿元。2016年,丹徒区交通运输局继续推进工程建设,至年底完成投资1.7亿元,其中建安费1亿元。 (朱雯君)

【公路危桥改造】 2016年,丹徒区改造农村公路危桥2座(上党镇枫

庄桥、辛丰镇辛南桥），总投资380万元，年内全部竣工通车。上党镇枫庄桥位于上宝线上跨胜利河，4月开工，10月通车，改建后桥长84米、宽10米、跨径84米；辛丰镇辛南桥位于辛南线上跨北庄沟，4月开工，9月通车，改建后桥长20米、宽10米、跨径20米。（朱雯君）

【农村公路提档升级】 2016年，丹徒区交通运输局开展农村公路提档升级工作。完成县道改造3条，分别是X204江黄线（龙山段）、X210高上线（G312—曹家边段）、X310上司线（盘荣段），总里程6.6千米。其中X204江黄线（龙山段）起点位于308省道，终点位于241省道，改造里程2.8千米，工程总造价1153万元，按二级公路标准改造，路面宽9米，沥青路面；X210高上线（G312—曹家边段）起点位于新312国道，终点位于曹家边桥头处，改造里程2.4千米，工程总造价732万元，按三级公路标准改造，路面宽7米，沥青路面；X310上司线（盘荣段）起点位于上盘线，终点位于倪庄村，改造里程1.4千米，工程总造价365万元，按三级公路标准改造，路面宽7米，沥青路面。完成乡村道提档升级40条，总投资3200万元，通车里程45千米。（朱雯君）

图32　2016年，瑞鸿物流园有限公司码头工程现场（丹徒区交通运输局提供）

【港口码头及航道建设】 2016年，丹徒区完成镇江市城郊港区内河港京口作业区瑞鸿物流园有限公司码头工程项目，投入1144万元。开展汽渡基础设施建设，其中购置全回转2406渡船1艘，投入资金1000万元；建设大港高桥码头拓宽工程及大港航道东侧护岸工程，投入700万元；应用北斗导航汽渡防碰撞系统，投入150万元。开展航道建设与养护工作，投入63万元，其中航道疏浚30万元、航道扫床3万元、护岸维修30万元。（朱雯君）

表14　**2016年丹徒区农村公路桥梁建设情况**

<table>
<tr><th>序号</th><th>镇名</th><th>桥梁名称</th><th>所属线路名称</th><th colspan="8">桥梁情况</th></tr>
<tr><td rowspan="6">1</td><td rowspan="6">上党镇</td><td rowspan="6">枫庄桥</td><td rowspan="6">上宝线</td><td colspan="8">改造前情况</td></tr>
<tr><td>桥梁全长（米）</td><td>跨径总长（米）</td><td>单跨最大跨径（米）</td><td>桥梁全宽（米）</td><td>桥梁分类</td><td>主桥上部构造结构形式</td><td>修建/改建年度</td><td>评定等级</td></tr>
<tr><td>72.9</td><td>45</td><td>45</td><td>6.7</td><td>中桥</td><td>双曲拱</td><td>1992</td><td>四类</td></tr>
<tr><td colspan="8">改造后情况</td></tr>
<tr><td>建设性质</td><td>桥梁分类</td><td>桥梁全长（米）</td><td>跨径总长（米）</td><td>单孔最大跨径（米）</td><td>桥梁全宽（米）</td><td>桥梁面积（平方米）</td><td>主桥上部构造结构形式</td></tr>
<tr><td>重建</td><td>中桥</td><td>84</td><td>84</td><td>20</td><td>10</td><td>840</td><td>空心板梁</td></tr>
<tr><td rowspan="6">2</td><td rowspan="6">辛丰镇</td><td rowspan="6">辛南桥</td><td rowspan="6">辛南线</td><td colspan="8">改造前情况</td></tr>
<tr><td>桥梁全长（米）</td><td>跨径总长（米）</td><td>单跨最大跨径（米）</td><td>桥梁全宽（米）</td><td>桥梁分类</td><td>主桥上部构造结构形式</td><td>修建/改建年度</td><td>评定等级</td></tr>
<tr><td>17</td><td>8</td><td>4</td><td>10.2</td><td>小桥</td><td>实心板</td><td>1988</td><td>四类</td></tr>
<tr><td colspan="8">改造后情况</td></tr>
<tr><td>建设性质</td><td>桥梁分类</td><td>桥梁全长（米）</td><td>跨径总长（米）</td><td>单孔最大跨径（米）</td><td>桥梁全宽（米）</td><td>桥梁面积（平方米）</td><td>主桥上部构造结构形式</td></tr>
<tr><td>重建</td><td>中桥</td><td>20</td><td>20</td><td>20</td><td>10</td><td>200</td><td>空心板梁</td></tr>
</table>

（丹徒交通运输局）

表15

2016年丹徒区农村公路建设情况

序号	镇名	项目名称	起点	讫点	技术等级	建设里程（千米）	路基宽度（米）	路面类型	路面宽度（米）
1	宝堰镇	宝安线三期	鲁溪	安头	四级	1.70	6.5	水泥混凝土	5.5
2	宝堰镇	宝南线一期	镇荣路	庄巷	四级	0.86	6.5	水泥混凝土	5.5
3	宝堰镇	宝南线二期	碳素厂	镇荣路	四级	0.74	6.5	水泥混凝土	5.5
4	宝堰镇	宝团线二期	镇荣路	窦甲	四级	4.20	6.5	水泥混凝土	5.5
5	宝堰镇	石下线	镇荣路	下坝	四级	1.30	6.5	水泥混凝土	5.5
6	宝堰镇	荣蒲线三期	赵甲	埝坡桥	四级	1.00	6.5	沥青混凝土	5.5
7	宝堰镇	荣曙线一期	南庄	官舍	四级	1.68	7	水泥混凝土	6
8	宝堰镇	徐李线	宝行路	李家边	四级	0.90	6.5	水泥混凝土	5.5
9	宝堰镇	塘巷线	宝行路	老庄洋	四级	1.00	6.5	水泥混凝土	5.5
10	高桥镇	江黄线江心段	江心西	江心汽渡	三级	3.80	9	沥青混凝土	7
11	高桥镇	江套线一期	五套八组	五套六组	四级	0.85	6.5	水泥混凝土	5.5
12	谷阳镇	丹上线一期	勤政路	西麓村	四级	1.98	7	沥青混凝土	6
13	谷阳镇	谷河线一期	勤政路	西麓村	四级	1.42	7	沥青混凝土	6
14	谷阳镇	谷河线二期	西麓村	镇荣路	四级	0.72	7	水泥混凝土	6
15	谷阳镇	谷河线三期	西麓村	312国道	四级	1.20	7	沥青混凝土	6
16	谷阳镇	金山线	丹上线	金河工业园	四级	0.55	7	水泥混凝土	6
17	谷阳镇	刷业大道	庄泉	中桥	四级	1.32	7	水泥混凝土	6
18	谷阳镇	东陆线	东湖村委会	盛园路	四级	0.90	7	水泥混凝土	6
19	谷阳镇	谷东线	湖上线	南岗村	四级	1.30	7	水泥混凝土	6
20	谷阳镇	徐西线	徐吴	西山头	四级	1.10	7	水泥混凝土	6
21	上党镇	高上线墅山段	曹付	312国道	三级	2.40	8.5	沥青混凝土	7
22	上党镇	上司线盘荣段	倪庄	伏牛山	三级	1.40	8.5	沥青混凝土	7
23	上党镇	上薛线三期	上会	元庄	四级	2.60	7	水泥混凝土	6
24	上党镇	上墅线二期	墅山桥	三泉茶场	四级	1.00	7	水泥混凝土 沥青混凝土	6
25	上党镇	宝庄线	镇荣路	东宝庄	四级	0.70	6.5	水泥混凝土	5.5
26	上党镇	其益线	镇荣路	其益村	四级	1.35	7	水泥混凝土	6
27	世业镇	四季春线三期	大世线	隔子岸	四级	2.30	7	沥青混凝土	6
28	世业镇	世政线	世高线	二十四圩桥	四级	1.07	7	沥青混凝土	6
29	辛丰镇	江黄线龙山段	308省道	241省道	二级	2.80	12	沥青混凝土	9
30	辛丰镇	北於线二期	北於村	西黄墟	四级	1.36	6.5	沥青混凝土	5.5
31	宝堰镇	宝前线一期	镇荣路	老镇荣路	四级	0.77	6.5	水泥混凝土	5.5
32	谷阳镇	钱徐线	辛庄线	徐家	四级	1.40	7	水泥混凝土	6
33	谷阳镇	上槐线	镇荣路	槐荫村	四级	0.60	7	沥青混凝土	6
34	辛丰镇	黄中线一期	辛黄二线	官庄桥	四级	0.55	7	沥青混凝土	6
35	高桥镇	镇柳线	镇扬村	南洲小学	四级	0.55	6.5	水泥混凝土	5.5
36	宝堰镇	凡直线	凡石桥	直溪	四级	1.00	7	水泥混凝土	6
37	宝堰镇	高马线	荣盐线	马库	四级	0.80	7	水泥混凝土	6

续表

序号	镇名	项目名称	起点	讫点	技术等级	建设里程（千米）	路基宽度（米）	路面类型	路面宽度（米）
38	上党镇	上东线一期	122省道	五谷	四级	2.44	7	水泥混凝土	6
39	上党镇	上郦线二期	郦庄	高陵	四级	0.53	7	水泥混凝土	6
40	上党镇	郦丰线三里段	丰城	三里村	四级	0.70	7	水泥混凝土	6
41	谷阳镇	谷长线一期	村委会	张寺水库	四级	1.13	7	沥青混凝土	6
42	谷阳镇	元青线	元台	青甸	四级	1.06	7	沥青混凝土	6
43	谷阳镇	西麓大道	西三路	老镇荣公路	四级	0.97	7	水泥混凝土	6

（丹徒交通运输局）

公路管理

【概况】 2016年，镇江市丹徒区公路管理处（以下简称丹徒区公路处）以“五大发展计划”为目标，各项工作取得新突破。年初，丹徒区公路养护应急基地投入使用。全年执法人员上路巡查300人次，上报处置各类应急事件67件，清除路障71立方米、摊点341处、非标271块；审批施工路段安全管理方案11起，立案412起，卸驳载货物2068吨，案件查处率100%、结案率99%，行政执法无投诉、无复议、无诉讼；处理水毁抢险里程21.37千米，沥青路面病害修补516立方米，更换塑钢百米桩70根，维修窨井盖37个，实现全区MQI达95.03%、PQI达93.07%，全区县道优良路率88%，乡村道路好路率86%。年内，丹徒区公路处获“镇江市五一劳动奖状”“丹徒区文明单位”“镇江市企业职工文化示范单位”称号，处机关支部获“丹徒区法治型、服务型四星先进党支部”“市公路系统中星党支部”称号，丹徒超限检测站获“镇江市五一文明班组”称号。（王巧兰）

【312国道城区改线段工程】 丹徒区312国道城区改线段工程东起原312国道三山谢巷村南侧，西至新312国道高资通江路交叉处，全长23.06千米，丹徒境内全长21千米，总投资20亿元。该工程采用一级公路结合城市快速路标准建设，于2014年开工建设，2016年底主体工程竣工，实现试通车。该工程作为丹徒区第一条全程智能监控道路，贯彻“理念创新、质量创优、科技集成、低碳绿色、智慧公路”的“五型示范工程”理念，注重设计、管理、建设、运营等各个工作环节质量，为312国道全国普通干线公路绿色低碳循环示范工程奠定基础，提升丹徒境内道路品质。（王巧兰）

【农村公路生命防护工程】 根据《2015～2016年全省农村公路安全生命防护工程工作目标》和《镇江市农村公路安全生命防护工程实施意见》的要求，丹徒区于2015年8月完成公路安全隐患排查，将隐患项目录入交通运输部基础数据库并通过审核。2016年6月，丹徒区公路处委托镇江市交通规划设计院，完成2015年度、2016年度安全生命防护工程施工图设计，共涉及县、乡、村道76条311.13千米（其中县道4条35.9千米，乡道56条251.88千米，村道16条23.35千米）。11月1日，丹徒区2015～2016年度安全生命防护工程开工建设，至年底完成投资约1300万元，完成湖上线工程2.15千米、上青线工程6.61千米，并同步实施江黄线和大世线中修工程。（王巧兰）

【公路法制宣传】 2016年，丹徒区公路处规范执法行为，强化公路法制宣传，接受社会监督。5月，开展法制宣传月活动，对沿线厂矿企业及运输

图33　2016年5月24日，丹徒区公路处在宝龙广场开展“公路宣传日”活动

（丹徒区公路处提供）

业主进行法律法规宣传，在重要交通节点悬挂宣传标语，利用宣传车开展流动宣传，出动宣传车15 辆次；5月24 日“公路宣传日”，组织执法人员在宝龙广场设置“交通公路伴你出行 守法护路祝你平安”现场宣传点，接受群众咨询近60 余人次，发放宣传手册200 余份。年内，利用网络宣传公路法制，创建微信公众号，内含公路法制宣传板块，定期推送、更新公路法律法规和路网通行信息；引导社会力量推进公路法制宣传，邀请人大代表、政协委员现场了解公路执法情况，与交通公路法制志愿者共同上路检查。（王巧兰）

电 信

【概况】 2016 年，镇江电信丹徒分局围绕“4G 发展”和“百兆光网”建设，在保持传统市场优势的同时，推进社会信息化、农村信息化，持续提升通信网络领先优势，推进电信光纤网络建设，实现全区光纤网络镇、村全覆盖。全年新增移动用户1.95 万户、宽带用户1.02 万户、ITV（中国电信提供的网络电视收视服务）用户1.03 万户，实现收入7569 万元，其中新兴业务收入1041 万元。年底，丹徒全网宽带用户市场占有率60% 左右，存量用户提速成功占96% 左右，提速成功率列全区第一位。稳步开发商务客户，挖掘存量客户潜力，提升天翼、宽带渗透率。在食品药品监管平台、智慧社区、智慧安监、智慧校园等项目中融合电信网络及信息化建设，促进电信基础业务和新兴业务双线发展。加快乡镇全网通门店建设，联合新世纪、联想电脑、鸿润等终端强商，做到资源整合最大化。年内，镇江电信丹徒分局被江苏省电信公司评为“优秀区局”。

（镇江电信丹徒分局）

【通信网络建设】 2016 年，镇江电信丹徒分局继续围绕宽带提速和“光进铜退”工作，布放各类光缆66.5 千米，退铜4.6 万线对千米，全区光纤覆盖率100%；全年完成FTTH（光纤到户）新建小区配套及老小区改造1.5 万户，铜改光1.5 万户，全区均具备100 兆带宽接入条件。年底，全区有FTTH 用户数4.9 万户。（镇江电信丹徒分局）

移 动

【概况】 2016 年，中国移动通信集团江苏有限公司丹徒分公司（以下简称丹徒移动分公司）加强基础通信设施建设，加快全区信息化建设步伐，满足企业办公及百姓生活需求，推动各产业园区配套通信接入及服务；推进光纤网络升级工程，实现丹徒全境覆盖；开展“提速降费”工作，提升宽带品质，细化服务标准，持续改善客户感知。年内，丹徒移动公司开展各类活动，定期关爱冠城敬老院老人，向丹徒慈善总会、上党镇部分困难儿童献爱心，资助“丹徒区党员学习漂流书架”项目，并为丹徒民俗文化节、上党黄桃节、辛丰文化大观园等地方特色文化项目和丹徒区红十字会急救知识宣传推广提供支持。（苏 秀）

【城市信息化建设重点项目】 2016 年，丹徒移动分公司以重点项目为着力点，推进城市信息化建设。实施“蓝天卫士”项目，在全区范围内建设监控点，加强秸秆焚烧的监管；实施并完成“国土卫士”项目一期工程，促进国土资源使用情况的监管；建成“数字化城管”项目全区普查系统，完成城管通手持设备配备，提升城市管理效率；建成全区公安系统视频网络，提升公安系统办公、执法效率；建成江心洲旅游信息化项目客源分析、景区Wi-Fi 系统，提升景区服务能力和游客感知；完成“薰衣草旅游”信息化项目景区信号保障工作，提升景区服务能力；完成北汽华东（镇江）基地基础通讯服务工作，提升园区办公效率；完成软件园基础通信服务及信息化配套建设工作，提升产业园基础环境和办公效率；打造移动居家养老项目，为全区“三无”老人及优抚对象提供“虚拟养老院”的居家养老服务。（苏 秀）

图34 2016 年12 月，丹徒移动分公司在辛丰文化大观园开展惠民活动

（丹徒移动分公司提供）

城镇建设与住房管理

责任编校：李冬冬

丹徒新城（宜城街道）

【概况】 丹徒新城(宜城街道)是镇江市丹徒区政府驻地，位于镇江市主城区南郊，南连谷阳镇，东临辛丰镇，西接高资街道，北倚镇江市南徐新城，总面积48平方千米，城区面积12平方千米，耕地面积505.37公顷，下辖5个行政村、5个社区。2016年末，总户数21036户，总人口68202人，人口出生率3.3‰，人口死亡率3.2‰，人口净增率0.1‰，计划生育率100%；城镇常住居民人均可支配收入40891元，农村常住居民人均可支配收入19370元。全年在市级以上媒体用稿120篇，其中《镇江日报》一、二版29篇，《新华日报》用稿2篇。年内，宜城街道司法所被省司法厅评为"法润江苏"先进集体，西麓村创成江苏省"民主法治示范村"和镇江市"一级村综治办"，长山村顺利通过省"民主法治示范村"创建验收并申报国家级创建，村民朱荣江被授予"全国见义勇为先进个人"称号。（杨雪松）

【综合实力】 2016年，丹徒新城(宜城街道)地区生产总值104.34亿元，比上年增长9.36%，其中第一产业增加值1.15亿元、第二产业增加值39.63亿元、第三产业增加值63.55亿元。一般公共预算收入47.26亿元，一般公共预算支出2.49亿元。完成农业总产值1.57亿元，全年粮食总产3466吨、水产品总产360吨，出栏生猪831头、家禽15万羽。完成规模以上工业总产值262.43亿元，完成规模以上工业销售收入256.58亿元、利税34.12亿元。有工业企业365家、职工总数16890人，有年销售2000万元以上企业92家，固定资产和职工数分别为59亿元、15060人；有私营企业1800家，年营业收入275亿元，实现利税32亿元；有外贸出口企业15家，全年实到外资及港澳台资4200万美元；完成规模以上固定资产投资106亿元，其中服务业占60.8%。（杨雪松）

【项目建设】 2016年，丹徒新城(宜城街道)有13个市、区重点项目，完成投资23.6亿元，其中10个新项目全部开工。软件园南区竣工验收，北区完成开工前期各项准备工作；热电联产厂区道路施工完成，材料楼基础施工有序推进；天盛广场部分主体封顶；远东物流园1-2号楼钢结构完成，东升钢材物流园厂房、综合楼建成使用；永安新城之星主体建设完成，内部装修开始；金和环保竣工投产；金敏能源进入配套施工阶段；味佳园食品项目厂房和配套完成，进入设备安装调试阶段；平安物流项目用地拆迁结束；恒宇广场报建手续及试桩工作有序开展；谷阳湖项目重新招商启动；光华国际电子商务广场项目审批手续有序推进。（杨雪松）

【招商引资】 2016年，丹徒新城(宜城街道)拓宽招商引资领域，改善投资环境，招商引资工作有序开展。全年签约项目6个，分别为投资5000万元的海猫自动循环洗车设备项目、投资5000万元的宝源汽车配件项目、投资1亿元的金澳4S店项目、投资1亿元的金润游艇制造项目、投资20亿元的奥特莱斯项目和投资8000万美元的欧华玛新型建材项目；在谈项目10余个，包括投资10亿元的苏州东方铁塔钢结构、投资1亿元的新型塑质模板、投资3亿元的中联影视IMAX梦工场等项目。（杨雪松）

【公共事业】 2016年末，丹徒新城(宜城街道)有中学2所、小学3所、幼儿园8所，教职工674人，在校中学生2948人、小学生3755人；有医院3所、病床396张、医卫人员583人；有文体活动中心2个；全区自来水管网覆盖率98 %，入户率96 %。参加农村社会养老保险2780人，当年转入丹徒区基保中心194人，新增基保（基本生活保障）人员402人；参加新型农村合作医疗7465人。（杨雪松）

【欧华玛项目签约】 2016年11月1日，丹徒新城与欧华玛建材(上海)有限公司新型建材项目合作签约仪式在丹徒新城管委会举行。该项目由欧华玛建材(上海)有限公司投资建设，总投资约8000万美元，占地面积10公顷，主要从事各类新型建筑材料的生产和销售。（杨雪松）

【智能检测装备技术研究中心成立】 2016年11月8日，中科院合肥物资科学研究院先进制造技术研究所与江苏润模汽车检测装备有限公司联合成立的"智能检测装备技术研究中心"签约暨揭牌仪式在丹徒区会议中心新闻发布厅举行。江苏省产业研究院副院长李世收、丹徒区委书记陈琳、丹徒区常务副区长皋古、镇江市科技局副局长肖晨帆、先进制造技术研究所副所长叶晓东、先进制造技术研究所智能装备中心副主任徐林森、江苏润模汽车检测装备有限公司总经理孔飞等各方代表参加签约及揭牌仪式。该中心致力于汽车零部件柔性检测线开发和智能检测装备开发，为镇江汽车产业创新发展起到技术支撑作用。中科院合肥物质科学研究院是国内知名科研机构，旗下的先进制造技术研究所拥有国内一流的科研实力和人才团队；江苏润模汽车检测装备有限公司是丹徒区科技型企业，主要致力于汽车检测装备的研发生产，先后为一汽集团、北汽集团、上汽集团、北京奔驰、长安铃木等25家主机厂以及延锋饰件、法雷奥、佛吉亚等50家汽车零部件厂商提供产品及服务。（杨雪松）

图35　2016年11月8日，智能检测装备技术研究中心签约暨揭牌仪式在丹徒区会议中心举行（丹徒新城管委会提供）

【"三集"园区建设】 2016年，丹徒新城（宜城街道）推进高端装备制造园、食品产业园、城市商业圈、软件科技产业园4个"三集"园区发展，完成固定资产投资85亿元、应税营业收入160亿元、入库税收4.5亿元。年内，高端装备园区被授予镇江市"高端装备制造业示范园区"和江苏省"高端装备制造产业特色基地"称号。（杨雪松）

【高新技术产业】 2016年，丹徒新城（宜城街道）完成高新技术产业产值148亿，投入研发经费3.2亿元。江苏镇安电力设备有限公司的断路器智能检测与故障预诊断系统和高空作业大电缆提升输送装置研发与产业化、镇江明润信息科技有限公司的绝缘子生产线智能控制与检测软件研发和产业化、镇江恒生涓恩医疗器械有限公司的魔术贴无针线皮肤缝合器研发、江苏海雷德蒙新能源有限公司的能源塔新型防冻液研发等项目有序开展。年内，新增高新技术企业3家，分别为江苏润模汽车检测装备有限公司、江苏镇绩机械制造有限公司和镇江市恩帝斯精密机械有限公司。年末，有高新技术企业22家，省、市认定的企业科研机构近40家，企业院士工作站2个；有"长江学者"1人、"千人计划"4人、省"双创计划"2人、省"博士集聚计划"2人、省"科技副总"2人、市"331人才"11人、市"金山英才"人才8人（其中顶尖人才1人）、区"长山计划"人才8人。（杨雪松）

【宜城第一小学开工】 2016年8月24日，宜城第一小学工程开工，总投资9000万元，占地面积4.67公顷（70亩），总建筑面积2.6万平方米，位于丹徒新城城东名苑以东，铭基商贸城以南，镇荣公路以西，枫雅苑和南盛家园以北。按照规划，办学规模为6轨36班，可容纳1500名学生就读。（杨雪松）

【省老年人体育节镇江暨丹徒宜城分会场开幕式】 2016年4月23日，江苏省老年人体育节镇江暨丹徒宜城分会场开幕式在丹徒区体育馆举行。活动主题为"自觉参与健身，共享健康快乐"，来自宜城街道老年体协、宜城街道下辖的3个行政村以及其他群众文艺团队参与开幕式活动，为1200名观众表演《鼓动中国》《龙腾狮舞》《丹徒田歌》《双推车》《打莲湘》等作品，展示地方传统文化。（杨雪松）

【城乡建设】 2016年，丹徒新城（宜城街道）继续以"以人为本，宜居新城"为目标，推进城乡建设。安置房建设有序开展，宜禄苑小区竣工交付，宜东铭苑二期回迁、三期基础施工顺利进行，全年完成回迁安置1217套、12.3万平方米；园区路网加快完善，友谊路、张巷一路竣工通车，枣林路稳步推进，光明路、恒顺大道开工建设，完成园区积水点整治、道路管道疏通；标准厂房竣工交付5.6万平方米，其中完成定制或租赁2万平方米；社区布局调整结束，社区服务功能逐步完善；完成"卫生城市""文明城市"复检任务，提升城市环境；完成黄标车整治200余辆；西麓村、陆村覆盖拉网式管网主体建设完成，扫尾工作有序进行；全年拆除违章建筑1.1万平方米。（杨雪松）

【文化建设】 2016年，丹徒新城（宜城街道）组织"党的十八届五中全会精神解读""传统文化与中国现代化""供给侧结构性改革与当前中国经济形势分析"等集中学习12次，开展村（社区）典型宣讲3次，组织"新闻写作技巧""音乐欣赏"等专业学习10次。6月始，拓展"宜城讲堂"，打造"周末学堂"新平台，举办"公务礼仪""国学与领导智慧""国际环境的新变化与中国战略应对"等专题报告会。（杨雪松）

表16　**2016年宜城街道村(居)委会情况**

名称	组数（个）	户数（户）	人口（人）	耕地（公顷）	党组织书记	村（居）委会主任
西麓村	23	816	2809	105.33	蔡扣成	谈长林
镇南村	33	1517	4516	93.80	李健忠	曾春文
张巷村	17	914	2712	24.27	范治成	张　詹
长山村	27	1008	3577	163.93	莫辽根	莫辽根
陆　村	21	678	2273	79.37	谢辉剑	谢志霞
许输社区	11	523	1650	22.40	张小斌	唐国滨
缪家甸社区	14	792	2075	16.27	魏　建	许培根
姚庄社区	13	569	1895	–	余正祥	成瑞林
光明社区	21	933	3192	–	冯杲云	蔡冬林
驸马庄社区	12	635	1750	–	丁文平	谢东升

（杨雪松）

高校园区建设

【概况】　2016年，镇江市高校园区（以下简称高校园区）围绕“打好攻坚战，取得新突破”建设目标，全年完成投入22.8亿元。至年底，高校园区基础设施建设有序推进，江苏省交通技师学院投入使用，镇江高等专科学校一期、共享区体育馆完工验收，图书馆进入主体施工阶段，便民服务中心、派出所工程主体封顶，江苏大学京江校区完成建设面积14万平方米，江苏科技大学新校区完成建设面积38万平方米，川气东送、西气东输、中成品油、中盐卤4条管道迁移到位，山南路开工建设；完成共享区商业地块和商业配套区修建性详规，生活配套区选址通过论证；完善学校地块建筑方案设计，完成商业产业规划编制；长山中路、海燕南路实现与新312国道无缝对接；公交枢纽站完成选址，高校园区12条公交线路方案基本形成，长香路两侧11万伏供电线路下地工程项目开工建设。8月，通过绿色建筑示范国家级审查，镇江高等专科学校图文信息中心、共享区图书馆获得绿色建筑三级设计标识。同时，开展各项服务保障工作，修建临时民用便道2200米，完成林隐茶场、金鑫农庄、蒋红英苗圃搬迁工作；协调解决中交集团临时办公用地以及各高校、施工单位临时用电、用水和用气；协调有关部门，确保高校园区内网络通信正常；开展施工现场和周边村庄汛情巡查工作，疏通省交通技师学院东侧洪渠等水利设施；开展“送温暖”系列活动，全年送演出11场次、送温暖20场次。　（张敖鹤）

图36　　2016年，江苏省交通技师学院投入使用　　（丹徒区委宣传部提供）

【征地拆迁】 2016年，高校园区征地拆迁工作有序开展，先后完成镇江高等专科学校理工大楼，共享区体育馆停车场、篮球场，江苏大学京江校区，江苏科技大学部分地块，山南路高专路段以及4根管线20公顷（300亩）地块的土地预征，总面积38.73公顷（581亩）；完成海燕南路思源农庄、2个农业合作社和4条综合管线沿线房屋的拆迁工作，总面积1.84万平方米，其中农户47家、1.41万平方米，企业3家、4300平方米；完成教师生活配套区用地坐标转换，面积190公顷（2850亩），拆迁农户286户、企业5家；加快扬溧高速西侧安置小区建设、上党安置小区建设，安置上党镇拆迁户47户；完成长山西路、京江学院10千伏高压杆线和4条综合管线沿线5组10千伏高压杆线、6组低压杆线的拆除工作，完成各类杆线迁移工作；完成长山西路、长山南路3条自来水管道改道工作，完成新增地块的坟墓搬迁和安置工作。（张敖鹤）

【平安创建】 2016年，高校园区围绕平安园区创建目标，强化举措，各项工作平稳有序。协调有关部门，建成高校园区二期疏导点，设立固定摊位126个，规范园区经济秩序；强化道路安全管理，定期协同有关部门排查安全隐患，保障校车、乡村公交有序；根据高校建设施工需要，及时解决道路开口搭接、修建便道、路灯移建、树木移栽等问题；全年接待来信、来访180余人次，受理镇江"12345"政府公共服务热线、政府舆情50余件并整改到位。（张敖鹤）

城镇建设

【概况】 2016年，镇江市丹徒区住房和城乡建设局（以下简称丹徒区住建局）推动重点项目建设，开展"美丽乡村"创建，深化市政管网建设，治理农村污水，改善居民生活条件；严格行业监管，加强建设项目监察执法力度，强化安全生产，推动建筑工地文明安全施工；落实相关政策，确保拆迁安置工作有序运行；深化房地产市场管理，推动住房保障，完善物业管理，全年办理商品房预售许可证34份。年内，丹徒区住建局获"丹徒区'八大类'重点项目建设有功单位""丹徒区建设更高水平文明城市工作先进单位""丹徒区信访稳定工作先进单位""丹徒区城乡建设先进集体""丹徒区农村环境整治工作先进集体""区级机关绩效管理考核优胜单位"等称号。（史慧娴）

【美丽乡村建设】 2016年，丹徒区住建局推进"美丽乡村"建设，完成世业镇世业村还清洲、上党镇上会村东宝庄、辛丰镇龙山村河达3个自然村基础设施施工，年底通过省级"美丽乡村"验收；完成上党镇其益村其益、谷阳镇槐荫村张付2个自然村2017年省级"美丽乡村"申报；完成全区85个村环境整治提升工作，完成全区农村危房改造68户。年内，荣炳盐资源区胜利村北刘巷被评为2016年省级"康居乡村"。（史慧娴）

【"海绵城市"建设】 2016年，丹徒区住建局按照镇江市实施"海绵城市"建设总要求，丹徒区实施"海绵城市"建设项目具体有北汽大道、旺北路、长山灌区、宜城大道二期、宜东铭苑三期安置房建设、长山水岸安置房建设、长山中路、街头绿地建设、园区中路、辖区内其他所有新、改、扩建及在建项目共9项，项目总投资约1.3亿元。年内，项目有序推进，完成投资6723万元。（史慧娴）

【市政管网建设】 2016年，丹徒区住建局开展全区市政管网建设，完成谷阳大道与华山路交叉口、盛丹路与爱民路交叉口、茅以升大道等易淹易涝隐患区整改工作；全年受理排水管养护申请29户，参与37户、竣工验收17户；养护雨水排口21个、城区雨水明渠3000米、雨水管网153千米、雨水篦5131座、主城区雨水检查井3378座，更换、增设雨水检查井防坠网230套；新建污水管网100千米；完成31个规划发展村庄污水治理专项规划编制，年内通过省级专家评审，进入招投标程序。（史慧娴）

【长山中路项目】 长山中路项目是镇江高校园区配套项目。该项目道路总长2.4千米，规划路宽80米，双向6车道，总投资1.3亿元。2014年4月1日开工建设，至2016年5月，完成投资7500万元。因配合西气东输管道迁移事宜，该工程暂停施工。（史慧娴）

【谷阳河支河环境整治项目】 2016年，丹徒区住建局启动谷阳河支河环境整治项目，年内完成勘探测绘、施工图设计等前期准备工作。该项目总投资900万元，计划通过污水截流管网铺设、河道清淤、护坡改造等工程建设，彻底整治谷阳河支河环境。（史慧娴）

【建筑市场行业管理】 2016年，丹徒区住建局受理新报监工程233个单体，建筑面积127.46万平方米，市政道路7条。竣工备案223个单体，面积131.95万平方米；办理施工图抗震设计审查61件，核发建筑工程施工许可证35件，办理工程质量监督手续46件，并实施建设领域的"多图联审"（以房屋建筑和市政基础设施工程项目为对象，将住房城乡建设部门管理的房屋建筑和市政基础设施施工图设计文件审查、公安消防部门管理的消防设计审核、气象部门实施的防雷装置设计审核全面整合，提升审图质效）。加强建筑市场执法监管力度，检查在建项目32个、总建筑面积53万平方米，其中新城项目13项，管理覆盖率100%；乡镇项目19项，管理覆盖率88%。集中开展脚手架、大型机械设备、危险性较大分项分部工程等专项整治行动，确保施工安全。开展建筑工地临时设施安全大检查，重点检查城区范围内重点项目、大型工地用于搭设宿舍、办公用房的临时活动板房，排查清除火灾、漏电和结构安全隐患。全年下达《停止违法建设通知书》14份，督促12家企业完善施工许可证手续，整改工程质量及安全隐患。年内，创优质结构工程63个，创“金山杯”优质工程4项、单项工程5项，新创“扬子杯”工程1个、单项钢结构专业工程2项。全区受监工程无重大质量事故发生，工程质量稳定受控。(史慧娴)

【建筑节能和绿色建筑】 2016年，丹徒区住建局推进建筑节能与绿色建筑各项工作。全年申报通过绿色建筑设计标识一星项目1个，设计标识二星、三星项目各2个，完成绿色建筑面积18.18万平方米，新增可再生能源建筑应用项目面积5100平方米。宝堰镇被列入市2016“禁黏”乡镇试点计划，并于10月通过市墙改办专家组考核验收。全年生产新墙材标砖11.51亿块，占墙材总量的96%；完成新墙材建筑竣工面积61.42万平方米，新墙材应用比例为96%；完成节能建筑面积46.7万平方米。(史慧娴)

【违法建设查处】 2016年，丹徒区住建局立案查处违法建设案件14起，牵头组织较大规模拆违行动14次，拆违面积2.6万平方米，制止新增违建30余处。(史慧娴)

【招标投标管理】 2016年，丹徒区住建局完善招标投标程序，全年完成招投标项目标段122个，发包总额28.19亿元，面积133.7万平方米。其中公开标段52个，计21.08亿元、33.33万平方米；邀请标段7个，计3.33亿元、21.08万平方米；备案及直接发包标段55个，计7.75亿元、59.42万平方米。全市率先开展丹徒区宜城第一小学新建工程监理项目电子化招投标，全年完成监理项目电子化招投标3个。(史慧娴)

【拆迁安置】 2016年，丹徒区住建局完成连镇铁路、热电联产、奥特莱斯、姚庄棚户区改造、平安物流、243省道拓宽改造等拆迁项目11个，总面积21.17万平方米。完成回迁安置1217套计13万平方米，回购安置房97户149套，调剂安置47户。(史慧娴)

【丹徒区建设投资有限公司】 镇江市丹徒区建设投资有限公司下辖控股公司6家、参股公司3家，注册资本8.77亿元，资产总额230亿元，是区政府直属管理的2A级大型国有企业。2016年，强化资产整合及资产市场化工作，全年收储土地面积19.27公顷(289亩)；完成国际冠城65幢、司法局大楼、尚北公寓6幢等资产租赁工作，租出面积1.1万平方米，收回租金280万元；完成安置房交付后续工作；全年有在建工程项目11个(续建项目9个、新建项目2个)，总投资27.8亿元，其中区人民医院二期扩建工程、丹徒文化艺术活动中心、安置房建设等项目被列入全区为民办实事项目，年内完成投资9.8亿元，竣工项目7个；强化与国家开发银行、中国农业发展银行等政策性银行的合作，新增贷款融资成本6.82%，比上年减少0.41个百分点。(任瑾)

【丹徒区城建投资有限公司】 2016年，镇江市丹徒区城建投资有限公司推进安置房工程、标准厂房建设，完成全年各项目标任务。宜东铭苑三期安置房工程完成各项手续申报并开工建设，至年底，该工程完成前期“三通一平”(水通、电通、路通和场地平整)和桩基工程。推进“三集”(集中、集聚、集约)标准厂房建设，项目总规划建筑面积26万平方米，其中一期工程为5.6万平方米，年内竣工并交付使用。(陈爱波)

表17 **2016年丹徒区省级建筑施工标准化文明(示范)工地情况**

序号	项目名称	建设单位	建筑面积及造价	开工、竣工日期	进度	施工单位	市级考核
1	永安新城家园(西区)二期42号~49号及地下室工程	镇江永安房地产开发有限公司	64001平方米 8038万元	2015.4.17 2016.10.30	80%	浙江新盛建设集团有限公司	镇江市建筑施工标准化文明示范工地
2	江苏科技大学(新校区)建设项目重装实验一号楼、重装实验二号楼和6号、8号、9号、48号楼	镇江市高校投资建设发展(集团)有限公司	73763平方米 23297万元	2015.8.22 2016.7.1	70%	中国江苏国际经济技术合作集团有限公司	镇江市建筑施工标准化文明示范工地
3	江苏大学京江学院新校区建设项目一期工程3号、5号、10号、11号、13号、16号、19号楼	镇江市高校投资建设发展(集团)有限公司	87503平方米 28500万元	2015.5.6 2016.12.30	70%	江苏中信建设集团有限公司	镇江市建筑施工标准化文明示范工地
4	润城国际花园16号、17号楼	镇江润城房地产开发有限公司	23665平方米 3000万元	2016.3.29 2016.12.30	70%	镇江索普建筑安装工程有限责任公司	镇江市建筑施工标准化文明示范工地
5	江苏科技大学(新校区)建设项目1号、2号、3号、10号、25号、49号楼	镇江市高校投资建设发展(集团)有限公司	86998平方米 29231万元	2015.8.22 2016.10.20	80%	中国江苏国际经济技术合作集团有限公司	镇江市建筑施工标准化文明示范工地
6	润城国际花园19号楼	镇江润城房地产开发有限公司	24747平方米 3865万元	2016.3.29 2016.12.30	70%	镇江润祥市政建设工程有限公司	镇江市建筑施工标准化文明示范工地

(史慧娴)

表18　**2016年丹徒区市级建筑施工标准化文明(示范)工地情况**

序号	项目名称	建设单位	建筑面积及造价	开工、竣工日期	进度	施工单位	市级考核
1	永安新城家园（西区）二期42号～49号楼及地下室工程	镇江永安房地产开发有限公司	64001平方米 8038万元	2015.4.17 2016.10.30	80%	浙江新盛建设集团有限公司	镇江市建筑施工标准化文明示范工地
2	江苏科技大学（新校区）建设项目重装实验一号楼、重装实验二号楼和6号、8号、9号、48号楼	镇江市高校投资建设发展（集团）有限公司	73763平方米 23297万元	2015.8.22 2016.7.1	70%	中国江苏国际经济技术合作集团有限公司	镇江市建筑施工标准化文明示范工地
3	六标段长山安置房一期5号楼及A地下室（原5号、38号、39号楼及地下室）	镇江华建置业有限公司	27392平方米 7558万元	2015.1.10 2016.12.30	70%	江苏九鼎环球建设科技集团有限公司	镇江市建筑施工标准化文明工地
4	丹徒新城三集标准厂房5号～10号厂房	丹徒区城建投资有限公司	57000平方米 9025万元	2015.9.10 2016.6.30	70%	镇江瑞森置业有限公司	镇江市建筑施工标准化文明工地
5	八标段长山安置房一期11号、14号、16号、17号、36号（原38号）楼	镇江华建置业有限公司	47000平方米 10500万元	2015.4.20 2017.4.10	80%	江苏省建筑工程集团有限公司	镇江市建筑施工标准化文明工地
6	江苏大学京江学院新校区建设项目一期工程3号、5号、10号、11号、13号、16号、19号楼	镇江市高校投资建设发展（集团）有限公司	87503平方米 28500万元	2015.5.6 2016.12.30	70%	江苏中信建设集团有限公司	镇江市建筑施工标准化文明示范工地
7	二标段长山安置房一期22号、23号、25号、26号楼及C号地下车库	镇江华建置业有限公司	44000平方米 9971万元	2015.5.20 2017.5.8	70%	无锡市盛达建筑安装工程有限公司	镇江市建筑施工标准化文明工地
8	一标段长山安置房一期18号、19号、20号、21号、24号楼	镇江华建置业有限公司	57578平方米 12436万元	2015.5.10 2017.5.20	80%	江苏宏大建设集团有限公司	镇江市建筑施工标准化文明工地
9	七标段长山安置房一期10号、13号楼及B地下室	镇江华建置业有限公司	38107平方米 9424万元	2015.6.5 2017.6.10	80%	镇江瑞森置业有限公司	镇江市建筑施工标准化文明工地
10	三标段长山安置房一期27号、30号、33号、34号、37号、6号、8号楼及附属	镇江华建置业有限公司	86000平方米 20965万元	2015.3.28 2017.3.28	80%	扬中市建筑安装工程有限公司	镇江市建筑施工标准化文明工地
11	风景城邦南郡一期二标段	镇江明旺房地产开发公司	33730平方米 5400万元	2016.1.1 2016.10.1	80%	上海浦安建设发展有限公司	镇江市建筑施工标准化文明工地
12	四标段长山安置房一期28号、29号、31号、32号楼及D地下车库	镇江华建置业有限公司	46806平方米 11673万元	2015.9.1 2017.1.28	80%	镇江瑞森置业有限公司	镇江市建筑施工标准化文明工地
13	润城国际花园16号、17号楼	镇江润城房地产开发有限公司	23665平方米 3000万元	2016.3.29 2016.12.30	70%	镇江索普建筑安装工程有限责任公司	镇江市建筑施工标准化文明示范工地
14	江苏科技大学（新校区）建设项目1号、2号、3号、10号、25号、49号楼	镇江市高校投资建设发展（集团）有限公司	86998平方米 29231万元	2015.8.22 2016.10.20	80%	中国江苏国际经济技术合作集团有限公司	镇江市建筑施工标准化文明示范工地
15	10万吨高端醋产品灌装生产线建设项目	江苏恒顺醋业股份有限公司	23500平方米 3281万元	2016.3.1 2016.9.30	80%	镇江建工建设集团有限公司	镇江市建筑施工标准化文明示范工地
16	润城国际花园19号楼	镇江润城房地产开发有限公司	24747平方米 3865万元	2016.3.29 2016.12.30	70%	镇江润祥市政建设工程有限公司	镇江市建筑施工标准化文明示范工地

续表

序号	项目名称	建设单位	建筑面积及造价	开工、竣工日期	进度	施工单位	市级考核
17	江苏科技大学（新校区）建设项目宿舍组团51号楼	镇江市高校投资建设发展（集团）有限公司	18197平方米 7245万元	2015.8.22 2017.7.1	70%	中国江苏国际经济技术合作集团有限公司	镇江市建筑施工标准化文明示范工地
18	北汽产业园配套道路工程	丹徒区建设投资有限公司	150000平方米 8649万元	2015.10.20 2016.12.31	80%	镇江润祥市政建设工程有限公司	镇江市建筑施工标准化文明工地

（史慧娴）

表19　　2016年丹徒区优质结构工程

序号	工程名称	施工单位	建设单位	建筑面积（平方米）
1	新城家园二期42号、43号、44号、45号、46号、47号楼	浙江新盛建设集团有限公司	镇江永安房地产开发有限公司	48646
2	镇江第二建筑公司新型钢结构加工项目3号、4号厂房	镇江第二建筑工程有限公司	镇江第二建筑工程有限公司	11772
3	江苏大学京江校区11号、16号学生宿舍	江苏中信建设集团有限公司	镇江市高校投资建设发展（集团）有限公司	31652
4	江苏大学京江校区19号体育馆、3号教学楼、10号食堂	江苏中信建设集团有限公司	镇江市高校投资建设发展（集团）有限公司	22555
5	江苏科技大学(新校区）项目2号、6号、8号、9号、25号、48号楼	中国江苏国际经济技术合作集团有限公司	镇江市高校投资建设发展（集团）有限公司	77616
6	长山安置房一期3号楼	镇江市协兴建筑安装工程有限公司	镇江华建置业有限公司	13941
7	长山安置房一期5号楼	江苏九鼎环球建设科技集团有限公司	镇江华建置业有限公司	7879
8	长山安置房一期14号、16号、17号楼	江苏省建筑工程集团有限公司	镇江华建置业有限公司	27942
9	长山安置房一期22号、23号楼	无锡盛达建筑安装工程有限公司	镇江华建置业有限公司	14968
10	长山安置房一期31号楼	镇江瑞森置业有限公司	镇江华建置业有限公司	5055
11	长山安置房一期19号、21号、24号楼	江苏宏大建设集团有限公司	镇江华建置业有限公司	35761
12	长山安置房一期6号、27号、33号楼	扬中市建筑安装工程公司	镇江华建置业有限公司	34975
13	镇江先锋汽车零部件1号、2号厂房	镇江市先锋汽车零部件有限公司	镇江市光大建筑工程有限公司	23000
14	恒大绿洲花园10号楼（幼儿园）	南通华新建工集团有限公司	镇江佳祺置业有限公司	4820
15	镇江希西维轴承有限公司综合楼	南通华新建工集团有限公司	镇江希西维轴承有限公司	16862
16	景湖印象三期78号楼	江苏盐城二建集团有限公司	镇江市丹徒区兴城建设开发公司	22159
17	风景城邦南郡一期48号、49号、51号、52号楼	江苏苏南建设集团有限公司	镇江明旺房地产开发有限公司	15732
18	风景城邦南郡一期28号、29号、34号楼	上海浦安建设发展有限公司	镇江明旺房地产开发有限公司	12354
19	风景城邦南郡一期7号、11号、12号、16号、18号、22号、24号楼	上海浦安建设发展有限公司	镇江明旺房地产开发有限公司	23653
20	镇江高等专科学校（新校区）建设项目公共教学楼B座、行政办公楼	中亿丰建设集团股份有限公司	镇江市高校投资建设发展（集团）有限公司	31771
21	镇江高等专科学校（新校区）建设项目管理、外语教学楼	中亿丰建设集团股份有限公司	镇江市高校投资建设发展（集团）有限公司	17068

续表

序号	工程名称	施工单位	建设单位	建筑面积（平方米）
22	中共镇江市委党校（新校区）建设项目1号楼	江苏万宣建设工程有限公司	镇江市高校投资建设发展（集团）有限公司	5142
23	镇江浩大医疗器械4号厂房	宜兴市工业设备安装有限公司	镇江浩大医疗器械有限公司	4022
24	风尚花园二期2号、9号、15号、21号住宅楼	江苏兴厦建筑安装有限公司	镇江凯盛房地产发展有限公司	75890
25	江苏大学京江校区13号学生宿舍、14号教师公寓	江苏中信建设集团有限公司	镇江市高校投资建设发展（集团）有限公司	22913
26	江苏科技大学（新校区）项目10号楼（经管学院）、3号楼（船舶土建楼）、重装实验1号楼、宿舍组团49号楼	中国江苏国际经济技术合作集团有限公司	镇江市高校投资建设发展（集团）有限公司	65882
27	江苏省交通技师学院6号、7号、8号、12号、14号、15号、10号、16号、17号楼	镇江索普建筑安装工程有限公司	江苏省交通技师学院	89665
28	驸马山庄二期帝豪苑23/26/27号楼、22号楼及车库	镇江久盛建筑安装工程有限公司	镇江豪斯嘉房地产有限公司	19967
29	10万吨高端醋产品灌装生产线建设项目	镇江建工建设集团有限公司	江苏恒顺调味食品有限公司	22000
30	丹徒新区翠园小区6号楼	江苏宜安建设有限公司	镇江银建房地产开发有限公司	5762
31	长山安置房一期13号楼	镇江瑞森置业有限公司	镇江华建置业有限公司	12427
32	长山安置房一期32号楼	镇江瑞森置业有限公司	镇江华建置业有限公司	13941
33	长山安置房一期37号楼	扬中市建筑安装工程有限公司	镇江华建置业有限公司	13870

（史慧娴）

城镇规划

【概况】 2016年，镇江市规划局丹徒分局（以下简称丹徒规划分局）推进重点项目、民生工程服务，梳理乡镇总体规划编制情况，下移服务重心，推进乡镇规划编制工作。年内与全区所有镇（街道、园区）、板块完成2次以上对接，完成遥感图斑核查工作；4月始，开展以“规划进企业”为主题的上门服务活动，全年走访乡镇板块和企业单位26家次。（刘　柳）

【规划业务工作】 2016年，丹徒规划分局核发规划意见40份；核发规划条件45份，用地面积122.57公顷；核发建设用地规划许可证36份，用地面积160.36公顷；核发建设工程规划许可证208份，地上面积72.86万平方米，地下面积13.37万平方米；核发建设工程规划核实合格证230份，地上面积119.92万平方米，地下面积15.53万平方米；核发验线证明文件22份。全年办理信访回复、镇江“12345”政府公共服务热线和镇江论坛意见答复53份。（刘　柳）

城市管理

【概况】 2016年，镇江市丹徒区城市管理局（以下简称丹徒区城管局）围绕“推进精致管理全覆盖”目标，以数字化平台为依托，配合文明城市、卫生城市创建复审工作，探索建立市场化运作新模式，推动市民、网民参与城市管理，城乡环境管理工作日趋规范。全区生活垃圾处置长效机制形成，改善农村人居环境；开展城管宣传，邀请专业团队摄制城市管理工作真人宣传片；受理12345热线、镇江论坛等咨询和投诉1368条，整改和回复率均为100%；组织丹徒城管“守护生态”志愿者服务队，开展各类公益活动。“大城管”（即城市综合管理，所管理的范围包括给水、电力、通信、垃圾收运处理、供水等城市基础功能，以及城市公共空间）考核连续4年在全市排名第一，连续3年获全区特别贡献奖。（尹　季）

【市容市貌管理】 2016年，丹徒区城管局清运生活垃圾6.5万吨，全部由甸上垃圾焚烧发电厂完成无害化处置；清理“牛皮癣”小广告8417处，签订“市容环卫”责任书129份，整改广告制作画面1360平方米，拆除违规设置广告12处，整改围墙广告26处、店牌店招356处；按照市容管理示范路创建要求，完成勤政路沿线店牌店招、绿化、市政设施提档升级；规范占道烧烤行为，解决烧烤油烟扰民现象。（尹　季）

【村容村貌建设】 2016年，丹徒区城管局推进集镇管理和村庄环境长效考核工作,发挥镇、村联动机制,加强保洁员队伍建设,强化垃圾转运站的管理,村容村貌长效管理工作有序开展。年内,全区农村生活垃圾做到日产日清,无害化处理率、减量化处理率、清运率分别为100%、95%、98%;实施“户分类、组保洁、村收集、镇运转、市集中处置”的农村生活垃圾无害化处置体系,全年下发整改通知48份,涉及整改项目168个,遍及所有镇(街道、园区),均按要求整改到位。（尹　季）

【公共设施保障】 2016年,丹徒新城范围内市政、环卫、绿化维护纳入常态化管理。年内,出新洗创勤政路、谷阳大道、长香路、纬六路桥1590平方米,维修经十二路、长香路、谷阳大道坑洼路面4.04万平方米,修复各类道板4900平方米、路牙3020米、混凝土路面4720平方米、草坪90平方米、电缆1000米、交通护栏168米;维修路灯1171盏,紧急处理路灯相关事件16起,处理因交通撞灯杆事件多起,扶正灯杆、灯头45处,检修口盖60个,维护路灯专用变压器42台次;安装谷阳大道、谷东路交叉口绿岛绿化护栏1425米,消除安全隐患;新建金谷东路、瑞泰支路交叉口西南侧绿化带机动车停车位22个,缓解金谷东路周边停车难问题;设立恒基太平洋摊位疏导点1个,解决沿路摆摊现象;加大市政设施、路灯、公共自行车巡查和考核力度,每月不定时考核4次,提高公共基础设施的使用率。（尹　季）

【渣土行业管理】 2016年,丹徒区城管局规范城区渣土倾倒工作,全年查处车辆污染路面56起。城区范围内全部围挡、场内主要道路和出入口具备硬化、冲洗设备或设施,并配备卫生保洁员;开展渣土倾倒现场检查,管理不达标的工地不得开工、车轮带泥的渣土车辆不得上路;在易发生撒漏和随意倾倒建筑垃圾的重点路段增设监视探头,减少执法盲区;依照《镇江市城市建筑垃圾管理办法》,处罚偷运偷倒渣土违法行为,并责令其清扫冲洗污染路面;安排人员开展不间断巡查,安排专人值守重点施工现场。（尹　季）

【城管专项整治】 2016年,丹徒区城管局开展多项城市管理专项整治行动。整治乱停车现象,新建妇女活动中心停车场、圣地雅阁停车场、金谷路停车场,增加机动车停车泊位92个,结合金谷路整治,新建生态型永久式停车泊位20个,新划设临时停车泊位50个;规范经营疏导点,高校园区临时疏导点投入资金400余万元,设有摊位126个,配置消防设施,安装安全监控24处,配套建成机动车非机动车停车场、公共厕所、办公用房等附属设施;改造积水点,在华山街金陵风景城邦大酒店易淹易涝片区,改造DN2000顶管160米、雨水检查井11座、污水检查井2座、钢筋混凝土沉井3座,更换华山街沿线积水区雨水篦子;整治道路环境,开展华山街(长香路—龙山路段)、金谷路中段环境综合整治行动,拆除违法建筑,规范沿街店面,清除乱贴乱画,整治油烟及噪声污染。全年接受“大城管”市级平台派遣整改项目9675条,区级平台发出日常考评整改通知书2091份、整改项目8034条,其中自查案件1641条,平均整改率92.18%。（尹　季）

图37　　2016年,人民广场水池修护　　(丹徒区城管局提供)

【人民广场管理】 2016年,丹徒区城管局在人民广场一期实施16小时保洁制度,保持环境整洁;全年开展广场摊点整治4次,控制超范围摆摊、乱摆摊、占道经营行为;审批摊点37家、大小型活动19次;规范广场停车秩序,强化社会车辆管理;加强广场内道路、地面铺装、排水、照明、无障碍设施、公共消防设施、公用电话、座椅、窨井等公共设施的维护管理,出新修复地面铺装2000平方米。（尹　季）

【城管窗口服务】 2016年,丹徒区行政服务中心城管窗口规范操作程序,及时受理行政许可事项,对申请材料不全或不符合法定形式的,当场一次性告知申请人并开具《材料补正通知书》,对符合条件的在有效工作日内按承诺时限办结,群众满意率100%。实行“AB岗”(一岗两人)工作制度,公开审批事项、审批依据、审批程序、承诺期限、收费依据、收费标准;完善上门服务制度,为申请单位和个人提供一站式服务,在7天承诺期中,当天办结率90%。全年窗口受理行政许可57件,其中广告事项审批21件、渣土事项审批12件、市政事项审批19件、绿化事项审批5件。（尹　季）

古邑双拥结硕果

——丹徒区做好新时期双拥工作掠影

1

2

3

4

1 2016年7月25日，丹徒区委、区政府主要领导带领区四套班子领导和有关部门负责人分别走访慰问12个驻军部队

2 2016年5月4日，丹徒区领导干部第一期“铁军”集训营在镇江国防园举行

3 2016年1月28日，丹徒区委、区政府在政府八楼会议室召开春节军政座谈会

4 2016年7月19日,丹徒区党政领导在区人武部开展丹徒区第26次军地议事园活动

5 2016年9月23日，丹徒区双拥办、区妇联在政府八楼会议室召开丹徒区“好军嫂”表彰大会

6 2016年11月1日，武警镇江支队在丹徒区高资街道石马中心幼儿园举行扶贫帮困启动仪式

7 2016年12月1日，丹徒区委、区政府在武警丹徒消防大队举行退伍老兵欢送会

5

6

7

中共丹徒区纪律检查委员会

2016年10月31日，丹徒区委常委、区纪委书记聂美红接受江苏卫视“廉政时空”栏目采访

2016年2月4日，中国共产党镇江市丹徒区第十二届纪律检查委员会第六次全体会议在丹徒新城会议中心召开

2016年5月18日，丹徒区领导干部警示教育大会在丹徒新城会议中心召开

2016年，丹徒区纪委监察局以中共十八大和十八届三中、四中、五中、六中全会精神为指导，学习贯彻习近平总书记系列重要讲话精神和治国理政新理念、新思想、新战略，落实中央、省、市纪委六次全会和区委十次全会部署，聚焦监督执纪问责，着力推进正风反腐、强化党内监督、深化标本兼治，全区党风廉政建设和反腐败工作取得新的进展和成效。

2016年11月2日，丹徒区纪委监察局学习贯彻中共十八届六中全会精神

2016年9月13～14日，丹徒区纪委组织召开全区纪检监察系统工作业务培训班

中共丹徒区委政法委员会

2016年3月1日,丹徒区政法工作会议现场

2016年12月13日，丹徒区2016年度综治、法治工作汇报会现场

2016年，中共丹徒区委政法委学习贯彻习近平系列重要讲话精神，围绕中央和省、市、区委决策部署，推进综合治理社会化、法治化和精细化，全力打造升级版平安丹徒、法治丹徒和过硬政法队伍，各项工作取得新成效。丹徒区连续13年被评为“省级平安区”，公众安全感并列全市第一，政法队伍建设满意率全市第三，顺利通过“六五”普法考核验收，7个镇（街道、园区）被评为“全市法治建设创建工作先进单位”。

2016年7月22日，丹徒区“法治惠民镇村行”工程启动大会现场

2016年12月30日，丹徒区镇村综治中心建设研讨会现场

中共丹徒区委组织部

2016年，中共丹徒区委组织部落实全面从严治党要求和区委决策部署，围绕大局担当作为，紧抓大事务实推进，各项工作执行全面、成效显著。完成区四套班子、镇党委、人大、村（社区）党组织换届选举，“学有实效、做有实绩”推进“两学一做”经验做法被列为全市典型，推广开展“四亮四创”主题活动和“百千万”工程,创新基层党建现场观摩会制度，落实“书记项目”，“点、线、面、体”统筹推进，“两新”组织“两个覆盖”率均为100%。推进“双型”先进党支部建设，“四星”以上先进党支部占比13%。举办清华大学“一把手”培训班等研修班。严格个人有关事项报告核实制度。引进高层次人才（团队）45个，市“金山英才计划”项目立项22项，项目立项数和资助金额创历史新高。“五好”班子创建等8项工作创新做法被《新华每日电讯》等报刊头版报道。

2016年7月26日，中共镇江市丹徒区第十三次代表大会开幕式

2016年9月2日，丹徒区召开江苏省第九批“科技镇长团”丹徒团下派工作会议

2016年6月30日，丹徒区召开庆祝建党95周年暨“七一”表彰大会

2016年9月8日，丹徒区召开“两学一做”学习教育推进暨基层党建现场观摩会

村干部指导员给村民辅导农技知识（“四化”体系建设在《人民日报》报道）

中共丹徒区委宣传部

2016年11月3日，镇江市委常委、宣传部部长童国祥（右三）调研丹徒区宣传思想文化工作

2016年10月19日，全国重点网络媒体丹徒行活动座谈会现场

2016年，丹徒区委宣传部围绕“弘扬主旋律、汇聚正能量、唱响好声音”主线，组织开展区委中心组学习扩大会、“微宣讲”竞赛、“百千万基层宣讲行”等各类宣讲活动120余场，开通“思悟堂”微信专栏。创新开展的“精准冬训 精彩收获”项目获全省基层党员冬训工作创新奖，丹徒区被表彰为全省基层党员冬训工作示范区。围绕习近平总书记视察两周年、省市区党代会和市区“两会”精神学习宣传和深化供给侧改革等主题，全年在中央“三报两台”发稿13篇，在新华日报、江苏卫视等省级以上媒体发稿120篇，中央、省级媒体发稿量均创历史新高；在《镇江日报》头版头条发稿43篇，位居各辖市区首位。在全市各辖市区中率先超额完成新华日报“交汇点”新闻客户端推广使用任务；连续四年被评为“全市宣传思想文化工作优胜单位”，获全市“网络发言人”工作先进集体称号。培树市级以上先进典型12人，其中1人当选“中国好人”、4人当选“江苏好人”、7人当选“镇江好人”，道德典型培树总量占比位居全市前列；建成好人工作室2个、好人广场1个，编印《德耀丹徒》好人故事集；创新开展的构建“233”明德教育阵地体系获全市宣传思想文化工作创新奖。全年有31件文艺作品在市级以上评选中获奖，长篇小说《润城往事》出版。全年文化产业新增投资23亿元，引进10亿元以上重点文化企业2家、各类文化企业25家。

2016年10月16日，丹徒区首届大众摄影节开机仪式现场

2016年11月2日，“丹徒好声音”总决赛现场

2016年9月20日，知名网友看北汽活动现场

2016年9月17日，“崇尚道德 共享文明”丹徒区公民道德宣传日徒步活动现场

丹徒新城管委会

2016年8月24日，区委书记陈琳（中）到丹徒新城工业园热电联产项目现场调研

2016年12月3日，丹徒新城党工委书记江达贤（中）陪同区领导到海雷德蒙公司调研

2016年5月13日，举行金润游艇项目签约仪式

2016年，丹徒新城管委会推进重大产业类项目建设，加快城市建设步伐，应对宏观经济下行以及“营改增”政策不利影响，持续保持经济社会良好发展势头。全年完成固定资产投资106.2亿元，其中工业固定资产投资57.5亿元。完成工业总产值265.6亿元、工业应税销售收入100.05亿元，实到外资及港澳台资4200万美元，社会消费品零售总额17亿元，农村居民人均可支配收入19370元，完成高新技术产业产值148亿元，研发经费支出3.1亿元。

2016年2月19日，新美达工具项目竣工投产

2016年4月23日，举办江苏省老年人体育节镇江暨丹徒宜城分会场开幕式

丹徒生态广场

宜东铭苑安置房

崛起的丹徒新城

丹徒区人民武装部

2016年8月3日，江苏省军区司令员李大清（中）视察丹徒区征兵工作

2016年2月25日，丹徒区召开区委常委议军会

2016年12月20日，镇江市委常委、军分区司令员曹寅（右一）调研谷阳镇人武战备规范化建设工作

2016年，丹徒区人民武装部在镇江军分区党委和丹徒区委、区政府的领导下，学习贯彻总书记习近平系列重要讲话精神，坚决拥护和服从改革大局，围绕强军目标，坚持战备常态化、训练实战化，依法治军从严治部，科学统筹狠抓工作落实，单位全面建设保持稳步发展的良好势头。

2016年7月12日晚，组织民兵应急分队到世业镇长江大堤抗洪抢险

2016年7月29日，在丹徒宝龙广场组织开展“征兵宣传日”活动

2016年5月12日，组织民兵抗洪抢险分队参加镇江市防汛抢险军地联合演练

镇江市丹徒区人力资源和社会保障局

2016年6月1日，举办被征地农民保障业务培训班

2016年2月29日，开展”春风行动“大型创业就业招聘会

2016年，镇江市丹徒区人力资源和社会保障局围绕“聚力强富美高、深化特色发展，高水平全面建成小康社会”要求，突出“创新富民”主题，坚持“民生为本、人才优先”工作主线，推动人力资源社会保障事业迈上新台阶。年内，被省统计局评为2015年统计规范化建设部门统计示范点，被市委、市政府、军分区评为拥军七创三等功单位，被市人社局评为2016年度全市人力资源社会保障系统信息宣传工作先进单位、2016年度全市人力资源和社会保障工作目标管理考评优良单位，被区委、区政府评为区级机关绩效管理考核十佳单位、建设更高水平文明城市工作先进单位、信访稳定工作先进单位、科技与人才工作先进单位、保障农民工工资支付工作先进单位以及2014～2015年平安丹徒、法治丹徒建设先进集体、“强村富民”双达标行动先进集体，被区委评为2013～2015年度文明单位。

2016年3月18日，开展“春风行动”招聘会（图为现场接受群众咨询）

2016年9月29日，举办“爱岗敬业、乐于奉献”人社系统协理员演讲比赛

2016年2月5日，开展“特困帮扶、真情相助”慰问

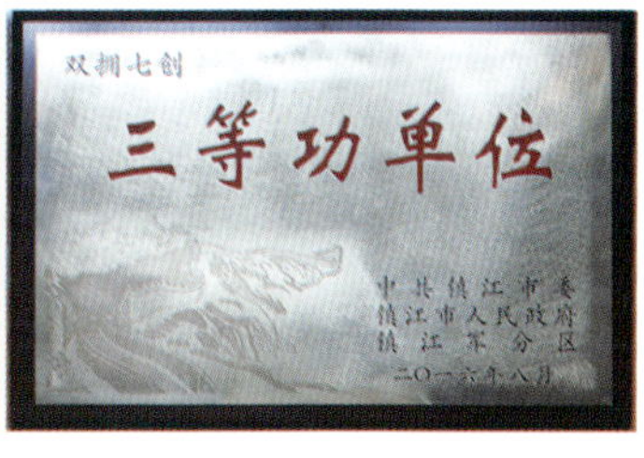

镇 江 市 丹

2016年3月24日，召开丹徒区财政工作暨作风建设大会

2016年，镇江市丹徒区财政局履行财政职能，践行“实现新发展、一切在于干”的工作作风，推动财政工作再上新台阶。全年完成一般公共预算收入25.7亿元，同口径增长6.3%；完成一般公共预算支出29.24亿元，民生支出21.7亿元，比上年增长1.5%。开展重点工作“回头看”，加大预决算公开力度。规范财政专户管理，全年累计撤销、归并财政专户3个，占全区原有财政专户的14.3%。实行政府债务限额管理，防范债务风险，向上争取新增债券资金2.6亿元，争取置换债券13.42亿元，将政府债务规模、风险控制在警戒线以内。推进绩效评价，开展绩效评价项目316个，评价资金总额7.42亿元。

2016年8月4日，召开丹徒区部门预决算公开工作会议

2016年7月7日，召开丹徒区财政局“双过半”总结会

徒区财政局

2016年7月7日，召开严肃财经纪律和“小金库”专项治理工作交流会

2016年11月21日，召开财政系统“学习标兵”表彰大会

2016年4月25日，开展“营改增”政策学习

2016年 6 月12日，召开丹徒区行政事业单位国有资产清查信息系统培训会议

镇江市丹徒区人民法院

2016年，镇江市丹徒区人民法院坚持司法为民、公正司法，围绕“努力让人民群众在每一个司法案件中都感受到公平正义”的工作目标，按照“转作风、强队伍、提质效、谋发展、促改革”工作思路，全面完成各项审判工作任务，为建设“强富美高”新丹徒作贡献，在依法服务经济社会发展、践行司法为民宗旨、深化司法公开、加强队伍建设等方面取得长足进步。

2016年12月，丹徒区法院党组书记、代理院长汤国生率队到辖区重点企业调研

2016年11月16日，丹徒区法院举行首批入额法官宣誓仪式

2016年9月14日，丹徒区法院在高资街道人力资源和社会保障服务中心召开涉劳动者权益案件执行款集中发放会

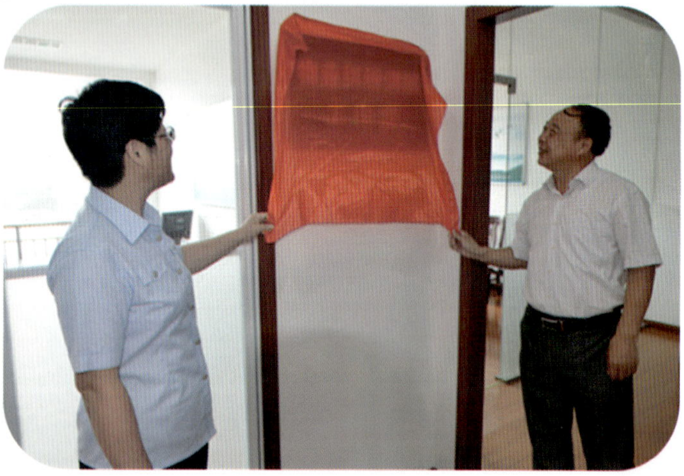

2016年6月24日，丹徒区“物业纠纷调解工作室”在丹徒区法院挂牌成立

2016年8月17日，丹徒区“消费者权益纠纷调解工作室”在丹徒区法院挂牌成立

镇江市丹徒区人民检察院

2016年7月19日，举行预防职务犯罪警示教育基地揭牌仪式

2016年12月4日，省暨镇江检察工作通报会在该院召开

2016年8月12日，召开“法治惠民镇村行”座谈会

2016年，镇江市丹徒区人民检察院围绕全区经济社会发展大局，坚持以司法办案为中心，履行检察职能，加强司法公信力建设，检察工作呈现出良好的发展态势。连续2年被评为镇江市先进检察院，在镇江市基层院综合考评中名列第一；连续3年被评为区级机关绩效管理考核“十佳单位”。

2016年12月8日，举行检察官宣誓仪式

2016年10月10日，开展特困刑事被害人救助工作

镇江市丹徒区发改经信委

2016年7月27日，北汽华东（镇江）基地BJ20量产下线仪式

2016年，镇江市丹徒区发改经信委把握态势做好全区经济运行调节，保持工业生产平稳运行，完成规模以上工业总产值1125.72亿元。培育发展新兴产业，实现新兴产业销售收入475.1亿元；推进重大项目建设，做好项目报批和督查；强化重点企业节能监管，推进企业清洁生产和循环经济项目实施，促进丹徒经济建设协调发展。年内，固定资产投资增幅全市第一、小进规企业完成率全市第一，是全市“十二五”节能工作先进单位，获区级机关绩效管理考核“十佳单位”、2013～2015年度区级文明单位、固定资产和重点项目建设先进单位、服务业工作先进单位、“八大类”重点项目建设有功单位等荣誉。

2016年5月9日，长山薰衣草庄园正式开园

2016年12月7日，世业开心乐之岛主题公园项目投入试运营

2016年11月20日， 上党智能立体提车库项目试生产现场

2016年10月13日，孟家港国际物流园项目施工现场

2016年12月28日 上党语诣光电项目竣工投产现场

2016年12月25日，高新园铸造砂项目建设现场

2016年11月15日， 开发区建科院项目现场

镇江市丹徒区住

2016年9月3日，局领导到工地检查安全生产情况

2016年12月8日，辛丰镇龙山村河达创建省级美丽乡村验收现场

2016年，镇江市丹徒区住房和城乡建设局攻坚克难、创新实干，实现“十三五”良好开局。3个村通过省级美丽乡村验收,1个村被列为2016年省级康居乡村，全区85个村按照方案实施环境整治。推进北汽大道、旺北路、长山灌区等海绵城市建设项目；提高监管能力，创优质结构工程63个，创“金山杯”优质工程4项，新创“扬子杯”工程1个，创成省级文明工地6项、市级18项；拆迁安置有序，实施连镇铁路、热电联产、奥特莱斯等拆迁项目11个，总面积21.17万平方米，共回迁安置6个小区1217套计13万平方米；强化房地产市场管理,全年办理商品房预售许可面积30.29万平方米，销售房屋5861套；行政服务提质增效，开展“走企业、进现场、解难题、促发展”活动，帮助企业解决各类难题。

2016年2月17日，到工地开展法治宣传教育

2016年1月18日，组织到特教中心慰问

房和城乡建设局

广场西路园路易积水点改造

杨溪河蓄水设施整治

省级美丽乡村——世业镇世业村还青洲

镇江市丹徒

2016年5月27日，农业部副部长（左一）于康震检查世业镇先锋村农业血防工作

2016年5月13日，省农委副主任张坚勇（右一）在江苏省首届茶叶博览会丹徒区茶企展台指导检查

2016年，镇江市丹徒区农业委员会推进农业供给侧结构性改革，在稳生产、促发展、保增收、强服务上创新作为，全区农业农村经济发展态势平稳，实现“农业强、农村美、农民富”的良好开端。丹徒区国家茶叶综合标准化示范区通过国家标准委考核验收，8个村庄绿化示范村建设通过市级验收，生态健康养殖示范创建全面完成；“长山剑毫”茶知名度进一步提高；对“强村富民”新达标任务中的43个经济薄弱村1791户3889名贫困户实施结对精准帮扶；敖毅村（尚香黄桃）获农业部第六批“一村一品”示范村，五套村被授予省休闲观光农业示范村；全区农林牧渔增加值(现价)21.17亿元，农村常住居民人均可支配收入18959元，完成对1557个村民小组的土地确权，签订农村土地承包合同7万份，颁发农村土地承包经营权证书6.8万份。年内，农业技术推广、水产品质量安全专项整治、药物残留快速检测、食品安全、农产品质量安全、行政执法、扶贫等工作获得省级相关部门表彰。

2016年5月27日，市农委副主任荆国芳（左三）检查丹徒区夏收夏种情况

2016年4月9日，举行丹徒区第一届长山茶文化节开幕仪式

区农业委员会

2016年5月13日，召开丹徒区水稻绿色高产高效创建项目实施方案论证会

2016年7月29日，丹徒区长山林区森林防火智能化监控系统建设通过省级专家组验收

2016年3月23日，丹徒区农委质监科联合执法大队在宝龙超市开展“农三品”标识使用检查

2016年8月29日，绿色通道防治杨树食叶害虫

丹徒区万亩茶园

镇江市丹徒区

2016年6月27日，丹徒区委书记陈琳（前左三）调研市场监管工作

2016年，丹徒区市场监督管理局贯彻“四个全面”战略布局，促进全区经济健康发展、社会和谐稳定。全年新发展市场主体4450户，比上年增长35.6%，推进全程电子化登记和集群注册，服务大众创业、助力万众创新。全年食品抽检1280批次，建成区食品快速检验检测中心，推行“你点我检”的快检新模式，加大药品、医疗器械、特种设备整治力度。全年受理消费者申投诉600余件，在全市率先采用“双随机一公开”检查模式，93.7%的经营性网站申领“工商网监”电子标识，强化商标、广告、质量、计量的监督检查，查处各类违法案件128件。

2016年9月29日，镇江市食药监局局长张红娣（前右二）到该局召开推进基层分局食药监管能力建设现场会

2016年10月18日，召开丹徒区省级食品安全城市创建工作推进会

市场监督管理局

2016年7月16日，举办“服务大众创业，助力经济腾飞”活动

2016年5月4日，举办“服务民生，绽放青春”主题团日活动

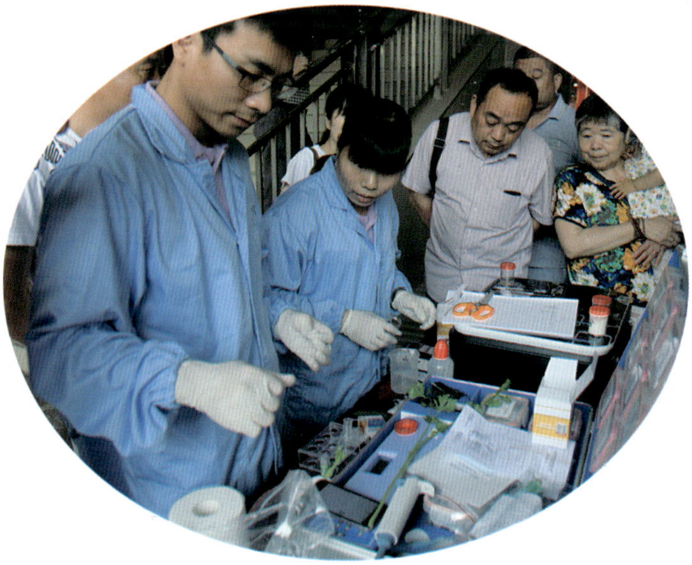

2016年6月24日，开展“情系民生，你点我检”活动

2016年9月20日，开展“党员志愿服务惠民生”活动

镇江市丹徒区国家税务局

2016年，镇江市丹徒区国家税务局围绕税收现代化目标，各项工作取得进步,实现“十三五”良好开局。立足新方位、聚焦新业态、谋求新突破，推进税收征管现代化、继续深化征管体制改革；建立健全各级依法行政议事决策规则，分解法治税务建设工作任务，促进依法行政和规范执法责任的有效落实；建成全市首家国地税联合办税服务厅，实现“进一个厅，办两家税”，提高办税效率；开展“暖企行动”，帮助企业解决难题，促进政策落实，提高纳税遵从度。全年完成国税收入138481万元，比上年增长10.51%；折合一般公共预算收入56840万元，比上年增长53.73%。

2016年5月26日，国税总局征管科技司领导到该局调研指导征管规范2.0版试点工作

2016年6月16日，河南省新乡市长垣县地税局到该局交流学习税收管理改革

2016年5月1日，丹徒国税干部辅导开出全区第一张生活服务业增值税专用发票

2016年7月29日，组织参加丹徒区学习党章党规知识竞赛获一等奖

2016年4月28日，“营改增”专项辅导宝龙广场会场

镇江市丹徒地方税务局

2016年，镇江市丹徒地方税务局围绕建设“强富美高”新丹徒，紧扣“落实征管体制改革、提升税收管理水平”工作主题，以组织收入工作为中心，以深化绩效管理为重点，推进税收征管体制改革，提升依法治税及服务发展的能力和水平，各项税收工作扎实推进，实现“十三五”良好开局。至年底，共组织税收收入入库19.23亿元，其中一般公共预算收入16.52亿元。年内，该局获“省部门统计示范点”称号，获丹徒区区级机关绩效管理考核优胜“十佳单位”、区落实党风廉政建设先进单位、区依法行政暨法治政府建设先进单位、区政务便民工作先进单位等称号。

2016年2月19日，召开全区地方税务工作会议

2016年4月21日，税务人员辅导纳税人安装使用网上办税APP

2016年8月5日，地税人员到企业走访调研

2016年4月28日，地税人员为纳税人讲解辅导税收政策

契税窗口

镇江市丹徒区环境保护局

2016年11月4日，丹徒区委书记陈琳（右二）调研覆盖拉网式农村环境综合整治试点工作

2016年，镇江市丹徒区环境保护局把生态文明建设放到苏南现代化示范区建设的突出位置，以改善环境质量为核心，在生态创建、污染防治、环境法治等方面取得新成绩，完成年度各项目标任务，获2016年度省级生态红线监督管理考核全省第一和区单项工作突出贡献奖。强化环境基础建设，从源头控制新增污染源，增强全区生态环境抗风险能力；向上争取生态补偿资金1643万元，推动生态文明建设各项工作落实到位，促进全区经济与环境协调发展。以农村生活污水处理设施及管网建设为主要内容，推进覆盖拉网式农村环境综合整治试点工作，建立完善全区污水处理设施运行维护机制。

2016年7月29日，中央环境保护督察期间开展夜间环境执法

2016年6月5日，开展“6·5”世界环境日宣传活动

2016年6月24日，举办环保法律知识和业务培训班

2016年11月16日，举办丹徒区生态文明建设培训班

2016年6月8日，在石马小学联合开展环境保护主题班会

镇江市丹徒区民政局

2016年2月24日，召开丹徒区民政工作会议

2016年12月13日，江苏省民政厅专家评估组考核丹徒区“现代民政示范区”创建工作

2016年，镇江市丹徒区民政局坚持“以民为本、为民解困、为民服务”宗旨，按照“抓重点、树品牌、促转型、补短板、守底线”的工作思路，深化改革创新，狠抓任务落实。丹徒区创建成为江苏省“现代民政建设示范区”，全区试点运行虚拟养老院，正式启用区级救灾应急物资储备仓库，开展“9・30烈士公祭”活动，全市第二个全面实行“江苏省老年人优待证”免费办理，全市唯一中标江苏省“老年精神关爱”公益创投项目，初步创建全省首家军休活动基地。年内，丹徒区民政局被评为全省“安康关爱行动”先进单位、全区政务便民服务工作先进单位、全区信访稳定工作先进单位，并获镇江市“安康关爱行动”一等奖、镇江市第二届退役士兵技能竞赛“优秀组织奖”等荣誉。

2016年9月30日全国第三个烈士纪念日，在区烈士陵园举行缅怀先烈公祭活动

2016年5月12日，开展防灾减灾集中宣传活动

镇江市丹徒区司法局

2016年，镇江市丹徒区司法局发挥司法行政职能和资源优势，推动“一村（社区）一法律顾问”工作规范运行，建立完善律师坐班答疑、法律服务志愿者跟班协助机制，扩大法律援助事项范围；严格特殊人群管控，应用服刑人员远程会见系统；密织调解工作网络，成立人民调解协会；“六五”普法圆满收官，“七五”普法全面启动；创新“融合共建”机制，推进场所建设，培育社会组织60家。该局年度绩效考核名列辖市(区)第2名，被省司法厅评为“四个全覆盖”先进单位。

2016年7月13日，丹徒区区长张映桥召集公共法律服务工作座谈会

2016年5月18日，新疆农四师司法局考察团到丹徒区司法局参观考察

2016年5月12日，与丹徒区关工委联合召开社区矫正结对帮教联谊会

丹徒区公共法律服务中心大楼

丹徒区公共法律服务中心法文化展示厅

江苏省丹徒经济开发区

2016年9月5日，区委书记陈琳（右四）率队到高资街道调研

2016年6月20日，总投资28亿元的镇江长山国际旅游度假区项目落户丹徒经济开发区

2016年，江苏省丹徒经济开发区以项目为中心，实现经济指标平稳增长，保障区域经济和社会各项事业发展。全年完成地区生产总值86.17亿元，完成工业总产值393.9亿元、销售收入389.4亿元，一般公共预算收入2.2亿元，完成规模以上投资73.8亿元，实际利用外资及港澳台资2669.6万美元。推进开发区循环经济发展和生态园区建设，10月通过省级循环化改造示范试点园区考核验收；11月通过ISO：14000环境质量体系复查。

2016年9月28日，开展节前安全生产大检查

2016年4月25日，丰泽新苑二期安置房建设工程督查现场推进会

船港物流码头夜景

江中明珠 乐活世业

民族风情园

四季春高效农业园

世业洲旅游度假区位于镇江市西郊，是长江中的第三大岛。全岛总面积44平方千米，整岛环境清幽宜人。世业洲通过政策引导与调控，科学合理开发利用旅游资源，促进旅游业的快速增长和可持续发展，力争建设成为旅游整体形象鲜明、服务设施齐全、综合效益较高的国家级旅游度假区、低碳示范区和国际音乐岛。2016年，世业洲旅游度假区成功举办第九届长江国际音乐节；“开心乐之岛”主题公园启动，进入试运营阶段；万亩果蔬基地着手进行美国纸皮山核桃和牡丹花卉混合种植移栽工作；总投资15亿元的金色年华健康养生谷项目签约落户，一期开工建设。

东壹运动主题度假酒店

2016年10月29日，“开心乐之岛”主题公园试运营开启

第九届长江国际音乐节现场

江滩湿地

镇江市丹徒高新技术产业园

2016年1月27日，丹徒区委书记陈琳（前左二）调研先锋汽车零部件项目建设

2016年，镇江市丹徒高新技术产业园坚持“五大发展理念”，以引领区域经济创新升级为目标，推动“新能源、新制造、新创意”产业加速发展。推进先锋汽车零部件、安之盾保温材料、舜天船用设备、力山机电、仕德汽车零部件、镇江专汽等市、区重点项目，国泽光电、和瑞环境、海克力斯、滴滴生活等科技创新企业相继入驻园区，加快建设“楼友会”众创空间、“志在千里”创客工场等创业孵化平台，落实《鼓励创新驱动和加速转型升级实施意见》《高新园“投融保”管理制度》等政策文件，依托高创中心和孵化基地两大创新创业载体，广揽人才、广聚项目，打造丹徒创新产业高地。

2016年6月23日，镇江专汽内饰件项目签约入园仪式

2016年8月11日，举行“楼友会”众创空间项目合作签约仪式

2016年1月16日，召开丹徒高新园2016年发展研讨会

2016年10月21日，成都理工大学代表团参观园区科技孵化基地

2016年11月29日，乾景研究院参加中国国际能源峰会暨展览会

2016年12月21日， 开展园区企业消防安全大检查

江苏丹徒氢能源产业园展示厅

镇江生态汽车产业园

2016年2月23日，海纳川镇江汽车零部件产业园项目开工奠基

2016年11月26日，新能源汽车部件一体化冲焊生产线项目签约落户

2016年，镇江生态汽车产业园建设全面展开，发展框架初见雏形，园区管委会获镇江市编制委员会批复。园区规划及产业发展规划编制完成，园区内重点项目有序推进，北汽华东（镇江）基地项目一期建成投产，首款产品BJ20批量生产销售；海纳川零部件、中都物流等配套项目启动建设，总投资10亿元的新能源汽车部件一体化冲焊生产线项目签约落户。基础配套工程加快建设，园区内道路燕丹路和宜业路基本建成并具备通车条件，水、电、气等其他基础设施配套到位。

北汽生产线

北汽华东（镇江）基地厂区

镇江市规划局丹徒分局

2016年7月12日，邀请市规划局领导出席“提速增效出新招 服务企业‘一帮一’”活动

2016年11月1日，会同镇江市规划设计院工作人员赴世业洲提供现场规划服务

2016年，镇江市规划局丹徒分局梳理乡镇总体规划编制情况，推进乡镇规划编制工作。践行“一线工作法”，在重点项目、民生工程服务中，通过服务重心下移、服务重点前置，提前着手，及早谋划。深化“效能革命”，提高服务效能，提升服务水平，从4月起开展以“规划进企业”为主题的上门服务活动，全年26次到乡镇板块和企业单位上门服务、现场办公，累计办理信访回复、“12345”政府热线、镇江论坛意见答复共计53份。

2016年12月2日，开展法治宣传活动

2016年7月23日，江苏希西维轴承有限公司向分局赠送锦旗

镇江市丹徒区烟草专卖局

2016年4月18日，客户经理开展“零售户柜台维护大比拼”竞赛

2016年9月29日，开展“每周一课”集中宣讲

2016年，镇江市丹徒区烟草专卖局围绕全省“行业楷模”战略体系，严厉打击各类涉烟违法违规行为，有效规范全区卷烟市场经营秩序。全年查获卷烟案件270起，查获各类违法卷烟25389.4条，总案值548.08万元，罚没款3.68万元，市场净化率保持在98%以上；全年新办烟草专卖许可证86个,取缔无证经营户21户。分别获“2013~2015年度江苏省文明单位”，镇江市“2012~2014年度文明行业”、“职务犯罪风险防控先进单位”、“六型职工之家示范点”，丹徒区“党建工作先进单位”、“党务公开示范点”、“先进基层党组织”、“‘四星’先进党支部”、“依法行政暨法治政府建设先进单位”、“政府便民服务工作先进单位”等称号。

2016年7月1日，全体在职党员参观宝堰新四军四县抗敌总会纪念馆

2016年3月15日，专卖执法志愿者在丹徒新城龙山路向消费者宣传假烟识别方法

2016年3月4日，志愿者看望谷阳敬老院孤寡老人

镇江市丹徒区政务服务管理办公室

2016年4月14日，召开企业投资项目预审评估联席会议

2016年6月28日，赴上党镇盘荣村上门服务群众

2016年7月6日，赴软件产业园开展项目联审会办

2016年，镇江市丹徒区政务服务管理办公室全面构建“一办两中心”政务服务新体系，各项工作再上新台阶，被区委、区政府评为区级机关绩效管理考核十佳单位、建设更高水平文明城市工作先进单位、固定资产投资和重点项目建设先进单位和服务业工作先进单位。政务服务中心窗口全年办件89210件，办结率100%；公共资源交易中心交易项目655件，交易金额19.91亿元，资金节约率7.38%。

2016年9月13日，政务服务中心窗口优质服务获企业好评

2016年8月9日，上门为北汽华东（镇江）基地项目提供联合竣工验收服务

镇江市丹徒区人民政府法制办公室

2016年3月23日，召开丹徒区政府法制工作会议

2016年8月31日，召开2016年度丹徒区行政执法案卷专家评审会

2016年，镇江市丹徒区人民政府法制办公室践行创新、协调、绿色、开放、共享的发展理念，围绕中共中央、国务院《法治政府建设实施纲要（2015～2020）》提出的总体目标和主要任务，推进依法行政工作，运用法治思维和法治方式引领改革发展、推动民生改善和社会公正，打造职能科学、权责法定、执法严明、公开公正、廉洁高效、守法诚信的法治政府。年内，被省政府法制办评为“全省政府法制工作成绩突出单位”，被省文明办评为省级文明单位，被市委评为全市普法先进集体。

2016年5月1日，荣炳胜利村村民向丹徒区政府法制办赠送锦旗

2016年9月23日，召开实施《江苏省地方储备粮管理办法》专项检查现场会

2016年4月26日，举办2016年度丹徒区行政执法（监督）人员培训班

2016年7月5日，法制服务队开展活动

【城管执法】 2016年，丹徒区城管局前移城市管理工作关口，实行人性化管理，争取被管理对象的理解与支持。全年先后开展建筑工地、建筑垃圾、马路市场等专项整治，规范各商业网点和江苏省大港中学早餐疏导点经营行为，制止乱搭乱建、占道经营、扬尘污染等行为。全年发放各类行政告知书、限期改正通知书58份，纠正各类违规违章行为5000余起；立案查处8件，现场简易程序处罚43件；参与拆违行动80余起，制止、拆除在建违法建设1.5万平方米，其中魏玛假日别墅区拆除违法建筑30余处、4000平方米，立案查处违法建设案件8起。（尹　季）

房地产管理

【概况】 2016年，丹徒区住建局深化房地产市场管理工作，全年办理商品房预售许可证34份，预售面积30.29万平方米，比上年降低4.93%。全年销售房屋5861套，比上年增长29.78%；销售面积64.72万平方米，比上年增长35.03%；销售额33.27亿元，比上年增长36.46%；均价5141元/平方米（含别墅），比上年增长1.08%。办理商品房预告登记692件、初始登记证8638份、转移登记3433件、抵押登记2648件；办理商品房交易预售合同备案2308件、商品房交易合同备案3037件、存量房交易合同备案1427件；完成商品房测绘初测33万平方米，实测97万平方米。年底，全区有商品房库存量100.49万平方米，其中商品住房可售面积61.13万平方米。（史慧娴）

【住房保障】 2016年，丹徒区住建局推进低保、低收入及中等偏下收入家庭的住房保障管理工作，按住房保障准入退出机制，年内新增住房保障对象3户，退出1户，年底全区有被保障家庭21户、42人。全年发放租赁住房补贴2.32万元；办理一次性住房补贴213人，补贴面积1.59万平方米、补贴金额850万元；办理房改房上市准入审批22户，商品房备案5户；开展公房房屋巡查和维修工作，加大老、危、旧房屋巡查力度，提醒住户注意安全防范。全年收取公房租金6.51万元。（史慧娴）

【住宅小区管理】 2016年，丹徒区住建局结合城市长效管理工作和“双创”迎检工作的要求，开展住宅小区管理工作。全年指导5家物业服务企业办理资质到期延续申请，完成3个新小区物业招标工作；完成住宅小区日常整改项目850条，整改率在95%以上；完成“国家卫生城市”考核重点任务小区30个，整改率在92%以上；强化住宅专项维修资金的归集和使用分摊工作，全年归集专项维修资金3000万余元，分摊专项维修资金400万余元。年内，镇江“12345”政府公共服务热线涉及物业相关投诉有1000余件，全部答复、处理完毕。（史慧娴）

【白蚁防治】 2016年，丹徒区住建局落实“预防为主、防治结合、综合治理”方针，有序开展白蚁防治工作。全年受理白蚁防治面积111万平方米，完成房屋白蚁灭治76户，完成标段行道树复治148株，实现收入223万元。（史慧娴）

表20　2016年丹徒新城商品房销售情况

月份	套数	面积（万平方米）	金额（亿元）
1	407	4.03	2.05
2	147	1.57	0.83
3	542	5.99	3.09
4	486	5.45	2.63
5	544	5.91	2.41
6	584	5.81	3.06
7	367	4.08	2.20
8	436	5.37	2.17
9	372	4.25	2.28
10	838	8.72	4.49
11	465	5.21	3.00
12	673	8.32	5.03
合计	5861	64.71	33.24

（史慧娴）

图38　丹徒新城新建商品房　（贾　俊　摄）

环境保护

责任编校：刘　芳

综　述

【概况】 2016年，镇江市丹徒区环境保护局（以下简称丹徒区环保局）以改善环境质量为核心，强化生态创建、污染防治、环境法治等工作，完成年度各项目标任务。全年空气优良天数占比为68.85%，PM2.5比上年降低16.95%，饮用水源地水质达标率100%，地表水环境质量达到功能区标准。年底，丹徒区环保局在2015年度省级生态红线区域监督管理考核中获全省第一名，并获丹徒区“单项工作突出贡献奖”。（陈国荣）

【环境基础建设】 2016年，丹徒区环保局有序推进全区环境基础建设。加强规划环评与项目环评联动工作，推动高桥镇、辛丰镇、上党镇、宝堰镇、荣炳盐资源区、世业镇6个镇(园区)编制产业园区规划环评，预防环境污染和生态破坏；实施大气污染防治行动计划，完成镇江发电有限公司6号机组超低排放和宏顺热电脱硫、脱硝工程等重点项目；完成燃煤锅炉整治108台，淘汰落后产能项目14个；完成黄标车整治721辆；高资片区14项大气环境综合整治和大气预警监控指挥中心建设有序推进；清理整顿环保违法违规建设项目910个，淘汰关闭252个；完成年度化学需氧量、氨氮、二氧化硫、氮氧化物各4.49%、5.85%、8.14%和5.03%削减比例，全区生态环境抗风险能力增强。（陈国荣）

【环保宣传】 2016年，丹徒区环保局围绕生态文明建设，开展环境法制宣传教育活动。科普宣传周、“6·5”世界环境日、安全生产月、“12·4”法制宣传日期间，通过丹徒电视台《关注》栏目等媒体资源，开展环保政策法规宣讲。6月3日，走进谷阳三山集镇，开展走进一个社区环保宣传活动。6月5日，联系亚厦风居民小区，开展“6·5世界环境日——改善环境质量，推动绿色发展”环保日主题活动。6月8日，到石马中学开展打造绿色课堂主题班会活动，增强学生的环保意识。6月15日，组织到丹徒区谷阳社区教育中心开展“三废”操作工化工知识培训95人。（陈国荣）

图39　2016年6月15日，组织开展“三废”操作工化工知识培训
（丹徒区环保局提供）

【企业环境信用评级】 2016年，丹徒区环保局运用信息网络等现代技术，开展评价企业环境信用工作，实现企业环境信用评分、查询、反馈等功能的网络化运行；推进全区环保信用体系建设，促进企业环境守法，加强环境监管。全区参评企业有94家，评定结果为绿色企业28家、蓝色企业47家、黄色企业9家、红色企业3家、黑色企业1家。（陈国荣）

【生态红线守护】 丹徒区划定省级生态红线5类13个区域，总面积78.83平方千米，占全区国土面积的12.9%，其中一级管控区29.15平方千米、二级管控区49.68平方千米。省级生态红线划定的基础上，又划定市级生态红线含3类12个区域，总面积58.21平方千米，扩大生态红线保护范围，最终形成的生态红线保护区域面积为137.04平方千米，占全区国土面积的22.43%。加强生态红线区域保护监督管理考核，连续两年在全省考核中名列前茅。2016年，丹徒区共获得省、市级生态补偿资金1643万元，对生态红线区域内开展的生态修复项目实施生态补偿，项目的开展促进区域内的生态环境进一步改善。（陈国荣）

【覆盖拉网式农村环境综合整治推进】 2016年，丹徒区环保局按照国家、省覆盖拉网式农村环境综合整治试点工作部署，开展项目建设、综合整治、长效管理等方面工作，以改善农村人居环境为出发点，以农村生活污水处理设施及管网建设为主要内容，推进覆盖拉网式农村环境综合整治试点工作，建立完善全区污水处理设施运行维护机制。至年底，投入资金2000余万元，完成2014年度全区整治试点村区级验收21个，完成2015年度整治试点村预验收21个，推进2016年度整治试点村21个。（陈国荣）

环境监察

【概况】 2016年，丹徒区环保局以中央环保督察为契机，以环境保护综合督查为切入点，坚持问题导向，打击环境违法行为。全年开展化工行业、热镀锌行业、危险废物等专项整治行动，实施环境监察4500余人次，实施查封扣押企业5家，立案查处50件，关闭取缔企业3家，责令限期改正企业74家，推动全区环境质量持续改善；推进“12345”“12369”热线及来信来访处置化解，全年受理调处环境信访1324件。（陈国荣）

【环保部督查整改落实工作】 2016年，丹徒区环保局根据中央环保督察的问题反馈，落实措施，推动整改，开展拉网式、不定期突击监察，促使全区重点企业、重点污染源消除环境隐患，确保污染物稳定达标排放常态化，提升区域环境质量。年内，中央环保督查反馈的19件环境问题全部完成整改销号。（陈国荣）

【环境应急】 2016年，丹徒区环境应急与事故调查中心加强环境应急预案备案管理，编制《丹徒区环境污染事故应急预案》《丹徒区环保局突发环境污染事故应急预案》，完成江苏百瑞吉新材料有限公司等15家企业环境污染事故应急预案并通过专家评审；组织金海宏业（镇江）石化有限公司开展危险化学品泄漏事故应急救援演练，邀请全区多家企业现场观摩学习，提升企业自救能力。（陈国荣）

【固废管理】 2016年，丹徒区固体危险废物管理中心加强固体危险废物规范化管理，利用江苏省危险废物动态管理信息系统，实行全区40家危废重点监管单位危险废物转移网上报告制度，规范危险废物合法转移程序；制定《丹徒区危险废物专项整治工作方案》，在危险废物环境风险排查基础上，开展为期3个月的危险废物专项整治工作，共排查企业40家，消除环境隐患9家，按月编制《固废工作动态》，为领导决策和环境监察大队执法提供依据。（陈国荣）

【辐射环境监管】 2016年，丹徒区辐射环境监督站履行放射源和射线装置监督管理职责，开展镇（街道、园区）卫生院射线装置、辐射督查工作，下达现场督查意见书9份；对镇江威孚锅炉有限公司等8家单位，下达辐射安全意见书；配合市环保局辐射处，协调和处理涉及辐射污染环境信访5起，保障群众利益和维护社会稳定。（陈国荣）

环境监测

【概况】 2016年，丹徒区环境监测站围绕提高环境质量、促进经济发展，开展断面水环境监测、农村环境监测、污染源监督监测、环评监测、应急监测等工作，获得各类有效监测数据1.02万个，出具各类监测报告500余份，为环境科学决策、强化环境管理和有效监督执法提供依据。（陈国荣）

【乡镇饮用水源地水质】 2016年，丹徒区环境监测站开展乡镇饮用水源地水质监测，每季度监督监测高桥、江心、世业三个取水口断面各1次，监测项目为《地表水环境质量标准》(GB3838—2002)表1和表2的29项。监测数据显示，全年乡镇饮用水源地水质满足Ⅲ类水标准，饮用水源地水质达标率100%。（陈国荣）

【太湖流域考核断面水质监测】 2016年，丹徒区域范围内有紫阳桥、后亭桥、巨村、枫庄桥、埝坡桥、小庄、华仑桥7个太湖流域断面，其中紫阳桥断面为江苏省太湖流域考核监督监测断面，监测项目为《地表水环境质量标准》(GB3838—2002)表1除粪大肠菌群外的23项及流向和感官描述；巨村、枫庄桥、埝坡桥、小庄、华仑桥为交界补偿断面，监测项目为pH值、溶解氧、高锰酸盐指数等11项。考核指标为高锰酸盐指数、总磷和氨氮，监测频次为单月1次。监测数据显示，2016年太湖流域考核断面水质状况基本稳定。（陈国荣）

【区域内断面地表水水质监测】 2016年，丹徒区环境监测站对辛丰镇国控断面和王家桥、紫阳桥、宝埝桥、风景城邦小区4个省控断面每月监测一次，对后亭桥、沙诸港2个市控断面3月、5月、9月、11月分别监测一次。监测项目为《地表水环境质量标准》(GB3838—2002)表1的24项及电导率、流量和流向。监测数据显示，紫阳桥省控断面为Ⅳ类水质，辛丰镇国控断面，王家桥、宝埝桥、风景城邦小区3个省控断面和后亭桥、沙诸港2个市控断面均为Ⅲ类水质。（陈国荣）

【污染源监督监测】 2016年，丹徒区环境监测站履行环境监测技术监督职能，加强污染源监督监测。全年开展重点污染企业监督监测121家、排污许可证管理监测66家；完成建设项目“三同时”（污染治理设施必须与主体工程同时设计、同时施工、同时投产）验收监测5家、建设项目环境影响评价现场监测1家；加强环境监管执法监测，例行监测全区企业100余家、污水处理厂7家，为全区污染源环境监管、排污申报及排污收费等提供依据。（陈国荣）

对外及对港澳台经济贸易·商品流通

责任编校:李冬冬

对外及对港澳台经济贸易

【概况】 2016年,镇江市丹徒区商务局(以下简称丹徒区商务局)加大招商引资力度,完善市场服务体系,挖掘外贸进出口潜力,开展商务综合执法,推进全区商务工作取得成效。全年新批外资项目7个、增资项目1个、并购项目1个,实际利用外资及港澳台资1.07亿美元,比上年增长17.9%;完成社会销售品零售总额68.42亿元,比上年增长11.3%,增幅列全市第二;完成出口总额5.18亿美元,比上年增长0.7%,完成市政府指导性目标的106.9%,增幅列全市第四;完成服务外包执行额1.09亿美元,比上年增长18.79%,完成年计划的103.1%,序时排名列全市第二。年内,丹徒区商务局规范成品油经营市场秩序,确保成品油经营安全运行,完成全区油品企业年检40家。

(仇宽裕)

表21　2016年丹徒区进出口前30强企业海关统计数据　单位:万美元

序号	企业名称	累计出口	累计进口	累计进出口
1	帝高力装饰材料(江苏)有限公司	10473.11	134.48	10607.60
2	苏苏润高碳材股份有限公司	8728.32	193.48	8921.81
3	江苏苏亚迪炭材有限公司	6798.82	82.76	6881.59
4	江苏苏菱铝用阳极有限公司	3279.79	414.22	3694.01
5	江苏希西维轴承有限公司	2863.83	15.49	2879.32
6	镇江李长荣综合石化工业有限公司	647.76	1614.20	2261.96
7	江苏领先电子有限公司	797.53	1194.99	1992.52
8	镇江茂源化工有限公司	1483.39	80.28	1563.66
9	镇江大力液压马达有限责任公司	1424.26	0.33	1424.59
10	江苏百佳斯特汽车制品有限公司	1256.42	2.00	1258.43
11	镇江豪国窗饰制品有限公司	1201.57	3.00	1204.57
12	镇江斯威特金属制品有限公司	598.94	0.06	599.00
13	镇江市制刷厂有限公司	567.88	0	567.88
14	镇江合力汽车紧固件有限公司	383.35	149.95	533.30
15	镇江同舟螺旋桨有限公司	267.88	258.98	526.86
16	镇江三鑫金属工业有限公司	462.57	12.18	474.75
17	镇江步升鞋业有限公司	451.47	0	451.47
18	镇江大洋玻璃制品有限公司	450.45	0.05	450.51
19	镇江库拉图华联工具制造有限公司	428.04	0	428.04
20	江苏振光电力设备制造有限公司	404.83	0	404.83
21	镇江市丹徒区百盛制刷厂	284.28	19.06	303.34
22	镇江爱可信皮业有限公司	288.66	0	288.66
23	镇江德海工业材料有限公司	283.54	0	283.54
24	镇江恒飞刷业有限公司	274.77	0	274.77

续表

序号	企业名称	累计出口	累计进口	累计进出口
25	镇江市丹徒区华联制刷有限公司	272.04	0	272.04
26	镇江永昌帽业有限公司	249.34	0	249.35
27	镇江顶新家居用品有限公司	231.37	0	231.37
28	镇江佳鑫刷业有限公司	229.31	0.02	229.34
29	镇江市丹徒区润丰制刷厂	219.68	0	219.68
30	镇江拓丰机械制造有限公司	201.46	0	201.46

说明：截至2016年12月31日 （丹徒区商务局）

【“三外”工作】 2016年，丹徒区商务局围绕“三外”(外资、外经、外贸)各项目标任务，化解宏观形势和市场环境带来的不利影响，推动“三外”工作平稳发展。全年实际利用外资及港澳台资序时及增幅排名均列全市第二，实到外资工作获全市二等奖；组织全区各类外贸企业40家，参加市商务局等部门举办的外贸政策宣讲会、出口信用保险培训会，帮助企业争取国家、省、市财政资金政策扶持，全年获市级以上扶持资金260余万元，其中镇江市商务发展专项资金180余万元；按照《镇江市商务局2016年重点展会计划》，组织12家成长型企业赴德国、美国、日本等国家参加各类大型展览(博览)会，组织31家企业参加春秋两季广交会。 （仇宽裕）

【招商引资】 2016年，丹徒招商工作围绕主题招商、产业链招商、大项目招商，专业化招商工作取得成效。全年拜访客商610余人次，其中小分队外出招商300余人次，参加“镇江(上海)总部经济对接会”“镇江国际低碳技术产业交易会”“镇江服务外包对接会”“华侨华人镇江国际经贸合作洽谈会”“镇江荷兰国际合作项目洽谈会”5场综合性、专题性招商活动，拜访310余人次；接待境内外客商120余批次，收集项目信息200余条；全区洽谈推进项目100余个，其中重大项目13个、重点项目15个、外资项目15个，年内签约落户项目50个，总投资140余亿元。 （孙　露）

【电子商务建设】 2016年，丹徒区商务局继续推进电子商务建设。在镇江市商务局开展的电子商务示范创建活动中，高桥镇康泰村被评为市级“电子商务示范村”，江苏百达通物流有限公司、镇江龙顺金属科技有限公司、镇江维达斯裘革鞋业有限公司被评为市级“电子商务示范企业”，镇江邮政电子商务产业园被评为市级“电子商务示范基地(园区)”；组织参加镇江市电子商务技能竞赛，获“五一技术标兵”1人、“优秀选手奖”1人。 （任　彦）

商　业

【概况】 2016年，镇江市丹徒区商业资产管理总公司(以下简称丹徒区商业总公司)以推动改革、促进发展、维护稳定为目标，深化内部改革，完善监管机制，加强资产经营管理，规范生猪屠宰经营管理，推进基层组织建设，完成全年各项目标任务。全系统实现综合经济收益526万元，比上年增长46%。 （蔡国平）

【资产经营】 2016年，丹徒区商业总公司执行《关于加强系统内国有资产监管的意见》，规范资产经营行为。实现资产租赁流程透明化管理，资产租赁全部报批并登记备案；推进门面房和厂房续租衔接工作，实现资产不闲置；做好承租户服务工作，投资4.8万元，维修出租房屋并改造下水道。年内，全系统资产经营收益220.86万元，完成年度计划的110%。 （蔡国平）

【生猪进点屠宰】 2016年1～4月，丹徒区商业总公司加强生猪屠宰管理工作，落实定点屠宰场管理制度，严格规范生猪进场、屠宰加工、产品出场等操作流程；提高生猪进点屠宰量，完成生猪进点屠宰4.08万头，比上年同期增长62.38%，生猪进点屠宰率在96%以上。5月起，生猪定点屠宰管理职能移交给丹徒区农委。 （蔡国平）

【猪肉安全监管】 2016年，丹徒区商业总公司强化食品安全监督管理工作，与丹徒区食品公司签订年度生猪进点屠宰肉品质量安全责任状，建立长效管理机制；召开全区生猪定点屠宰企业负责人“猪肉质量安全”专题会议，完善生猪屠宰管理制度；开展执法人员学习培训活动，提高依法行政、规范执法能力；在基层集市摆摊设点，现场解答肉品质量安全知识，提高群众消费安全意识；完善可追溯体系，健全生猪屠宰生产经营台账资料，生猪来源、屠宰数量、销售去向、无害化处理等情况全部登记造册；建立举报热线和应急预案，强化城乡接合部和边远乡村的执法检查，不留盲区和死角，打击私屠滥宰行为。全年组织执法检查30余次，遏制私屠滥宰等违法行为。 （蔡国平）

粮　食

【概况】 2016年，镇江市丹徒区粮食局(以下简称丹徒区粮食局)贯彻全区粮食现代化建设进程的总体要求，以保障粮食安全和促进农民增收为中心，把握购销市场新变化，确保全区粮油加工企业增产增效。

全年完成粮食购销总量13.5万吨，其中粮食购进5.2万吨、粮食销售8.3万吨，落实订单任务2.9万吨，完成年度各项目标计划。年内，丹徒区粮食局被评为镇江市“预防职务犯罪示范单位”。（李　柏）

【不合格粮食应急收购】 2016年，丹徒区遭遇连续阴雨自然灾害，辖区内小麦赤霉病爆发，不符合国家收购质量标准的等外粮比重较大。丹徒区粮食局制定下发《2016年不合格小麦收购应急方案》，协调相关部门落实财政资金补贴政策，守住农民“种粮卖得出”底线，对符合国家粮食收购质量标准的小麦，实行应收尽收；对不符合国家收购标准的小麦，实行按质论价，敞开收购；指导农户通过风扬、过筛、整晒等措施，清理不完善粒超标较轻的小麦，达标后予以收购入库；联系相关面粉加工和饲料制造企业，落实不完善粒超标严重的小麦销售渠道，确保不合格粮有销路。全年减少农民损失2240万元。（李　柏）

【粮食储备体系建设】 2016年，丹徒区粮食局贯彻执行《江苏省地方储备粮管理办法》(以下简称《办法》)，加强地方储备粮管理。召开《办法》贯彻实施情况座谈会，分析承储企业执行政策的问题和困难，提出解决办法和措施；规范储备粮委托收储行为，签订承储企业委托收储合同，明确双方的权利和义务；年度财政预算安排中，大幅增加地方储备粮贷款利息和储备粮保管、轮换费用，确保地方储备粮市场调控作用；试行储备粮经营审计和托底政策，确保地方储备粮数量真实、质量完好、运作规范、储存安全，促进存储企业持续发展。（李　柏）

【“放心粮油”品牌建设】 2016年，丹徒区粮食局围绕“放心粮油、放心消费”主线，推进“放心粮油”经营网络建设。开展“3·15”消费者权益日、“世界粮食日”宣传活动，引导粮油经营业主创建“放心粮油店”；制定“放心粮油”管理办法，建立监督、检查、评比、退出等制度，明确奖惩措施，加强行业自律，重点监督管理已挂牌认定的粮油店(柜)，奖励诚信经营的示范店，查处和摘牌违规经营店，打造“放心粮油”金字招牌；加强“放心粮油”监管部门的职能衔接和资源整合，消除粮食质量安全监管盲区，建立“田头到餐桌”的安全消费环境。至年底，全区有市级“放心粮油示范店”1家、区级“放心粮油合格店”2家。（李　柏）

【“粮安工程”建设】 2016年，丹徒区粮食局落实国家、省“粮安工程”政策，投资1600万元，建成丹徒区幸福桥粮食收储中心2万吨中心库，并完成“数字粮库”智能化升级，实现粮食收储一体化、集成化、智能化管理，粮食管理效率大幅提升；继续开展丹徒区旭日军粮供应站危仓老库维修改造项目，推进全区粮食仓储基础设施建设。（李　柏）

【“军供”品牌建设】 2016年，丹徒区粮食局推进粮食“军供”品牌建设，改变原有的单纯市场保供方式，建成稳定的产业保供模式，形成从生产到加工、从加工到市场的完整产业保供链。年内，与镇江金色阳光农业科技有限公司合作，在谷阳镇和镇江新区建成240公顷(3600亩)有机水稻生产基地，为实现产业保供奠定基础；以“军供”金字招牌为核心，围绕以粮油为主的各民生领域，建设军民深度融合产业发展体系，促进国防效益与民生效益同步提升。（李　柏）

烟　草

【概况】 2016年，镇江市丹徒区烟草专卖局（以下简称丹徒烟草局）围绕全省“行业楷模”战略体系和镇江烟草局“提档升级、争先进位、争当楷模”目标，推动各项工作有序开展。全年销售卷烟13717箱，完成年度指标的101.91%；实现销售收入41414万元，单箱销售额30188元；实现税利13383万元，比上年增长6.67%，其中利润6284万元。全年新办烟草专卖许可证86个，至年底，全区有卷烟零售户1866户。开展“客户维护之星”岗位竞赛，指导客户经营，提升客户满意度；组织开展“3·15”消费者权益日活动、“12·4”法制宣传日活动和“放心消费示范店”评选活动，维护和谐卷烟市场；慰问特困卷烟零售户，参与社会公益活动，全年开展各类慰问、捐助、志愿服务活动8次，捐款20万元。年内，丹徒烟草局先后获“2013～2015年度江苏省文明单位”、镇江市“2012～2014年度镇江市文明行业”“职务犯罪风险防控

图40　2016年7月29日，走访调研区内卷烟零售户(丹徒烟草局提供)

先进单位”“六型职工之家示范点”称号，获丹徒区“依法行政暨法治政府建设先进单位”“政府便民服务工作先进单位”等称号。（吴红霞）

【专卖管理】 2016年，丹徒烟草局按照“打击严厉、管理到位、疏导及时、服务周到”工作要求，加强市场动态分析，落实市场监管措施，打击各类涉烟违法违规行为，规范全区卷烟市场经营秩序。全年查获卷烟案件270起，其中1万元～5万元案件16起，5万元～10万元案件3起，20万元～50万元案件2起，50万元～100万元案件4起，100万元以上案件1起；取缔无证经营户21户，查获各类违法卷烟25389.4条，总案值548.08万元，罚没款3.68万元，市场净化率保持在98%以上。（吴红霞）

茧丝绸

【概况】 2016年，镇江市丹徒区茧丝绸总公司（以下简称丹徒区茧丝绸总公司）以强化行业管理职能为重点，贯彻茧丝绸行业有关政策法规，推动蚕桑产业转型升级，促进蚕茧市场秩序稳定和茧丝产业持续发展。至年底，丹徒区有桑田90.93公顷（1364亩），新发展果桑种植面积5.47公顷（82亩）；全区实现总产茧335.5担、总产值57.2万元，果桑总产值182.7万元。（凌 燕）

【为农服务】 2016年，丹徒区茧丝绸总公司走访全区各镇（街道、园区）农业服务中心，向基层蚕桑技术人员通报茧丝绸行情，分析市场形势，帮助蚕农抓住市场机遇。果桑生产和蚕茧生产期间，为蚕农提供果桑栽植管理、养蚕、果桑菌核病综合防治等技术，提高蚕农科学养蚕、生产桑果水平。至年底，实现再就业农民年均增收2.6万元，蚕桑专业户年均收入21.8万元。（凌 燕）

【产业转型升级】 2016年，丹徒区茧丝绸总公司推进桑葚酒、桑叶茶、蚕蛹虫草等深加工项目发展，打造绿色、环保、健康的蚕桑“康宝”自有品牌，促进产业转型升级。实施“123”工程，创建“三新”（新品种、新技术、新模式）立体种养殖示范点1家，即宝堰镇唐甲示范园；推进蚕桑创新示范项目2个，分别为蚕桑科普宣传教育实践基地、蚕桑综合利用项目；培育产业基地3个，分别在上党镇和宝堰镇建立桑葚酒、桑葚果醋、桑叶茶、蚕蛹虫草等产品原料生产基地，在江心洲生态农业园区建立桑树苗木母本培育及旅游观光基地，在世业洲旅游度假区建立旅游休闲采摘及“家蚕的一生”科普教育基地。（凌 燕）

供销合作商业

【概况】 2016年，镇江市丹徒区供销合作总社（以下简称丹徒区供销社）推进系统综合改革，拓展主渠道服务领域，实现销售收入38亿元、利润1102万元，超额完成市社、区政府目标任务。建成“农资惠”服务平台（集在线庄稼医院、农技培训、市场信息、农资展厅、农资商场、供求关系、科普图集、品质溯源等功能于一体的、线上线下同步运行的标准化“农资惠”服务平台）7家、农资动态监测点6家、高标准农村综合服务中心1个，创成“三体两强”示范社1个，提升农村综合服务中心6个，争取财政资金30万元；投资200余万元，推进高桥供销社、谷阳供销社、上党供销社、江心供销社基础营业设施改造升级，改善经营环境；10月21～23日，组织上党供销社、谷阳供销社参加海峡两岸江苏名优农产品展销会，参展农产品20种；筹资5万元，帮扶江心洲益平村5户困难户、江心洲五墩村10户贫困户脱贫。年内，丹徒区供销社被江苏省供销合作总社评为“农民专业社建设先进单位”；谷阳供销社被中华全国供销合作总社评为“‘三体两强’标杆社”，被省供销合作总社评为“千个乡镇基层社推进为农服务工作先进单位”。（马建文）

【“农资惠”现场推进会】 2016年6月23日，镇江市供销社系统“农资惠”服务平台现场推进会在丹徒区供销社召开，各辖市区社分管领导和业务负责人，镇江亚夫在线实业有限公司相关人员参加会议。与会人员先后参观上党镇、谷阳镇、辛丰镇农资配送中心，并就“农资惠”服务平台创建展开座谈。标准化“农资惠”服务平台创建是市政府2016年度“为民办实事”工程，丹徒区供销社将基层社“农资惠”服务平台创建列入全年工作目标。至年底，建成“农资惠”服务平台7家。（马建文）

【基层供销社重组】 2016年，丹徒区供销社加快基层社综合改革，完成黄墟供销社、辛丰供销社兼并，搭建高资供销社、石马供销社、宝堰供销社为农服务平台，全年改制、退休、托管37人，缴纳“两保”资金280万元。（马建文）

表22 2016年丹徒区供销社基层单位及负责人情况

单位	法人代表
高资供销社	张永宁
谷阳供销社	朱正明
上党供销社	潘庆生
辛丰供销社	魏建华
高桥供销社	王 飞
宝堰供销社	张金跃
石马供销社	张永宁
江心供销社	王 飞
区康发烟花爆竹公司	王建设
区康跃物资回收利用公司	姚六明
区康宏物资回收公司	王 飞
区康嘉农资连锁公司	董凌春
区正大实业公司	夏方勇
区辛丰生产资料公司	吴志远
区轧花剥绒厂	夏方勇

（马建文）

财税·金融

责任编校：王雪松

财　政

【概况】 2016年，丹徒区完成一般公共预算收入25.7亿元，比上年同口径增长6.3%。其中税收收入22.07亿元，比上年同口径增长5.9%（国税收入5.82亿元，地税收入16.26亿元）。非税收入中，排污费收入933万元，比上年降低17.07%；教育费附加收入7539万元，比上年增长2.68%；行政性收费收入4286万元，比上年降低55.85%；国有资源有偿使用3693万元，比上年增长20.65%。政府性基金预算收入累计完成8.56亿元，比上年增长257.33%。

一般公共预算支出29.24亿元，比上年增长4.42%。其中一般公共服务支出3.68亿元，比上年增长8.91%；国防支出812万元，比上年增长28.08%；公共安全支出1.67亿元，比上年增长15.77%；教育支出5.99亿元，比上年降低6.42%；科学技术支出1.03亿元，比上年增长10.02%；文化体育与传媒支出6536万元，比上年增长6.28%；社会保障和就业支出2.44亿元，比上年降低5.76%；医疗卫生与计划生育支出2.36亿元，比上年降低0.51%；节能环保支出8731万元，比上年增长10.17%；城乡社区支出3.71亿元，比上年增长47.61%；农林水支出4.46亿元，比上年降低8.29%；交通运输支出6512万元，比上年增长6.23%；资源勘探信息等支出4057万元，比上年增长21.72%；商业服务业等支出1809万元，比上年增长10.78%；国土海洋气象等支出1723万元，比上年增长65.51%；住房保障支出5584万元，比上年降低9.29%；粮油物资储备支出956 万元，比上年降低3.73%；其他支出6万元；债务付息支出2297万元；债务发行费用支出8万元；政府性基金支出7.39亿元，比上年增长101.85%。

镇江市丹徒区财政局（以下简称丹徒区财政局）推进财政队伍建设，全年举办培训班46期，培训910余人次；落实廉政提醒谈话制度，全年廉政约谈36人次。年内，丹徒区财政局被评为全省、市“财政‘六五’法治宣传教育先进单位”，获全市财政系统财经知识大赛二等奖；1人被评为全省“财政‘六五’法治宣传教育先进个人”，1人被评为市“财政‘六五’法治宣传教育先进个人”，1人在省财政厅业务技能竞赛中获第一名。（朱　超）

【财政收支】 2016年，丹徒区财政局发挥财税政策的引导、培育和扶持功能，推动经济结构调整和产业转型升级，培植主体财源、税源。建立健全收入监控、分析、预测机制，加大非税收入征缴力度，拓展财政收入增长空间，确保各项财政收入及时足额入库；支持镇江大学城、北汽华东（镇江）基地、镇荣公路、燃机热电联产等重大项目建设；优化支出结构，补齐民生短板，全年民生支出21.7亿元，重点保障精准扶贫、西南片区整治、农村道路建设、学校建设等重大项目建设，推动就业、教育、医疗、社保、文化等领域的民生政策和民生项目落到实处。

（朱　超）

【财政管理】 2016年，丹徒区财政局推进绩效评价工作，重点围绕产业发展、社会保障与就业、环境保护等项目，促进绩效评价工作稳步推进，年内全区实施绩效评价项目316个，评价资金总额7.42亿元；继续开展全区208家行政事业单位国有资产核查工作，促进资产合理配置；深化内控制度建设，建立事前、事中、事后全方位的内部监督体系；清理盘活存量资金，分类、分期梳理财政存量资金，查实结转结余资金额度，完成2年以上的存量资金消化工作，减少资金沉淀；规范财政专户管理，按照各类专户性质、核算内容，逐户统计、分析、整理，全年撤销、归并财政专户3个，占全区原有财政专户总数的14.3%；梳理并确定33项行政权力事项；规范票据使用，落实国库集中支付和公务卡消费，从源头上防治腐败；规范档案管理，通过省五星级档案复查。

（朱　超）

【财政改革】 2016年，丹徒区财政局以建立现代财政制度为目标，推进各项改革。严格债务管理，规范地方政府举债程序和资金用途，将政府债务的规模和风险控制在警戒线以内；打造“透明”预算，财政和各预算单位按规定公开收支预决算、“三公”经费（政府部门人员因公出国出境经费、公务车购置及运行费、公务招待费产生的消费）、政府采购预决算等事项；开展严肃财经纪律和“小金库”专项治理工作，制定下发《丹徒区严肃财经纪律和“小金库”专项治理工作暂行管理办法》，建立长效管理机制；推进“PPP模式”（政府与私人组织之间，为了提供某种公共物品和服务，以特许权协议为基础，彼此之间形成一种伙伴式的合作关系）应用，扩大政府购买公共服务的范围和项目，吸引社会资本参与，增加公共产品和公共服务供给；推行重大事项、大额资金拨付集中会办制度，全年集中会办170余件，建设阳光财政。

（朱　超）

国　税

【概况】 2016年，镇江市丹徒区国家税务局（以下简称丹徒区国税局）围绕税收现代化目标，有序推进各项工作，实现"十三五"良好开局。全年完成国税收入138481万元，比上年增长10.51%；折合公共财政预算收入56840万元，比上年增长53.73%。年内，丹徒区国税局被评为全省首批、全市首家"税收管理改革综合示范点"和"法治税务示范基地"。（张　乐）

【税收优惠政策落实】 2016年，丹徒区国税局开展"暖企行动"，帮助企业解决困难，促进政策落实。落实税收优惠政策，全年办理小微企业、高新技术企业、出口企业、民政福利企业、资源综合利用企业等税收优惠2.8亿元，为"大众创新、万众创业"和供给侧结构性改革提供支持。

（张　乐）

【征管体制改革】 2016年，丹徒区国税局继续开展征管体制改革，推进税收征管现代化。落实"营改增"（营业税改增值税）工作各项任务，完成"开好票""报好税""分析好""改进好"等阶段工作，全区减税面超过99%；"金税三期"系统顺利上线运行，获江苏省国家税务局通报表扬；对照行业内示范单位标准，完善岗责体系与业务流程。

（张　乐）

【依法治税】 2016年，丹徒区国税局建立健全各级依法行政议事决策规则，分解法治税务建设工作任务，促进依法行政和规范执法责任落实；推进商事制度改革，深化行政审批改革，加强事中事后的管理和抽查检查；启用执法记录仪，实现行政执法全过程留痕和可回溯管理，并完善检查人员、检查对象"双随机"抽查机制；规范行政处罚自由裁量权行使，推行"审前听述"，推广说理式文书，以典型案例指导执法，推进依法治税制度化、规范化。（张　乐）

【纳税服务】 2016年，丹徒区国税局联合丹徒区地税局，建成镇江市首家国地税联合办税服务厅，实现"进一个厅，办两家税"，提高办税效率；推广应用电子税务局，实现网上申请，当天核批、当天完结，电子税务局申报面近100%；推行纳税人实名制办税，取消纳税信用C级及以上增值税一般纳税人的增值税发票认证；优化出口退税流程，实现退税电子化，提高退税工作效率；开展"问需求、优服务、促改革"活动，深化"便民办税春风行动"。

（张　乐）

地　税

【概况】 2016年，镇江市丹徒地方税务局（以下简称丹徒地税局）以组织收入工作、深化绩效管理为重点，推进税收征管体制改革，提升依法治税及服务发展的能力和水平，推进各项税收工作，完成全年各项工作目标。"营改增"前，1～5月组织税收收入11.67亿元，比上年同期增收3.45亿元，增长42.1%。其中一般公共预算收入10.17亿元，增收3.41亿元，比上年同期增长50.29%。至5月底，征收营业税（含省级）7.12亿元；全年组织税收收入入库19.23亿元，其中一般公共预算收入16.52亿元；加大社会保险费征缴力度，全年下发社保催缴催报通知书1000余份，向法院申请强制执行6起，征收社会保险费81365万元（其中清欠1000余万元），社保费征缴率99.36%；全年征收教育费附加12554万元，其他各类基金费1300余万元。10月，省地税局"岗位大练兵，业务大比武"中，丹徒地税局3人纳入"岗位能手项目"名单。年内，丹徒地税局被评为"省部门统计示范点"，获丹徒区级机关绩效管理考核优胜"十佳单位"、"落实党风廉政建设先进单位"、"依法行政暨法治政府建设先进单位"、"政务便民工作先进单位"等称号，1人获市"预防职务犯罪先进个人"称号。（殷　健）

【"营改增"工作】 2016年，丹徒地税局贯彻落实"营改增"工作要求，宣传"营改增"税收政策，开展税负只减不增舆论引导。完成营业税专项欠税清理工作，核查137户，核实应缴未缴营业税557.07万元，清查补税279.88万元；完成梳理拟"营改增"纳税人7981户，其中企业2327户、个体5654户，并将相关数据移交至丹徒区国税局。（殷　健）

【依法治税】 2016年，丹徒地税局推进政务公开，统计汇总行政权力事项123项，编写对应的行政权力工作指南，并录入省政府服务事项管理平台，接受社会各界监督管理；加强税务稽查，完成纳税人自查406户，检查纳税人39户，全年受理并查处各类税务违法举报案件15起，均按规定处理结束。（殷　健）

【征收管理】 2016年，丹徒地税局制定丹徒区税收保障意见及考核办法，并借助"互联网+"优势，搭建信息传递、部门数据共享的网络平台。实施"互联网+税务"行动计划，继续推行多元化申报方式，提高纳税人网络申报比率；结合10月8日"金税三期"优化版信息化系统上线，优化和规范风险应对流程，全年完成中等风险应对461户，其中有效应对453户，应对入库税款10966.2万元，比上年增长148%；完成高等风险应对39户次，应对入库税款11920.41万元；与丹徒区国税局签订委托代征补充协议，将"营改增"的纳税人全部纳入到委托代征范围，改善纳税人开具增值税发票只缴国税、不缴地税的状况。5月

1 日至12 月31 日,“营改增”地税代开2016 年纳税人销售其取得的不动产（二手房）增值税发票1180 份,入库增值税及地方各税2587.31 万元（其中契税1293.89 万元）；其他个人出租不动产代开增值税发票645 份,入库增值税及地方各税140.47 万元；门临、个体等国税委托代征地方各税1025 万元；全年征收个体税款7000 余万元。（殷　健）

【纳税服务】 2016 年,丹徒地税局围绕“营改增”税制改革后的纳税服务工作,开展“地税服务伴你行”活动。落实全国县级机关纳税服务规范,健全完善联动服务工作机制；坚持办税服务厅导税员、值班长制度,方便纳税人；与丹徒区国税局合作建立镇江市首家国地税联合办税服务厅,方便纳税人办税,该举措在《新华日报》4 月8 日要闻版报道；4 月21 日,“地税服务伴你行”活动在中央人民广播电台报道；6 月7 日,与丹徒区国税局共同成立区纳税人税收权益维护协会,为全区广大纳税人提供维权服务；开展减税惠民优惠政策宣传和落实工作,全年减免企业所得税税款4507.38 万元。

（殷　健）

金　融

【概况】 2016 年,镇江市丹徒区金融工作办公室（以下简称丹徒区金融办）深化金融体制改革,维护丹徒区金融环境平稳发展。截至年底,全区有商业银行（丹徒支行）12 家,正常营业的小额贷款公司7 家（农贷公司6 家、科技小额贷款公司1 家）。全区农贷公司总资产9.2 亿元,总负债1.2 亿元；全年发放贷款698 笔,总额8.1 亿元,金额比上年降低16%；回收贷款749 笔,总额8.2 亿元,金额比上年降低11%；贷款余额7.5 亿元,比上年降低2%；农贷公司贷款平均年利率12.88%,平均不良贷款率26.75%,比上年增长1.35%。高桥镇银穗农村小额贷款有限公司通过股权变更和人事调整,变更为阳光农村小额贷款有限公司；因筹备逾期,宝堰虹枫农贷被取消资质。

服务经济发展。全年召开全区金融工作领导小组会议9 次,商讨项目议题70 项。6 月20 日,组织政银企战略合作协议签约仪式,丹徒区政府、中国农业银行镇江分行和镇江市建宜水利建设有限公司等5 家中小型企业签署合作协议；参加江苏省“金融生态达标县”考核评比,被省金融稳定工作协调小组授予“2013 ～2015 年度金融生态达标县”称号。

维护金融稳定。加强辖区小贷公司的日常监管,开展真实性专项检查2 次,举办小贷行业座谈会1 次；成立区防范和处置非法集资工作领导小组,印发《丹徒区投资理财类公司非法集资风险排查工作方案》《丹徒区互联网金融机构专项整治工作实施方案》,组织有关部门系统排查辖区内注册登记的投资理财类公司以及互联网金融机构。截至年底,全区8 家互联网金融分支公司注销6 家,剩余2 家列入全省互联网金融风险专项整治网络名单。

支持金融创新。印发《推进小贷公司健康发展的意见》,支持鼓励小贷公司创新发展。文广世民农村小额贷款股份有限公司开设2000 万元资产证券化和2000 万元资金池业务；阳光农村小额贷款有限公司获省金融办批复,建成“AA”级小贷公司,并设立扬州分公司,成为全省第一家跨市设立分公司的小额贷款公司；科贷公司设立规模为5000 万元的国有全资创业投资公司。年内,在中国小额贷款公司协会组织的全国“优秀小贷公司”评比中,丹徒区有2 家小额贷款公司（镇江市丹徒区文广世民农村小额贷款股份有限公司、镇江市丹徒区润浩农村小额贷款有限公司）被评为“优秀小贷公司”,占全市总数40%。

（王　宇）

【农发行丹徒区支行】 2016 年,中国农业发展银行镇江市丹徒区支行（以下简称农发行丹徒区支行）以业务发展为动力,以“效益办行”为宗旨,以争创等级行为目标,提高信贷管理水平,防范和化解信贷风险,全行各项业务持续健康发展。全年投放县级储备贷款5358 万元、省级储备粮贷款2584 万元,分别支持丹徒区政府储备粮和省级储备粮相关工作；投放中长期贷款8.25 亿元,比上年增加2.66 亿元。全年企事业单位日均存款7.84 亿元,比上年增加4.22 亿元,实现账面利润2814 万元、人均经营考核利润134 万元；实现中间业务收入129 万元,当年到期贷款收回率100%；全年无不良贷款发生,年末无不良贷款。全行各项经营指标连续4 年实现“一级行”目标。

（王耀军）

【丹徒蒙银村镇银行】 江苏丹徒蒙银村镇银行股份有限公司（以下简称丹徒蒙银村镇银行）于2011 年12 月28 日对外营业。2016 年末,丹徒蒙银村镇银行有总资产4.99 亿元、总负债4.15 亿元,有支行1 家、网点2 家,全行在编职工51 人。年末本外币各项存款余额3.07 亿元,比年初增加0.6 亿元,比上年增长24%,其中个人存款余额1.03 亿元,增加0.23 亿元,对公存款2.04 亿元,增加0.37 亿元；各项贷款余额为4.38 亿元,比年初下降0.16 亿元,其中小微企业贷款余额4.26 亿元,涉农贷款余额2.26 亿元,涉农企业贷款余额1.98 亿元,农户贷款余额2800 万元；全年发放贷款2.45 亿元,收回贷款2.61 亿元,实现各项业务收入2150 万元、各项业务支出4187 万元；全年新增授信客户7 户,金额1962 万元；压降、退出客户46 户,金额964 万元。4 月,网银业务上线运行,并计划对外发行蒙银银行卡。

（丹徒蒙银村镇银行）

【镇江市高校园区科技小额贷款有限公司】 2016 年末,镇江市高校园区科技小额贷款有限公司有总资产1.5 亿元、总负债180 万元。全年发放贷款44 笔、1.7 亿元,回收贷款6 笔、2800 万元；有不良贷款65 万元,不良率为0.47%。（王　宇）

科　　技

责任编校：刘　芳

综　述

【概况】 2016年，镇江市丹徒区科学技术局（以下简称丹徒区科技局）深化科技体制机制改革，优化创新环境，激发创新创业活力，为全区经济社会事业发展提供科技支撑。全区高新技术产业产值482.49亿元，占规模工业产值41.2%；研发投入占地区生产总值2.35%；每万人发明专利拥有量16.83件；新认定高新技术企业10家，共计53家，新认定省民营科技型企业15家、省科技型中小企业18家；新认定省工程技术研究中心1家、省企业研究生工作站3家、市级新型研发机构1家。全年征集企业技术需求87项，与哈尔滨工业大学、武汉大学、华东科技大学、江苏省产业技术研究院等高校科研院所开展专场产学研活动，签订产学研合作协议45项；加强科技资源与金融资源的融合，帮助21家科技型中小企业申请科技贷款5210万元；搭建科技创业平台，引进“楼友会众创空间”落户丹徒；推进传统产业技术创新，成立产业技术创新战略联盟1家；建立“丹徒区专利资助网络申报平台”，提升办事效率；开展专题培训8场，培训500余人次。年内，丹徒区科技局先后获“省知识产权执法工作先进单位”“市科技（知识产权）系统先进集体”“市科技统计工作先进单位”“区科技与人才工作先进单位”等称号。　（李　凯）

表23　**2016年丹徒区新立市级以上科技计划项目与经费情况**

序号	项目类别	项目名称	经费（万元）
1	省成果转化资金项目	基于菌群功能调控的富含川芎嗪镇江香醋研发及产业化	1000
2	省科技服务骨干能力提升	镇江明润信息科技有限公司能力提升	80
3	省工程技术研究中心	江苏省（沃得）工程机械工程技术研究中心	0
4	市对获省企业院士工作站奖励	省企业院士工作站	20
5	镇江市产学研合作项目奖	镇江恒顺香醋酿制技艺非物质文化遗产传承关键技术研究（三等奖）	4
6	市科技创新资金（重点研发—社会发展）项目	羊血吸虫病流行特征及控制技术与措施研究	5
7	市科技创新资金（创新能力建设计划）项目	镇江市高浓度污水治理工程技术研究中心能力提升	15
8	市科技创新资金（创新能力建设计划）项目	镇江市药用淀粉工程技术研究中心能力提升	15
9	市科技创新资金（创新能力建设计划）项目	镇江市缓释微丸胶囊工程技术研究中心能力提升	15
10	2015市科技进步奖	面向智能电网的智能化高压开关柜关键技术与装备（三等奖）	2
11	2015市科技进步奖	明润耙吸疏浚监控平台软件V3.0（三等奖）	2
12	2015市科技进步奖	海上石油钻井平台高压管线输油泵的研发及产业化（三等奖）	2
13	2015市科技进步奖	低温快干水性工业机械涂料（三等奖）	2
14	市科技创新资金（重点研发计划—产业前瞻与共性关键技术）项目	海工用新型碳材料/聚氨酯水性涂料的研发	20
15	市科技创新资金（重点研发计划—产业前瞻与共性关键技术）项目	基于无线自组织传感网技术的研发	15
16	市科技创新资金（重点研发计划—产业前瞻与共性关键技术）项目	各向同性碳材关键技术的研发与应用	15
17	市科技创新资金（重点研发计划—产业前瞻与共性关键技术）项目	具有智能控制系统的生物质锅炉关键技术研发	15
18	市科技创新资金（政策引导计划—宁镇扬科技合作）项目	断路器智能检测与故障预诊断系统	20
19	市科技创新资金（政策引导计划—宁镇扬科技合作）项目	系杆拱桥基于光纤光栅的长期检测技术开发与应用研究	15

续表

序号	项目类别	项目名称	经费(万元)
20	市众创空间	镇江市丹徒新城众创空间	15
21	市众创空间	志在千里众创空间	15
22	市新认定高企后资助	2016年新认定高新技术企业	50
23	市科技创新资金（重点研发计划—现代农业）项目	缓释抑菌可降解农产品保鲜膜材料的开发	10
24	市农业科技示范园后资助项目	镇江市同发水产养殖科技示范园	15
25	市农业科技示范园后资助项目	镇江市横塘胡规模化生态健康特种水产养殖科技示范园	15

（丹徒区科技局）

【农业部南京农业机械化研究所专家赴丹徒区考察】 2016年2月18日，农业部南京农业机械化研究所研究员肖宏儒一行赴丹徒区考察，实地察看上党醉园春茶叶合作社、镇江市丹徒区壹零捌茶叶合作社、镇江市丹徒区茗缘茶叶合作社等茶叶种植及茶叶机械生产企业。考察过程中，专家与企业进行交流，就丹徒区茶叶机械生产、茶叶规模化种植、病虫害防治、物联网在茶叶种植生产过程中的应用等问题进行探讨，双方达成产学研协议签订、科技项目申报等方面深入合作交流的意向。（李　凯）

【产学研活动】 2016年3月7日，丹徒区科技局邀请市科技局农村处处长，组织丹徒区壹零捌茶叶专业合作社、镇江苏峰茶叶科技有限公司、丹徒区茗缘茶叶专业合作社3家企业负责人，赴中国农业科学院茶叶研究所（以下简称中茶所）开展产学研活动，丹徒区科技局同中茶所签订《共同加快茶产业发展合作协议》，丹徒区壹零捌茶叶专业合作社与中茶所签订“茶树新品种引进示范推广”项目合作协议；3月8～9日，组织福州大学如皋研究院的专家与江苏联海通信、镇江索达联轴器、沃得重工等企业开展技术对接交流，达成合作意向3项；3月9日至4月10日，先后组织10余家企业代表参加“2016镇江市－宁镇扬在地高校院所科技合作对接会”活动，并赴南京师范大学、南京工业大学、南京邮电大学、扬州大学开展产学研对接活动，加快成果推进；4月1日，农业部南京农业机械化研究所副所长曹光乔、中国农业科学院家禽研究所党委委员高玉时一行赴丹徒区开展产学研考察活动，参观镇江市丹徒区茗缘茶叶合作社、沃得重工（中国）有限公司等农业科技型企业，并签订产学研合作协议2项；4月14～15日，组织5家企业代表赴武汉大学、华中科技大学开展产学研活动，丹徒区科技局与武汉大学电子信息学院签订产学研合作协议，相关企业与学院达成合作意向3项；4月18日，组织3家企业代表赴湖南大学、中南大学交流，达成产学研合作意向2项；4月27～29日，邀请黑龙江大学7位专家，到区内电子信息、装配制造等领域8家企业考察走访，相关企业与院校达成合作意向3项；7月4～6日，组织4家企业代表参加“2016镇江－上海‘科技合作周’”活动，先后赴复旦大学、同济大学、上海交通大学、上海大学、华东理工大学开展产学研对接活动，达成合作意向4项；8月4～5日，组织企业赴哈尔滨工业大学、哈尔滨工程大学和黑龙江大学进行产学研对接交流，达成合作意向3项；10月22日，黑龙江大学科技处副处长孙来军一行赴丹徒区开展产学研活动，与丹徒区科技局就共建区校合作平台达成初步意向；10月27日，黑龙江大学机电工程学院副院长毕永利一行赴丹徒区开展产学研活动，参观江苏丹徒氢能源产业园，走访区内多家机电工程领域企业，并与2家企业签订产学研合作协议；12月17～18日，东南大学机械工程学院专家一行赴丹徒区调研3家企业，推介东大机械学院科研成果，听取丹徒区企业技术需求。（李　凯　张洁琳　徐海燕）

图41　2016年7月22日，丹徒区·江苏省产业技术研究院技术对接会在丹徒新城召开（谢　鹏　摄）

【科技镇长团派出单位科技成果与人才对接会】 2016年4月27日，丹徒区政府在八楼会议室召开科技镇长团派出单位科技成果与人才对接会。南京财经大学、南京农机化研究所等11家院所约40名专家教授、区内20余家企业代表开展科技成果与人才对接，达成合作意向10项。

（张洁琳）

【丹徒区科技与人才大会】 2016年3月25日，丹徒区科技与人才大会在政府八楼会议室召开，各镇（街道、园区）、部门（单位）及相关企业代表80余人参加会议。区委书记陈琳出席会议并讲话，与会人员听取关于“大众创业万众创新”的讲座。会上，签订全区各镇（街道、园区）2016年科技与人才工作目标责任状，对2015年度区新增高新技术企业进行授牌，并对2015年度区科技创新优秀企业和优秀人才项目进行颁奖。

（谢 鹏）

【丹徒区·江苏省产业技术研究院技术对接会】 2016年7月22日，2016丹徒区·江苏省产业技术研究院技术对接会在丹徒新城召开，省产业研究院副院长李世收和丹徒区委副书记、区长张映桥出席，省内高校院所科研精英和丹徒企业家代表共100余人参加。丹徒区政府与江苏省产业技术研究院签订全面合作框架协议，11家专业研究所宣传推介各自研发的科技创新项目，丹徒区多家企业和研究院达成合作意向。

（李 凯）

【省科技新政宣讲培训会】 2016年10月18日，丹徒区政府在5楼会议室召开2016年省科技新政宣讲培训会。会议邀请江苏省政策法规处副处长金永新，讲解“40条政策”的起草背景、基本概况、主要内容及加快推进创新型省份建设的思考。区政府分管领导、科技镇长团成员、区有关部门、各镇（园区、街道）分管领导、孵化器平台负责人及全区规模以上企业、高新技术企业负责人共100余人参会。（张洁琳 谢 鹏）

【“智能检测装备技术研究中心”成立】 2016年11月8日，中国科学院合肥物质科学研究院先进制造技术研究所、江苏省产业技术研究院机器人与智能装备技术研究所，与江苏润模汽车检测装备有限公司联合成立的“智能检测装备技术研究中心”签约暨揭牌仪式在丹徒区会议中心举行。省产业技术研究院副院长李世收、丹徒区委书记陈琳共同为“智能检测装备技术研究中心”揭牌并先后致辞。（徐海燕）

知识产权

【概况】 2016年，镇江市丹徒区知识产权局（以下简称丹徒区知识产权局）按照“四个全面”战略布局，坚持创新、协调、绿色、开放、共享发展理念，贯彻落实省委、省政府《关于加快建设知识产权强省的意见》，坚持生态领先、特色发展的总体要求，以国家知识产权示范城市建设为引领，以提升知识产权创造、运用、保护和管理水平为重点，坚持质量并举、促进运用、强化保护、注重服务，营造全区知识产权创造与保护的氛围，为知识产权事业创造良好发展环境。全区申请专利3177件，其中发明专利申请904件，实用新型专利申请864件，外观设计专利申请1409件；专利授权1687件，其中发明专利104件，实用新型专利576件，外观专利1007件；全区万人有效发明专利拥有量16.83件。全年申报专利保险3家15件，通过国家知识产权“贯标”认证企业4家，获省贯标绩效评价优秀企业1家；通过市级专利密集型计划项目验收企业2家，获市级专利密集型企业培育计划项目立项企业2家。新增知识产权工程师18人，新增知识产权总监11人。年内，丹徒区知识产权局获“江苏省知识产权行政执法工作先进集体”称号。（翟建英）

【市专利密集型企业培育计划项目】 2016年，丹徒区知识产权局推进企业实施知识产权战略并形成示范带动效应，提升企业竞争优势，支持一批市专利密集型企业培育计划项目。组织5家企业申报“市专利密集型企业培育计划项目”，经专家评审、综合研究及公示程序，江苏百瑞吉新材料有限公司、江苏万源新材料有限公司2家区内企业被列入镇江市专利密集型企业培育计划项目承担单位，共获专项资助40万元，项目实施期为2年。（翟建英）

【区专利密集型企业培育计划项目】 2016年，丹徒区知识产权局贯彻落实区委、区政府《关于加快创新驱动加速转型升级的意见》精神，加快苏南国家自主创新示范区建设步伐，提升企业知识产权创造、运用、保护和管理能力，加快知识产权强区建设步伐。制定下发《2016年度丹徒区专利密集型企业培育计划项目申报指南》，共7家企业申报此项目。经专家评审、现场考察及综合评定，镇江市丹徒区粮机厂有限公司、江苏蓝圈新材料有限公司、镇江远大传动机械有限公司、镇江颀龙科技有限公司4家区内企业获首批“区专利密集型企业培育计划项目”承担单位，获专项资助20万元。（翟建英）

【企业专利获奖】 2016年，镇江大力液压马达股份有限公司、江苏振光电力设备制造有限公司2家区内企业获第五届镇江市优秀专利奖，获奖金4万元；6家区内企业获镇江市企业专利突破奖，共获奖金20万元，其中江苏恒顺醋业股份有限公司、江苏捷诚车载电子信息工程有限公司2个发明人团队获一等奖，镇江江大泵业科技有限公司发明人团队获二等奖，镇江奥兰迪汽车部件有限公司、镇江索达联轴器有限公司、江苏百瑞吉新材料有限公司3个发明人团队获三等奖。（翟建英）

【企业知识产权“贯标”工作】 2016年，丹徒区知识产权局继续推进企业知识产权贯标工作，镇江索达联轴器有限公司、江苏中兴药业有限公司、江苏捷诚车载电子信息工程有限公司、镇江颀龙科技有限公司4家企业通过国家知识产权“贯标”认证；江苏振光电力设备制造有限公司获省贯标绩效评价优秀企业，并获省奖金10万元；江苏蓝圈新材料有限公司等10家企业通过省贯标备案，提升企业知识产权管理水平。（翟建英）

【知识产权培训宣传】 2016年，丹徒区知识产权局制定区内规模以上工业企业负责人知识产权培训工作方案，开展知识产权培训工作。全年培训规上企业343家，其中"零专利"企业247家、有专利企业96家，包括港澳台及外资企业14家。通过培训增强区内企业知识产权意识，提升企业核心竞争力，降低企业侵犯他人知识产权的法律风险，保护企业合法权益；4月26日，联合区市场监督管理局、区文广体局、区司法局、区检察院等单位以"加强知识产权保护运用 加快知识产权强国建设"为主题，在丹徒区宝龙广场举办"庆祝第十六个世界知识产权日"宣传咨询活动，现场发放宣传资料500余份，并接受有关服务咨询，解答市民提出的相关问题。 （翟建英）

【知识产权"护航"专项行动】 2016年，丹徒区知识产权局根据国家和省、市知识产权局关于开展"护航"专项行动方案要求，制定下发《镇江市丹徒区2016年知识产权执法维权"护航"专项行动方案》，部署全年专项行动。专项行动以大型商场、大型超市、集贸市场、商业街区等商品销售集散地为范围，整治重点涉及全区战略性新兴产业及传统特色产业的产（商）品的假冒专利和侵权行为，尤其是涉及食品、药品、医疗器械等各类事关民生领域的假冒专利行为。全年出动行政执法人员30人次，对全区重点商场、药店开展执法检查，共检查各类涉及专利产品1000余件，查出涉嫌假冒专利商品300余件，查处假冒专利案件55件，调解专利纠纷案件15件。

（翟建英）

防震减灾

【概况】 2016年，丹徒区地震局开展和推进防震减灾工作，在地震观测点规范化建设、防震减灾监测网络化建设和防震减灾宣传等方面取得新成绩。年内，被评为全省防震减灾工作县级优秀单位；荣炳地震观测站（苏丹徒18井）在2016年度江苏省地震观测资料评比中，获水温、水位、气氡、气汞等测项优秀佳绩。

（李 鹏）

【"三网一员"机制落实】 2016年，丹徒区地震局加强地震宏观观测点规范化建设，制定实施《丹徒区地震宏观观测点管理办法》和《丹徒区地震宏观观测员岗位职责》；更新完善全区"三网一员"名录，组织"三网一员"成员开展业务培训；更新宏观观测点铜牌、制作制度牌上墙，向宏观观测员发放聘书和《观测记录本》。 （李 鹏）

【抗震设防监管】 2016年，丹徒区地震局推进全区"多评合一"工作，按照要求及时清理规范行政审批中介服务事项，减少建设工程业主提供的审批要件，调整优化业务流程，建立双随机抽查事中事后监管制度，实时更新行政审批权力库相关内容。年内，全区新建、扩建和改建建设工程达到抗震设防要求，学校等人员密集场所抗震设防要求高于其他建筑设防标准的规定得到落实。 （李 鹏）

【地震监测环境建设】 2016年，丹徒区地震局加强荣炳地震观测站环境建设。修建加固院墙、加宽加固道路、浇筑地坪，更换铁艺大门2扇；及时向荣炳盐资源区发放地震监测环境环境保护告知函，要求对观测站隔壁企业拆除房屋损坏观测站院墙、大门和观测环境等情况予以制止，做好观测站地震观测环境与监测设施保护工作。 （李 鹏）

【地震监测网络建设】 2016年，丹徒区地震局在高资街道新增地震宏观观测点1个，并安装远程视频监控系统。至年底，全区有地震宏观观测点6个，每个宏观观测点都配备宏观观测员，其中5个宏观观测点安装远程视频监控系统，全区地震监测网络得到完善，地震监测水平显著提升。 （李 鹏）

【防震减灾应急预案体系建设】 2016年，丹徒区地震局及时更新区防震减灾联席会议成员单位名录、区地震应急管理专家库、专业救援队伍库、"三网一员"联络名单、应急工作机构联络名单等，建立完善地震应急响应体系、地震应急预案，通过专家评审并由区政府办于8月向全区下发。年内，区防震减灾联席会议成员单位、学校、卫生院、危化企业先后完成地震应急预案修订并报丹徒区地震局备案。 （李 鹏）

【地震预警系统安装】 2016年，丹徒区地震局在辛丰中心小学安装地震预警系统1套，该系统能在接收到市地震台网中心的预警信息后，自动发出地震警报，避免或减小地震对学校师生造成的伤害。同时，学校还可以利用该预警系统进行地震预警演习，提高师生防震减灾意识和能力。 （李 鹏）

【防震减灾知识宣传】 2016年，丹徒区地震局利用多种渠道和手段，开展防震减灾科普知识宣传教育活动。发放防震减灾知识宣传材料2500余份，接受咨询300余人次；向全区科普示范学校和地震安全示范社区发放防震减灾知识手册、光盘等宣传品；参加在辛丰镇举办的丹徒区"12·4"法制宣传日活动。在上党镇组织开展"5·12"防灾减灾日暨丹徒区第27届科普宣传周宣传活动，向公众普及地震应急避险知识；邀请市地震局专家到辛丰中心小学、荣炳中学开展科普知识讲座。全年向省、市、区有关部门报送防震减灾宣传稿件30篇。 （李 鹏）

【地震应急演练】 2016年5月12日，丹徒区地震局联合区教育局等部门，在辛丰中心小学举办"5·12"防灾减灾日地震应急疏散演练活动，组织学生观看防震减灾知识宣传片、展牌，赠送防震减灾知识宣传画册；9月，邀请市地震局领导和区政府应急办主任到荣炳盐资源区曲阳社区，组织指导居民开展地震应急疏散演练活动，开设防震减灾知识宣讲，发放宣传画册并现场解答居民防震减灾咨询，提升农村居民防震减灾意识。 （李 鹏）

教 育

责任编校：刘 芳

综 述

【概况】 2016年，镇江市丹徒区教育局（以下简称丹徒区教育局）围绕“让人民幸福满意的丹徒教育”总目标，将“创新、协调、绿色、开放、共享”发展理念融入教育实践，以苏南教育现代化示范区建设和深化教育领域综合改革为着力点，增配优质教育资源，创新教育管理体制，提高教育教学质量，打造办学内涵特色，推动各级各类学校优质均衡发展，为打造“强富美高”新丹徒、全面建成小康社会提供人才保障和智力支持。

年末，全区有各类学校63所，其中普通高中2所、职业高中1所、初中10所、小学11所、九年一贯制学校4所（含民办1所）、幼儿园23所（含民办园6所、村办园3所）、开放大学（含社区培训学院）1所、老年大学1所、社区教育中心10所。中小学、幼儿园有在校（在园）生32315人，其中普通高中3225人、职业高中1682人、初中5628人、小学14146人、幼儿园7634人。（朱 辉）

【教育行政执法】 2016年，丹徒区教育局加大教育行政执法力度，联合有关部门开展“教育收费检查”“安全生产隐患排查”等执法行动，维护学校、师生的合法权益。丹徒区教育局推动学校自主管理改革，探索建立“依法办学、自主管理、民主监督、社会参与”的现代学校制度。全区学校全部建立家长委员会和理事会，家长参与到学校管理、教育教学改革、督导评价以及涉及学生利益的重要决策等工作中。丹徒区3所自主管理试点校（丹徒高级中学、高桥中学、黄墟中心小学）制定学校章程，建立“教师议事会”“学生自管会”等自主管理组织，完善教育评议会等多元参与的评价机制，现代学校内部治理体系初步建成。（朱 辉）

【教育督导考核】 2016年，丹徒区人民政府教育督导室划分责任督学区，实行责任督学挂牌督导，发挥督导在中小学教育教学常规管理检查、学校三年发展规划制定和落实情况评估、幼儿园办园水平督导评估等工作中的推动促进作用。推进镇（街道、园区）教育工作督导考核，实行督导结果公告、限期整改、追责问责等制度，推动各镇（街道、园区）支持和推动教育事业发展。（朱 辉）

【教育现代化创建】 2016年，丹徒区教育局加强和推进教育现代化创建工作。江苏省大港中学、宜城街道、世业镇等6家“双创”（创建市教育现代化先进镇、创建市教育现代化先进学校）单位通过市级验收，“责任督学挂牌督导创新区”创建工作通过省级验收，教师发展中心创成“省示范性县级教师发展中心”。丹徒区人民政府教育督导室完成2015年教育现代化监测任务，区教育现代化监测综合得分为87.07分。（朱 辉）

【教育改革】 2016年，丹徒区教育局调整学校、校长考核评价机制，面向各级各类学校，制定发展性评价标准，明确教育价值导向。深化片区合作，落实“质量共同体”（相对偏远学校与区内强校共享优质课程资源，整体提高办学质量）建设等教育改革措施，推进科学化管理和区域均衡发展。镇江市丹徒区炎黄外国语学校发挥体制优势，开设初中

图42　　2016年11月11日，恒大绿洲幼儿园开园仪式

（丹徒区教育局提供）

部“领军创新型人才培养班”,择优招收优质生源。（朱　辉）

学前教育

【概况】 2016年末,丹徒区有3岁～6岁户籍儿童7101人,在园幼儿7634人,毛入园率107.51%。全区有幼儿园23所,其中公办园17所。全区常住人口30.84万人,每1.25万人设置1所幼儿园。制定《丹徒区学前教育五年行动计划（2016年～2020年)》,建立施教区招生制度,更新幼儿园信息管理系统。年内新办幼儿园1所（恒大绿洲幼儿园),班级规模均不超过6轨,并按规定人数设置班额。镇（街道、园区）幼儿园有在园幼儿4937人,其中公办园4283人;丹徒新城主城区有在园幼儿2697人,其中公办园826人。学前教育有专任教师491人,其中公办教师327人,有资质专任教师398人,大专以上学历教师279人。

（朱　辉）

【优质幼儿园创建】 2016年,丹徒区23所幼儿园中,有省优质幼儿园17所、镇江市优质幼儿园1所、合格幼儿园4所。8月,画意江南幼儿园排定镇江市优质幼儿园创建工作计划,11月通过评估验收。（朱　辉）

【普惠性民办幼儿园认定】 2016年,丹徒区政府制定下发《丹徒区普惠性民办幼儿园认定管理暂行办法》,丹徒区教育局依据文件精神,经幼儿园申报、相关部门审核,认定5所民办幼儿园为普惠性民办幼儿园。普惠性民办幼儿园是指不以营利为目的,设立条件、保育教育质量达到同类公办幼儿园水平,受区政府委托和资助提供学前教育服务,并执行同类公办幼儿园收费标准的民办幼儿园。经过认定的普惠性民办幼儿园,在生均公用经费、参加人事代理教师的社会保险费、人事代理费补贴等方面,执行公办园同等补贴政策。（郑娅娜）

【课程游戏化建设】 2016年,丹徒区教育局依据教育部《3～6岁儿童学习与发展指南》,推进课程游戏化建设,设立学前教育专项资金,为课程游戏化建设提供资金保障。区内23所幼儿园均制定课程游戏化建设方案,并申报区级课程游戏化项目。至年底,丹徒区有省课程游戏项目幼儿园1所、市级《指南》实验幼儿园2所、区级课程游戏化建设幼儿园20所。（朱　辉）

基础教育

【概况】 2016年末,丹徒区有小学11所、九年一贯制学校4所（含1所民办学校)、初中10所、普通高中2所。全区有小学生14146名、初中生5628名、普通高中生3225名。

2016年,丹徒区坚持育人为本的“宜人教育”理念,推动素质教育优质发展。年内,成立“宜人课堂建设年”领导小组,顺利实施“宜人课堂建设年”活动。丹徒区教育局研制《丹徒区宜人课堂评价标准》,按照“宜人课堂”的构建要求,开展各级各类教学研讨活动。11月23日,丹徒区“宜人课堂建设年”教学技能观摩研讨活动在世业实验学校拉开帷幕,全区各校40余名教师,以及区教师发展中心研训员参与观摩研讨。

（朱　辉）

【教育质量建设】 2016年,丹徒区建成全面覆盖的教学绿色质量监控评价体系。整体推进小学“片区合作”和初中“质量共同体”建设,引导相对偏远学校采取“片区合作”“校际联盟”方式,与区内强校共享优质课程资源,整体提高办学质量;全面推广“导学案”,推进“丹徒好课堂”建设,优化集体备课,提升课堂教学效率,提高教学质量;推进“导师制”“志愿导学”制,帮助各类学生心理素质提升,促进学习成绩提高。2016年,丹徒区参加高考1180人,比上年减少110人,本二以上达线人数首次超500人,为554人;2名考生达到清华大学、北京大学录取要求。本二以上达线人数和录取层次,为江苏省大港中学迁址丹徒新城以来最好成绩。（朱　辉）

【义务教育优质均衡发展】 2016年,丹徒区均衡配置教育资源,区域内校际办学条件综合差异系数达到省定标准,小学差异系数为0.28,初中差异系数为0.31。年底,丹徒区小学班级341个,平均班额41.5人;初中班级145个,平均班额38.8人。大部分小学班额在40人以下,所有初中班额在45人以下,全部做到均衡分班,不设重点班。连续4年将热点普通高中学校招生计划的70%,以指标方式均衡分配到各初中学校,促进全区义务教育均衡发展。

（朱　辉）

【青少年思想道德建设】 2016年,丹徒区建立区德育常规工作研究评价队伍,开展“四访四问”(访家问行、访生问学、访贫问难、访群问计)千师进家庭活动和年度德育工作考核,规范学校德育工作。创成市学生社团建设优秀校26所、市心理健康教育特色校17所、市书香校园22所,实现市养生学堂全覆盖,获中央专项彩票公益基金支持乡村学校少年宫6所。各中小学按要求开设心理健康教育课程,开设（普及）率100%。各中小学摸底调查身心发展困难学生（含外来务工子女、留守儿童等),开展帮扶教育,受帮扶比例符合省教育现代化标准。（朱　辉）

社会教育

【概况】 2016年,丹徒区社会教育贯彻落实省、市教育工作会议精神,以苏南教育现代化示范区及省级标准化社区教育中心创建为重点,加强丹徒开放大学（区社区培训学院)、区老年大学和各镇（街道、园区)社区教育中心建设,完善终身教育体系。截至年底,全区有镇(街道、园区)老年学校5所、各社区（村)

老年学校42 所。以2017 年完成丹徒区省级社区教育示范区创建任务为目标，科学规划省级社区教育示范区建设工作。推进省级标准化社区教育中心、省级居民学校和市教育现代化先进社区教育中心创建工作，年内建成省级标准化社区教育中心1 所、省级标准化居民学校15 所和市教育现代化先进社区教育中心1 所。（金　娟）

【开放大学和老年大学建设】 2016 年1 月，丹徒区政府召开丹徒区老年大学新一届校务委员会会议，明确丹徒区老年大学划归区教育局管理。年内，丹徒区教育局理顺丹徒开放大学（区社区培训学院）、区老年大学运行机制，制定丹徒开放大学（社区培训学院）和区老年大学发展规划，统筹协调丹徒开放大学（社区培训学院）、区老年大学和城乡社区教育工作协调发展，构建区、镇（街道、园区）、村社会教育三级培训网络。年内，丹徒开放大学校长步杰荣、辛丰社区教育中心校长吴陆保合作的《新型农村社区文化“融入式”建设与发展的实践探索》社区教育案例，在江苏开放大学、江苏省社会教育服务指导中心组织的全省开大（电大）系统及包括社区学院、社区教育中心等在内的社会教育机构和单位范围内开展的社区教育实践创新工作项目案例征集活动中，获江苏省一等奖；丹徒开放大学步杰荣、殷慧芳合作的《游心的老年教育，畅神的人性光芒》和辛丰社区教育中心吴陆保撰写的《乡村老年学校校园文化建设的探索与思考》论文，在镇江市教科所、镇江市老年大学举办的“镇江市首届老年教育论文评选”中，获镇江市一等奖；丹徒开放大学步杰荣、杨金玉主持的江苏省社会教育规划课题《新型农村社区“融入式”文化建设与发展的实践探索——冷遹“镇江黄墟农村改进试验区”的历史光芒和时代价值》和步杰荣、傅玉芳主持的江苏开放大学思想政治教育专项课题《德育本土化资源在职业教育“立德树人”中的运用——以“冷遹职教思想”研究与运用为例》获省级重点课题立项。区老年大学开设声乐、锡剧、摄影等培训班，推动老年教育课程开展。（金　娟）

【社区教育培训活动】 2016 年3 月，丹徒区召开社会教育工作会议。按照会议要求，全区各社区教育中心制定社区教育工作计划、培训工作安排。区社区培训学院组建讲师团到各镇（街道、园区）开展社区培训活动，全年完成农村实用技术培训5000 余人次，全区从业人员继续教育培训年参与率为58.16%，居民参与社区教育培训活动率在55% 以上；开展“农村妇女网上行”培训活动；9 月，开展区、镇（街道、园区）“全民终身学习活动周”活动；全年开展“基于社区教育专职教师教科研能力提升”“社区宣传骨干培训”等各类培训活动，培训人员160 人次，为创建江苏省社区教育示范区提供专业支撑。（金　娟）

教师队伍

【概况】 2016 年末，丹徒区有在职公办教师2359 人。全区有省“三三三”（高层次人才培养工程）培养对象2 人、市学术技术带头人2 人、市“169”科技骨干4 人、省特级教师8 人、市学科带头人16 人、市中青年骨干教师147 人、市“教坛新秀”49 人。幼儿教师中，专科以上学历占比89.4%，本科占比47.2%；小学教师中，专科以上学历占比99.6%，本科占比83.6%；初中教师中，本科及以上学历占比99.7%，研究生学历占比8.8%；高中教师中，研究生学历占比23.1%；职业学校教师中，研究生学历占比28.1%。（朱　辉）

【教师关怀】 2016 年，丹徒区制定下发《丹徒区乡村教师支持计划实施意见》和《丹徒区中小学教师素质提升三年行动计划》。区、镇两级政府和相关部门采取激励措施，落实关心教师事项。教师节期间，表彰优秀教育工作者、师德先进个人、优秀班主任300 余名。区财政预算安排500 万元，用于解决教职工一次性住（购）房补贴。设立普通高中教育教学成果奖，划拨100 万元，用于奖励在教育教学和教研科研等方面取得突出业绩的集体和个人。完善青年教师“135”工程（1 年入门、3 年过关、5 年胜任）、骨干教师队伍建设、名师工作室建设、拔尖人才培训和奖励办法等教师培养评价考核机制。拨付100 余万元，用于拔尖人才梯队培养。实施区、校两级学历进修学费补助政策，促进教师学历提升。（朱　辉）

【师德建设】 2016 年，丹徒区教育局制定下发《丹徒区教育系统2016 年师德教育年度工作意见》《丹徒区教育系统师德师风问责追究办法》等文件，加强师德师风建设。教师节期间，曾文俊、朱志军、赵明娟、丁彩娣、吴春乔等获“师德先进个人”等荣誉表彰；制定下发《丹徒区志愿导学公益活动方案》，引导教师不计名利、甘于奉献；指导丹徒区支显宗学校等5 所学校与新疆生产建设兵团第四师5 所学校结对，开展教育帮扶、德育共建活动。（朱　辉）

【教师培训】 2016 年，丹徒区教育系统完成出国培训18 人次、国家级培训14 人次、省级培训2208 人次、市级培训14967 人次、区级培训4238 人次。组织骨干教师讲师团专家128 人，开展校际讲学176 场次，培训覆盖教师2615 人。1 月，丹徒区教师发展中心高分通过“江苏省示范性县级教师发展中心”评估验收；5 月，举办省级培训项目“江苏省教育厅2016 年‘名师送培’丹徒区小学语文学科教师培训班”。（朱　辉）

【教师人才培养】 2016 年，丹徒区教育局制订实施《丹徒区中小学教师素质提升三年行动计划》，以乡村骨干教师培育站、市（区）名师工作室等为载体，培育“教坛新秀”“骨干教师”“学科带头人”“特级教师后备人才”四级教育人才。建立各级教育人才专业发展档案，在师德修养、业务技能、专业素养、学术研究等方面加强培养与考核，扩大名特优教师队伍；强化各级各类教育人才履职情况常态管理，开展校、区两级考核，考核结果与拔尖人才津贴、培训、评优挂钩。17名教师成为市级乡村骨干教师培育站成员，14名教师成为镇江市2016年网络远程培训各学科专家团队成员；各学段优秀人才分布较为合理，区级以上骨干教师占本学段教师总数的比例，小学为19.2%，初中为21.3%，高中为31%；职业学校“双师型”（教师职称和职业技能达到中级水平）教师占总数的81.7%。（朱　辉）

教育投入

【概况】 2016年，丹徒区公共财政教育支出5.99亿元，财政经常性收入22.26亿元，公共财政教育支出增长高于财政经常性收入增长1.97个百分点；上年义务教育生均公共财政预算教育事业费支出均有所下降，小学、初中分别下降8.89%、10.12%，全年小学、初中生均公共财政预算公用经费支出分别下降44.33%、56.27%；生均日常公共财政预算公用经费学前教育每生每年385元、小学每生每年770元、初中每生每年1100元，均达到规定标准；全年征收教育费附加7539万元、地方教育附加5015万元，土地出让收益计提教育资金3691万元，上级补助264万元，当年收入合计16509万元，上年结余1145万元。全年实现可使用资金17654万元，当年用于教育17326万元，上解省218万元，结转下年使用110万元。（朱　辉）

【教育场所建设】 2016年，丹徒区校安工程投资1.18亿元，加固新建校舍近3.95万平方米。丹徒区宜城第一小学建设工程投资9000万元，建筑总面积2.6万平方米，8月进场施工；宝堰幼儿园教学楼异地新建工程投资1500万元，建筑总面积5400平方米，1月进场施工；恒大绿洲幼儿园装饰工程投资500万元，建筑总面积4820平方米，7月底竣工，年内投入使用；上会小学、辛丰幼儿园塑胶运动场建设项目投资120万元；江心实验学校、石马中学、高资小学、高资中学4所学校落实“改薄”（“全面改薄”工程是国家解决农村地区义务教育落后问题、推进义务教育学校标准化建设、助力基本实现教育现代化的“兜底工程”）项目，投资660万元，建筑面积2900平方米，年内全部进场施工。（朱　辉）

【教育装备更新】 2016年，丹徒区投入教育装备建设集中采购资金1650万元，用于江苏省大港中学教育现代化创建装备建设的进挡升级和恒大绿洲幼儿园开办设施设备的配建保障；加大数字化教育资源建设力度，为初步建成丹徒区教育云中心，实现数字化教育资源区域共享、校校共享奠定基础；制定《丹徒区特色装备建设实施规划》，加大学校教育装备设施特色化建设，启动学科创新实验室建设工程，提升学校功能室、实验室、数字化软硬件建设品位；新建江苏省大港中学创客空间探究活动室、荣炳小学创客体验馆、石马小学人防教育体验馆等特色装备场馆。（胡建忠）

名校介绍

【镇江市宜城中学】 镇江市宜城中学（以下简称宜城中学）位于丹徒新城，创建于2014年8月，占地面积10.67公顷（160亩），建筑面积4万平方米。建校以来，宜城中学教师参加省级以上各类赛课活动，分别获全国一等奖1人、省级一等奖3人，获首届“镇江好课堂”竞赛一等奖、二等奖9人；获“镇江市十佳教师”称号2人，获“镇江市优秀教育工作者”称号 1人，获“镇江市德育先进个人”称号2人。教师在省、市级以上刊物上发表论文32篇，其中国家级论文8篇、省级论文24篇；2015年以来，先后选派2名教师参加国外交流培训和国际支教活动。该校先后获“镇江市教育现代化先进学校”“镇江市依法治校示范校”“镇江市养正学堂示范校”“镇江市节水型学校”“镇江市A级食堂”“镇江市数字化校园”“江苏省健康促进银奖学校”“江苏省基础团务先进工作基础单位”“镇江市中小学社团建设先进学校”等称号。学校有自编校报《宜中人》、诗刊《若水》2份。

2016年末，宜城中学有教学班34个，在籍学生1400余名；有教职工129人，其中省特级教师1人、市学科带头人1名、市骨干教师9名、区骨干教师14名、市“教坛新秀”8

图43　　镇江市宜城中学校园一角　　（丹徒区教育局提供）

名、区教学能手23名。教师中，有教育硕士学历14人，专任教师本科以上学历为100%。辛建军、徐慧分别被评为2015年度、2016年度"镇江市十佳教师"；有学生社团46个，1名学生获国家科技发明专利。在市、区级各项读书征文比赛、科技竞赛等活动中，500余人次获奖。校篮球队获2016年镇江大市青少年校园篮球总决赛女篮冠军、男篮季军；校合唱队获镇江市金山合唱节初中类别铜奖；全年有300名学生参考中考，108名学生被江苏大港中学等江苏省四星级高中录取，录取率36%。学校中考总均分、优秀率、录取四星级高中人数均为全区第一，中考成绩在镇江市范围内名列前茅。

（李 祥）

表24 **2016年丹徒区各中小学校长及直属单位负责人名录**

单位	姓名	单位	姓名
大港中学	仲伟贵	区实验小学	李 斌
丹徒高级中学	蔡 鹏（5月离） 黄卫荣（8月任）	高桥中心小学	朱文健
丹徒实验学校	包昌升	辛丰中心小学	郭晓东
江心实验学校	李春新	黄墟中心小学	周和平
世业实验学校	束体胜	三山中心小学	朱双全
宝堰中学	胡 斌（8月离） 丁金贵（8月任）	西麓中心小学	徐腊花
高桥中学	赵 焰	支显宗学校	李文化
辛丰中学	李玉生	上会中心小学	王 婷
冷遹中学	江 峰（8月离） 陈锁林（8月任）	荣炳中心小学	韦方平
三山中学	郑向阳	高资中心小学	孔国娣（8月离） 凌建明（8月任）
宜城中学	蔡玉军	石马中心小学	史小琴
上会中学	陆元军	驸马山庄幼儿园	何荣梅
荣炳中学	凌太明	教师发展中心	於 飞
高资中学	包祝明	丹徒开放大学	步杰荣
石马中学	吴常平	丹徒区老年大学	方纪敏
荣炳中心幼儿园	郑银花	装备中心	胡建忠
上会中心幼儿园	张俊红	青少年活动中心	钱志平
黄墟中心幼儿园	殷莉芬	炎黄外国语学校	杭培根
宝堰中心幼儿园	魏晓黎	上党中心幼儿园	傅梅芳
江心中心幼儿园	耿信青	高桥中心幼儿园	黄 晨
高资中心幼儿园	熊开清	石马中心幼儿园	曹国珍（8月离） 殷月华（8月任）
三山中心山幼儿园	江 琴	世业中心幼儿园	殷月华（8月离） 丁红香（8月任）
辛丰中心幼儿园	王 欣	恒大绿洲幼儿园	王柏平

（朱 辉）

文化·广电·体育

责任编校:刘 芳

综 述

【概况】 2016年,丹徒区文广体事业健康发展,坚持以人民为中心的工作导向,坚持社会主义先进文化前进方向,围绕培育和践行社会主义核心价值观,实施以"公共文化服务、全民阅读推进、文物保护利用、文化市场管理、主流舆论引导、体育特色争创"为内容的"六大工程",年内,丹徒区被授予"2016年度江苏省'无小耳朵社区'创建工作先进区""2016年江苏省'扫黄打非'先进地区"称号,丹徒区文广体局获"江苏省群众文化百千万工程优秀群众文艺团队""第五届江苏省服务农民、服务基层文化建设先进集体""2016年度全省体育彩票工作先进单位"等称号。(刘敏怡)

文 化

【概况】 2016年,丹徒区文广体局提升公共文化服务水平,推进文化遗产保护,加强文化市场监管力度。全年组织文艺团队开展送戏下乡、文艺演出、广场舞比赛等活动110余场,获市级以上奖项文艺作品20个;创成生态文化广场、镇(街道、园区)文化站示范点、村(社区)综合文化服务中心示范点共15个。至年底,建有区图书馆及分馆11家,实现镇(街道、园区)分馆全覆盖,15分钟阅读服务圈建成。(刘敏怡)

【文化基础建设】 2016年,丹徒区文广体局推进文化广场标准化改造提升工程,新建5个生态文化广场和3个镇(街道、街道)文化站示范点;开展综合性文化服务中心项目创建,新建7个示范点,实现全区村(社区)综合文化服务中心全覆盖,其中宝堰镇宝堰村、江心洲生态农业园区五墩村、世业镇卫星村被评为优秀基层综合性文化服务中心,上党镇盘荣村被评为"十佳基层综合性文化服务中心",上党镇其一村综合文化服务中心代表镇江市接受中办有关领导的视察并得到好评。丹徒区图书馆全年订阅报刊241种,新增馆藏图书12000余册,增发读者借阅证500余张,接待读者10万余人次,图书借还13余万册(次);推进农家书屋建设,荣炳盐资源区蒲圩村农家书屋和上党镇上党村农家书屋与区图书馆实现通借通还。(刘敏怡)

【文化艺术活动】 2016年,丹徒区文广体局组织开展各类群众文化活动,丰富群众业余文化生活。联合镇江市高校园区建设指挥部举办"我以园区为荣,园区以我为荣"系列活动,1月18～19日在镇江高专施工工地举办高校园区"送温暖"慰问演出,2月2日在听郦山庄举办2016年迎春联欢演出;4月29日,联合区总工会在丹徒新城人民广场举办"唱响红五月 劳动最光荣"庆五一文艺晚会;5月20～25日,协同区委宣传部在丹徒新城人民广场举办2016年"展示丹徒美 聚力新征程"系列文化惠民活动——第五届"清风雅韵"广场戏曲周,6场演出吸引近3万人次观看;6月26日,联合区地税局在丹徒新城管委会报告厅举行"唱响主旋律 颂歌献给党"纪念建党95周年歌咏比赛;联合区委宣传部举行乡村文化大互动——"丹徒好声音"歌唱大赛,8月举办乡镇海选初赛,9月9～22日举办10场乡镇复赛,11月2日在丹徒新城人民广场举办决赛暨颁奖晚会;9月26日,在丹徒新城人民广场举办"体彩之爱 花开有声"公益文艺晚会;10月13日,协同区委宣传部在金山湖举办"金秋十月,邀您免费看水景秀"文化惠民活动,1000余人参加。全年送戏下乡演出20场次,观众2万余人;组织开展全民艺术普及活动,全年举办艺术讲座10余场、艺术培训20余期,受众600余人次;举办艺术展演展示活动50余场,受众1万余人次。(刘敏怡)

【"书香城市"创建】 2016年,丹徒区文广体局开展"书香城市"创建活动。向世业镇、辛丰镇、宜城街道长山村、上党镇等单位免费送书2000余册;1月27日至3月8日,联合南京图书馆在丹徒区图书馆大厅举办《舌尖上的春节》图片展;3月30日至5月30日,开展第二届"你阅读·我买单"活动,参与人数50人,投入经费5000元;"4·23"全民阅读宣传周期间,联合南京图书馆在区图书馆大厅举办《书籍的历史》图片展;4月22日,联合区委宣传部在江苏省大港中学报告厅举办"宜文讲堂"——"《诗经》的永恒魅力"专题讲座,参与人数800人;6月28日,联合市文广新局、市民政局、市老年书画协会举办2016"书香添墨韵——向农家书屋捐赠书画"大型公益活动;7月1日～8月31日,在区图书馆大厅举办《纪念建党95周年和红军长征胜利80周年》图片展;7月30日,在区图书馆少儿教室举办江苏省少儿数字图书馆线下活动——“爱不释书3D互动立体书”阅读体验活动，参与人数70人；10月19日，联合区委宣传部在区政府八楼会议室举行全民阅读促进会成立大会暨第一届“宜文读书节”启动仪式；10月22日，联合区委宣传部在丹徒宝龙广场举行首届“光明书香节”启动仪式。全年开设“满天星”故事会公益课堂10次，新增发行网点10家、阅读新空间3个、阅读社团10个、阅读推广人100名，全区居民综合阅读率在87%以上。（刘敏怡）

【文物保护利用】 2016年，丹徒区文广体局完成第一次全国可移动文物普查工作，并根据要求上报普查数据、编制普查总结报告；配合市文物安全综合管理平台上线运行，开展不可移动文物、“四有”档案、文物收藏单位及纪念馆等数据录入，完成全区所有第三次全国文物普查文物点地图点位标识工作；开展殷氏宗祠维修工程，制订维修保护方案；完成省级非遗项目保护规划编制工作，并请专家学者修改完善；配合市文物处开展江苏省传统村落调查，制定丹徒区历史文化名镇和传统村落保护实施方案；冷遹纪念馆全年接待参观团队500余个、游客8万余人次，并定期与学校合作开展“小小解说员”培训活动，培养青少年主人公意识；7月24日，央视少儿频道节目组走进新四军四县抗敌总会纪念馆，拍摄红色之旅专题片《寻找小号手》，展现新四军在苏南地区抗战的光辉历程和纪念馆的历史传承作用。（刘敏怡）

【文化产业发展】 2016年，丹徒区文广体局提高服务意识，加强政府与企业间的沟通与协调，促进全区文化产业有序发展。组织丹徒区长山文化产业园申报2016年省级文化产业引导资金，米芾互动体验馆项目获引导资金120万元；举办丹徒区第一届长山茶文化节，推动丹徒茶产业发展和茶文化弘扬；推进版权示范城市建设，开展省版权示范园区（基地）、版权示范单位创建工作，设立丹徒区版权工作站，全年一般作品版权登记403件。（刘敏怡）

【文化市场监管】 2016年，丹徒区文广体局强化文化市场事中事后监管，建立“责任清单”，构建守信激励、失信惩戒的监管机制；启动“绿色网吧”建设工程，提升互联网上网服务场所制度化建设、服务环境建设；建立机关软件正版化长效机制，会同区机关事务服务中心联合制发《丹徒区区级机关软件资产管理办法》，新增软件正版化企业3家；协助召开市“扫黄打非”工作进基层推进会和区“扫黄打非”进基层工作现场会，确保“扫黄打非”工作落到实处，成立扫黄打非工作站10个、联络点88个，实现全区全覆盖；开展“净网”“清源”“秋风”“护苗”专项行动，全年出动执法人员560余人次，检查各类场所190余家次；联合有关部门开展集中行动10次，收缴“抓烟机”120台，拆除小耳朵280台座，查处非法销售地面卫星电视接收设施销售网点42家。（刘敏怡）

【全国侵权盗版及非法出版物集中销毁江苏分会场活动】 2016年4月21日，丹徒区文广体局协助省“扫黄打非”工作领导小组，在丹徒新城人民广场举行2016年全国侵权盗版及非法出版物集中销毁活动江苏分会场活动。江苏省新闻出版广电局局长、党组副书记、省版权局局长周琪，镇江市委常委、宣传部部长曹当凌，丹徒区政府区长张映桥等出席活动。省、市“扫黄打非”工作领导小组及成员单位代表，区委、区政府领导，各辖市“扫黄打非”办、文化行政综合执法部门代表，学生代表及各界群众700余人参加活动，并在“打击侵权盗版、保护知识产权”的横幅上郑重签名。活动现场销毁部分非法光盘，其余非法出版物另行集中销毁。（刘敏怡）

广播电视

【概况】 2016年，丹徒区坚持正确的舆论导向，聚焦发展、关注民生，唱响主旋律，打好主动仗，推动广播电视事业发展。丹徒区广播电视台制作播发《今日丹徒》新闻2000余条、专题栏目《关注》300余期；电台播发新闻2400余条，自办节目400余档；完成省台用稿60余篇、中央级媒体用稿6篇，其中中央电视台《新闻联播》用稿1篇；开设《数说十二五》新闻专栏，围绕产业转型、民生工程、城乡建设等方面，回顾丹徒区“十二五”期间取得的发展成就；推出《劳动者之歌》《践行“两学一做”》《人勤春来早》《带你游丹徒》等系列报道；官方微信公众号“微丹徒”粉丝量接近3万人；完成播控室改造工程，建成1套50平方米的真三维广播级高清电视虚拟演播室系统。全年新增有线电视用户2000余户，有线电视用户覆盖率在97%以上。（刘敏怡）

【贯彻党代会精神系列报道】 2016年，丹徒区围绕贯彻落实丹徒区第十三次党代会和镇江市第七次党代会精神，营造凝聚人心、统一思想、鼓舞士气、干事创业的良好舆论氛围，大会召开前，丹徒区广播电视台开设《辉煌五年》《五年大变样》2个系列报道，展现丹徒五年来政治、经济、社会发展所取得的成就；会后，开设《不忘初心 继续前进 全面建设“强富美高”新丹徒》《大干四季度 决战超全年》2个专栏，解读党代会报告，跟踪报道各镇（街道、园区）、各部委办局学习贯彻落实党代会精神的动态和举措。（刘敏怡）

【公益电影放映】 2016年，丹徒区文广体局落实“2131”（在21世纪初实现1村1月放映1场电影的目标）工程，组织电影队在全区行政村放映公益电影1440场，观众42万余人次；全年电影放映收入超过33万元，其中广告收入超过9万元；组织公益电影节目片源200余部、商业片100余部，完成数字电影节目远程授权889场。（刘敏怡）

体 育

【概况】 2016年，丹徒区以满足人民群众日益增长的体育健身需求为宗旨，深化全民健身、竞技体育、体育产业和人才队伍建设，提升公共体育服务能力。全区注册运动员130名，经常参加体育锻炼人口数在40%以上；全年培（送）训三级、二级以及一级社会体育指导员140余名，新增社会体育指导员143名，其中三级社会体育指导员67名、二级社会体育指导员70名、一级社会体育指导员6名；年底全区有体育社团16个，其中AAAA级体育社团1个、AAA级体育社团6个，当年新增AAA级体育社团4个，实现全区体育组数全覆盖。（刘敏怡）

【体育设施建设】 2016年，丹徒区文广体局完善区、镇（街道、园区）、村（社区）三级体育设施网络，深化城市社区“10分钟体育健身圈”建设。至年底，全区有村级农民公园173个、晨晚练健身站点218个，年内新建村级农民公园20个、健身步道5千米，实现全区行政村体育设施全覆盖；建成省级体质测定与运动健身指导站，完成全区体质测定3000人，出具体质健康指导意见755人，长期跟踪测定255人。（刘敏怡）

【丹徒区全民健身中心】 2016年，丹徒区青少年业余体校（丹徒区全民健身中心）发挥体育馆、游泳馆作用，配合承担各项体育比赛，发展体育产业。1月31日，举办镇江市丹徒区奥之星体育俱乐部第三届“迎新年”羽毛球交流赛；4月28日，举办2016年丹徒区二、三级社会体育指导员（广场舞）培训班；5月13～14日，承办2016年镇江市少儿武术（套路）比赛；7月16～20日，承办2016年江苏省青少年武术（散打）锦标赛。除教学、培训时间外，免费对外开放包含田径场、篮球场、羽毛球场、乒乓球桌、网球场等所有室外场地，定时低收费开放室内场地，全年经济收入30余万元。（刘敏怡）

【竞技体育】 2016年4月27日至5月2日，丹徒区文广体局组队参加江苏省青少年田径锦标赛暨县组田径比赛（第一赛区），获金牌1枚、银牌2枚；7月16～20日，承办2016年江苏省青少年武术（散打）锦标赛，获金牌1枚、银牌2枚、铜牌3枚；7月21～27日，首次参加江苏省少儿女子篮球比赛，获得第八名；9月23～25日，组队参加镇江市少儿田径比赛，打破2项市级记录，以6个第一名、20个第二名、18个第三名、总分450.5分的成绩，名列全市第二名。（刘敏怡）

【群众体育】 2016年4月23日，丹徒区文广体局举办2016年省老年人体育节镇江暨丹徒宜城分会场开幕式；3月25～27日，联合区机关工委、区总工会举办“住建杯”乒乓球比赛；4月17日，举办第二届“冷通杯”——“生态丹徒、美丽黄墟”徒步大会；6月29日，联合区委宣传部、区总工会、区机关工委举办第四届“地税杯”机关职工“爱我长山、爱我丹徒”登山比赛；8月4～5日，承办全国象棋业余棋王赛江苏赛区·镇江站丹徒选拔赛；8月8日，举办庆祝全国第八个“全民健身日”暨2016年丹徒区广场舞展示活动；9月17日，联合区文明办举办丹徒区“公民道德宣传日”徒步活动暨第二届徒步大会；9月25日，举办2016年省老年人体育节镇江暨丹徒辛丰分会场闭幕式。全年举办各类群众体育活动101（项）次，其中举办省级群众体育活动4项（次）、市级群众体育活动2项（次）、区级群众体育活动9项（次），各单项协会、体育组织举办群众体育活动18项（次），各镇（街道、园区）举办体育活动28项（次），直接参与各项活动群众近1万人（次）。（刘敏怡）

【江苏省武术散打锦标赛】 2016年7月16～20日，江苏省青少年武术（散打）锦标赛在丹徒区体育活动中心举行，来自全省12市的200余名选手参赛。比赛为期5天，分为个人赛和女子团体赛，采取单败淘汰制。丹徒区获1金2银，其中王大治获15岁～16岁男子乙组65公斤级金牌，高强获17岁～18岁男子甲组52公斤级银牌，陆敬彪获17岁～18岁男子甲组70公斤级银牌。（刘敏怡）

【丹徒区首届小学生女子篮球比赛】 2016年6月26～28日，丹徒区文广体局联合区教育局在丹徒支显宗学校举办丹徒区首届小学生女子篮球比赛。来自全区12所小学的120名运动员参加比赛。经过3天角逐，丹徒实验学校、世业实验学校、黄墟中心小学代表队分别获得冠军、亚军、季军，丹徒实验学校的孙莹莹、三山中心小学的叶红妍、辛丰中心小学的倪文静、世业实验学校的蒋静妍和丹徒支显宗学校的陈雨晗被评为“最佳运动员”。（刘敏怡）

【体育彩票销售】 2016年，丹徒区76个电脑体育彩票销售点完成体育彩票销售收入7106万元，市场份额占比为69.67%，位列全省第一；销售收入比上年增长8.1%，在全省位列第24名。年内，丹徒区文广体局被评为“2016年度全省体育彩票工作先进单位”。（刘敏怡）

卫　　生

责任编校：刘　芳

综　述

【概况】 2016年末，丹徒区有医疗机构97所，其中二级综合医院1所，即区人民医院；二级中医院1所，即区中医院（中西医结合肾病医院）；甲等妇幼保健所1所，即区妇幼保健所；镇卫生院（社区卫生服务中心）13所，门诊部（诊所）19所，村卫生室（社区卫生服务站）53所，企事业单位医务室、卫生所9所。全区卫生系统实有床位719张、卫生人员1129人，其中卫生技术人员749人，卫生技术人员中，有高级专业技术职务109人、中级专业技术职务384人、初级专业技术职务256人。全区有个体诊所16所。全年区、镇医院门急诊150.92万人次，比上年增长12.4%；住院病人14572人次，比上年增长1.4%；实际占用床日数为135244床日，比上年增长4.1%。（王姝凡）

【新型农村合作医疗】 2016年，丹徒区新型农村合作医疗参保人数为220098人，参合率100%。筹资标准为585元/人/年，达到省、市缴交标准要求。全年应筹资金12875.73万元，其中个人缴费2179.03万元，各级财政补助1010697.7万元。1～12月，全区住院补偿26231人次，补偿费用11051.36万元，其中区外住院13090人次、补偿费用6654.78万元，区级住院6763人次、补偿费用2739.95万元，镇级住院6378人次、补偿费用1656.63万元。县乡两级住院政策补偿比为75.6%。年内，区各定点医疗机构继续按“门诊总额包干，住院总额预算、弹性结算，部分疾病按病种付费”下达管理指标和结算办法，保证基金运行安全。（王姝凡）

【基本药物制度】 2016年，丹徒区所有基层医疗卫生机构100%实施国家基本药物制度。所有医疗机构均执行基本药物目录，按规定配备使用基本药物，实施零差率销售。每月两次统一通过网络采购药物，全年采购总金额7047.12万元，配送总金额6868.95万元，验收总金额6842.8万元。（王姝凡）

【卫生行风建设】 2016年，丹徒卫计委组织学习卫生行风建设“九不准”、《医疗机构从业人员行为规范》等卫生计生行业法律法规，并纳入日常干部职工教育的常态化内容；邀请区检察院预防职务犯罪科负责人给全系统作专题警示教育，并通过开展经常性反商业贿赂、预防职务犯罪的典型案例学习讨论、参观警示教育基地等形式，强化廉政警示教育。年内开展“服务明星”评选活动，评选出“行风建设示范单位”5家、“服务明星”15人；开通“清风卫计”微信公众号，推送相关信息，丰富教育及宣传工作内容和形式，确保行风职业道德教育常抓不懈。（王姝凡）

疾病预防控制

【概况】 2016年，镇江市丹徒区疾病预防控制中心（以下简称区疾控中心）加强人感染H7N9禽流感、手足口病等急性传染性防控工作。完善全区重大疫情信息通报制度，全年辖区内医疗卫生单位报告传染病病例873例，报告及时率、审核及时率均为100%；落实艾滋病病人“四免一关怀”政策，开展行为干预工作，全区13个艾滋病初筛点和3个艾滋病实验室检测1.95万人，发现4人，全区共79人，新增11例；开展“世界防治结核病日”宣传活动，加强学校结核病防控工作。全区各镇卫生院转诊、报告肺结核疑似病人95例，报告率和转诊率均为100%。发现活动性肺结核94例，其中涂阴肺结核53例，涂阳肺结核41例。涂阳肺结核分别为新发涂阳肺结核36例、复治涂阳5例。（王姝凡）

【慢性病防控】 2016年，区疾控中心完善《丹徒区慢性非传染性疾病“三位一体”防控模式实施方案》，明确各级医疗单位职责，建立分工责任和分级管理机制，落实高危人群及病人发现、病例报告、规范化管理、双向转诊等措施，加强慢性病“三位一体”的防控。加强慢病督导，做好世业镇高血压、糖尿病患者规范化管理，推进基本公共卫生服务均等化。年底，全区建立高血压病人健康档案33600份，规范管理32322份，血压控制人数26667人，建档率54.11%，规范管理率为96.2%，血压控制率79.37%；糖尿病病人健康档案9395份，规范管理8964份，血糖控制人数7106，建档率为39.31%，规范管理率95.41%，血糖控制率75.64%。完成慢性病及危险因素核心指标监测调查600人。开展“慢五病”（高血压、Ⅱ型糖尿病、慢性支气管炎、冠心病、脑卒中）监测，推出

"1+1+1+X"(即1个健康指导员+1个健康联络员+1各小组长+20名左右的慢性病患者)管理模式。年底,全区有高血压自我管理小组68个、糖尿病自我管理小组17个。高血压自我管理小组中,高血压规范管理率92%,高血压治疗率88%,高血压控制率75%,自我管理率60%,并发症率小于30%;糖尿病自我管理小组中,糖尿病规范管理率92%,糖尿病治疗率82%,糖尿病控制率65%,自我管理率60%,并发症率小于30%。(王姝凡)

【精神疾病防控】 2016年,丹徒区规范管理重性精神病患者,落实《丹徒区落实严重精神障碍患者监护人以奖代补政策和办理监护人责任险实施办法》和《镇江市严重精神障碍患者排查工作方案》,规范管控排查重性精神病患者,实现"应管尽管、应治尽治"管理目标。年内,向区综治办、区公安局通报3级患者名单、易肇事肇祸患者名单和落实严重精神障碍患者监护人以奖代补建议名单。开展重性精神疾病患者登记管理、随访和康复指导工作,与区相关部门配合,每个季度利用"家庭健康责任团队",随访管理重性精神病患者1161名,规范管理患者1156人。年底,全区登记在册重性精神病人有1251人,实际检出率4.06‰。(王姝凡)

【卫生服务】 2016年末,丹徒区建有达标村卫生室50个,创成江苏省示范村卫生室12个,57名在岗乡村医生取得乡镇执业助理医师资格,高资街道陈丰村卫生室成为江苏省乡镇卫生院院长培训班实践基地。按照规范要求,完成12大类45项基本公卫服务项目。将65岁以上老年人、高血压、糖尿病患者及妇女儿童作为重点服务人群,做到医疗机构人员配备到位、职责分工到位、工作落实到位、绩效考核到位和资金补助到位。在年度公共服务绩效考核中名列全市第二,其中世业镇等5家单位进入全市前15名,高桥镇等3家单位获创新奖。全区累计建立电子居民健康档案265742份;引导医务人员主动开展个性化签约服务,在丹徒新城(宜城街道)、世业镇试点的基础上,各镇卫生院(社区卫生服务中心)全面推行家庭(乡村)医生签约服务,全年签约服务覆盖65个村,开展个性化签约7132人。

(王姝凡)

【血吸虫防治】 2016年4月20～22日,国家卫计委组织专家对丹徒区血防工作进行风险评估,开展环境钉螺调查与野粪检测,经检测未发现血吸虫毛蚴;5月13日,丹徒区疾控中心为达到血防传播阻断标准,坚持"预防为主、标本兼治、综合治理、群防群控、联防联控",以传播阻断达标考核为重点,坚持传染源控制和钉螺控制并重的防治策略,加大投入和防治力度,通过省血防传播阻断现场考核,并于12月5日通过资料评估,丹徒区达到传播阻断标准;6月13日,丹徒区代表江苏省接受由农业部、国家卫生和计划生育委员会、国家林业局、水利部等部门组织的国家血防"春查"组检查,丹徒区血防改厕和大棚种植基地农业血防项目获得"春查"组肯定。(王姝凡)

【创建江苏省卫生应急工作规范区】

2016年,丹徒区卫生和计划生育委员会(以下简称丹徒区卫计委)投入30万元,建成具备数字化决策指挥功能的卫生应急指挥中心和卫生应急物资库,同时加强风险监测,规范卫生应急事件处置,做到预警报告及时准确、应急处置规范高效、组织保障到位有力。11月29日,丹徒区以高分通过江苏省卫生应急工作规范区评估考核。辛丰镇、高资街道创成卫生应急工作规范镇(街道)。(王姝凡)

公共卫生

【概况】 2016年,丹徒区卫计委加强区级医院和卫生院的基础设施建设。先后启动中医院血透室改造工程、宜城社区卫生服务中心分中心的搬迁工程、黄墟卫生院病房楼扩建工程、区人民医院二期工程整体投入使用等项目建设,项目的实施为改善服务环境、提高服务水平、满足人民群众"看得到病、看得起病、看得好病"健康需求和增强群众健康服务"获得感"奠定基础。同时,加快智慧健康信息化建设步伐,全面普及基层医疗卫生信息系统,完成高资街道、谷阳镇、世业镇等多家单位的数字化卫生院建设任务,让老百姓在基层卫生院也能享受县级以上医院诊疗服务。(王姝凡)

【"万步有约"职业人群健走激励大奖赛】 2016年5月26日,首届"万步有约"职业人群健走激励大奖赛丹徒赛区启动仪式在丹徒区卫计委举行。活动倡导"日行一万步、吃动两平衡、健康一辈子"的理念,要求参与者在保证身心健康的前提下,开展每日健走锻炼。全区1232人参加活动,有85%的参与者达到日均行走1万步的锻炼强度。(王姝凡)

卫生监督

【概况】 2016年,丹徒区加强公共卫生监督管理,办结卫生行政许可61件,复核公共场所卫生许可证108家,校验放射诊疗许可证14家。强化医疗卫生等重点领域监督执法工作,受理处置投诉举报8起,立案查处各类案件24件,其中移送公安案件3件。结合卫生城市和文明城市的创建工作,开展公共场所卫生、学校卫生、医疗卫生、生活饮用水卫生等各类专项性检查整治工作。继续查处涉嫌非法行医行为。

(王姝凡)

【食品卫生监督】 2016年4月1日起,丹徒区全区范围内的食品生产经营、集供水、公共场所等单位从业人员体检和健康合格证发放工作,统一归口区疾控中心管理，全年完成从业人员体检8320人次，发放健康合格证8318份；制定下发《丹徒区健康相关产品卫生监督抽检计划》和《食品安全风险监测实施方案》，完成省级食源性疾病哨点医院监测工作。　（王姝凡）

爱国卫生

【概况】　2016年，丹徒区卫计委以“健康镇江　幸福丹徒”行动为抓手，开展全民健康生活方式指导员建设工作，加强健康促进队伍建设。组织争创江苏省卫生村活动，推进农村改厕工程，落实逐户指导、逐户把关、逐户验收制度，完成全区农村卫生户厕98853户，覆盖率98.6%；完成无害化户厕95261户，覆盖率95.01%。继续开展控烟工作和病媒生物防制工作，根据上级要求和实际情况制定病媒生物防治监测方案，组织监测和消杀工作。　（王姝凡）

【爱国卫生月及健康教育宣传月活动】　2016年4月，是全国第29个爱国卫生月和江苏省第21个健康教育宣传月。丹徒区卫计委按照镇江市2016年爱国卫生月和健康教育宣传月活动实施方案，联合区疾控中心、世业镇政府在世业镇举办“建设健康宜居城市，共建共享美好生活”宣传活动，普及《江苏省爱国卫生条例》和卫生防病知识。

（王姝凡）

妇幼卫生

【概况】　2016年，丹徒区卫计委加强妇幼健康服务能力建设，实施妇幼分级服务，开展规范化妇儿保门诊建设评审，5家基层医疗机构创建省级妇幼健康规范化门诊；区人民医院筹建危重孕产妇救治中心，开通急救绿色通道；加大妇幼保健资源整合力度，完成区妇幼保健所和区计生指导站整合，合并组建丹徒区妇幼保健计划生育服务中心。开展全区妇幼健康全行业监管工作，完成辖区内13家医疗机构现场检查、指导工作。

全年有产妇总数2374人，孕产妇保健覆盖率100%，产前5次检查率99.62%，系统管理率95.93%，产后访视率98.46%，住院分娩率100%。辖区剖宫产的活产数1376人，剖宫产率57.19%，全区筛查出1202名高危产妇，占产妇总数的50.63%，全部实行高危管理，确保无孕产妇死亡；全年有新生儿2403人，其中有低出生体重儿56例、巨大儿181例、早产儿62例，有死胎死产1例、早期新生儿死亡1例。全区发放有效《出生医学证明》693份，其中首次签发668份，补发15份，换发10份。　（王姝凡）

【出生缺陷防治工作】　2016年，丹徒区卫计委强化出生缺陷预防工作，规范国家免费孕前优生健康检查、婚前医学检查、孕妇产前筛查、产前诊断、新生儿疾病筛查等工作环节。全年新婚1163对，接受婚前医学检查994对，婚检率85.47%；参加免费优生筛查982对，孕前优生健康检查覆盖率100%；完成优生疾病保险781人，完成优生筛查保险982人；完成孕期产前筛查2113人，产前筛查率89.01%；完成产前诊断检查1650人；新生儿疾病筛查率99.87%，新生儿听力筛查率99.87%。　（王姝凡）

【妇女儿童保健】　2016年，丹徒区卫计委开展各类妇女儿童保健活动。“3·8”妇女节前，举办流动人口健康宣教活动；开展机关工作人员“3·8”体检活动，参检妇女916名，查出各类健康问题504人次；推进“两癌”筛查工作，查出乳腺癌11例、宫颈癌18例，宫颈病理检查CIN2级、CIN3级22例，均给予跟踪随访及治疗。

开展全区托幼机构卫生保健业务指导2次，召开园长及保健老师会议4次，完成业务培训2期，培训60人次。强化落实膳食管理和消毒等措施，完成托幼机构教职工体检831人，全区入园新生体检率100%。开展“6·1”儿童节健康检查工作，迎检人数8100人，完成体检人数8039人，体检率99.25%，其中完成口腔、眼、耳三项保健7962人，受检率98.30%。　（王姝凡）

医疗机构选介

【丹徒区人民医院】　丹徒区人民医院占地面积4.8万平方米，业务用房面积1.69万平方米。有门诊楼、住院楼、医技楼各1幢，开放床位280张。二期工程新建病房大楼及行政楼各1幢、辅助用房小楼2幢，业务用房面积增加至3.5万平方米，编制床位400张，2016年底投入使用。

2016年末，全院在职员工490人，其中卫生专业技术人员384人，高级职称60人，中级职称159人。设临床、医技科室31个，配备西门子64排128层螺旋CT、飞利浦数字摄片机（DR）、C臂X光机、美国HOLOGIC乳腺机、德国卡尔史托斯腹腔镜、宫腔镜和鼻窦镜系统、宾得高清数字电子胃镜和肠镜、电子喉镜、阴道镜、lEEP刀、膀胱镜、西门子S1000和ACHSONS2000彩色超声系统、24小时动态心电图仪、贝克曼Au680全自动生化分析仪、发光免疫分析系统、西门子呼吸机、多功能麻醉工作站、手术显微镜等大型仪器设备。

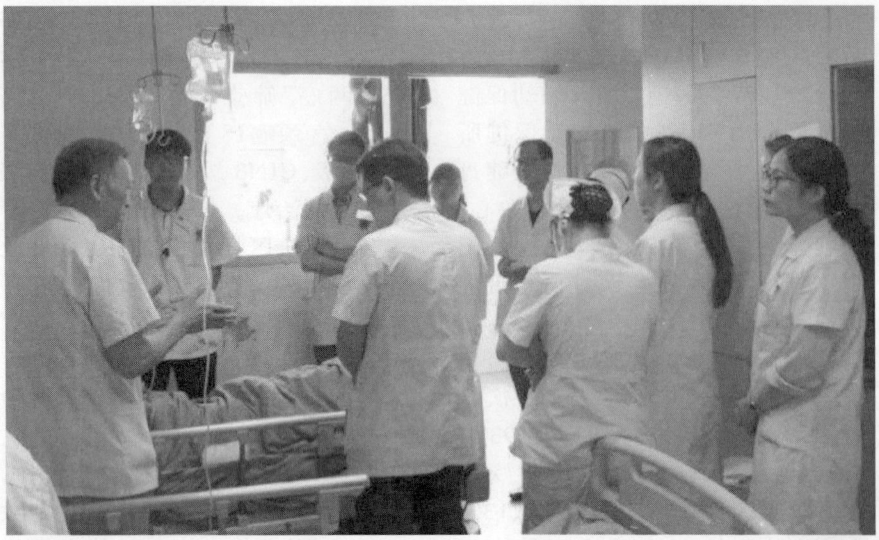

图44　2016 年，丹徒区人民医院组织医疗小组对特色专科病例进行现场教学查房

（丹徒区人民医院提供）

近年来，丹徒区人民医院各学科培养和引进多名专科专家、硕士研究生，为医院持续发展提供人才保障。消化内科、普外科、骨科、手外科、妇科、中医科等特色专科建设初见成效，医疗技术水平逐年提高。

（王姝凡）

【丹徒区中医院】 镇江市丹徒区中医院又名丹徒区中西医结合肾病医院，创建于1983 年，是国内成立最早的县级肾脏病专科医院，是丹徒区唯一的一所集医疗、科研、保健为一体的“二级乙等”中医医院。地处丹徒新区，位于新区健康公园西侧，占地面积1500 平方米，建筑面积6000 平方米。2016 年末，全院有核定病床位80 张；有职工总数74 人，医技人员57 人，其中江苏省中医药学会、中西医结合学会委员5 人，副高职称以上专业技术人员9 人，中级职称专业技术人员18 人；聘请省级知名主任中医师5 人、市级主任中医师3 人。拥有美国进口西门子彩超、全自动酶标仪、全自动生化分析仪、自动尿液定量分析仪、r计数器、超低温冰箱、低温离心机、血液透析机、结肠透析机、血透仪、体外冲击波碎石机、肾病治疗仪、除颤仪、心电监护仪等各类先进设备。

近年来，丹徒区中医院开设肾病科、血液净化科、治未病科、省高级专家会诊中心、周逊专家工作室、中医内科、中医妇科、口腔科等临床科室，开设中医肾病激光治疗室、肾病结肠透析室、肾病实验室、检验科、影像科、中药制剂室等医技辅助科室。该院坚持中西医结合的办院方向，在治疗常见病、多发病、肾脏病方面形成中西医结合诊疗特色。先后被授予“江苏省中西医结合肾脏病研究中心”“镇江市中西医结合肾脏病研究所”“镇江市临床医学重点专科”等称号，被评为“江苏省首届中医药科普工作先进集体”“江苏省总工会模范职工小家”“丹徒区科普惠民先进单位”“丹徒区行风建设示范单位”等。

该院的特色科室有：镇江市临床重点专科——中西医结合肾病科，该科室在各类原发性及继发性肾小球肾炎及肾间质疾病、慢性肾功能衰竭和急慢性泌尿系感染的中西医结合治疗方面有独特优势；血液净化科，该科室是市慈善助医肾透析定点单位，丹徒区唯一的肾透析中心，年透析治疗1 万余人次；江苏省中医药学会高级专家会诊中心（丹徒），该会诊中心聘请江苏省中医院、东南大学附属中大医院等三级甲等医院的中医主任医师、教授开展疑难病中医诊治服务，是镇江地区有较高知名度、患者认可的优质服务品牌。

（王姝凡）

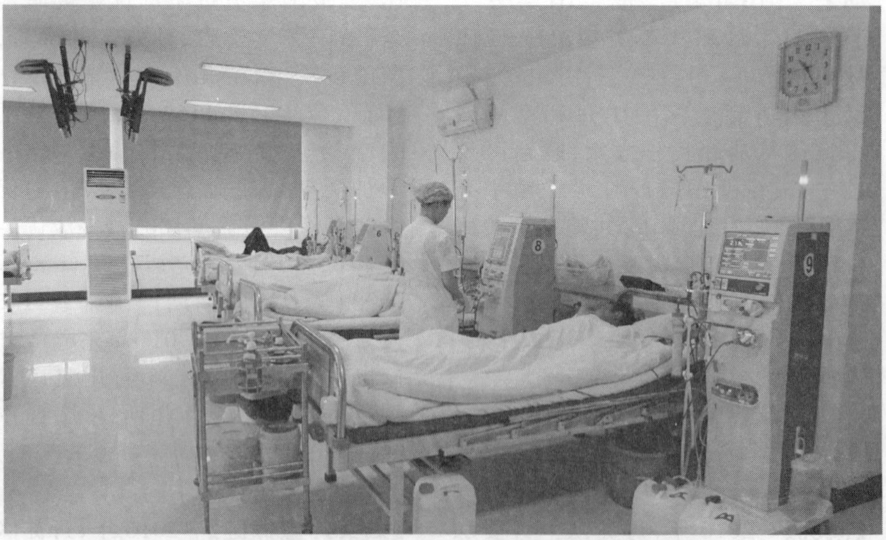

图45　丹徒区唯一的肾透析中心——丹徒区中医院血液净化科

（丹徒区中医院提供）

社会生活

责任编校：王雪松

民　政

【概况】 2016年，镇江市丹徒区民政局（以下简称丹徒区民政局）围绕“以民为本、为民解困、为民服务”宗旨，按照“抓重点、树品牌、促转型、补短板、守底线”工作思路，增强民政改革创新能力，提升民政公共服务水平，各项工作取得新成绩。丹徒区创成“江苏省现代民政示范区”，现代民政建设进入全省先进行列。试点运行虚拟养老院，推进居家养老服务信息平台建设；启用区级救灾应急物资储备仓库。在区烈士陵园开展“9·30烈士公祭”活动，烈士纪念碑碑文撰写者是省港中特级教师叶忠明。免费办理“江苏省老年人优待证”；中标江苏省“老年精神关爱”公益创投项目，为镇江市唯一；初步建成全省首家军队离休退休干部活动基地。年内，丹徒区民政局被评为全省“安康关爱行动”先进单位，获镇江市“安康关爱行动”一等奖、镇江市第二届退役士兵技能竞赛“优秀组织奖”，获丹徒区“政务便民服务工作先进单位”、“信访稳定工作先进单位”等称号。

（张玉龙）

【社会救助】 2016年，丹徒区城乡低保标准由原来的每人每月610元提高到每人每月625元。全年发放城乡低保金2122.74万元、临时救助55.8万元、普惠性春节慰问金196.2万元、市级专项生活补贴184.1万元、市级物价补贴68.77万元。（韦　芸　华庆霞）

【防灾减灾】 2016年，丹徒区民政局启用区级救灾应急物资储备仓库，组织开展“5·12”系列防灾减灾宣传活动，全年下拨省级冬春临时生活困难补助资金142万元、市级自然灾害补助资金28万元，全区63860户农村居民住房自然灾害保险覆盖率100%，全年因洪涝灾害赔付26户、2.06万元。年内，上党镇上党社区创成国家级“综合减灾示范社区”。（韦　芸）

【社会组织管理】 2016年，丹徒区民政局强化社会组织孵化基地运行管理，规范开展行业协会商会类、科技类、公益慈善类、城乡社区服务类“四类”社会组织直接登记工作，落实社会组织“三证合一”（成立社会组织必须办理的法人登记证书、组织机构代码证、税务登记证合并为加载有统一社会信用代码的法人登记证书）工作。至年底，全区有社会组织431家，每万人拥有社会组织数15个。年内，全区有应评估定级社会组织362家，参加评估定级197家；3个社会组织中标省公益创投项目，4个社会组织中标市公益创投项目，共获补助资金46万元；1家社会组织被授予“江苏省示范性社会组织”。

（贾志红）

【“城乡和谐社区”创建】 2016年，丹徒区民政局推进“城乡和谐社区”创建，全区有应创村级社区90个，创成88个（城市社区7个、农村社区81个）；完成1个镇（街道、园区）级社区综合服务中心和5个村级社区服务中心项目建设。年内，宝堰镇被省民政厅授予“江苏省和谐社区建设示范镇”称号，荣炳盐资源区曙光村、高资街道巫岗村、世业镇先锋村和高桥镇康泰村、四方桥村被省民政厅授予“江苏省和谐社区建设示范村”称号。（汤　阳）

图46　2016年5月12日，丹徒区民政局开展“5·12”系列防灾减灾宣传活动

（丹徒区民政局提供）

【"政社互动"工作】 2016年，丹徒区民政局制定下发《关于加快推进"政社互动"工作的通知》，全区9个镇(街道、园区)的71个村委会、7个居委会签订《丹徒区"实施政社互动、规范社区准入"委托管理工作协议书》，"政社互动"(政府及其部门与基层群众自治组织、社会组织，通过衔接互动，理顺社会管理职能、结构、方式，依托村、社区平台开展工作)运行机制建设覆盖率90%；在1个村开展"社区事务协商民主"试点，在2个村开展"农村社区建设"试点，各项工作有序推进。（徐军莲）

【村(居)委会换届选举】 2016年，丹徒区民政局指导开展全区第十一届村民委员会和第六届社区居民委员换届选举工作，83个建制村(社区)、4个城市社区、8个集镇社区依法产生新一届村民委员会或者社区居民委员会。该届选举登记选民251484人，参加投票选民241425人，参选率96%；选举产生村委会主任83人、副主任216人、委员161人，其中兼任党支部书记21人；选举产生居委会主任12人、副主任22人、委员29人。（汤 阳）

【"三社联动"工作】 2016年，丹徒区民政局开展"三社联动"(社区、社工、社会组织有机融合、相互促进)工作，创建联动环境，提供联动支持，增强联动效用，形成"三社"资源共享、优势互补、相互促进的格局。驸马山社区依托社会组织投入资金3万余元，开展"陪伴夕阳——党员志愿服务老年人关爱项目"，营造尊老、爱老、扶老氛围；新城社区依托社会组织投入资金2万余元，组织实施"花季护航——新城社区青少年自护救护安全提升服务项目"，增强青少年安全自救能力。（汤 阳）

【退役士兵安置】 2016年，丹徒区民政局接收退役义务兵、复员士官等113人，兑付地方一次性经济补助金626万元。全年开展退役士兵免费职业技能教育培训126名（含往年)，自愿参训率90%；组织8名选手参加镇江市第二届退役士兵技能竞赛，丹徒区民政局获"优秀组织奖"。（凌 云）

【优抚服务体系建设】 2016年，丹徒区民政局推进优抚服务体系建设，优化专职优抚服务队伍。年底，全区建有家电维修、家庭事务代办、看病就医队伍30支，确定优抚服务联络员34名，惠及优抚对象1328人次。（凌嘉骏）

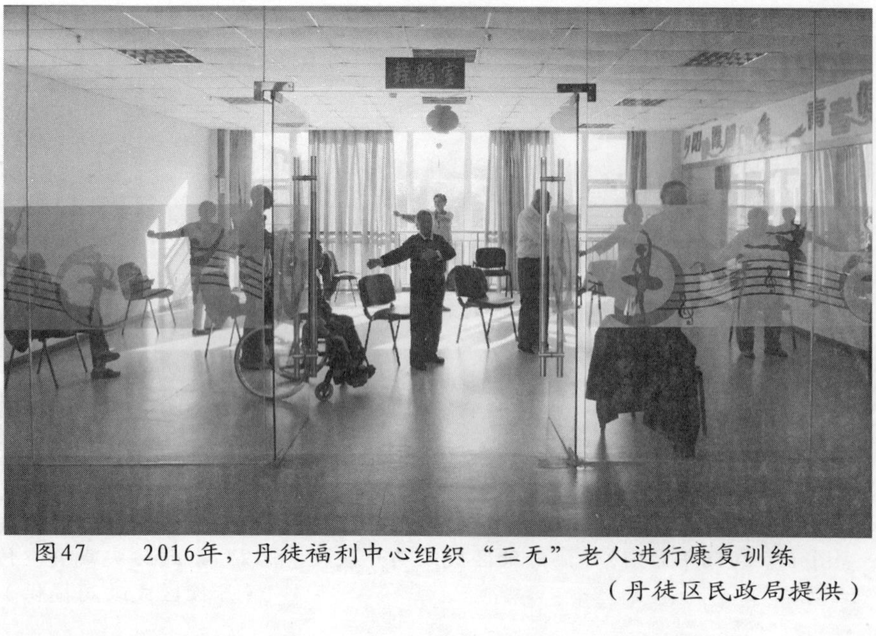

图47　2016年，丹徒福利中心组织"三无"老人进行康复训练
（丹徒区民政局提供）

【民情信息管理】 2016年，丹徒区民政局健全民情信息工作机制，完善覆盖区、镇、村三级的民情信息收集处理服务网络。全年收集各类民情信息2328条，其中信访稳定重大类67条、民政事务类294条、社会治安类100条、其他类1867条，均反馈到区综治办和基层民政办理，办结率为100%。（王 平 沈文君）

【区划地名工作】 2016年，丹徒区民政局完善区、镇、村三级界线、界桩维护管理责任网络，牵头完成丹徒句容边界线联合检查工作，原址更换丹徒13颗县际界桩；完成住宅区地名命名4条；开展第二次全国地名普查，整理调查目录2713条；完成外业经纬度及多媒体信息采集，强化地名标准化工作基础。（丁祺雯）

【社会工作者队伍建设】 2016年，丹徒区有23人通过全国社会工作者职业水平考试，其中取得社会工作师（中级）证书4人、取得助理社会工作师（初级）证书19人。年底，全区有社会工作专业者71人，每万人拥有社工人才数增加至2.37人。（华云燕）

【福利彩票销售】 2016年，丹徒区民政局加大福利彩票投注站建设扶持力度，推动专营店提档升级，建成区域化营销服务站6个，中福在线销售厅建设事项获批准。至年底，全区有福利彩票投注站点53个，其中国标店18个、兼营店35个，全年福彩总销售额1716万元。（张 峰）

【婚姻登记服务】 2016年，丹徒区民政局公开婚姻登记办事程序、服务项目和收费标准，实行阳光化操作，在民政门户网站设立婚姻登记窗口，实现婚姻登记网上预约，宣传推广"免费婚检"，强化婚姻家庭辅导。全年办理各类婚姻登记3711对，合格率100%。（朱跃菊）

【社会福利中心运营管理】 2016年，丹徒区社会福利中心优化整合内部服务机制，完善运营管理，制定

《食品中毒应急预案》《老人意外伤害应急预案》《消防安全应急预案》等安全制度，为所有入住老人投保养老服务机构责任保险，保障老年人安全。年内，完成老人房间、大厅墙体改造工作，改建景观木桥3座；完成食堂燃气设施改造工作，采用安全性较高的高化能燃液；与河海大学环境学院水处理技术研究所合作，完成中心生活污水排放无公害处理项目，优化老年人生活环境。至年底，有员工15名，员工专业岗位持证率100%；全年接收老人65人，其中“三无”老人5人、社会寄养老人60人。（凌之华）

老龄工作

【概况】 2016年末，丹徒区有60岁以上老年户籍人口75573人，占户籍人口总数25.92%，其中80岁以上高龄人口10332人，占老年人口13.67%。老年人群体呈现基数大、增速快、寿龄高、“空巢”多等特点，对多样化、多层次的社会养老服务提出新要求。（王　平）

【居家养老服务】 2016年末，丹徒区建有居家养老服务中心91个，其中城市社区7个、农村社区84个，实现城乡社区居家养老服务中心全覆盖。全区有养老床位3149张，每千名老人拥有养老床位数43.2张。年内，完成10个标准化居家养老服务中心提档升级工作，其中城市社区2个、农村社区8个；下达省补建设运行经费170万元，建成社区老年人助餐服务点15个并投入使用，实现分散供养“三无”老人（城镇居民中无劳动能力、无生活来源、无赡养人和扶养人，或者其赡养人和扶养人确无赡养或扶养能力的60周岁及以上老年人）免费午餐服务全覆盖。（王　琴）

【“虚拟养老院”试运行】 2016年，丹徒区民政局推进居家养老服务信息平台建设，选址丹徒新城尚上城小区，建成“丹徒区虚拟养老院”，占地面积约1000平方米，配备专职工作人员4名、专业居家护理人员5名。“丹徒区虚拟养老院”重点服务全区低保、失独、重点优抚、农村分散五保和社会散居城市“三无”5类特殊困难老人，全年开展上门照料服务1500余人次、健康理疗服务9300余人次、文化娱乐服务700余人次；启动信息呼叫服务，定制并发放“一键通”定位手机2961台，发放居家养老信息费补贴63.85万元，惠及4000余人次。（赵　敏）

【老年优待服务】 2016年，丹徒区成为镇江市第二个免费办理“江苏省老年人优待证”的辖市区。丹徒区民政局完善老年优待证办理操作流程，简化办证手续，每一批次办理周期控制在20个工作日内，全年办理老年优待证1824人次；全区尊老金发放实行1次登记2次打卡发放的政策，全年向11411名老年人发放尊老金756.41万元，并补发上一年度尊老金4.38万元。（王　平）

【老年人“安康关爱行动”】 2016年，丹徒区推进老年人“安康关爱行动”（该项行动帮助老年人参加意外伤害综合保险，是江苏省为增强老年人幸福指数、维护老年人合法权益提出的一项民生工程），实现全区65周岁以上老年人全覆盖、60周岁以上老年人覆盖率65%。全区统保人数49219人，政府统保经费37.92万元，自费参保人数2.54万人，参保经费127.3万元；全年合计赔付108.5万元，其中死亡赔付19人次、55.3万元。（王　平）

【老年人维权工作】 2016年，丹徒区以贯彻落实《江苏省老年人权益保障条例》为重点，采取多种形式开展老年维权工作。全区各镇（街道、园区）以老年协会和各老年团体为单位，组织开展老年法律法规的学习教育活动，组织志愿者到社区和农村开展依法维护老年人合法权益的宣传和敬老助老志愿服务活动；全年接待来访老年群众62人次，回复镇江“12345”政府公共服务热线10次，答复区“两会”涉老提案、议案2件。（王　平）

计生工作

【概况】 2016年，丹徒区人口自然增长率-2.24‰，出生政策符合率99.8%，避孕节育随访服务率97.8%，人口和计划生育奖励扶助政策覆盖率100%，孕前优生健康检查覆盖率96.2%。全年审批发放“批准再生育一个孩子生育证”63份；共发放奖励扶助对象11353人次、特扶对象563人次，共发放扶助金734.6万元；全区流动人口总数3863人，其中流出人口1999人（男966人，女1033人），流入人口1864人（男749人，女1115人）；落实持证企业退休职工一次性奖励金和城镇非从业人员一次性奖励金兑付工作，年度企业退休职工一次性奖励金财政共计发放1416人、424.8万元，城镇非从业人员一次性奖励金共计发放28人、8.4万元。（王姝凡）

民族·宗教工作

【概况】 2016年末，丹徒区有少数民族32个、1080人，有民族村1个。全区依法登记的宗教活动场所30个，其中佛教场所15个、道教场所6个、基督教9个；有佛教、道教、基督教三自爱国运动委员会3个宗教团体，宗教教职人员44人，其中比丘25人、比丘尼6人、沙弥6人、沙弥尼1人、道士5人、长老3人；有佛教、道教信徒5万余人、基督教信徒2000余人。

2016年，丹徒区民宗旅游局促进全区宗教和谐稳定、民族团结进步，推进世业镇卫星村开展少数民族发展项目建设、长山寺项目建设等工作；贯彻《中国公民民族成份登记管理办法》，选派人员参加省民族事务委员会举办的专项培训；与各宗教活动场所负责人签订《2016年丹徒区创建平安宗教活动场所社会管理综合治理和平安建设责任书》，拉网式检查各宗教活动场所安全状况，发现的问题全部得到整改；以“民族团结一家亲、同心共筑中国梦”为主题，开展“民族团结进步宣传月”活动，促进民族团结进步事业发展。（戴　倩）

【清真食品补贴发放】 2016年，丹徒区民宗旅游局根据省民族事务委员会、省财政厅、省人社厅、省商务厅《关于妥善解决回族等10个少数民族清真饮食问题的意见》精神，对符合条件的少数民族居民按时发放清真食品补贴，共向全区10个镇(街道、园区)的371名少数民族居民发放生活补贴54936元。（戴　倩）

【“宗教慈善周”活动】 2016年，丹徒区民宗旅游局根据省、市宗教局要求，以全区各个宗教场所为单位，开展“宗教慈善周”活动。活动中，各宗教团体向盐城阜宁特大龙卷风灾区捐款，其中区佛教协会捐款13860元，区基督教协会捐款2000元。（戴　倩）

图48　佛教场所——古香山寺　（陈　亮　摄）

关心下一代工作

【概况】 2016年，镇江市丹徒区关心一代工作委员会(以下简称丹徒区关工委)带领“五老”(老干部、老战士、老教师、老专家、老模范)人员，开展思想道德教育和各种关爱活动。创建“五有五好”(有组织网络，组织班子建设好；有“五老”队伍，骨干作用发挥好；有活动阵地，常年活动效果好；有制度台账，各项制度执行好；有开拓精神，积极探索创新好)标兵村3个、区示范校外辅导站8个；组织“五老”人员及大学生宣讲员280余人，开展主题教育宣讲326场，编写宣讲稿250余篇，参与活动4.5万人次；制作图片展牌20余组，展出60余场次，参观展出1万余人次；组织各类文艺演出280余场次，演出节目1600余个，观众3.5万人次；组织演讲比赛70余场次，听众8000余人次；举办主题夏令营68期，参与活动6000余人次；开展主题实践体验活动300余次，学生参加活动7500人次；举办学习习近平重要讲话精神培训班10期，培训村级“五老”骨干300余人次。年内，丹徒区关工委、辛丰镇关工委、世业镇关工委被省关工委、省文明办授予“全省关心下一代工作先进集体”称号，5人获“全省关心下一代工作先进个人”称号；丹徒区关工委和4个局（镇、村)关工委被市关工委、市文明办授予“全市关心下一代工作先进集体”称号，17人获“全市关心下一代工作先进个人”称号；丹徒区关工委被丹徒区委、区政府授予“2011～2015普法教育先进单位”称号。（卞美岗）

【标兵村和示范校外辅导站创建】 2016年，丹徒区关工委、各镇（街道、园区)关工委继续开展“五有五好”标兵村和示范校外辅导站创建工作。年内，新增谷阳镇湖滨村、辛丰镇黄泥村、宜城街道张巷村3个标兵村，全区累计建成“五有五好”标兵村83个，占全区行政村（社区)总数93.2%；落实省、市关工委提出的“硬件上档次、队伍抓优化、辅导上水平”新一轮校外辅导站建设要求，推进高资街道水台村、辛丰镇于南村、上党镇丰城村、荣炳盐资源区高庄村、宝堰镇宝堰村、宜城街道镇南村、江心洲生态农业园区五套村、高桥镇安丰村8个村中心校外辅导站创建工作，并验收、批准以上8家单位为丹徒区示范校外辅导站。（卞美岗）

【关爱行动】 2016年，丹徒区各级关工委筹措资金90余万元(其中老同志捐款10余万元)，资助贫困学生700余人，帮助“孤残病”儿童200余人，全区没有发生学龄儿童因贫失学辍学情况；开展普法教育280余场次，受教育青少年4万人次；建立帮教小组22个，参加帮教“五老”人员105人，协助村(社区)对73名矫正对象开展矫正工作，全区没有发生帮教、矫正对象重新犯罪现象；参与对全区27个营业性网吧的义务监督“五老”人员131人，减少未成年人进入营业性网吧的现象。（卞美岗）

【青年农民帮扶】 2016年，丹徒区各镇(街道、园区)、村(社区)级关工委建立“老科技人才库”，入库离退休老年科技人员265人，建立青年农民帮扶联系点192个、科技实验基地147个。年内，举办农业科技讲座21期，青年农民参与听讲700余人次；举办各类培训班18期，青年农民受训490人次。（卞美岗）

镇·街道·园区

责任编校：王雪松　李冬冬

高桥镇

【概况】 高桥镇位于镇江市丹徒区东北部，坐落在长江北岸，三面环江，南与镇江新区大港港口隔江相望，东濒长江与扬中市新坝镇遥望，西隔长江与江心洲生态农业园毗邻，北与扬州新区江广新城相连。总面积42.79平方千米，耕地面积1231.5公顷，集镇面积0.9平方千米，辖6个行政村、1个居委会。2016年末，总户数7029户、总人口19911人（男9546人、女10365人），人口出生率6.3‰，人口死亡率6.6‰，计划生育率100%。

综合经济指标　地区生产总值13.4亿元，比上年增长8.77%，其中，第一产业增加值1.38亿元，第二产业增加值7.18亿元，第三产业增加值4.84亿元。一般公共预算收入6322万元，一般公共预算支出4394万元。

农业　农业总产值2.33亿元。粮食总产1.23万吨，油料总产405吨，蔬菜总产6821吨，水产品总产1926吨，果品总产352吨，出栏生猪3435头、羊306只、家禽0.98万羽。水利、农田基础建设投入1900万元，新修农田排灌渠道1600米，维修、加固堤岸150米，疏浚河道5条5.7千米，完成土方7.3万立方米。

工业　有工业企业503家、职工总数9230人。完成规模以上工业总产值7.54亿元，实现销售收入7.05亿元、利税4526万元。完成社会固定资产投资24.81亿元，其中工业固定资产投资3.73亿元。年销售额2000万元以上企业17家，拥有固定资产1.8亿元，职工2952人，实现利税4100万元；私营企业551家，年产值14.16亿元，实现利税8268万元；个体工商户1579户，从业人员4250人；外贸出口企业3家，实现外贸进出口总额732.61万美元；外资及港澳台资企业3家，实到外资及港澳台资850万美元。

集镇建设　全年栽植“四旁”绿化树林8.9万株，成片造林6.7公顷。新修农村道路5千米。有数字网络电视用户4920户，有线电视覆盖率70%。

科技与社会事业　有科技人员145人。有中学1所、小学1所、幼儿园1所，教职工99人、在校中学生260人、在校小学生575人；有卫生院1所，病床30张，医卫人员46人；有文体活动中心2个；自来水普及率100%，全镇村村通公路；参加农村社会养老保险15430人；参加新型农村合作医疗14533人，参保率100%。

人民生活　农村居民年人均可支配收入18392元，职工人均可支配收入39200元。农村居民人均住房面积47平方米，集镇居民人均住房面积58平方米。各项储蓄存款余额8.7亿元，人均储蓄43774元。

（黄　丽　王　旭）

【项目建设】 2016年，高桥镇加快推进重点项目建设。孟家港国际物流园项目总投资50亿元，当年完成投资8亿元，一期3个5万吨级码头立项报批工作完成，主要设备招投标工作结束，土地上市及融资工作稳步推进，码头水域工程全部竣工，陆域工程1～3号线皮带廊施工基本结束，4号线土建工程施工有序推进，转运站和污水处理系统施工进入扫尾阶段；润祥油气物流园项目总投资额80亿元，当年完成投资7亿元。9月，一期二次报批获交通部和省政府的港区调规批复，进入省发改委立项审批程序，完成1个5万吨级码头的水域工程、陆域工程4.2万立方米库区主体工程、12个成品油罐制作安装工程等项目建设，输油管廊、工艺管线等设备安装及办公楼、配电室等配套设施建设全部竣工，具备开港试运营条件。（朱礼军　王　旭）

【镇村建设】 2016年，高桥镇围绕争创“苏南现代化建设示范镇”目标，推进镇域建设发展总体规划修编工作，促进基础设施和港区功能配套建设。区域供水工程总投资近6000万元，年内完成扬州沿线、高红公路及5条支河管网铺设50千米，沿线2000户居民实现扬州直供水入户；中小学易地新建工程总投资1.6亿元、建筑面积3.5万平方米，10月主体工程进场施工，至年底完成场地土方回填、桩基施工；疏港路主体工程及绿化配套工程总投资1.5亿元，年内全路段建成通车；港区项目配套消防站、污水处理厂总投资2500万元，报批报建工作结束，消防站工程开工，污水处理厂工程前期准备工作就位；推进综合环境整治，实施三接圩、乾西圩农村综合环境覆盖拉网提升项目；制定下发环境管理、河道管护及防违拆违工作实施方案，完成农贸市场、主干道路沿线违章建设整治及垃圾清理，拆除违建面积1.2万平方米，清理河道12千米，完成草危房改造15户。（朱礼军　王　旭）

表25

2016 年高桥镇村（居）委会情况

名称	组数(个)	户数(户)	人口(人)	耕地(公顷)	党组织书记	村(居)委会主任
安丰村	20	989	2902	148	韦建明	陶玉香
高桥村	20	1038	2797	175	陈　斌	陈　斌
康泰村	12	728	2133	149	薛　军	许月影
京江村	30	1315	3943	290	朱正玉	黄　伟
四方桥村	25	1223	3680	265	周光辉	王　伟
镇扬村	36	982	3101	205	周光亮	夏春喜
集镇居委会	1	754	1355	–	沈仁明	沈仁明

（黄　丽　王　旭）

表26

2016 年高桥镇骨干企业情况

单位：万元

企业名称	产值	销售收入	利税	厂长（经理）
吉盛皮业有限公司	2038	2038	177	夏长胜
维达斯裘革鞋业有限公司	3106	3108	-351	陈德喜
爱可信皮业有限公司	2058	2058	43	冷罗网
宏联电工有限公司	15798	15171	989	徐　敏
正军电器有限公司	2265	2128	136	邱荣珍
镇江安丰船业有限公司	12270	12024	979	陈艺夫
扬子船业有限公司	7311	7165	615	赵玉华
新威电子有限公司	8468	8468	244	孙立新
润丰钢结构有限公司	1260	1260	88	郑廷杰
佳信皮业有限公司	2153	2103	175	邱荣珍
永乐裘皮有限公司	2102	2162	110	吴法勇
振兴海洋船舶重工有限公司	2121	2121	77	丁春晴
永庆海洋船舶有限公司	315	315	32	杨存力
高海生物药业有限公司	2631	2645	454	潘　力
镇江俊达鞋业有限公司	2324	2324	87	徐　俊
恒源木业有限责任公司	2314	2314	83	束国源
江苏八达电子有限公司	2454	2454	150	唐明栏

（黄　丽　王　旭）

辛丰镇

【概况】 辛丰镇位于镇江市丹徒区东南部，东临镇江新区丁岗镇，南连丹阳市经济开发区，西接谷阳镇，北倚京口区谏壁街道，总面积79.4平方千米，耕地面积2680公顷，集镇面积5.5平方千米，辖15个行政村、1个居委会。2016年末，总户数16102户、总人口48127人（男24052人，女24075人），有少数民族6个、36人。人口出生率4.21‰，人口死亡率5.05‰，人口净增率−0.83‰，计划生育率100%。

综合经济指标　地区生产总值52.96亿元，比上年增长8.77%，其中，第一产业增加值3.38亿元，第二产业增加值34.12亿元，第三产业增加值15.46亿元；一般公共预算收入10263万元，一般公共预算支出2153.39万元。

农业　农业总产值5.68亿元。粮食总产2.73万吨，油料总产787吨，蔬菜总产9510吨，水产品总产707吨，果品总产162吨，出栏生猪3765头、羊231只、家禽306万羽。

水利重点县投资1200万元，拆建滚水坝8座，新建节制闸5座，拆建电灌站10座，新建排涝站1座，完成渠道硬化16.8千米，整治排水沟1条600米，完成土方22.5万立方米。

工业　有工业企业888家，职工总数31704人。完成规模以上工业总产值173.79亿元，实现销售收入170.33亿元、利税17.6亿元；完成社会固定资产投资21.39亿元，其中工业固定资产投资14.54亿元，工业技改投资3.73亿元；年销售额2000万元以上企业71家，拥有固定资产45.31亿元，职工16605人，实现利税22.62亿元；私营企业1145个，年产值82.92亿元，实现利税7.63亿元；个体工商户2617户，从业人员6671人，新增私营企业注册资本84088万元；外贸出口企业42家，实现外贸进出口总额7800万美元，实到外资及港澳台资1453万美元。

集镇建设　实施辛黄线Y304老路改造工程，实施中天外环路、中天市民广场改造工程；完成镇垃圾中转站升级改造；星棋等村200户农村改厕提升工程启动；水库后扶项目投资100万元，新建电灌站2座、混凝土道路200米、混凝土防渗墙200米，安装防护栏380米、路灯30盏；完成塘坝改造20座、土方7万立方米；转运垃圾1万吨；完成山北村、谢家自然村的村庄整治、废塘改造、文化墙塑造及绿化等工作，健身广场水泥地浇灌工程结束，路灯、健身器材安装到位。

科技与社会事业　有科技人员1848人，其中初级技术职称856人、中高级技术职称992人；累计完成专利申请总量991件，其中完成发明专利申请166件、实用新型专利申请150件；累计完成专利授权总量498件，其中实用新型专利授权134件、外观专利授权360件；有教职工284人，在校中学生988人、小学生2467人；有卫生院2所，病床120张，执业（助理）医师12人；有文体活动中心22个、影剧院2座；自来水普及率99%，全镇村村通公路；参加农村社会养老保险11350人；参加新型农村合作医疗31625人，参保率100%。

人民生活　农村居民人均可支配收入22061元，职工人均可支配收入32450元。农村居民人均住房面积64平方米，集镇居民人均住房面积36.8平方米。各项储蓄存款余额9364万元，人均储蓄19061元。

（姜国平　刘明昌）

【项目建设】　2016年，辛丰镇项目建设有序推进。江苏希西维精密滑动轴承生产项目总投资5.2亿元，年内一期、二期工程全部建成，4条生产线装配调试结束；江苏苏建路桥机械有限公司项目总投资3亿元，规划面积4.27公顷（64亩），年内一期建成投产，二期项目征地补偿工作到位，进入场地平整阶段；江苏美科医疗设备有限公司医疗用品产业园区项目总投资3亿元，规划面积6.67公顷（100亩），一期用地2.67公顷（40亩），年内项目地块拆迁基本结束，进入总平设计和供地流程阶段。（姜国平　刘明昌）

【辛黄线Y304老路改造工程】　2016年，辛丰镇实施辛黄线Y304（辛丰转盘至辛岛线段）老路改造工程。该工程包括主线与接线两部分，其中主线改造起于辛丰转盘，沿老路走向至三通电子东侧转而向右，在宏润轴承处转而向左，止于辛岛线平交处，路线全长1.52千米；接线改造起于绿谷超市平交处，止于辛丰线平交处，路线全长142.54米。

（姜国平　刘明昌）

【中天市民广场改造】　2016年，辛丰镇实施中天市民广场改造工程，提升辛丰镇集镇形象，增加居民休闲娱乐场所，并解决周边面临游园设施陈旧、停车难等问题。该工程投入50余万元，工期30天，完成中心广场照明增设、人行道铺装改造、植被绿化及景观升级等工程，实现市民广场与商业中心相辅相成，成为具有现代消费意义的乡镇广场。

（姜国平　刘明昌）

【石城村获“省级民主法治示范村”称号】　2016年，江苏省司法厅、民政厅联合发文，辛丰镇石城村（自然村）被授予第十一批“省级民主法治示范村”称号。近年来，石城村推进农村基层民主法治建设和社会管理创新，加强社会主义新农村建设，建立完善《村务公开制度》《村民自治章程》《村规民约》等规章制度，开展依法治村、以德治村、村民自治工作，村民依法自律、自治、自维能力得到明显提高。（姜国平　刘明昌）

表27　**2016年辛丰镇村（居）委会情况**

名称	组数（个）	户数（户）	人口（人）	耕地（公顷）	党组织书记	村（居）委会主任
于南村	26	1192	3595	227	朱金兵	朱云新
辛丰村	23	1163	4539	117	陶　磊	陶　磊
辛桥村	12	917	2351	103	–	王　征
南岗村	21	849	2756	221	潘　渊	罗元平
黄泥村	15	734	2477	130	徐国强	殷卫启
下方村	22	649	1700	189	付　超	印国云

续表

名称	组数（个）	户数（户）	人口（人）	耕地（公顷）	党组织书记	村（居）委会主任
东街村	27	904	2592	230	江镇祥	庄志亭
石城村	26	952	3102	208	王荣成	王荣成
黄墟村	34	1360	3524	150	殷志虎	殷志虎
德胜村	19	700	2026	149	殷建祥	谈月平
山北村	37	1279	3612	248	朱良平	朱良平
龙山村	21	1169	3454	111	吕梅生	赵平
中心村	26	888	2813	243	徐云峰	王书杰
北於村	25	959	2672	210	韦金海	於建华
星棋村	14	587	1850	144	殷志华	臧卫东
集镇居委会	–	1800	5064	–	–	王洪林

（姜国平　刘明昌）

表28

2016年辛丰镇骨干企业情况

单位：万元

企业名称	产值	销售收入	利税	厂长（经理）
镇江市东方万向轴厂	98203	96239	10805	罗运平
镇江精工轴承厂	20814	20398	2960	基守云
镇江中建轴承有限公司	142743	139888	16129	孔洪斌
镇江明晖制刷有限公司	85691	83977	10753	陈　凯
镇江中升轴承有限公司	134198	131514	13331	严国华
镇江亨利达轴承有限公司	833	816	787	周　明
镇江精诚轴承有限责任公司	5227	5123	299	关云洪
镇江金星鬃刷有限责任公司	93950	92071	10781	韦恩祥
镇江亨威制刷厂	83744	82069	9602	朱跃新
镇江市丹徒区精华轴承厂	133175	130512	14451	基连福
镇江市润东重工传动机械厂	158603	155431	16998	罗晓东
镇江丰源轴承有限责任公司	97189	95245	10618	王宝华
镇江中天钢管制造有限公司	4531	5344	192	陶荣林
镇江大洋玻璃制品有限公司	6755	6620	429	韩竹平
镇江步升鞋业有限公司	3474	3361	278	韩　建
镇江维科精华棉纺织有限公司	4997	7312	-2639	史美信
镇江市黄墟锚链有限公司	2852	2795	198	江金先
镇江恒飞刷业有限公司	2242	2197	140	张同华
镇江通达电子有限公司	38890	38112	4121	殷国平
镇江市丹徒区龙腾生物制品厂	161600	15837	1865	张　豪
镇江市明基电子有限公司	27161	26618	2936	晏　明

续表

企业名称	产值	销售收入	利税	厂长（经理）
江苏富林医疗设备有限公司	75427	73919	8140	季有智
镇江华东热镀锌有限公司	5375	5267	374	储道发
镇江鼎威实业制造总厂	6006	5885	533	王楼儿
江苏特密斯混凝土外加剂有限公司	204111	200029	20805	罗志光
镇江泽泰轴承有限公司	6154	6031	403	徐向军
镇江顺德轴承有限公司	5373	5266	400	朱静霞
镇江金鹏电子有限公司	34046	33365	3507	陈　坚
镇江上豪包装有限公司	3671	4085	371	朱　东
镇江市丹徒区南方电子有限公司	28681	28107	3035	邓　祥
镇江华新轴承有限公司	4844	4747	466	韦建忠
镇江市丹徒区龙翔制刷厂	2088	2088	211	吴　剑
镇江润茂钢球有限公司	5779	5663	417	朱长根
镇江建豪电器有限公司	10409	11694	1452	焦国顺
科鲁迪洁具（镇江）有限公司	2300	2254	155	耐哈德·彼特
江苏钱潮轴承有限公司	7527	7376	719	沈华川
镇江市丹徒区鑫凯铜业有限公司	19273	18888	2255	徐　凯
镇江江鑫矿粉有限公司	8007	7847	784	虞利民
镇江英赛德铸造材料有限公司	6365	6238	763	胡里凹
镇江市丹徒区佳兴电子有限公司	27565	27816	3432	李金林
镇江市祥益面粉有限公司	934	915	51	夏益祥
镇江华浩通信器材有限公司	49286	48301	4655	吴　刚
镇江市丹徒区宏信电子元件厂	30179	29576	3096	於俊杰
镇江亨威混凝土有限公司	9241	9057	951	胡中华
江苏东方万向重型机械有限公司	14909	14611	1474	罗运平
镇江市远大传动机械有限公司	5410	5302	453	马料宝
镇江龙达特种灯泡有限公司	5712	5598	443	殷龙庆
镇江华宁轴承有限公司	5154	5051	396	李俊华
镇江中宇轴承有限公司	4814	4718	542	梁　飞
镇江华泰轴承有限公司	3888	3810	388	周　建
镇江市丹徒区金振矿粉制造有限公司	2538	2724	248	张国祥
镇江斯威特金属制品有限公司	6770	6634	439	朱德林
镇江华京通讯科技有限公司	5554	5442	4510	陈丽华
镇江希西维轴承有限公司	9688	9494	863	赵　波
江苏特友诺新材料科技有限公司	4448	4359	344	陈国忠
镇江宝瑞轴承有限公司	4225	4140	345	刁建荣

续表

企业名称	产值	销售收入	利税	厂长（经理）
上豪包装机械（镇江）有限公司	4657	5242	995	朱 东
镇江中信电子有限公司	4357	4999	366	周荣平
镇江安邦电子有限公司	5905	5787	492	倪建兵
镇江申隆轴承有限公司	3187	3124	290	仲志刚
镇江军安钢桥有限公司	5207	5103	425	范 军
镇江市天伦车业有限公司	3752	3677	312	张光前
江苏富达秸秆利用有限公司	4110	4028	412	殷 超
镇江市华展电子科技有限公司	5165	5061	531	卢 坤
江苏苏建路桥机械有限公司	7144	7001	380	李继明
镇江市润诚线缆材料有限公司	3389	3322	268	胡 俊

（姜国平　刘明昌）

谷阳镇

【概况】 谷阳镇位于镇江市区南郊、丹徒区中部，东与辛丰镇交界，南与上党镇、丹阳市毗邻，西至十里长山，北与丹徒新城相连。京杭大运河从东流过，沪宁高速、扬溧高速、312 国道均经此镇。总面积46.75 平方千米，耕地面积1985 公顷，集镇面积4.12 平方千米，辖11 个行政村。2016 年末，总人口27794 人（男13629 人、女14165 人），总户数8124户。人口出生率5.42‰，人口死亡率4.17‰，计划生育率98.9%。

综合经济指标　地区生产总值24.35 亿元，比上年增长6.5% ，其中，第一产业增加值1.59 亿元，第二产业增加值16.14 亿元，第三产业增加值6.62 亿元。一般公共预算收入1.04 亿元，一般公共预算支出8246.64 万元。

农业　农业总产值3.29 亿元。粮食总产1.79 万吨，油料总产1368吨，蔬菜总产5927 吨，水产品总产1134 吨，出栏生猪10173 头、家禽4.86 万羽。土地确权工作在11 个行政村展开，全镇146 个组99% 的农户签订土地承包经营权合同。第三次全国农业普查的清查、摸底和入户登记工作基本完成。通过“小型分散粪污综合治理工程”省级验收，完成第二轮重点县工程的48 个单项工程，8 座水利工程维修养护项目通过区级验收。

工业　有工业企业802 家，职工总数21069 人。完成规模以上工业总产值151.73 亿元，实现销售收入151.57 亿元、利税13.86 亿元。完成社会固定资产投资20.03 亿元，其中工业固定资产投资13.69 亿元。年销售2000 万元以上工业企业48 家，职工12835 人。私营企业318家，个体工商户713 户。实现外贸进出口总额6984.6 万元。外资及港澳台资企业15 家，实际利用外资及港澳台资356.1 万美元。

集镇建设　新增造林面积6.67 公顷（100 亩），“四旁”绿化5 万株，完善农田林网333.33 公顷（5000 亩），新增高清探头13 个。对黄高线和湖上线2 条县道开展绿化、亮化和美化工程，完成312 国道征地拆迁工作。统筹开展西麓集镇和三山集镇道路与环境改造，对谷河路一、二期和上槐路、徐西路、钱徐路、刷业大道、东陆路、谷东路等总里程7.8 千米的8 条道路提档升级。

科技与社会事业　有研发工作人员160 人。申报镇江市“金山英才”计划项目3 项，丹徒区“长山计划”项目3 项。研发经费支出和高新技术产业产值分别为1.33 亿元和108.3 亿元。有小学2 所，中学1 所，在校教师130 人、学生1650 人；有卫生院1 所，执业医师20 人，护理人员17 人，病床34 张。有文体活动中心12 个。全镇村村通公路。参加农村社会养老保险10747 人，参加新型农村合作医疗17062 人。

人民生活　农村居民人均可支配收入20028 元，职工人均可支配收入3.8 万元；农村居民人均住房面积46 平方米，集镇居民人均住房面积31 平方米。人均储蓄8.3 万元。

（桓　青）

【项目建设】 2016 年，谷阳镇新增规模企业3 家，新开工标准化厂房1.8 万平方米、竣工2.3 万平方米。服务2 个重点产业项目建设，完成投资6.15 亿元。晋工机械一期工程竣工，江苏金苹果家具项目建成一栋面积1.8 万平方米的现代化生产厂房，9 月投入生产；扬州云龙商业综合体香港大润发项目建成并对外营业；盐商物流园项目1.3 万平方米的冷库建成，8 月正式运营；华村引进标准化连栋温室大棚，东湖、莱村、金河高标准农田建设项目申报成功；引进全区规模最大的总部经济、注册资本5 亿元的中交镇江投资建设管理发展有限公司；完成2000 万元的镇江富昌电子总部注册资本项目签约，入驻谷阳镇国家级科技孵化器。　（桓　青）

【民生建设】 2016年，谷阳镇农业支持保护补贴全年实发农户6530户，实发面积1666.67公顷（2.5万亩），实发金额300万元；三山中学操场建设共计投入287万元专项资金，三山中心小学新建综合楼投入使用；发放“金秋助学”资助款1.33万元；发放尊老金73.3万元，办理老年证171张；发放残疾人补助金253.3万余元。年内，全区首个中华慈善座谈会在谷阳镇召开，慈善工作站成立当天募集资金50万元。全年新增农村低保11户17人，取消21户45人，动态调整20户56人。

（桓　青）

图49　2016年7月19日，谷阳镇举办“非遗再发现　爱情在寻找”民俗文化季活动

（镇江文投公司提供）

【社会事业】 2016年，谷阳镇推进基层政权和社区建设，完成全镇村委会及居委会的换届选举工作；开展严肃财经纪律和“小金库”专项治理工作，制定招投标行为规范，对物资、工程建设、资产租赁等领域的招投标活动加强管理。全年排查矛盾纠纷76件，调解成功率100%，被评为“六五”普法工作先进单位。年内，谷阳镇举办“非遗再发现　爱情在寻找”民俗文化季和“情缘槐荫　七夕东方”第十届七夕节，发布“谷阳槐荫”官方旅游标识，举办历时1个月的第12届双阳文化艺术节；举办“中华民族传统文化道德讲座”“全民健康知识讲座”“绘画艺术讲座”等4次全民艺术普及活动；全镇新增体育设施面积近1万平方米，各自然村建立健身点60余个。

（桓　青）

【环境整治】 2016年，谷阳镇推进环保专项行动后续督查，全镇8家锅炉单位全部整改到位，完成中央环保巡视督察组交办问题的整改销号和“地条钢”企业专项整治任务；开展学生接送道路安全隐患排查工作，在有安全隐患的地点加装安保设施；新建污水处理设施2座，铺设管网约3千米；完成3个自然村污水管网的主体设施建设工程，并交付区环保局指定的运营商维护；查处违建232户，拆除20599平方米。年底，全镇有省级生态村2家、市级生态村7家。

（桓　青）

表29

2016年谷阳镇村委会情况

名称	组数（个）	户数（户）	人数（人）	耕地（公顷）	党组织书记	村委会主任
千里村	18	910	2637	62	糜兆兰	江　栋
黄序村	33	1257	5080	198	步家华	江月清
湖滨村	20	696	2091	230	解云强	池兴龙
东湖村	16	608	2226	158	黄锦华	华君良
谷阳村	30	1200	5043	165	史　文	戴踹根
庄泉村	13	522	1650	148	戴　斌	戴　斌
湖马村	12	730	1984	174	马鹤平	徐　莹
华村村	21	589	1875	240	陈金平	韦志华
莱村村	18	639	1907	136	吴国云	吴国云
金河村	10	452	1307	126	陆　军	汤春林
槐荫村	17	521	1994	348	王　毅	孔伯俊

（桓　青）

表30

2016年谷阳镇骨干企业情况

单位：万元

企业名称	产值	销售收入	利税	厂长（经理）
镇江华升金属制品有限公司	1112138	1048712	91715	王招芳
镇江四建建设有限公司	1200058	1170056	101623	解晓军
江苏领先电子有限公司	926591	926591	99146	林裕崔
镇江大力液压马达有限责任公司	932241	918257	90570	张智敏
镇江市丹徒区前庄笔刷厂	49617	47136	3980	周云龙
丹徒区华联制刷有限公司	62366	59247	4630	戴月蓉
镇江市三鹰制刷有限公司	53651	51504	4006	戴艳军
镇江启源制刷有限公司	54572	53481	4383	朱玉田
镇江立升塑胶有限公司	199335	195348	20433	李长娣
镇江瑞泰刷业有限公司	50227	47715	3893	洪瑞才
丹徒区华瑞液压机械有限公司	793438	761714	70518	陈荣坤
镇江市盛达冷轧焊管有限公司	134476	129039	11437	笪洪福
镇江合力汽车紧固件有限公司	219713	215318	21949	田文斌
镇江市润华无线电专用设备制造有限责任公司	784187	768503	72017	朱华明
镇江浮玉麻油有限公司	103985	99285	8952	贾文淼
镇江市丹徒区金城制刷厂	43929	41732	3116	戴　斌
镇江库拉图华联工具制造有限公司	87176	83689	6709	巴巴印夫
镇江科瑞制样设备有限公司	109182	104815	9166	徐玉山
镇江市丹徒区星光制刷厂	39875	37881	2831	殷荣梅
镇江京润电气有限公司	751958	740678	72407	翟美琴
镇江惠龙刷业工具有限公司	37686	35801	3239	孙慧浩
江苏百瑞吉新材料有限公司	759886	744689	68947	王兴文
镇江市丹徒区艾嘉电子厂	748266	731809	69275	马　平
镇江丹徒区北极铝材厂	154578	148395	11218	徐三顺
镇江市丹徒区金晖刷业有限公司	33057	31734	2960	华金元
镇江市丹徒区金盛制刷厂	42302	40187	3158	朱学友
镇江市丹徒区明晨制刷厂	35964	34525	2890	闻春华
镇江市跳跃鞋业有限公司	46595	44731	3432	余大佑
镇江市兴龙制刷厂	43825	42072	3260	周兴龙
镇江市金普电器机械有限公司	781637	766004	78827	沈卫华
江苏镇德电力设备有限公司	761832	738977	67169	郑元良
镇江鸿瑞机械制造有限公司	150363	144349	12112	周建和
镇江金浪潮化纤设备有限公司	771075	755653	79687	南　翔
镇江银海铝业有限公司	268151	257425	23783	张　勤
镇江尚沃电子有限公司	127741	127741	11937	季　静
镇江东阳轧辊有限公司	198832	190878	17677	包华裕
镇江威孚锅炉有限公司	553042	530921	47804	高文权
镇江天爱钼业有限公司	186645	179801	16634	蒋爱珍

续表

企业名称	产值	销售收入	利税	厂长（经理）
江苏朗景幕墙科技有限公司	291958	280231	25099	邹　浩
镇江德和船舶设备有限公司	536529	520433	47393	徐海波
镇江市丹徒区华一纸品厂	158793	156418	13247	徐一前
江苏军讯方舱系统装备有限公司	192624	184919	15045	林良琦
镇江苏能电力设备有限公司	200386	192371	17576	朱文英

（桓　青）

上党镇

【概况】 上党镇位于镇江市丹徒区南部，南连宝堰镇，东临丹阳市，西接句容市，北倚谷阳镇。总面积112.6平方千米，耕地面积3535公顷，集镇面积7.72平方千米，辖15个行政村、2个居委会。2016年末，总户数16529户、总人口49827人（男24379人、女25448人），有少数民族8个、221人。全年人口出生率7.85‰，人口死亡率6.62‰，人口净增率1.23‰，计划生育率100%。

综合经济指标　地区生产总值44.38亿元，比上年增长8.8%，其中，第一产业增加值2.82亿元，第二产业增加值22.66亿元，第三产业增加值18.91亿元。一般公共预算收入1.6亿元；一般公共预算支出3226.45万元。

农业　农业总产值5.81亿元。粮食总产3.42万吨，油料总产3075吨，蔬菜总产14513吨，水产品总产2360吨，果品总产2816吨，出栏生猪51920头、羊2358只、家禽42.6万羽。水利、农田基础建设投入1649万元，新修农田排灌渠道4千米，完成塘坝改造16座，更新电灌站2座、滚水坝4座，疏浚河道1条1千米，完成土方2万立方米。新增高效农业416.67公顷（6520亩）、设施农业290公顷（4350亩），茶叶种植面积509.33公顷（7640亩）。

工业　有工业企业1038家，职工总数13537人，新增规模企业3家。完成规模以上工业总产值80.81亿元，实现销售收入76.76亿元、利税2.48亿元。完成社会固定资产投资61.13亿元，其中完成工业固定资产投资52.23亿元。新增个体工商户296户，新增私营企业84家。外贸进出口总额1384万美元。实际利用外资及港澳台资1050万美元。

集镇建设　集镇综合体安置房竣工并完成回迁安置，建筑面积1.58万平方米；更新改造集镇路灯107盏；完成农村道路提档升级8千米；镇荣公路二期基本完工，北汽大道、扬溧高速上党出口拓宽工程完成，总投资近2000万元的小金河二期整治工程启动。

科技与社会事业　有科技人员180人，其中初级技术职称106人、中高级技术职称60人；完成科技研发投入1.33亿元，比上年增长43.5%；申报省级科技工业支撑计划项目1个、市级项目3个，完成高新技术企业认定1户，完成发明专利授权数11件。有九年一贯制学校1所、中学1所、幼儿园2所；有教职工367人，在校中学生967人、小学生2083人；有卫生院2所、病床60张，执业（助理）医师49人；有文体活动中心1个、影剧院1座；自来水普及率100%；参加农村社会养老保险10909人，其中参加新型农村合作医疗40979人，参保率在99%以上。

农业农村改革　完成确权颁证10400户，98%的村组完成农村土地承包经营权确权登记；适度规模土地流转64.13公顷（962亩），农村土地资本进一步活化。新成立各类新型农业主体15个，其中家庭农场12个，各类专业合作组织3个。

人民生活　农村居民人均可支配收入18858元，职工人均可支配收入18858元。农村居民人均住房面积47.5平方米，集镇居民人均住房面积60平方米。各项储蓄存款余额1.58亿元，人均储蓄3172元。

（孙如泽）

【项目建设】 2016年，上党镇8个市、区重点项目有序推进，完成年度投资47.1亿元。其中北汽华东（镇江）产业基地一期项目量产BJ20汽车1.8万辆，总产值16亿元；翰雅三维精确农业项目开园，果蔬产品实现线上销售；江苏语诣LED车灯、泊乐智能立体停车库、新浪潮精密模具制造、万源新材料空调铝箔等项目主体工程基本完成；海纳川汽车零部件、中都物流等汽车配套产业项目加快建设；振光电能质量综合治理装置研发项目通过“长山计划”和“金山英才”人才引进项目申报。

（孙如泽）

【镇村建设】 2016年，上党镇镇村建设有序推进。312国道上党段完工；宜城大道二期、上石线二期、上司线一期工程建设进展顺利，具备通车条件；万亩茶园至坞庄道路工程启动；完成8.2千米农村道路提档升级工作，投资近500万元；高校园区、江苏科技大学20公顷（300亩）蚕桑基地等项目加速推进；开展覆盖拉网式农村环境综合整治试点工作，投入500万元，建成污水管网20千米、污水处理设施4座；上会东宝庄创成省级“美丽乡村”，投资600万元；完成市重点民生工程“500户农村厕所改造项目”，并通过验收。（孙如泽）

【民生建设】 2016年，上党镇确定的6项为民办实事工程实施到位。完成光华河、禄食支河5千米河堤除险加固工程，投资360万元；上党公交枢纽站投入使用，61路、21路公交车延伸至北汽大道；上会枫庄大桥竣工通车，投资300余万元；实施危房改造21户；整治小锅炉25个，完成4家“地条钢”企业清理专项整治工作。启动“强村富民”达新标行动，东方村、上党村和丰城村3个经济薄弱村完成村级集体经营性收入80万元达标任务，上党镇472户低收入户完成建档立卡；健全社会保障体系，全年发放困难群众各类补助和临时补贴1189.66万元，提供就业岗位508个，转移农村劳动力388人，帮助262人创业；新增新型农村社会养老保险25人、城镇职工养老保险623人。15个行政村实现居家养老服务场所全覆盖。（孙如泽）

图50　上党镇敖毅村“尚香黄桃”装箱销售　（镇江文投公司提供）

【社会事业】 2016年，上党镇社会事业进步发展。完成15个村民委员会和2个居民委员会换届选举工作，巩固基层民主自治能力；启动“法治惠民镇村行”工程，上党村和盘荣村创成省级“民主法治村”，农民法治广场实现15个行政村全覆盖；开展群众性文明创建活动，上党镇创成“江苏省文明镇”，上党社区创成“国家级防灾减灾示范社区”；全年新建各类文体健身广场7个，上党村和薛村元庄文体健身广场通过市级“生态文化广场”验收；组织各类文艺演出活动40余场，丰富群众精神文化生活。（孙如泽）

【敖毅村获“全国一村一品示范村”称号】 2016年，农业部公布第六批“全国一村一品示范村镇”名单，上党镇敖毅村（尚香黄桃）榜上有名，加上此前的上党镇墅山村（长山剑毫茶叶），上党镇有2个村获“全国一村一品示范村”称号。敖毅村位于上党镇南14千米处，总面积5.7平方千米，特色产业是黄桃，注册商标为“尚香”牌和“敖毅尚香”牌。全村有黄桃基地93.33公顷(1400亩)，年产量200万千克，带动农户总数612户，黄桃基地规模和影响力在周边地区处于领先地位，成为上党镇带动人员就业、带动农民共同致富的风向标。（孙如泽）

表31

2016年上党镇村(居)委会情况

名称	组数（个）	户数（户）	人数（人）	耕地（公顷）	党组织书记	村（居）委会主任
上党居委会	-	833	1416	-	-	潘晓俊
上会居委会	-	820	1353	-	-	王新春
上党村	57	2432	6848	353	王　振	谭和林
东贪村	28	1059	3292	349	李秋龙	张　静
东沛村	44	1510	4540	223	吴六林	吴琴堂
古洞村	28	1050	3460	119	陈国卫	庞金俊
五塘村	17	499	1612	134	郑根宝	陈云飞
墅山村	18	1011	3052	267	杨家宽	杨家宽
枫庄村	13	678	2336	341	丁九土	夏国年
东方村	43	1150	3780	206	王　成	刘金根
敖毅村	8	756	2421	329	辛敖法	辛敖法
合偶村	4	510	1710	225	丁学礼	丁荣祥
其益村	4	419	1350	112	吴云平	潘晓斌
上会村	12	1321	4692	189	王新春	邵二平

续表

名称	组数（个）	户数（户）	人数（人）	耕地（公顷）	党组织书记	村（居）委会主任
丰城村	9	757	2571	264	陈　云	张　群
盘荣村	7	718	2023	226	陈光林	李网龙
薛　村	11	1006	3371	198	巫双戈	丁九红

（孙如泽）

表32　**2016年上党镇骨干企业情况**　单位：万元

企业名称	产值	销售收入	利税	厂长（经理）
江苏振光电力设备制造有限公司	503757	456636	11325	贾红宝
丹徒区天润碳素制品有限公司	7785	8238	620	吕定荣
镇江市万源新材料股份有限公司	11837	11762	933	钱本强
丹徒区环宇轧辊厂	4729	4635	371	吴　江
镇江鑫源热镀锌有限公司	6128	5976	480	陈东强
江苏江盛南节能科技有限公司	2228	2192	178	付　荣
丹徒区飞达碳素有限公司	8736	8574	688	唐素珍
江苏欧文斯彩砂科技有限公司	2578	2525	202	陈　云
江苏宝山重型机械制造有限公司	5344	5201	452	姜松亭
丹徒区金昌碳素厂	15718	15478	1250	杨建平
镇江古洞热镀锌有限公司	2228	2196	177	袁　婷
镇江市鸿泽杆塔有限公司	7209	7455	403	贾红宝
江苏路鑫达交通设施有限公司	2579	2527	203	付国宇
镇江华端电气设备有限公司	2329	2298	198	吴秋霞
镇江新浪潮精密机械有限公司	2537	2467	197	袁丽霞
镇江兴盛铸钢有限公司	2518	2476	199	陈　雷
镇江市华铖旅游用品有限公司	9114	9113	283	辛玉华
镇江鑫运新型建材有限公司	3817	3738	306	吴建秋
镇江新光冶金辅材厂	3357	3357	268	韩国清
镇江天源蓄电池有限公司	2080	2190	212	王荣春
丹徒区九鑫毛纺厂	2816	2343	163	辛敖法
威灵施(镇江)精细化工有限公司	2824	2824	236	吴爱华
镇江市顶新家居用品有限公司	2925	2856	232	陈　武
丹徒区金港墙材有限公司	4221	4143	330	毛金发
镇江市红墙建材有限公司	3137	3062	246	方惠民
镇江市天马空调配件有限公司	3368	3263	261	岳振波
镇江市德海工业有限公司	3431	334	268	陈树范
镇江市迈琪汽车零部件有限公司	5078	4966	397	陈建平
北汽（镇江）汽车销售有限公司	90227	86618	10047	何章翔
北汽（镇江）汽车有限公司	82253	78963	6386	何章翔

（孙如泽）

宝堰镇

【概况】 宝堰镇位于镇江市丹徒区南部，南连荣炳盐资源区，东临丹阳市延陵镇，西接句容市春城镇，北倚句容市白兔镇。总面积40.19平方千米，耕地面积1692公顷，集镇面积2.5平方千米，辖6个行政村，1个居委会。2016年末，总户数8239户、总人口25742人（男12690人，女13052人），有少数民族8个、79人。人口出生率7.67‰，人口死亡率8.78‰，人口净增率-1.11‰，计划生育率100%。年内，宝堰镇被省民政厅评为和谐社区建设先进乡镇，被镇江市评为“六五”普法先进单位。

综合经济指标　地区生产总值14.41亿元，比上年增9.09%，其中，第一产业增加值1.85亿元，第二产业增加值5.82亿元，第三产业增加值6.74亿元。一般公共预算收入4897万元，比上年增长12.38%，增幅列全区第一；一般公共预算支出1364万元。

农业　农业总产值3.45亿元。粮食总产2.11万吨，油料总产732吨，蔬菜总产5345吨，水产品总产2230吨，出栏生猪13432头、羊1550只、家禽7.5万羽。水利、农田基础建设投入700万元，新修农田排灌渠道6000米，维修、加固堤岸1500米，疏浚河道3条5.5千米，完成土方6万立方米。

工业　有工业企业376家，职工总数5054人。工业应税销售收入5.65亿元，比上年增长25%。完成规模以上工业总产值25.23亿元，实现销售收入24.44亿元、利税3.91亿元。完成社会固定资产投资3.61亿元，其中工业固定资产投资1.99亿元。年销售额2000万元以上企业3家，拥有固定资产1.48亿元，职工285人，实现利税2.03亿元。私营企业131个，年产值24.67亿元，实现利税4.28亿元。个体工商户1053户，从业人员2114人。实际利用外资及港澳台资850万美元。

集镇建设　新修农村道路10.15千米。完成镇村污水管网5千米。电话普及率100%。有线电视用户6100户，其中当年新增56户，有线电视覆盖率99%。集镇新增绿化面积1600平方米，路灯482盏，垃圾箱100个。

科技与社会事业　有科技人员438人。全年研发经费支出3282万元，比上年增长9.2%。有中学1所、小学1所、幼儿园1所，教职工121人，在校中学生403人、小学生814人。有卫生院1所，病床60张，医卫人员34人。有文体活动中心1个，影剧院1座。自来水普及率100%。全镇村村通公路。参加农村社会养老保险11396人，其中当年新增216人。参加新型农村合作医疗18406人，参保率99%。

人民生活　农村居民人均可支配收入18706元，职工人均可支配收入18706元；农村居民人均住房面积45.6平方米，集镇居民人均住房面积41.3平方米。各项储蓄存款余额8.38亿元，人均储蓄32316元。

（郭林瑞）

【项目建设】 2016年，宝堰镇总投资1.5亿元的润丰生态农业园（市级重点项目）完成主体种植，进入配套实施建设阶段并具备开园条件；总投资1.8亿元的渔光互补光伏发电项目（区级重点项目）一期15兆瓦并网发电，总投资1亿元的宝丽达玩具及华星刀具、宝城注浆二期等项目有序推进。

（郭林瑞）

【镇村建设】 2016年，宝堰镇立足古镇保护，加快推进镇村建设。投入800万元，实施集镇环境提档升级改造工程，完成绿化面积1600平方米，栽种樱花、海棠800株，安装护栏3200米，新装路灯62盏，铺设花岗岩7640平方米、路缘石2250平方米；实施老镇荣公路、仁让路、菜场东路等路段共4.5千米的黑色化改造并铺设人行道板；投入80万元，改造升级宝堰垃圾转运站；完成淘汰黄标车45辆，整治燃煤锅炉11台；开展“地条钢”专项整治行动，取缔地条钢生产企业2家，拆除厂房面积2600平方米；全年新增有效绿化面积6.67公顷（100亩）；蒋岗、鲁溪、王巷、刘庄4个自然村污水处理设施管网铺设完工；集贸市场临时摊位管理到位，集镇经营秩序井然。年内，团结窦王村创成区级美丽宜居村。

（郭林瑞）

【旅游产业发展】 2016年，宝堰镇按照“古镇开发与乡村旅游相约为伴，提振商贸与加快发展相得益彰”整体定位，挖掘“四特独具”（特殊历史、特殊地形、特色美食、特色民俗）底蕴和内涵，加大旅游产品宣传和旅游品牌推介，促进宝堰红色旅

图51　位于宝堰镇的省级文物保护单位——新四军四县抗敌总会纪念馆

（丹徒区宝堰镇提供）

游和历史文化旅游发展。新四军四县抗敌总会纪念馆年接待参观2万余人次，宝堰餐饮和地方土特产吸引周边及镇江居民品尝和购买，以新颖、联创等为代表的休闲观光农业园受到周边县市游客青睐。全年完成旅游总投资3000万元，旅游总收入4.8亿元。（郭林瑞）

【民生建设】 2016年，宝堰镇实施为民办实事工程，先后完成10.15千米的农村道路提档升级；新开通宝堰至金坛登冠毗邻市镇村公交，完善宝堰客运站、宝堰游客服务中心设施；投资1600万元的宝堰中心幼儿园主体施工完毕，室外装修进入尾声；投入700万元，对胜利河、鲁溪支河等实施除险加固；完成农村改厕300户；推进“强村富民”达新标行动，前隍、鲁溪、徐巷、南宫4个行政村年集体收入达到80万元的目标，建档立卡困难群众脱贫73户142人；承办的人大代表20件议案、建议，通过“双公示”、推进会和督办会办成19件，1件转交2017年办理，办成率95%，代表满意率100%。年内，开展第三次全国农业普查和第二次地名普查，按期完成第十一届村委会和第六届集镇社区居委会换届选举工作。（郭林瑞）

【社会文化事业】 2016年，宝堰镇有各类艺术团体27个，全年开展文体活动45场，其中宝堰古镇文化艺术团获省级表彰，并在镇江市第二届广场舞大赛中获铜奖；徐巷村倪荣荀、倪遗锁荣登“江苏好人”榜，南宫村徐静、宝堰村刘鹏飞当选“镇江好人”；新建文化广场3个，其中宝堰村综合文化服务中心被评为市级优秀综合文化服务中心。

（郭林瑞）

表33

2016年宝堰镇村委会情况

名称	组数（个）	户数（户）	人数（人）	耕地（公顷）	党组织书记	村委会主任
鲁溪村	46	1281	4110	409	邓小鹏	谭昌兴
徐巷村	47	1182	3392	364	张　青	曹夕林
南宫村	40	1172	3985	239	张映金	张龙龙
团结村	29	963	3525	244	徐兆和	王飞滨
宝堰村	26	2375	6973	105	姚志斌	卞金秋
前隍村	40	1266	3757	331	马　骅	景永舟

（郭林瑞）

表34

2016年宝堰镇骨干企业情况

单位：万元

企业名称	产值	销售收入	利税	厂长（经理）
镇江市天威机械配件有限公司	6970	6753	882	王杏娣
镇江长城碳素制品有限公司	50295	48723	8552	姜长顺
镇江嘉豪服饰有限公司	7944	7895	1122	龚国平
镇江市丹徒区宝达锁厂	5493	5321	905	刘秀理
镇江荣成化工有限公司	36359	35223	5905	陈荣根
镇江宝城注浆设备有限公司	33102	32068	5145	哈寿佰
镇江市华星特种刀具制造有限公司	6992	6774	1157	岳八斤
镇江金特服饰有限公司	3304	3301	498	高正伟
镇江宏立电力设备制造有限公司	39786	38543	6640	黄国华
镇江康林电器有限公司	21726	21047	3588	汪琪霖
镇江河冶工具有限公司	2487	2409	411	孙炳华

（郭林瑞）

世业镇

【概况】 世业镇位于镇江西部，四面环江，是长江中下游的大洲之一，南与镇江市区一江之隔，北与仪征隔江相望，润扬大桥穿境而过，总面积44平方千米，其中圩内面积25平方千米，耕地1306.86公顷，集镇面积1.2平方千米，辖5个行政村。2016年末，总户数4763户，总人口14640人（男7211人，女7429人）。少数民族主要是回族，分布在卫星村，共96人。人口出生率4.42‰，人口死亡率5.91‰，人口净增率-1.49‰，计划生育率100%。

综合经济指标 地区生产总值8.29亿元，比上年增长7.81%，其中，第一产业增加值1.28亿元，第二产业增加值0.22亿元，第三产业增加值6.78亿元。财政总收入5465.17万元，一般公共预算收入4997.83万元，一般公共预算支出5415.56万元。

农业 农业总产值2.71亿元，粮食总产1.62万吨，油料总产200吨，蔬菜总产9752吨，水产品总产1314吨，果品总产3765吨，出栏生猪2533头、羊305只、家禽15.8万羽。水利、农田基础建设投入1890万元，疏浚河道5.4千米，完成土方7.5万立方米。

工业 有工业企业12家，职工总数720人。完成规模以上工业总产值2.21亿元，实现销售收入2.21亿元、利税1580万元。完成社会固定资产投资15.5亿元。年销售额500万元以上企业2家，拥有固定资产1800万元、职工562人，实现利税1580万元。私营企业152家，新增85家；个体工商户573户，新增19户；新增私营注册资本2960万元；实际利用外资及港澳台资1000万美元。

集镇建设 有中型超市3个。完成邮政业务340万元；有程控电话6567门，新装电话10门，电话普及率98.9%；有线电视用户1585户，新增15户；新装路灯254盏。

科技与社会事业 有科技人员273人，其中初级技术职称178人，中高级技术职称95人；有实验学校1所，教职工70人，在校中学生254人、小学生488人；有幼儿园1所，入园儿童253人，教职工24人；有卫生院1所，病床20张，医卫人员30人；有文体活动中心6个，影剧院1座；自来水普及率100%，全镇村村通公路；参加农村社会养老保险3706人，当年新增237人；参加新型农村合作医疗8342人，参保率100%。

人民生活 农村居民人均可支配收入18838元，职工人均可支配收入30471元；农村居民人均住房面积61.2平方米，集镇居民人均住房面积55平方米；人均储蓄10420元。（肖 杨）

【扶贫开发】 2016年，世业镇围绕精准扶贫，开展新一轮扶贫开发工作。按照贫困人口建档立卡工作程序，通过农户申请、民主评议、公示公告和逐级审核的方式，排查出贫困户244户590人。依托产业发展，将农业规划调整向贫困户倾斜，引导有条件的贫困户开展适度规模的种植养殖项目，提高自力更生的能力。至年底，新增就业人员257人，其中转移输出129人；协助办理创业贷款11笔，金额123万元。

（肖 杨）

【防汛抗洪】 2016年，长江水位世业段最高潮位8.81米，超警戒水位1.61米。6月25日至8月15日，世业镇整体布控全镇24.5千米江堤，设立防汛哨所25个，发动全体机关干部、村干部、老党员、志愿者、民兵应急分队等近千人，实行车辆、人员24小时不间断值守，投放编织袋1万条、草包1.5万条、土工布500平方米、木材4.8立方米，实现安全度汛。

（肖 杨）

表35 **2016年世业镇村(居)委会情况**

名称	组数（个）	户数（户）	人数（人）	耕地（公顷）	党组织书记	村（居）委会主任
兴隆村	10	1132	3773	333.15	滕宏祥	伍 国
东大坝村	7	816	2624	235.91	杨 陈	周 辉
世业村	8	1118	3663	288.7	张巨平	何永林
卫星村	6	594	1794	223.6	贡 杰	糜巧生
先锋村	5	631	1994	225.5	聂永平	黄 娟
集镇居委会	-	472	792	-	朱友根	周万祥

（肖 杨）

表36 **2016年世业镇骨干企业情况** 单位：万元

企业名称	产值	销售收入	利税	厂长（经理）
镇江市开宇电器有限公司	14908	14514	1068	管有强
镇江市永安船舶修造有限公司	7178	6974	512	卢正洪

（肖 杨）

高资街道

【概况】 高资街道位于镇江市丹徒区西郊，南连上党镇，东临润州蒋乔街道，西接句容下蜀镇，北倚长江。总面积100.52平方千米，耕地面积1412.7公顷，集镇面积6.4平方千米，辖12个行政村，1个居委会。2016年末，总户数15282户、总人口42581人(男21358人，女21223人)，有少数民族12个、131人。人口出生率6.7‰，人口死亡率7.3‰，人口净增率-0.6‰，计划生育率100%。年内，高资街道被评为江苏省人民调解委员会规范化建设示范点，并通过省司法厅验收。

综合经济指标　地区生产总值86.18亿元，比上年增长8.6%，其中，第一产业增加值2.65亿元，第二产业增加值58.28亿元，第三产业增加值25.25亿元。一般公共预算收入2.24亿元，一般公共预算支出1.04亿元。

农业　农业总产值5.57亿元。粮食总产1.62万吨，油料总产1444吨，蔬菜总产14600吨，水产品总产1386吨，果品总产1181吨，出栏生猪15136头、羊256只、家禽23万羽。水利、农田基础建设投入1800万元，新修农田排灌渠道18139米，维修、加固堤岸1800米，疏浚河道3条7.1千米，完成土方6万立方米。

工业　有工业企业186家，职工总数7221人。完成规模以上工业总产值377.76亿元，实现销售收入374.29亿元、利税45.65亿元。完成社会固定资产投资73.75亿元，其中工业固定资产投资46.77亿元。年销售额2000万元以上企业55家，拥有固定资产203亿元，职工6025人，实现利税32.6亿元。私营企业172个，年产值216亿元，实现利税26.3亿元。个体工商户1281户，从业人员2792人。外贸出口企业11家，外贸进出口总额39855万美元。外资及港澳台资企业6家，实到外资及港澳台资2047万美元。

集镇建设　投入2.2亿元，完成绿化31万平方米，开发商住楼15幢12万平方米。新修农村道路8千米。完成镇村污水管网铺设5.6千米。年邮政业务42万元，程控电话容量17630门，其中当年新装电话120门，电话普及率100%。有线电视用户13172户，其中当年新增106户，有线电视覆盖率85.2%。

科技与社会事业　有科技人员627人，其中，初级技术职称367人，中高级技术职称260人，年内获科技成果6项。有中学2所、小学2所、幼儿园1所，教职工307人，在校中学生787人、小学生1622人。有卫生院2所，病床105张，医卫人员82人。有文体活动中心16个，影剧院1座。自来水普及率100%。全镇村村通公路。参加农村社会养老保险20041人，其中当年新增146人。参加新型农村合作医疗35391人，参保率100%。

人民生活　农村居民人均可支配收入22017元，职工人均可支配收入40891元。农村居民人均住房面积47平方米，集镇居民人均住房面积41.6平方米。各项储蓄存款余额5.72亿元，人均储蓄13459元。

（周福根　顾　伟　侯　飞）

【民生工程】 2016年，高资街道推进民生工程建设。综合治理水台村土地333.33公顷（5000亩），改造中低产田66.67公顷（1000亩）；实施铁炉、青山两座水库扶持项目，疏浚河道3条，清淤河塘12座，维修防渗渠15.5千米；建设勤丰东站、中站、西站3座排涝站，修建石马双通坝桥，疏浚双仙河，整治西斛环山河，第二轮水利重点县工程进入扫尾阶段；整治校车线路隐患9处，保障校车通行安全；办理农民基保491人，交付丰泽新苑二期12万平方米；修建633.6平方米的敬老院综合楼，建成12个自然村的污水处理设施，完成老年活动室、健身广场等4个农村"一事一议"工程，升级改造垃圾中转站，维修双仙河景观平台，实施双仙河和中心河清淤工程。

（周福根　侯　飞）

【企业创新发展】 2016年，高资华夏制漆科技有限公司与江苏大学合作研发，运用氮化碳纤维"捆绑"石墨烯/聚氨酯水技术，合理选择有机硅修饰碳纳米管-氮化碳纳米纤维交联相、水性聚氨酯基体树脂、溶剂等配比，合成出性能优良的环保型低表面能耐蚀防污海工用涂料。该项目被列入"镇江市重点研发计划—产业前瞻与共性关键技术"名录，并于11月通过镇江市科技局立项。高资智海食品有限公司与南农大食品科技学院合作，开发具有保健功能和良好吸收利用率及冲调性好的全谷物芽类营养粉，生产的发芽糙米中，γ-氨基丁酸（GABA）含量达到同品种白米含量的20倍，并超过日本同等产品含量。该产品在2016年第三届中国食品科技成果交流会科研项目评比中，获"2016CFDF优秀科技成果奖"。

（周福根　侯　飞）

图52　麦田喜获丰收　（高资街道提供）

表37

2016年高资街道村(居)委会情况

名称	组数(个)	户数(户)	人口(人)	耕地(公顷)	党组织书记	村(居)委会主任
正东村	21	1263	3842	187.6	朱德源	王贵宝
勤丰村	19	1021	3079	91.0	吴春林	周建明
高资村	9	815	2127	21.8	王秋云	王秋云
唐驾庄村	20	843	2772	24.5	狄　磊	金之量
巢凰村	23	969	2823	132.6	魏国虎	魏国虎
营春村	15	1027	3037	62.0	朱金成	刘志宏
陈丰村	22	1153	3709	167.6	杨忠福	卞来宝
西斛村	23	1129	3511	186.7	魏　亮	魏　亮
巫岗村	25	1188	3784	234.1	徐文利	李青松
厚固村	13	713	2156	121.3	秦　云	秦　云
石马村	20	857	2451	56.5	金来宝	贡经跃
水台村	14	659	2453	127.0	张志清	张志清
集镇居委会	-	3645	6837	-	-	周　佳

(周福根　侯　飞)

表38

2016年高资街道骨干企业情况

单位:万元

企业名称	产值	销售收入	利税	厂长(经理)
金海宏业(镇江)石化有限公司	8602413	8242681	1166529	叶　佳
江苏镇江发电有限公司	2613027	2613027	1118675	杜　鹃
江苏鹤林水泥有限公司	1526061	1469908	72117	盛新军
江苏苏亚迪碳材有限公司	683542	652398	83940	许　发
江苏苏菱铝用阳极有限公司	710893	702356	75829	卢永才
中化镇江焦化有限公司	556469	463273	-70386	倪光华
江苏福世特混凝土有限公司	119349	215687	4495	刘福荣
江苏长三角精细化工有限公司	1190830	996524	108319	刘玉鸣
江苏金华普钢结构工程有限公司	339712	318564	18111	叶道兵
二重集团(镇江)重型装备厂有限责任公司	1038082	995647	27486	刘　志
镇江北固海螺水泥有限责任公司	208362	195687	3201	张浩然
江苏苏润高碳材股份有限公司	2058911	1996254	194132	倪光华
镇江宏顺热电有限公司	136584	135084	14579	戴易平
江苏城科建设发展有限公司	329043	318562	48068	何小龙
镇江李长荣综合石化工业有限公司	1272484	1995623	128103	黄荣全
江苏利德尔复合材料有限公司	171659	167582	4484	林志华

(周福根　侯　飞)

江心洲生态农业园区

【概况】 江心洲生态农业园区位于镇江市区东北，为长江沉积沙洲，四面环江。南与京口区谏壁镇相望，东南对大港外贸码头，西望焦山，北对新民洲农场。总面积17.76平方千米，耕地411公顷，集镇面积0.78平方千米，辖3个行政村、1个居委会。2016年末，总户数2522户，总人口8215人（男5129人，女2967人），有少数民族4个、8人。人口出生率0.08‰，人口死亡率1.81‰，人口净增率-1.73‰，计划生育率100%。

综合经济指标　地区生产总值4.12亿元，比上年增长8.1%，其中，第一产业增加值9919万元，第二产业增加值1.74亿元，第三产业增加值1.39亿元。一般公共预算收入4046万元，一般公共预算支出2202.49万元。

农业　农业总产值1.87亿元。粮食总产3613吨，油料总产716吨，蔬菜总产12506吨，水产品总产2630吨，果品总产3216吨，出栏生猪205头、羊329只、家禽6.86万羽。水利、农田基础建设投入280万元，疏浚河道8条13.6千米，完成土方15.1万立方米。

工业　有工业企业31家，职工总数1516人。完成规模以上工业总产值9.57亿元，实现销售收入9.3亿元、利税7624万元。完成社会固定资产投资6190万元，其中工业固定资产投资2524万元。年销售500万元以上企业8家，拥有固定资产4382万元，职工1286人，实现利税7362万元。个体工商户412户，从业人员670人。外贸出口企业2家，出口产品交货额2681万美元。实到外资及港澳台资600万美元。

集镇建设　制定完善集镇改造规划。投入400万元完成集镇段河道清淤整治及景观打造，完成6千米一路一景景观打造，新修农村道路4.26千米。年邮政业务6.3万元。程控电话容量2323门，其中当年新装电话41门。宽带用户2010户。有线电视用户1928户，其中当年新增18户，入户率75.3%。

科技与社会事业　有科技人员182人，其中，初级技术职称132人，中高级技术职称50人，年内获科技成果5项。有实验学校1所，教职工35人，在校学生193人；幼儿园1所。有卫生院1所，病床25张，医卫人员23人。有文体活动中心3个。自来水普及率100%。实现村村通公路。参加农村社会养老保险2708人，其中，当年新增103人。参加新型农村合作医疗4562人，参保率100%。

人民生活　农村居民人均可支配收入17426元，职工人均可支配收入34623元。农村居民人均住房40平方米，集镇居民人均住房39平方米。各项储蓄存款余额13128万元，人均储蓄15106元。

生态旅游　生态旅游成为江心洲的最大特色。以野菜节、无花果节、柑橘节为代表的主题节庆旅游形成品牌效应，休闲观光游、农家乐体验游等精品游线成为市民体验乡旅生活第一选择，作为一大亮点的特色民宿有13家。年内，上岛游客61万人次，实现旅游总收入4.26亿元。（蒋　媛）

【项目建设】 2016年，江心洲生态农业园区推进重点项目建设并取得新进展。长江特种水产养殖项目和伊人岛生态农业观光园项目均超序时完成年度投资任务，总投资3亿元的民居屋顶光伏项目和总投资2亿元的橘色小镇项目完成签约，民宿文化街、军旅文化体验营、风力发电等项目洽谈取得进展。（蒋　媛）

【民生工程】 2016年，江心洲生态农业园区推进民生工程建设，先后完成河道清淤整治及景观打造11千米、一路一景绿化景观工程6千米、农田电网改造3千米、百家姓地刻公园建设和橘江里景区无线网络全覆盖等民生工程。（蒋　媛）

【第二届无花果节】 2016年9月3日，江心洲生态农业园区举办以“众创乡旅　筑梦江心”为主题的江心洲乡旅招商推介会暨第二届无花果节。开幕式在镇江苏宁广场中庭举行，向市民发布推介江心洲的民宿发展政策、特色精品旅游线路，重点推介江心洲的无花果种植及产品。该届无花果节为期1个月，设有特色民宿、果树认养、特色民宿体验游、特色美食品尝、江心一日游等主题活动，共吸引游客10.8万人次，实现旅游综合收入1.57亿元，并创成全市首家乡镇板块的“镇江青壳众创空间”。（蒋　媛）

图53　2016年9月3日，江心洲生态农业园区在镇江苏宁广场举办第二届无花果节

（镇江文投公司提供）

【第九届野菜节】 2016年4月2日，江心洲生态农业园区举办以“置身事外，彩撷春天”为主题的第九届野菜节，并举行开幕式。开幕式现场，镇江江心洲农业生态园区网络专区在“畅游江苏网”上线，丹徒电视台“醉美江心”专栏启动，非洲手鼓、大圣归来、舞蹈魔术等节目上演。该届野菜节为期1个月，期间先后开展野菜基地挖野菜、大型国际花车巡游、全家总动员、百户饺子宴等特色主题活动，以及摘草莓、尝江鲜、住民宿、果树认养、Cosplay秀等活动，共吸引游客11.4万人次，实现旅游综合收入0.93亿元。 （蒋　媛）

【第九届柑橘节】 2016年11月2日，江心洲生态农业园区举办以“橘子红了 江心美了”为主题的江心洲第九届柑橘节暨欢乐嘉年华活动。活动为期1个月，首次引入欢乐嘉年华概念，通过大马戏演出、儿童欢乐岛、美食广场、柑橘采摘、农业科普教育基地、特色民宿等项目或活动，展示特色乡村旅游产品；首次采用完全市场化运作和全媒体宣传方式，在电视、报纸、电台、网络、微信等平台同时宣传、同步播报活动盛况。活动期间，共接待旅客约28.8万人次，实现旅游综合收入约1.76亿元，销售柑橘约3500吨。 （蒋　媛）

【镇江新兴船舶有限公司关停拆除】 江心洲生态农业园区先后于2016年8月4日、11月11日成立驻新兴船舶工作组和新兴船舶政策性关停工作组，落实镇江新兴船舶有限公司的关停拆除工作。在关停拆除过程中，履行主体责任，细化企业关闭方案，超前做好企业关闭的社会风险评估工作，有序做好企业关闭、拆除、职工安置、生态修复等工作。12月，新兴船舶关停拆除工作完结，至此，江心洲生态农业园区保质保量完成中央环保督察组交办的江心洲(丹阳)水源地保护区环境问题整改工作，消除新兴船舶对饮用水源地安全的威胁，推动“263”专项行动取得实效。 （蒋　媛）

表39　　2016年江心洲生态农业园区村(居)民委会情况

名称	组数（个）	户数（户）	人数（人）	耕地（公顷）	党组织书记	村（居）委会主任
五套村	18	1305	3716	187	姚　晨	姚　晨
五墩村	15	635	2408	128	倪寿根	冷华彬
益平村	9	370	1436	96	周立新	周立新
集镇居委会	1	212	655	–	–	何成云

（蒋　媛）

表40　　2016年江心洲生态农业园区骨干企业情况　　单位：万元

企业名称	产值	销售收入	利税	党支部书记	厂长（经理）
丹徒区变速箱厂	320	310	3	季必宽	季必宽
丹徒区复兴船厂	2762	27540	75	韩　勤	韩　勤
丹徒区协隆铸件有限公司	51720	51009	4191	朱曙霞	朱曙霞
丹徒区江心毛刷制品厂	632	624	11	赵海波	赵海波
镇江市三江刷业有限公司	1112	1095	-13	赵海波	赵海波
丹徒区佳鑫刷业有限公司	2187	2182	7	陈长松	陈长松
镇江市金鑫有色合金有限公司	5540	5531	54	庄　燕	庄　燕
镇江新兴船舶制造有限公司	28451	326341	2412	朱兴国	朱兴国
丹徒区精强汽配厂	1145	1131	49	王　松	王　松

（蒋　媛）

荣炳盐资源区

【概况】 荣炳盐资源区位于丹徒区南部，南连金坛市直溪镇，东临丹阳市延陵镇，西接句容市茅山镇，北倚宝堰镇。总面积45平方千米，耕地面积1566.56公顷，集镇面积4.3平方千米，辖5个行政村。2016年末，总户数6189户、总人口19791人(男9896人，女9895人)，有少数民族16个、105人。人口出生率5.23‰，人口死亡率12.26‰，人口净增率-7.04‰，计划生育率100%。年内，荣炳盐资源区获“中华诗教先进单位”“全省发展散装水泥示范乡镇”称号；成功创建3个省三星乡村旅游点。举办SYB培训，创业成功率75%以上。

综合经济指标　地区生产总值13.04亿元，比上年增8.8%，其中，第一产业增加值1.44亿元，第二产业增加值6.49亿元，第三产业增加值5.11亿元。一般公共预算收入4813万元，一般公共预算支出3480万元。

农业　农业总产值2.75亿元。粮食总产2.39万吨，油料总产250吨，蔬菜总产11474吨，水产品总产2234吨，果品总产1679吨，出栏生猪3442头、羊428只、家禽19.2万羽。水利、农田基础建设投入1119万元，实施农田改造505公顷，新修农田排灌渠道1212米，疏浚河道2条8.1千米，完成土方8.2万立方米。

工业　有工业企业152家，职工总数7251人。完成规模以上工业总产值21.07亿元，实现销售收入21.07亿元、利税3.62亿元。完成社会固定资产投资3.8亿元，其中工业固定资产投资2.34亿元。年销售额2000万元以上企业16家，拥有固定资产7.03亿元，职工1735人，实现利税3.31亿元。私营企业138个，年产值48亿元，实现利税4.7亿元。个体工商户416户，从业人员3087人。外贸出口企业5家，外贸进出口总额290万美元。外资及港澳台资企业9家，当年引进外资及港澳台资项目1个，工商注册外资及港澳台资2500万美元，实到外资及港澳台资416万美元。

集镇建设　投入5.5万元，建设街心花园，改建荣炳公园、老公交站、农贸市场3个公厕，维修出新路牙、路灯。提档升级农村道路8.2千米，新修沥青公路1.1千米，推进6.5千米旅游道路建设。完成镇村污水管网铺设15千米。年邮政业务收入353万元，程控电话容量3520门，其中当年新装电话20门，电话

图54　2016年4月2日，第三届“走进荣炳·深呼吸”大众摄影节期间无人机航拍爱好者交流体验　（荣炳盐资源区提供）

普及率70.4%。有线电视用户4683户，其中当年新增90户，有线电视覆盖率96.9%。

科技与社会事业　有科技人员340人，其中初级技术职称267人、中高级技术职称73人。有高新技术企业1家。年内发明专利申请65件，授权3件。有中学1所、小学1所、幼儿园1所，教职工117人，在校中学生196人、小学生510人。有卫生院1所，病床26张，医卫人员37人。有文体活动中心1个。自来水普及率100%。全园区村村通公路。参加农村社会养老保险6627人，其中，当年新增114人。参加新型农村合作医疗15191人，参保率76.8%。

人民生活　农村居民人均可支配收入17066元，职工人均可支配收入35222元。农村居民人均住房面积50平方米，集镇居民人均住房面积30平方米。各项储蓄存款余额3.2亿元，人均储蓄16061元。（王　宁）

【项目建设】　2016年，荣炳盐资源区推进重点项目建设。完成占地7公顷(105亩)的“强村富民物业经济园”项目14幢厂房建设任务，入驻企业4家，其中总投资1亿元的护眼玻璃防护屏项目实现投产，新型铝材加工项目正在进行厂房基础建设，群飞机械电力设备项目进入试生产，联盛科技镀膜玻璃项目即将投产达效。挺卫集团矿泉水项目场地“三通一平”工作基本结束。文旅集团、棕榈集团和广州园林就开发荣炳山水资源达成初步合作意向，横塘湖旅游综合开发项目完成投资近1200万元。　（王　宁）

【旅游发展】　2016年4月2日，由镇江日报社、镇江市摄影家协会、荣炳旅游发展有限公司联合主办的第三届“走进荣炳·深呼吸”大众摄影节启动。荣炳盐资源区利用摄影节契机，推介荣炳山水资源，吸引各地游客。全年旅游接待15万人次，实现旅游总收入2.5亿元，分别比上年增长21%和33.1%。　（王　宁）

【民生建设】　2016年，荣炳盐资源区促进民生事业改善，全年发放各类救助资金652.5万元，发放补贴资金16.5万元；完成危房改造10户，发放补贴资金9万元；实现农村劳动力输出转移246人，农村劳动力转移就业率95%。　（王　宁）

表41

2016年荣炳盐资源区村(居)委会情况

名称	组数（个）	户数（户）	人数（人）	耕地（公顷）	党组织书记	村（居）委会主任
高庄村	33	1176	3826	360.54	徐志兰	徐志兰
蒲圩村	39	1385	4322	312.33	凌小平	凌小平
胜利村	27	795	2567	231.2	纪柏方	王三明
曲阳村	34	1289	4208	286.67	张牛兆	张牛兆
曙光村	53	1228	4039	375.82	张罗虎	张罗虎
集镇居委会	-	316	829	-	-	-

（王　宁）

表42

2016年荣炳盐资源区骨干企业情况

单位：万元

企业名称	产值	销售收入	利税	厂长（经理）
中盐镇江盐化有限公司	27195	27195	26651.1	董爱民
镇江市华东化工有限公司	43829	40429	40837.3	魏小兰
镇江恒顺酒业有限公司	14787	8357	2038.3	姚　辉
镇江夏印厨具有限公司	10314	10314	1273.3	川崎洁
镇江市川峰工具有限公司	10409	10409	1329.4	张发亮
镇江市欧泊服饰有限公司	17244	17244	1828.6	陆　俊
丹徒区华力电器厂	27589	27589	2725.1	牛龙华
镇江市新蓝森服装有限公司	8409	8409	883.1	臧艳霞
镇江市通济河汽车部件有限公司	6912	6912	865.08	贾来平
江苏坚雅节能建材有限公司	7167	7167	819.9	颜建华
镇江金能锅炉有限公司	7601	7610	838.1	王建春
镇江市悦源醋业有限公司	7340	7340	873.8	刘潮军
镇江汇荣机电科技有限公司	8437	8437	1014	康海标
镇江君立铝业有限公司	8501	8501	978.2	筱婷婷
镇江云帆包装有限公司	5714	5714	597.7	田璐璐
镇江日英鞋业有限公司	4486	4506	672.5	黄春山

（王　宁）

人物·名录·荣誉栏

责任编校：钱金金

区级党政领导

区 委

陈 琳

女，2012年3月，任中共镇江市丹徒区委书记。

1963年2月出生，江苏句容人。1980年8月参加工作，1988年4月加入中国共产党，研究生学历。1980年8月至1989年7月，任句容县行香中学教师、团委副书记、副教导主任。1989年7月至1990年10月，任句容县文教局普教股副股长。1990年10月至1995年7月，任共青团句容县委学少部部长、副书记、书记。1995年7月至1997年10月，任句容市葛村镇党委书记。1997年10月至2002年11月，任句容市副市长。2002年11月至2005年12月，任句容市委常委、句容市常务副市长。2005年12月至2008年2月，任镇江市司法局党组书记、局长（其中2006年11月至2008年2月兼任镇江市委政法委委员）。2008年2月至2011年12月，任丹徒区委副书记、区长。2011年12月至2012年2月，主持区委工作。2012年2月至3月，任丹徒区委书记、区长。2012年3月，任丹徒区人大常委会主任。

张映桥

2012年4月，任中共镇江市丹徒区委副书记。

1972年5月出生，江苏句容人。1993年8月参加工作，1995年12月加入中国共产党，研究生学历。1993年8月至1997年3月，任句容市下蜀工商所干部、所长、党支部书记。1997年3月至1998年12月，任句容市委组织部科员、企事业干部科科长。1998年12月至2001年3月，任句容市后白镇副镇长、党委副书记。2001年3月至2002年12月，任句容市后白镇党委副书记、镇长。2002年12月至2006年6月，任句容市后白镇党委书记。2006年6月至2007年6月，任句容市委常委、后白镇党委书记。2007年6月至2010年2月，任句容市委常委，句容经济开发区党工委书记、管委会主任。2010年2月至2012年2月，任丹徒区委常委、副区长。2012年2月至4月，任丹徒区委副书记，区政府党组书记、副区长、区长。2012年4月，任丹徒区政府党组书记、区长。

谈沁磊

2016年6月，任中共镇江市丹徒区委副书记。

1968年5月出生，江苏镇江人。1988年7月参加工作，1993年12月加入中国共产党，江苏大学管理学硕士学位，高级工程师、高级经济师。1988年7月至1991年11月，任镇江市第二建筑公司机务处施工员、定额员、生产调度。1991年11月至1998年3月，在镇江市建委计财科（处）工作。1998年3月至2002年8月，任镇江市建委（建设局）计财处副处长。2002年8月至12月，任镇江市发展计划委投资处副处长。2002年12月至2006年9月，任镇江市发展计划委外经处处长。2006年9月至2008年12月，任镇江市发展改革委投资处处长。2008年12月至2013年2月，任镇江市发展改革委党组成员、副主任。2013年2月至2014年3月，任丹徒区委常委、区政府党组成员、副区长、区行政学校校长、区建设投资有限公司董事长、区长山文化产业发展有限公司董事长。2014年3月至8月，任丹徒区委常委、区政府党组成员、副区长、区行政学校校长。2014年8月，任丹徒区委常委、政府党组副书记、副区长、区行政学校校长。

韩宏亮

2011年7月，任中共镇江市丹徒区委常委、政法委书记。

1972年3月出生，江苏丹徒人。1990年8月参加工作，1996年9月加入中国共产党，大学学历。1990年8月至11月，在丹徒县房管局工作。1990年11月至1991年9月，借调到丹徒县政府办公室工作。1991年9月至1993年9月，任丹徒县政府办公室工作秘书。1993年9月至1995年3月，任丹徒县政府办公室办事员。1995年3月至1996年1月，任丹徒县政府办公室综合三科副股级秘书。1996年1月至1998年7月，任丹徒县政府办公室综合一科副科长。1998年7月至2000年2月，任丹徒县政府办公室综合三科科长。2000年2月至2003年8月，任丹徒县（区）政府办公室副主任。2003年8月至2004年12月，任丹徒区黄墟镇党委副书记、镇长。2004年12月至2005年12月，任丹徒区黄墟镇党委书记。2005

年12月至2006年3月，任丹徒区辛丰镇党委副书记、镇长。2006年3月至2007年5月，任丹徒区辛丰镇党委书记。2007年5月至2011年7月，任丹徒区委常委(其中2007年6月至2010年7月援藏)。

殷利民

2014年8月，任中共镇江市丹徒区委常委。

1971年4月出生，江苏丹徒人。1992年8月参加工作，1995年11月加入中国共产党，大学学历。1992年8月至1993年12月，镇江市团校教师。1993年12月至1998年2月，任共青团镇江市委宣传部副部长。1998年2月至2007年9月，任共青团镇江市委学少部部长、青农部部长、青工部部长、副书记(其中1998年8月至2000年7月挂职丹徒县西麓乡，任党委副书记)。2007年10月至2014年8月，任丹徒区政府党组成员、副区长。2014年8月，兼任丹徒新城党工委书记、管委会主任、宜城街道党工委书记。

刘　东

2014年3月，任中共镇江市丹徒区委常委。

1970年12月出生，安徽肥东人。1989年3月参加工作，1992年12月加入中国共产党，研究生学历。1989年3月至1990年9月，任省军区教导大队战士、第十一干休所副班长。1990年9月至1993年7月，在解放军郑州电子技术学院学习。1993年7月至2009年3月，任南京军区司令团司令部机要股译电员、一连副连长、司令部军务股副连职参谋、干部休养所助理员，江苏省军区司令部军务处正连职参谋、副营职参谋、正营职参谋、代理副处长、副处长。2009年3月至2011年3月，任空降兵第十四师军务科代理副科长、江苏省军区司令部军务处副处长。2011年3月至2014年3月，任丹徒区人武部部长、党委副书记。2014年3月，任丹徒区人武部部长。

陈平才

2016年6月，任中共镇江市丹徒区委常委、组织部部长、统战部部长。

1966年10月出生，江苏句容人。1987年8月参加工作，1995年6月加入中国共产党，研究生学历。1987年8月至1993年8月，在江苏省句东劳教所工作，历任副科长、科长、副中队长、中队长、团委副书记。1993年8月至1994年3月，在句容经济技术开发区办公室工作。1994年3月至1997年7月，任句容市委组织部干部科副科长、秘书科科长。1997年7月至2011年7月，在镇江市委组织部工作，历任办公室干部，副科级组织员，组织处副处长，组织处(企业工委组宣处)副处长，组织处(企业工委组宣处)副处长、正科级组织员，党员教育管理处处长、市党员电化教育中心副主任，党员教育管理处处长，市党员电化教育中心主任(副处职)、党员教育管理处处长。2011年7月至2012年9月，任市企业高级经营管理人才评价推荐中心主任(副处职)(其中2012年2月至11月，借调至中组部工作)。2012年9月至2014年1月，任润州区委常委、宣传部部长。2014年1月至2016年6月，任润州区委常委、组织部部长。

聂美红

女，2016年6月，任中共镇江市丹徒区委常委、纪委书记。

1969年1月出生，江苏丹阳人。1991年8月参加工作，1991年6月加入中国共产党，研究生学历。1991年8月至2004年12月，历任丹阳市纪委办公室科员，监察综合室副主任，副局级纪检监察员，综合室主任，办公室主任，常委、办公室主任。2004年12月至2005年11月，任丹阳市横塘镇党委副书记、镇长。2005年11月至2006年4月，任丹阳市云阳镇党委副书记、横塘办事处主任。2006年4月至2009年4月，任丹阳市珥陵镇党委副书记、镇长。2009年4月至2011年5月，任丹阳市吕城镇党委书记。2011年5月至2016年6月，任润州区委常委、纪委书记。

皋古和

2016年6月，任中共镇江市丹徒区委常委。

1975年11月出生，江苏滨海人。1994年12月参加工作，1998年11月加入中国共产党，大学学历。1994年12月至1995年10月，浙江省金华市83024部队战士。1995年10月至1997年9月，江苏省东海县39817部队战士。1997年9月至2000年7月，在空军政治学院信息管理系学习。2000年7月至2003年2月，任江苏省东海县86386部队分队长、政治处干事、汽车连副政治指导员。2003年2月至2004年3月，任江苏省徐州市39811部队政治部干部科干事。2004年11月至2005年10月，任江苏省滨海县振东乡司法所科员。2005年10月至2009年1月，在江苏省滨海县委办公室工作，历任办事员、科员、副科长、科长。2009年1月至5月，任江苏省滨海县环境保护局党组成员、副科级局长助理。2009年5月至2013年3月，在江苏省环保厅工作，历任办公室副主任科员、主任科员、副调研员。2013年3月至2014年7月，任江苏省镇江市委办副处级干部(期间挂职句容市委常委1年)。2014年7月至2016年6月，任江苏省句容市委常委、组织部部长。2016年6月至8月，任丹徒区委常委、副区长。2016年8月，任丹徒区政府党组副书记、区行政学校校长。

包荣军

2016年6月，任中共镇江市丹徒区委常委、宣传部部长。

1972年3月出生，江苏丹徒人。1991年8月参加工作，1995年2月

加入中国共产党，大学学历。1991年8至1995年5月，任镇江市委高校工委办事员。1995年5月至2007年3月，任镇江市教委(教育局)高教处科员、高教处副主任科员、组宣处副处长、办公室副主任(其中2004年9月至2005年8月，挂职市外国语学校副校长)。2007年3月至2009年3月，历任镇江市第三中学校长、副书记，校长、书记。2009年3月至2014年7月，任镇江市委宣传部活动管理处处长。2014年7月至2016年6月，任镇江市委宣传部部务委员(其中2014年7月至2014年12月，兼任市委宣传部活动管理处处长)。

洪　伟

2016年7月，任中共镇江市丹徒区委常委。

1970年5月出生，江苏丹徒人。1989年12月参加工作，1995年12月加入中国共产党，研究生学历。1989年12月至1993年4月，任丹徒县三山粮管所主办会计。1993年4月至1995年4月，任丹徒县城乡建设开发公司办公室主任。1995年4月至12月，任丹徒县大路镇镇长助理。1995年12月至2001年9月，任丹徒县上党镇副镇长，党委委员、副镇长。2001年9月至2004年12月，任丹徒区大路镇党委副书记。2004年12月至2008年3月，任丹徒区江心镇党委副书记、镇长(公推直选)。2008年3月至2009年12月，任丹徒区上党镇党委副书记、镇长。2009年12月至2013年7月，任丹徒区宝堰镇党委书记。2013年7月至2016年7月，任丹徒区上党镇党委书记，上党镇党委书记、镇江生态汽车产业园管委会常务副主任，上党镇党委书记、镇江生态汽车产业园党工委书记，镇江生态汽车产业园党工委书记、管委会主任。2016年7月至8月，任丹徒区委常委、镇江生态汽车产业园党工委书记、管委会主任。2016年8月至9月，任丹徒区委常委、经济开发区党工委副书记(主持党工作)、高资街道党工委书记。2016年9月，任丹徒区经济开发区党工委书记、高资街道党工委书记。

区人大

李幸福

2016年1月，任中共镇江市丹徒区人大常委会主任。

1961年7月出生，江苏武进人。1982年8月参加工作，1985年5月加入中国共产党，研究生学历。1982年8月至1990年8月，任句容县中教师。1990年8月至1992年2月，任句容县文化局文艺股股长。1992年3月至1993年3月，任句容县影剧公司经理、党支部书记。1993年3月至1996年12月，任句容市委宣传部科长、副部长。1996年12月至2001年3月，任句容市行香镇党委书记。2001年3月至2002年12月，任句容市葛村镇党委书记。2002年12月至2004年7月，任句容市下蜀镇党委书记。2004年7月至2007年9月，任句容市委常委(其中2004年7月至2007年7月援藏，任拉萨市达孜县委副书记、常务副县长)。2007年9月至2008年12月，任润州区副区长。2008年12月至2011年7月，任丹徒区委常委、区纪委书记、丹徒经济开发区党工委书记。

杨伟民

2016年1月，任中共镇江市丹徒区人大常委会副主任。

1963年4月出生，江苏丹徒人。1981年8月参加工作，1987年1月加入中国共产党，大学学历。1981年8月至1983年5月，在丹徒县高资镇团结中学任教。1983年5月至1984年11月，在镇江市第三纺织机械厂工作。1984年11月至1995年12月，任世业乡政府办公室文书、团委书记、组检干事、组织委员、党委副书记。1995年12月至1997年1月，任丹徒县三山乡党委副书记、乡长。1997年1月至2000年2月，任丹徒县世业乡党委书记。2000年2月至2001年3月，任丹徒县姚桥镇党委书记。2001年3月至2002年12月，任丹徒区（县）高资镇党委书记（其中2001年11月至2002年12月兼任丹徒经济开发区管委会副主任）。2002年12月至2012年3月，任丹徒区副区长。2012年3月，任丹徒区委常委。2012年10月至2014年8月，任丹徒区委常委，丹徒新城管委会党工委书记、主任，宜城街道党工委书记。2014年8月，任丹徒区委党校校长。

王卫方

女，2012年3月，任丹徒区第十五届人大常委会副主任。

1963年1月出生，江苏南京人。1983年7月参加工作，1995年6月加入中国农工民主党，大学学历。1983年7月至1987年5月，任丹徒县水泥厂工艺员。1987年5月至2001年11月，任丹徒县乡镇工业局企管科副科长、生产技术科科长（其中2000年7月兼任农工民主党丹徒支部副主任）。2001年11月至2004年12月，任丹徒县（区）计经局技术科科长（其中2001年12月兼任农工民主党镇江市委委员）。2004年12月至2007年12月，任丹徒区发改委副主任（其中2005年6月兼任农工民主党丹徒支部主任）。2007年12月至2008年2月，任丹徒区第十四届人大常委会副主任、区发改委副主任。2008年2月至2012年3月，任丹徒区第十四届人大常委会副主任（其中2010年11月兼任农工民主党丹徒基层委员会主委)。2012年3月,兼任农工民主党丹徒基层委员会主委。

范晓荣

2015年1月,任镇江市丹徒区第十五届人大常委会副主任。

1957年11月出生,江苏丹徒人。1976年7月参加工作,1977年12月加入中国共产党,大学学历。1979年5月至1983年5月,任丹徒县荣炳乡森林村副主任、党支部副书记、书记。1983年5月至1985年7月,任丹徒县荣炳乡经委副主任。1985年7月至1988年1月,在句容农校农村管理专业脱产学习。1988年1月至1990年4月,任丹徒县荣炳乡党委秘书。1988年5月至1990年4月,住丹徒县荣炳乡副乡长。1990年4月至1992年1月,任丹徒县上会镇副镇长。1992年1月至12月,任丹徒县上党镇党委副书记、镇长。1992年12月至1998年2月,任丹徒县西麓乡党委书记(其中1997年8月至1999年12月在中央党校经济管理专业函授班学习)。1998年2月至2001年11月,任丹徒县委农工部部长。2001年11月至2002年8月,任丹徒县计经局局长。2002年8月至2003年8月,任丹徒区计经局党委书记、局长。2003年8月至2004年12月,任丹徒区新区党工委副书记、管委会常务副主任(正科级)。2004年12月至2006年6月,任丹徒区新城党工委书记、管委会主任。2006年6月至2009年2月,任丹徒区总工会主席(副县级),丹徒新城党工委书记、管委会主任。2009年2月至2010年12月,任丹徒区总工会主席(副县级)。2010年12月至2013年8月,任丹徒区人大常委会党组成员、区总工会主席(副县级)。2013年8月至2015年1月,任丹徒区人大常委会农业经济工作委员会主任。2017年1月离任。

宋守雷

2017年1月,任镇江市丹徒区人大常委会副主任。

1962年3月出生,安徽无为人。1979年4月参加工作,1989年12月加入中国共产党,大学学历。1979年9月至1984年9月,任世业中心校教师。1984年9月至1986年8月,丹阳师范普师学习。1986年8月至1992年5月,任世业中心校教师。1992年5月至1995年12月,先后任丹徒县世业乡文卫助理、计生助理。1995年12月至1998年2月,任丹徒县世业乡副乡长。1998年2月至2000年2月,任丹徒县世业乡党委副书记。2000年2月至2001年11月,任丹徒县世业乡(镇)党委副书记、乡(镇)长。2001年11月至2003年8月,任丹徒区世业镇党委书记。2003年8月至2009年12月,任镇江市国土资源局丹徒分局党委书记、局长。2009年12月至2014年5月,任丹徒区财政局党组书记、局长、区资产经营公司经理。2014年5月至2017年1月,任丹徒区财政局党组书记、局长。

程道云

2017年1月,任镇江市丹徒区人大常委会副主任。

1965年1月出生,江苏丹徒人,1988年7月参加工作,1995年5月加入中国共产党,大学学历。1988年7月至1991年2月,在丹徒县电子公司工作。1991年2月至1996年5月,在丹徒县法制局工作。1996年5月至2003年8月,在丹徒县县委组织部工作。2003年8月至2005年12月,任丹徒区荣炳镇党委副书记、镇长。2005年12月至2007年1月,任丹徒区上党镇党委副书记、镇长兼上会工业集中区党工委副书记、管委会主任。2007年1月至2013年8月,任丹徒区上党镇党委书记、上会工业集中区党工委书记。2013年8月至2014年8月,任丹徒区总工会主席。2014年9月至2017年1月,任丹徒区农委党委书记、主任。

区政府

张映桥 2012年4月,任镇江市丹徒区人民政府党组书记、区长。(简介参见第165页)

田志虹

2011年7月,任镇江市丹徒区人民政府党组成员、副区长。

1969年6月出生,江苏丹徒人。1988年8月参加工作,1995年11月加入中国共产党,大学学历。1988年8月至1990年12月,在丹徒县建设银行工作。1990年12月至1995年1月,在丹徒县工商局工作。1995年1月至1996年5月,任姚桥工商所副所长、县工商局企业管理股副股长。1996年5月至1997年7月,任丹徒县辛丰镇镇长助理、副镇长。1997年7月至1998年9月,任镇江市人行计划信贷处副主任科员。1998年9月至1999年9月,在镇江市工商局工作。1999年9月至2003年8月,任丹徒县(区)新城区办公室副主任、主任。2003年8月至2004年12月,任丹徒区辛丰镇党委副书记、镇长。2004年12月至2005年12月,任丹徒区丁岗镇党委书记。2006年3月至2007年6月,任丹徒新区党工委副书记、管委会副主任、新区街道办事处主任(筹)。2007年6月至2008年4月,任丹徒区建设局党委书记、局长。2008年4月至2010年3月,任丹徒区建设局党委书记、局长,高新园管委会主任。2010年3月至2010年12月,任丹徒区住建局党委书记、局长,高新园管委会主任。2010年12月至

2011 年7 月，任丹徒区政府党组成员、副区长，高新园党工委书记。

朱 彤

2014 年 8 月，任镇江市丹徒区人民政府党组成员、副区长。

1964年11 月出生，江苏泰州人。1985年8 月参加工作，1996 年5 月加入中国共产党，研究生学历，文学硕士学位。1985 年8 月至1991 年9 月，在扬州化工学校工作。1991 年9 月至1994 年7 月，在南京大学中文系中国语言文学专业（硕士研究生）学习。1994年8月至1996 年11 月，任润州区委办公室秘书，副股级、正股级秘书。1996 年11 月至1998 年5 月，任润州区委政策研究室副主任（副科级）。1998 年5 月至1998 年11 月，任润州区委办公室副主任、区委政策研究室主任（副科级）。1998 年11 月至1999 年7 月，任镇江市委组织部组织处干部、副科级组织员。1997 年7 月至2000 年1 月，任镇江市委组织部办公室副主任。2000 年1 月至2002 年6 月，任镇江市委组织部办公室副主任、正科级组织员。2002 年6 月至2010 年8 月，任镇江市委组织部办公室主任。2010 年8 月至2014 年8 月，任镇江市委新经济社会组织工委副书记。

贺 文

2011 年1 月，任镇江市丹徒区人民政府党组成员、副区长。

1967年1 月出生，江苏扬州人。1987年8 月参加工作，1994 年11 月加入中国共产党，大学学历。1987 年8 月至1990 年12 月，任镇江市公安局刑警大队、交警机动大队民警。1990 年12 月至1998 年3 月，任镇江市润州公安分局京畿路派出所民警、警长。1998 年3 月至1998 年8 月，任镇江市公安局大港分局民警。1998 年8 月至2000 年3 月，任镇江市新区公安分局兴港西路派出所副所长。2000 年3 月至2002 年3 月，任镇江市新区公安分局兴港西路派出所所长。2002 年3 月至2002 年12 月，任镇江市新区公安分局局长助理，兼丁卯派出所所长。2002 年12 月至2003 年4 月，任镇江市新区公安分局副局长，兼任丁卯派出所所长。2003 年4 月至2003 年5 月，任镇江市新区公安分局副局长。2003 年5 月至2005 年10 月，任镇江市交巡警支队车辆管理所所长。2005 年10 月至2010 年2 月，任镇江市交巡警支队副支队长，兼车辆管理所所长。2010 年2 月至2010 年3 月，任丹徒区公安局局长。2010 年3 月至2011 年1 月，任丹徒区公安局党委书记、局长。2011 年1 月至2011 年7 月，任丹徒区政府党组成员、副区长，区政府党组成员、副区长，区公安局党委书记、局长。2011 年7 月，任丹徒区政府党组成员、副区长，区公安局党委书记、局长，区委政法委副书记（其中2012 年7 月任区公安局督察长）。

贺丽娟

女，2012 年2 月，任镇江市丹徒区人民政府副区长。

1979 年10 月出生，江苏丹阳人。2002年7 月参加工作，2009 年11 月加入九三学社，大学本科学历。2002 年7 月至2007 年11 月，任九三学社镇江市委办公室科员。2007 年11 月至2010 年9 月，任九三学社镇江市委办公室副主任科员。2010 年9 月至2012 年2 月，任九三学社镇江市委办公室副主任（其中2011 年8 月至2012 年2 月挂职润州花园社区）。

皋古和 2016 年6 月，任中共镇江市丹徒区人民政府副区长。（简介参见第166 页）

杨益斌

2016年 5 月，任镇江市丹徒区人民政府副区长。

1969 年1 月出生，江苏金坛人。1990 年6 月参加工作，1997 年6 月加入中国共产党，研究生学历。1990 年6 月至1993 年10 月，在镇江液压件总厂工作。1993 年10 月至1997 年7 月，在丹徒县房屋建设开发公司工作。1997 年7 月至1998 年6 月，任丹徒县建设局办公室副主任（主持工作）。1998 年6 月至2002 年7 月，任丹徒县住建局办公室主任。2002 年7 月至2003 年8 月，任丹徒区住建局党委委员、办公室主任。2003 年8 月至2007 年1 月，任丹徒区政府办公室副主任。2007 年1 月至2008 年3 月，任丹徒区上党镇党委副书记、镇长、上党工业集中区党工委副书记。2008 年3 月至2010 年1 月，任丹徒区委办公室主任。2010 年1 月至2012 年10 月，任镇江市国土资源局丹徒分局党委书记、局长。2012 年10 月至2016 年1 月，任镇江市世业洲旅游发展总公司总经理、世业镇党委书记。2016 年1 月至2016 年5 月，任丹徒区政府副区长、世业镇党委书记。

李 骏

女，2015 年10 月，任镇江市丹徒区人民政府党组成员，副区长(挂职)。

1977 年5 月出生，江苏张家港人。1999 年7 月参加工作，2005 年4 月加入中国共产党，博士学历。1999 年7 月至2001 年7 月，任南京航空航天大学附中初中部教师。2002 年9 月至2005 年7 月，在华中师范大学文学专业就读全日制研究生（其中2004 年10 月至2005 年5 月，任江苏电视台新闻中心《有一说一》栏目记者）。2005 年7 月至2011 年12 月，任南京财经大学人事处管理人员。2012 年1 月至2014 年6 月，任南京财经大学纪委、监察审计处副处长（其中2008 年9 月至2014 年12 月，在东南大学就读在职博士）。2014 年7 月至2015 年10 月，任南京财经大学法学院党委书记。

种妙丽

女，2016年5月，任镇江市丹徒区人民政府副区长（挂职）。

1974年6月出生，陕西合阳人。1992年10月参加工作，2006年3月加入中国共产党，大学学历。1992年10月至1995年10月，在农七师供销合作公司金桥商场工作。1995年10月至2005年2月，借调至农七师党委宣传部工作（其中1994年9月至1997年3月，在新疆广播电视大学财务会计专业大专学习）。2005年2月至2006年2月，农七师党委宣传部试用期。2006年2月至2012年3月，任农七师党委宣传部主任科员（其中2010年7月至2011年7月，在北方建设集团挂职两办主任。2004年9月至2006年7月，在中央广播电视大学汉语语言文学专业学习）。2012年3月至12月，任农七师商务局（招商局）副局长（其中2012年9月至11月，在兵团党校兵团行政学院第8期处级公务员任职培训班学习）。2012年12月，任第七师商务局（招商局）副局长（其中2015年3月至4月，在中共淮安市委党校县处级干部进修班学习）。

区政协

徐新祥

2015年2月，任丹徒区第九届政协党组书记、主席。

1959年6月出生，江苏宝应人。1976年7月参加工作，1983年11月加入中国共产党，大学学历。1976年7月至1997年1月，任丹徒县粮油化工厂生产科副科长、科长，副厂长、厂长（其中1994年9月至1997年1月兼任丹徒县油脂公司经理，1995年9月至1997年1月兼任丹徒粮机厂厂长，1995年11月至1997年1月兼任镇江金香花集团总经理）。1997年1月至1997年5月，任丹徒县粮食局党委委员、副局长。1997年5月至2003年3月，任丹徒县（区）上会镇党委书记（其中2002年10月任丹徒区委常委）。2003年3月至2003年8月，任丹徒区委常委、辛丰镇党委书记。2003年8月至2006年3月，任丹徒区委常委，世业镇党委书记，世业洲旅游发展总公司总经理兼党工委书记、管委会主任。2006年3月至2006年6月，任丹徒区委常委、政法委书记。2006年6月至2007年11月，任丹徒区委常委、谷阳镇党委书记，2007年11月至2012年3月，任丹徒区政府党组成员、副区长。2012年3月至2012年4月，任丹徒区政府党组成员、政协副主席。2012年4月至2015年1月，任丹徒区政协党组副书记、副主席，区委统战部部长。2015年1月至2015年2月，任丹徒区政协党组副书记、主席，区委统战部部长。

叶向东

2016年1月，任中共镇江市丹徒区第九届政协副主席。

1962年10月出生，江苏丹徒人。1981年7月参加工作，1986年12月加入中国共产党，大学学历。1981年7月至1982年4月，在丹徒县航运公司生产科工作。1982年4月至1983年12月，任丹徒县造船厂技术员。1983年12月至1984年8月，任丹徒县航运公司机务科技术员。1984年8月至1987年7月，在江苏电大交通班船舶动力机械专业脱产学习。1987年7月至1992年12月，任丹徒县航运公司团总支书记、副经理（其中1988年9月至1992年12月兼任丹徒县交通局团委副书记）。1992年12月至1994年10月，任丹徒县交通局团委书记、党委秘书（其中1994年3月至9月在丹徒县产权制度改革指导组和领导小组办公室工作）。1994年10月至1997年1月，任丹徒县政府办公室秘书。1997年1月至2000年2月，任丹徒县政府党组成员、办公室副主任。2000年2月至2004年12月，任丹徒县（区）审计局长（其中2000年9月至2002年9月参加南京大学社会学研究生课程进修班学习）。2004年12月至2007年1月，任丹徒区委组织部副部长（其中2005年6月兼任区委企业工委书记）。2007年1月至12月，任丹徒区委办公室主任。2007年12月至2016年1月，任中共镇江市丹徒区委常委、宣传部部长。

郭祥明

2012年3月，任丹徒区第九届政协副主席。

1963年4月出生，江苏丹徒人。1982年8月参加工作，大学学历。1978年10月至1982年7月，在南京农学院农学专业学习。1982年8月至1984年5月，任丹徒县高资公社农科站技术员、农业公司副经理。1984年5月至1988年9月，任丹徒县农业局技术员、助理农艺师、农艺师。1988年9月至1995年12月，任丹徒县科委办事员、计划股副股长，科技开发中心副主任、主任。1995年12月至2007年12月，任丹徒县（区）科委（科技局）副主任（副局长）（其中2006年3月至2007年12月兼任区知识产权局局长）。2007年12月至2008年2月，任丹徒区第八届政协副主席、区科技局局长、区知识产权局局长。2008年2月至2010年3月，任丹徒区第八届政协副主席。2010年3月至2012年3月，任丹徒区第八届政协副主席，兼任丹徒区工商联主席。2012年3月，兼任丹徒区工商联主席。

江　灿

2012年3月，任丹徒区第九届政协副主席。

1959年5月出生，江苏丹阳人。1977年7月参加工作，1997年5月加入中国民主建国会，大学学历。1977年7月至1980年12月，知青下放至丹徒县黄墟茶场。1980年12月至2005年12月，任丹徒县物资局、丹徒县（区）物资再生利用有限公司、丹徒区物资资产管理总公司综合股会计、业务股副股长、公司执行董事，兼经理、副总经理。2005年12月至2007年12月，任丹徒区民营经济发展局副局长。2007年12月至2008年2月，任丹徒区第八届政协副主席、区民营经济发展局副局长、区工业集中区管理办公室副主任。2008年2月至2012年3月，任丹徒区第八届政协副主席。

李晓娟

女，2012年3月，任丹徒区第九届政协副主席。

1970年2月出生，江苏丹徒人。1991年8月参加工作，2009年11月加入无党派，大学学历。1991年8月至1993年10月，任丹徒县财政局西麓财政所出纳会计、单位会计、总会计。1993年10月至2004年12月，任丹徒县（区）财政局综合科总会计、副科长，行财科科长，预算科科长，兼团支部书记。2004年12月至2005年12月，任丹徒区物价局副局长。2005年12月至2012年2月，任丹徒区财政局副局长、丹徒经济开发区计划财务部主任。2012年2月至3月，任丹徒经济开发区计财部主任。

任金华

2017年2月，任镇江市丹徒区政协党组成员、副主席。

1964年2月出生，江苏丹阳人。1983年7月参加工作，1991年7月加入中国共产党，大学学历。1983年7月至11月，在丹徒县财政局工作。1983年11月至1986年5月，在丹徒县税务局工作。1986年5月至1989年5月，任丹徒县税务局稽征管理股副股长。1989年5月至1990年12月，任丹徒县税务局城镇税务所副所长。1990年12月至1991年9月，任丹徒县税务局城镇税务所所长。1991年9月至1992年3月，在丹徒县委组织部青干科工作。1992年3月至11月，任丹徒县委组织部青干科副科长。1992年11月至1994年12月，任丹徒县委组织部青干科科长。1994年12月至1997年1月，任丹徒县丁岗镇党委书记。1997年1月至2001年11月，任丹徒县上党镇党委书记。2001年11月至2003年8月，任丹徒县民政局党组书记、副局长（主持工作）。2003年8月至2011年7月，任丹徒区民政局党组书记、局长。2011年7月至2012年10月，任丹徒区委组织部副部长。2012年10月至2014年2月，任丹徒区委组织部常务副部长。2014年1月至2015年2月，任丹徒区委组织部常务副部长、区委组织员办公室主任。2015年2月至2016年6月，任丹徒区政协党组副书记、区委统战部部长。2016年6月至2017年1月，任丹徒区政协党组副书记。2017年1月至2月，任丹徒区政协党组副书记、副主席。

先进人物

聂永平

镇江市丹徒区世业镇副镇长、先锋村党总支书记，2016年4月获江苏省劳动模范称号。

1966年12月出生，江苏镇江人，中共党员，大专学历。聂永平在农村支书的岗位上十余年，发展立体农业与现代旅游业，把一个村级集体收入不足5万元的贫困村，发展到村集体收入突破170万元的特色村。先后获江苏省脱贫致富奖、江苏省吴仁宝式优秀村书记、镇江市劳模、镇江市百村万户优秀村党组织书记等荣誉称号。

蔡登明

镇江市丹徒区地税局党组书记、局长，2016年4月获江苏省先进工作者称号。

1963年8月出生，江苏扬中人，中共党员，本科学历。1981年10月至1995年7月部队服役，1995年从部队转业至地税战线工作，2009年11月，从镇江市第四税务分局局长调任丹徒地税局党组书记兼局长。蔡登明践行“聚财为国、执法为民”税收工作宗旨，在他的带领下，丹徒地税局2011年入库地方税收首次超10亿元，2014年入库地方税收首超20亿元，2015年入库公共财政预算收入首超20亿元。该局先后被评为省级“廉政文化示范点”、市职务犯罪风险防控工作先进集体，其创新工作项目“点单式服务”获市第二批优质服务品牌提名奖称号。蔡登明先后被评为全国工会职工书屋建设先进个人、镇江市劳动模范。

张建坤

镇江合力汽车紧固件有限公司模具设计员，2016年4月获江苏省劳动模范称号。

1982年9月出生，安徽淮南人，大专学历。2007年8月就业于镇江合力汽车紧固件有限公司。在国外同行业工程能力的基础上对新产品开发和创新，汽车制动器制动导杆生产工艺达到世界先进水平。2014年通过工艺创新，原汽车制动器制动导杆从1件毛坯70克变成1件毛坯60克。2014年公司生产该产品3000万件，节省原材料300吨，材料节省成本210万元，加工成本下降15%以上。2016年成功开发汽车电子驻车项目（EPB），此产品是中国国内首创，现已逐步量产。

组织机构及领导人名录

区四套班子

中共丹徒区委

书　记　陈　琳（女）
副书记　张映桥
　　　　杨伟民（　　　～2016.7）
　　　　谈沁磊（2016.6～　　　）
常　委　李幸福（　　　～2016.6）
　　　　彭忠东（　　　～2016.6）
　　　　韩宏亮
　　　　殷利民
　　　　叶向东（　　　～2016.7）
　　　　谈沁磊（　　　～2016.6）
　　　　朱　毅（　　　～2016.6）
　　　　陈平才（2016.6～　　　）
　　　　聂美红（2016.6～　　　）
　　　　皋古和（2016.6～　　　）
　　　　刘　东
　　　　包荣军（2016.6～　　　）
　　　　洪　伟（2016.7～　　　）

丹徒区人大常委会

主　任　李幸福
副主任　杨伟民
　　　　王卫方（女）
　　　　范晓荣（　　　～2017.1）
　　　　宋守雷（2017.1～　　　）
　　　　程道云（2017.1～　　　）

丹徒区人民政府

区　长　张映桥
副区长　皋古和（2016.6～　　　）
　　　　谈沁磊（　　　～2016.6）
　　　　田志虹
　　　　朱　彤
　　　　贺　文
　　　　贺丽娟（女）
　　　　杨益斌（2016.1～　　　）
　　　　李　骏（女，挂职）
　　　　种妙丽（女，挂职，
　　　　　2016.5～2017.1）

政协丹徒区委员会

主　席　徐新祥
副主席　叶向东
　　　　郭祥明
　　　　江　灿
　　　　李晓娟（女）
　　　　任金华（2017.1～　　　）
副书记　任金华（　　　～2017.2）
秘书长　蔡怀根

区委工作部门及直属单位

区委办公室

主　任　殷一斐
副主任　黄育新
　　　　董　帅（　　　～2016.5）
　　　　刘正国
　　　　何朝阳（2016.5～　　　）
　　　　马　波（2016.8～　　　）
主任科员　郑东军
　　　　　唐　维（2016.2～　　　）

机要保密局

局　长　董　帅（2016.5～　　　）
副局长　周明波

督查室

主　任　严　峰（2016.11～　　　）
　　　　何朝阳（　　　～2016.11）

接待办

主　任　唐　维
副主任　闻　斌

纪律检查委员会

书　记　聂美红（2016.6～　　　）
　　　　李幸福（　　　～2016.6）
副书记　孙建中
　　　　许　辉（2016.6～　　　）
　　　　姚遇平（　　　～2016.6）
常　委　傅金平
　　　　邱栋婷（女，2016.7～　　　）
　　　　朱志文（2016.7～　　　）
　　　　许　辉（　　　～2016.6）
　　　　殷　峰（　　　～2016.5）
　　　　乐祥安（　　　～2017.3）

组织部

部　长　陈平才（2016.6～　　　）
　　　　彭忠东（　　　～2016.6）
副部长　单　红（　　　～2017.3）
　　　　王正平
　　　　缪其国
　　　　许南江
组织员办公室主任
　　　　单　红（　　　～2017.3）
区委新经济社会组织工委书记
　　　　王正平（　　　～2017.3）
区人才工作领导小组办公室副主任
　　　　解　冉（女，2016.11～　　　）

机构编制委员会办公室

主　任　朱金凤（女）
副主任　朱　军（2016.11～　　　）
　　　　徐　琳（女，2016.8～　　　）
　　　　张志宏（　　　～2016.11）
主任科员　张志宏（2016.11～　　　）

宣传部

部　长　包荣军（2016.6～　　　）
　　　　叶向东（　　　～2016.6）
副部长、文明办主任
　　　　王继富（　　　～2017.3）
　　　　陈　煜（2017.3～　　　）
副部长　陈　煜（　　　～2017.3）
　　　　朱广昌
主任科员　蔡　敏
副主任科员　张国琪

统战部

部　长　陈平才（2016.6～　　　）
　　　　任金华（　　　～2016.6）
副部长　卢德辉
　　　　霍国庆（　　　～2016.11）
　　　　林炳雷（2017.3～　　　）
　　　　王　军（2016.11～　　　）
　　　　张武民（　　　～2017.3）
主任科员　陈毅强
　　　　　张武民（2017.3～　　　）

党　校

校　长　谈沁磊（2016.8～　　　）
　　　　杨伟民（　　　～2016.8）
常务副校长　朱祥洪
副校长　吴慧勇
　　　　孔　萍（女，　　　～2016.11）

行政学校

校　长　皋古和（2016.8～　　　）
　　　　谈沁磊（　　　～2016.8）
常务副校长　朱祥洪

机关党工委

书　记　吴富祥

主任科员 庄 芳
副书记、机关纪工委书记 陈 新
副书记 王 妍（女）

史志办公室
主 任 陈 刚
副主任 王雪松
丁素娟（女）

老干部局
局 长 李厚金
副局长 傅雅明
潘月红（女）
主任科员 周光鑫
卢相勤（女）

信访局
局 长 刘佳明（2016.5～ ）
窦峰云（ ～2016.5）
主任科员 姜 波 戴 伟
纪检组长 尹桂裕
副局长 朱智谋

侨务办公室
主 任 吴林华
副主任 范国忠（ ～2016.5）
严相平（ ～2017.3）
副主任科员 范国忠（2016.5～ ）
严相平（2017.3～ ）

台湾工作办公室
主 任 段 炼
副主任 王龙成

档案局
局 长 张 晖（女）
副局长 时小燕（女）

关心下一代工作委员会
主 任 姚瑞宽
副主任 卜顺华
沈仁国
袁宝凤（女）
李厚金
陶爱兰（女）
卞美岗
冷安康（ ～2016.10）
殷红林（ ～2016.10）

区人大常委会工作机构

人大常委会办公室
主 任 殷 峰（2016.5～ ）
魏国平（ ～2016.5）
副主任 张荣辉
刘苗苗（女）
副主任科员
吴建军（2016.11～ ）

财政经济工作委员会
主 任 赵虎山
主任科员 张德军

农村经济工作委员会
主 任 王建锁（2016.5～ ）
副主任 钟 辉（女）

内务司法工作委员会
主 任 费海新

社会事业工作委员会
主 任 魏国平（2016.5～2017.3）
朱春龙（ ～2016.5）
副主任 王 玲（女）
主任科员 朱春龙（2016.5～ ）

人事代表联络工作委员会
主 任 姚永洪
副主任 任锁林

环境资源城乡建设工作委员会
主 任 吴国良

区政府工作部门及有关单位

区政府办公室
党组书记、主任 梅 放
副主任 朱昌斌（ ～2016.11）
施凯兵（2016.11～ ）
谢 军
张 彦
辛学俊
陈卫平
主任科员
王 燕（女，2016.11～ ）
戴益峰
吴宏昱（ ～2016.5）
张叶飞（2016.2～ ）
纪检组长 史惟蓉（女）
副主任科员 汤庭燕（女）

金融办
主 任 戴益峰

应急管理委员会办公室
主 任 朱昌斌（2016.11～ ）

法制办公室
主 任 马成龙
副主任 郦镇群
赵 丹（女）

政务服务管理办公室
主 任 赵中田
副主任 吴志平
朱林林（女）
党组成员 陈如金
公共资源交易中心主任 赵中田
副主任 王 莹（女）

外事办公室
主 任 王 燕（女， ～2016.11）
主任科员 王松华
副主任科员
於 美（女，2016.5～ ）

机关事务服务中心
主 任 张叶飞
副主任 潘 莉（女）
赵院生
李昌鹭

监察局
局 长 孙建中（2016.5～ ）
副局长 张云飞
徐 洁（女）

发展改革与经济信息化委员会
党委书记、主任 陈正宏
党委副书记 庄斓鹜
党委委员、主任科员
汤杏祥
汪 勇（2016.11～ ）
副主任 赵正玉

朱自喜（2016.2～ ）
邓鹏林（2016.2～ ）
朱 敏 唐宏秋
郑 瑶（女）
主任科员 杨 俊
周菊红（女，2016.2～）
赵连华
纪委书记 王飞雪（女）
党委委员 王文治

物价局

局 长 陈正宏
副局长 余 平（ ～2016.2）
朱有喜（ ～2016.2）
邓鹏林（ ～2016.2）

商务局

局 长 孙 铁
主任科员 巫 斌
副局长 卢贤军
周步祥
杨 杰
纪检组长 孙立中（2016.2～ ）

招商服务中心

主 任 孙 铁
副主任 曹 媛（女）
闪 静（女）

民族宗教旅游局

党组书记 林炳雷
局 长 林炳雷（2017.3～ ）
党组副书记、局长
张武民（ ～2017.3）
党组成员、副局长
洪云国
于德宝（ ～2016.5）
王 燕（女）
徐 松（女）
副主任科员 于德宝（2016.5～）

工业资产管理总公司

党委书记、总经理 王文治
党委委员、副总经理
刘生华 祝九庚
贡云明 陈锦福
党委委员 卢 勃

商业总公司

党委书记、总经理 王 平
党委副书记、纪委书记 马荣明
副总经理 王志强

安全生产监督管理局

局 长 顾大庆
主任科员 吴德建
副局长 丁廷华
谢朝红
胡卫民
副主任 刘 陕（2016.11～ ）
纪检组长 陆 景（女）

科技局

党组书记、局长 巫五才
党组副书记 卢建军（ ～2016.11）
党组成员 陈正家
党组成员、主任科员 陈亚兴
邱德祥
党组成员、副局长 唐小平
吕 杰
纪检组长、党组成员 龚恋淇（女）
副局长 刘 涛（2016.11～ ）
吴 泽（2016.8～2017.8）

地震局

局 长 陈正家
副局长 刘 琳

知识产权局

局 长 陈亚兴

人力资源和社会保障局

党组书记、局长 缪其国
党组副书记、副局长 王德建
党组副书记、纪检组长 陈 远
党组成员、主任科员
孟 涛
仇 霞（女）
张根荣（2016.2～ ）
党组成员、副局长
童韶琴（女）
吕 庆
丁利胜（2016.8～ ）
王成福（ ～2016.8）
张根荣（ ～2016.2）
党组成员、社保中心主任 姚克仁
党组成员、就业中心主任 陈 曦
党组成员、人才中心主任
贺 濛（2016.11～ ）

统计局

党组书记、局长 鲍玉荣
党组成员、副局长 朱秀文
潘叶平
吴秋红（女）
纪检组长 赵寒雪（女）
党组成员 彭 俊
副主任科员 凌建华

住房和城乡建设局

党委书记、局长
陆瑞进（ ～2017.3）
单 红（2017.3～ ）
党委副书记 李雪义
党委委员、主任科员 谢晓彬
党委委员、纪委书记 刘雅萍（女）
主任科员 陆瑞进（ ～2017.3）
殷志庆
副局长 周 忠
庄日新（2016.5～ ）
朱祥余（2016.5～ ）
侯晓敏
王牧原（女）
姚建明
张 俊（女，2016.5～）
党委委员、拆迁办主任
卢玉金（ ～2016.3）
党委委员、建管处主任
孔祥盛（ ～2016.11）
党委委员、质监站站长
孔祥盛（2016.11～）
党委委员、办公室主任 张庆华
拆迁办主任
戴登辉（2016.5～ ）
副主任科员、检测中心主任
季荣生

房管局（房改办）

局长、主任
陆瑞进（ ～2016.5）
副局长、副主任
庄日新（ ～2016.5）
副局长 朱祥余（ ～2016.5）
张 俊（女， ～2016.5）

建设投资有限公司

党委书记、董事长 殷国祥
党委副书记、副董事长、总经理
袁学军
党委委员、董事、纪委书记

蒋朝晖（　　～2016.11）
董事、常务副总经理　滕俊浩
董事、副总经理　高超文
副总经理　韦建云
陈保生
倪卫龙
袁子霈（2017.3～　）

人防办
主　任　陆瑞进（　　～2017.3）
副主任　庄　超
赵桂荣
潘吉华（　　～2016.5）
主任科员　韦建国
副主任科员　潘吉华（2016.5～　）

城市管理局
党组书记、局长
张　宾（　　～2017.3）
陈耒伟（2017.3～　）
党组副书记、纪检组长　马益锋
主任科员　谢月飞
党组成员、副局长　韦建平
蒋国耘
张建华
党组成员　刘海燕（2016.5～　）
副主任科员　张永生

环保局
党组书记、局长　龙　飞
党组成员、主任科员
吴　淳
张和平（　　～2016.5）
主任科员　殷国飞　张和平
党组副书记、纪检组长　杨　翔
党组成员、副局长　丰晓静
杜林利
副局长　戴文妍（女）

交通运输局
党委书记、局长　洪家同
党委副书记、副局长
窦峰云（2016.5～2017.3）
党委副书记
张映红（女）
王建锁（　～　2016.5）
党委委员、主任科员
华智新（　　～2017.3）
张文娟（女，2016.5～　）
主任科员　华智新（2017.3～　）

党委委员、副局长
戴和平　王卫东
杨　飞
党委委员　戴　峰
纪委书记　张　芸（女，2016.5～）
张文娟（女，～2016.5）

农业委员会
党委书记、主任
窦峰云（2017.3～　）
程道云（　　～2017.3）
党委副书记　孙永忠
党委委员、副主任
庄顺义　唐本旭
傅金平　殷　俊
纪委书记　魏雪峰
党委委员、主任科员　张素燕（女）
主任科员　孔令萍（女）

农业资源开发局
局　长　窦峰云（2017.3～　）
程道云（　　～2017.3）

水利农机局
党委书记、局长　金国顺
党委副书记　吴秋方
党委委员、副局长
田启明
徐小刚（　　～2016.5）
侯　军（2016.8～　）
党委委员、主任科员　傅禄宇
张丹林
戴雨平
党委委员、纪委书记　韦　辉
副局长　徐英姿
党委委员
徐　军（　　～2016.11）

财政局
党组书记、局长
殷一斐（2017.3～　）
宋守雷（　　～2017.3）
党组副书记　刘福生
党组成员、副局长　邵武成
伏柏林
杨明凤（女）
党组成员、主任科员
郑　勇
于文琴（女，　～2016.5）
党组成员、纪检组长　王建英（女）

党组成员、总会计师　沈　杰
主任科员　于文琴（女，2016.5～　）

审计局
党组书记、局长
张　宾（2017.3～　）
林玉祥（　　～2017.3）
党组副书记、纪检组长
朱慧芳（女）
主任科员　赵爱华
林玉祥（2017.3～　）
杨克强
党组成员、副局长
赵志强
纪剑华
党组成员、总审计师　吴明花（女）
党组成员　吴文胜
章丽莱（女，～2016.11）

粮食局
党委书记、局长　丁建庭
主任科员　余　平（2016.11～　）
党委委员　吴文胜　稽　俊
副局长　夏秋生　王俊峰
纪委书记　朱　莉（女）
副主任科员　张志俊

茧丝绸总公司
总经理　吴国胜
副总经理　嵇　俊
张晓红（女）

供销合作总社
党委书记、主任　庞金玉
党委副书记　吴伟臣
党委委员、副主任　丛　松
李罗双
纪委书记　骆邦栋
党委委员　徐小平

教育局
党委书记、局长　张长庚
党委副书记　华腊明
党委副书记、区政府教育督导室主任
尹　鹏
党委委员、江苏省大港中学校长
仲伟贵
党委委员、主任科员　张伟荣
纪委书记　潘　坚（2016.5～　）
李　枫（女，～2016.5）

党委委员、副局长
朱品辉
常建军　方纪敏
副局长　李　军（女）
党委委员　吴建昌
蔡玉军（2017.3～　）

卫计委

党委书记、副主任　孙栋文
党委副书记、主任　傅忠宇
副主任、党委委员
唐锁荣
朱美良
马国荣（　～2016.5）
杨剑春（女，　～2016.5）
党委委员、主任科员
黄炳忠　赵亚军
周怀方（　～2016.11）
主任科员　周怀方
党委委员　卞有根
党委委员、纪委书记　卢建萍（女）
副主任　崔　萍（女）
副主任科员
马国荣（2016.5～　）
杨剑春（女，2016.5～　）

文化广电体育局

党组书记、局长
王继富（2017.3～　）
窦云峰（　～2017.3）
党组副书记　印海飞
党组成员、主任科员
王金云
徐小刚（2016.5～　）
副局长　王　军
殷克勤（　～2016.8）
唐丹青（　～2017.3）
党组成员、副主任科员
赵国栋（2016.11～　）
纪检组长
李　枫（女，2016.5～　）
潘　坚（　～2016.5）
党组成员　杨　延（女）

广播电视台

台　长　窦云峰（2017.3～　）
副台长　唐丹青（2017.3～　）
崔华东（2017.3～　）
章丽莱（女，2016.11～　）

民政局

党组书记、局长　姚遇平
副局长　朱先其
张建红（女）
倪　杰（2016.8～　）
丁利胜（　～2016.8）
纪检组长　刘　萍（女）

区政协工作机构

办公室

主　任　蔡怀根
副主任　张义鸿
黄　纬（2016.11～　）
主任科员　贺　军

提案委

主　任　张正平
副主任　葛希娟（女）

经济科技委员会

主　任　霍国庆（2016.11～　）
王午生（　～2016.11）
主任科员　刘　镇（2016.8～　）
王午生（2016.11～　）
副主任　庄维红（女）

社会事业委员会

主　任　王成福（2016.8～　）
刘佳明（　～2016.5）
副主任　张　燕（女）

文史资料委员会

主　任　殷　明
副主任　陈珍娜（女，2017.3～　）

港澳台侨委

主　任　卢建军（2016.11～　）
吴黎红（女，　～2016.11）
主任科员　吴黎红（女，2016.11～）
副主任科员
马　骏（女，2017.3～　）

丹徒新城（宜城街道）

丹徒新城

党工委书记
江达贤（2016.8～　）
殷利民（　～2016.8）
党工委副书记、管委会主任
王　欣
党工委副书记
杨晓平（　～2016.11）
徐兴华
戴　圆（2016.11～　）
党工委委员、管委会副主任
朱亚明
许金生（　～2016.11）
凌建国
戴　圆（　～2016.11）
吴瑞霞（女，2016.11～　）
蓝　军（2016.11～　）
巫正云（2016.11～　）
党工委委员、办公室主任
魏欲同（2017.3～　）
巫正云（　～2017.3）
招商部主任
魏欲同（　～2017.3）
财务部主任　陈菊青（女）
国土部主任　朱学德
服务业发展部主任
杨建君（　～2016.11）
经济发展部主任　朱军民

宜城街道

党工委书记
江达贤（2016.8～　）
殷利民（　～2016.8）
党工委副书记、街道办事处主任
王　欣
人大工委主任
魏国平（2017.3～　）
杨晓平（　～2016.11）
党工委副书记　韦才荣
党工委副书记
张　俊（挂职，～2016.11）
党工委委员、主任科员　刘兴中
主任科员　许金生
杨晓平（2016.11～　）
宣传委员　洪　敏（女，2016.11～）
组织委员　朱东亮
统战委员　朱东亮（2016.8～　）
政法委员　黄德新
纪工委书记　侯白羽
副主任　王先亚（2016.8～　）
陈　鹏（　～2016.5）
洪　敏（女，　～2016.11）
李　京

蒋朝晖（2016.11～　　）
田建国（挂职，2016.11　）
卢玉金
肖祖法（挂职，～2016.8）

丹徒经济开发区

党工委书记、管委会主任
洪　伟（2016.8～　　）
朱　毅（　　～2016.6）
党工委副书记
张　蕾（女）
王谷翔（　　～2017.3）
徐江平（2017.3～　　）
主任科员
王谷翔（2017.3　～　　）
管委会副主任
张　蕾（女，2016.8～　）
徐江平（　　～2017.3）
崔常富
侯　军（　　～2016.8）
徐　峰（2017.3～　　）
赵　平（2017.3～　　）
方　彬（女）
杨云飞（挂职，～2016.8）
总工会主席　朱亚兵
纪工委书记　殷　俊
办公室主任
林蔚然（2017.3～　　）
曹　斐（　　～2017.3）
党工委委员　曹　斐（2016.2～）
副主任科员
徐　峰
（女，2016.11～2017.3）
魏锦绣（女）
项目招商部主任　施琼娟（女）
经济发展部主任　何　锋
规划建设部主任　耿继进
计划财务部主任　向　飞
环境保护管理部主任　张　超
安全监督管理部主任　周慧勤（女）
社会事务管理部主任
曹　斐（2017.3～　　）
王　浩（　　～2017.3）
监察室主任　蒋　敏

世业洲旅游发展总公司

副总经理
虞亚军
郑桂勤
王志坚（　　～2016.5）
朱　军（　　～2016.11）
总公司办公室副主任
汤　振（　　～2016.11）
旅游管理处副处长　凌　秀（女）
规划国土环保管理处副处长
王　平

世业洲旅游度假区管委会

党工委副书记（主持党工委工作）
王志坚（2016.5～　　）
管委会副主任（主持管委会工作）、党工委委员
仲　梅（女，2016.5～　）
管委会副主任
方　彬（女，2017.3～　）
办公室副主任
汤　振（2016.11～2017.3）
陆　涛（2017.3～　　）

丹徒高新技术产业园管委会

党工委书记　蔡　扬（2016.8～）
江达贤（～　2016.8）
管委会主任　王　翼（2016.8～）
蔡　扬（　～2016.8）
党工委副书记
王　翼（　　～2016.11）
王玉兰
（女，挂职，2016.8　～）
蔡怀平（挂职，～2016.8）
管委会副主任
吴毅峰
尹润忠
龚向华
严　慧（女）
陆　炜
杨建君（2016.11　～　　）
纪工委书记　张　舒（女）

丹徒区长山文化产业园管委会

党工委书记　王锁清（2016.5～）
管委会主任　陈　杰（2016.5～）
戴登庆（　～2016.5）
管委会常务副主任
王锁清（　　～2016.5）
党工委委员　陈　杰（2016.5～）
杜　宇（女，2016.5～　　）
管委会副主任
杜　宇（女）
陈　杰（　　～2016.5）
管委会副主任　严树根（聘用）

丹徒区人民武装部

部　长　刘　东
政治委员　李世杰
党委第一书记　陈　琳（女）
党委书记　李世杰
党委副书记　刘　东

政法系统

政法委
书　记　韩宏亮
副书记　贺　文
薛恒初
神俊武
主任科员　高　志
江旭平（　～2016.11）
综治办主任　薛恒初
副主任　邓世琴（女）
法治办主任　韩宏亮
国家安全领导小组办公室副主任
王锁平
依法治区领导小组办公室副主任
夏　俊（2017.3～　　）
法学会专职副会长　朱俊华

公安局
党委书记、局长　贺　文
党委副书记、政委　景国栋
党委委员、副局长
王益峰（　　～2016.8）
维稳办主任
王益峰（2016.8～　　）
党委委员、副局长
张瑞芳
何培根
徐成兵
朱建军（2016.8～　　）
党委委员、指挥中心主任
田　霖（　　～2016.8）
党委委员、维稳办副主任
田　霖（2016.8～　　）
党委委员、纪委书记
彭义军（　　～2016.5）

靖慕中(2016.11～　)
党委委员、政治处主任
庄红宇(女)
党委委员、交警大队大队长
於伟荣(2016.9～　)
党委委员、办公室主任
吴明虎(2016.9～　)
党委委员、警务保障室主任
靖慕中(2016.9~2016.11)
主任科员
彭义军(2016.5～　)
副主任科员
顾其明(2016.5～　)

检察院
党组书记、检察长　黄　进
党组副书记、副检察长　韦跃华
党组成员、副检察长
陈东旭(挂职,～2016.2)
陈东旭(2016.2～　)
张静雯(女,　～2017.3)
党组成员、政治处主任
赵　霞(女)
党组成员、检委会专职委员
冷　勇　卢柏林
党组成员、反渎职侵权局局长
杨龙寿
反贪污贿赂局局长
马庆军(2016.2～　)
主任科员
张静雯(女,2017.3～　)
唐良斌

法　院
党组书记
汤国生(2016.12～　)
党组书记、院长
陈　玉(女,～2016.12)
院　长　汤国生(2017.1～　)
副书记、副院长
张传军(挂职,2016.8～)
党组成员、副院长
华雪珍(女,～2016.11)
李东升　孙旭东
党组成员、审判委员会专职委员
糜茂国
党组成员、纪检组长
眭咏梅(女,2016.11～)
吴林荣(　～2016.11)

党组成员、政治处主任　金华俊
党组成员　梁国荣(2016.11～　)
主任科员　华雪珍(女,2016.12～)
副主任科员　吴林荣(2016.11～)

司法局
党组书记、局长　赵　勤
党组成员、主任科员
刘建军(2016.11～　)
韦　弦(　～2017.3)
主任科员　韦　弦(2017.3～　)
党组成员、副局长
田　文　张永忠
王　文(2016.4～2017.3)
副局长　盛莉莉(女)
党组成员、纪检组长　蒋素明(女)

民主党派·工商联

民革丹徒总支部
总支主委　贾金海
一支主委　王巧兰(女)
二支主委　赵爱华(女)

民盟丹徒基层委员会
主　委　徐　俊(2016.11～　)
孔令萍(　～2016.11)
副主委　肖　涛
姚　凯(2016.11～　)
邹国俊(2016.11～　)
徐　俊(　～2016.11)

民建丹徒基层委员会
主　委　纪桂发
副主委　江　灿　吴仲明
杨金玉　何为民
一支主委　温守信
二支主委　孔国华
三支主委　杨　旗
四支主委　张　俊

农工民主党丹徒区基层委员会
主　委　王卫方(女)
副主委　戴文妍(女,2016.4～)
崔　萍(女)
张　剑(2016.4～)
周润生(　～2016.4)
何春华(女,　～2016.4)
姚金宝(　～2016.4)

致公党丹徒总支部
主　委　吴黎红(女)
副主委　季道静(女)
一支主委　盛莉莉(女)
二支主委　朱正化
三支主委　徐英姿(女)

九三学社丹徒支社
主　委　严　慧(女,2016.12～　)
徐　洁
(女,2016.6~2016.12)
殷克勤(　～2016.6)
副主委　郑　琴(女,2016.12～　)
严　慧
(女,2016.6~2016.12)
徐　洁(女,　～2016.6)
徐　航(女,～2016.12)

工商联(商会)
主　席(会长)　郭祥明
党组书记、常务副主席(副会长)
卢德辉
副主席(副会长)、秘书长、党组成员
陈国镇
副主席(副会长)
吕永忠　缪文华
王兴文　朱　翔
周亭宇　吴　祥
陈　炜
管建洪(　～2016.12)
施子郎(　～2016.12)
笪洪福(　～2016.12)
李　华(　～2016.12)
徐向军(　～2016.12)
徐　洋(2016.12～　)
董春宝(2016.12～　)
姜松亭(2016.12～　)

社会团体

总工会
主　席　张芙萍
副主席　陈跃荣(　～2017.3)
王　俊(女)
韩　蓁
张　剑(2017.3～　)
主任科员　孙宇东
副主任科员　陈跃荣(2017.3～)

团 委
书 记 张源之
副书记 曹 莉（女）
郑 恺

妇 联
主 席 张 雯（女）
副主席 王丽君（女）
陈 玲（女）

科 协
主 席 钱立宪（2016.5 ~ ）
周锡良（ ~2016.5）
副主席 江其顺
倪羽欣（女）
主任科员 周锡良（2016.5 ~ ）

文 联
主 席 王小军
副主席 吴呈昱
束鹏芳（不驻会）

侨 联
主 席 吴林华
副主席 孙中秀（女）
朱坚强（不驻会）
李 俊（不驻会）
马江华（不驻会）

残 联
理事长 胡克明
副理事长 许慧敏（女）

红十字会
会 长 贺丽娟（女）
常务副会长 朱 俊

见义勇为基金会
理事长 胡锡忠
副理事长 张道悟 景国栋

慈善总会
会 长 龚玉华
副会长 朱 彤 姚遇平
付久成
秘书长 付久成

商业联合会
会 长 巫东海
秘书长 丁德荫

兴教助学协会
理 事 长 姚美玲
副理事长、秘书长 卞祖荣
副理事长 魏祥林
周东海
副秘书长 孔荣喜
监事长 黄兆林
副监事长 戴明龙
吴祥萍（女）

老促会（扶贫开发协会）
会 长 卜顺华
副会长 朱一飞 朱罗根
秘书长 张水楠

垂直系统

国税局
党组书记、局长 丁东生
副局长 任 林
谢 芳（女）
贾 军
纪检组长 潘惠民

地 税
党组书记、局长 蔡登明
副局长 徐永国 辛正平
朱 红
纪检组长 朱志兵

国土分局
党委书记、局长 季道远
党委副书记、副局长 高富根
副局长 徐 蓉（女）
仇建农
马志勇
纪振东
沈金星（ ~2016.5）
纪委书记 吕 梅（女）

烟草专卖分局（分公司）
局长、经理、党支部书记 李 演
副经理 杨晓峰
副局长 赵 军

市场监督管理局
党委书记、副局长
刘 镇（ ~2016.8）
党委副书记、局长
张荣健（ ~2016.8）
党委书记、局长
张荣健（2016.8 ~ ）
党委委员、主任科员
卢开仁 曹 俊
党委委员、副局长
王锦良（ ~2016.11）
唐兴国
张丽华（女）
丰建林
范根清
黄羽田（女）
纪委书记 孟建平
主任科员 周以平 吴仲明
党委委员、副主任科员
陶迎春（2016.9 ~ ）
副主任科员 朱佩玉 朱 俊
何 青 王锦良
张建扬

气象局
局 长 徐 峰
副局长 张宏康

规划分局
书记、局长 方俊锡
副书记 李建伟
副局长 周 新（挂职）

镇江电信分公司丹徒分局
局 长 方 辰（2016.4 ~ ）
岳 强（ ~2016.4）
副局长 殷海峰
陈景宏

移动镇江公司丹徒分公司
总经理 戴 宁
副总经理
李 明（2017.1 ~ ）
史文华（2017.1 ~ ）
朱绎晓（ ~2017.1）

蒙银村镇银行
董事长 袁晓岗
行 长 史武军
副行长 吕 剑
赵一江
高 霞（女，2016.12 ~ ）

农业发展银行丹徒支行
行 长 李 军

副行长　阙云鹏
行长助理　谢　飞（女）

镇·街道·园区

高桥镇

党委书记　王家振
党委副书记、镇长　刘永利
人大主席　徐君有
副书记　陆　俊
党委委员、副镇长　周雷明
副镇长　孔庆峰
王玲华（女）
殷　聪（　～2016.4）
张　俊（2016.4～2016.11）
薛　军（2016.12～　）
纪委书记
殷　聪（2016.4～　）
张　俊（　～2016.4）
政法委员
潘　伟（2016.4～2016.11）
秦明国（　～2016.4）
组织委员　踪晓文
统战委员　踪晓文（2016.8～　）
宣传委员　颜圳杰（2016.2～　）
人武部长　张国俊（2017.3～　）
陆骏毅（　～2017.3）

高桥临港经济产业园工作委员会

党工委书记　王家振
党工委副书记、管委会主任
刘永利（2016.5～　）
管委会副主任
王　林　赵志翔
金荣鑫（2016.11～　）

辛丰镇

党委书记　马云飞（2017.3～　）
陈东伟（　～2017.3）
党委副书记、镇长
陈　健（2017.3～　）
马云飞（　～2017.3）
党委副书记
吴慧琴（女）
陈　健（　～2017.3）
赵　晨（2017.3～　）
人大主席　郑健红（女）
党委委员、副镇长　姚震刚
副镇长　张　军
刘德祥（　～2017.1）
李永斌（2017.1～　）
纪倩雯（女，2016.5～　）
赵　晨（2016.2～2017.3）
贡帮钰（2017.3～　）
政法委员　潘海露
组织委员　何百平
统战委员　何百平（2016.8～　）
宣传委员
肖　芳（女，2016.11～）
任　敏（女，2016.4～2016.11）
纪倩雯（女，　～2016.4）
纪委书记
任　敏（女，2016.11～　）
赵国栋（2016.4～2016.11）
万成辉（　～2016.4）
党委委员、人武部长　江镇祥
副主任科员
刘德祥（2017.3～　）
肖　芳（女，　～2016.11）

谷阳镇

党委书记　周　锋
党委副书记、镇长　赵　斌
人大主席　陈金平
党委副书记
许园园（女）
史　文
赵　闰（挂职，～2016.8）
党委委员、副镇长　殷若成
副镇长　许涵静（女）
孙晓东
张　剑
潘　伟（2017.1～　）
吴刁文（2017.3～　）
纪委书记
洪　英（女，2016.4～　）
胡　兵（　～2016.4）
组织委员
张　阳（2016.11～　）
黄　纬（　～2016.11）
统战委员　张　阳（2016.11～　）
宣传委员　刘　陕（　～2016.11）
政法委员　夏　俊（　～2017.3）
魏昌玉（2017.3～　）
人武部长　魏昌玉（　～2017.3）

上党镇

党委书记　江学军（2016.5～　）
洪　伟（　～2016.5）
党委副书记、镇长
潘大春（2016.5～　）
江学军（　～2016.5）
党委副书记
殷晓丹（女）
张网保（2017.3～　）
人大主席　王鲁君
党委委员、副镇长
韩　文（2017.3～　）
张网保（　～2017.3）
组织委员
史小燕（女，2016.11～　）
解　冉（女，～20016.11）
统战委员
史小燕（女，2016.11～　）
解　冉
（女，2016.8～2016.11）
王　成（　～2016.8）
纪委书记
胡　兵（2016.4～　）
赵国栋（　～2016.4）
宣传委员　王　成（　～2017.3）
政法委员　徐建斌
人武部长　殷　琰（2016.4～　）
副镇长　韩　文（　～2017.3）
徐　峰（　～2016.11）
王　珏（女）
李　奎（2016.11～　）
王　成（2017.3～　）
副主任科员
王　振（2016.11～　）
李　奎（　～2016.11）

宝堰镇

党委书记　徐鹏程
党委副书记、镇长　王　珏（女）
党委副书记
谢　平（2016.11～　）
刘建军（　～2016.11）
人大主席　任　锁
党委委员、副镇长　江雪峰
副镇长　严　冬
王海峰
朱　茜（女，　～2016.11）
赵宏伟（2016.11～　）
组织委员
孙寅秋（女，2016.11～　）
谢　平（2016.3～2016.11）

统战委员
孙寅秋（女，2016.11～　）
王环宇（　～2016.11）
纪委书记　李梅花（女）
宣传委员
倪　立（2016.11～　）
王环宇（　～2016.11）
人武部长
戴　江（2016.11～　）
谢正斌（　～2016.11）
政法委员
谢正斌（2016.11～　）
戴　江（　～2016.11）

世业镇

党委书记　王志坚（2016.5～　）
杨益斌（　～2016.5）
党委副书记、镇长
仲　梅（2016.5～　）
王志坚（　～2016.5）
党委副书记
黄国栋（2016.11～　）
人大主席　丁建平
人武部长
王　文（2017.3～　）
倪　立（2016.4～2016.11）
庄盛忠（　～2016.4）
政法委员
庄盛忠（2016.4～　）
王　文（　～2016.4）
纪委书记　张浩东
组织委员　余　琴（女）
统战委员
余　琴（女，2016.8～　）
朱　玥（　～2016.8）
宣传委员　朱　玥
党委委员、副镇长
万成辉（2016.4～　）
副镇长　洪　英（女，　～2016.4）
吴瑞霞
（女，2016.2～2016.11）
张　辉（2016.2～　）
聂永平（2017.1～　）

高资街道

党工委书记
洪　伟（2016.8～　）
朱　毅（　～2016.7）
党工委副书记、主任
殷宝玉（2016.8～　）
张　蕾（女，　～2016.8）
党工委副书记　狄　磊
人大工委主任　章玉湘
党工委委员　侯　军（　～2016.8）
党工委委员、副主任　王　飞
副主任　梁　青（女）
张　明
徐　靖（　～2016.2）
纪工委书记　杨胜辉
组织委员　沈漪之（女）
统战委员　沈漪之（女，2016.8～）
政法委员　陈　龙
人武部长　韦春荣
副主任科员　张忠林（2016.11～）

江心洲生态农业园区

党工委书记　陈　静（女）
党工委副书记、管委会主任
汪　洋
党工委副书记　沈洪林
人大工委主任　徐松林
党工委委员、管委会副主任
李永斌（　～2017.1）
黄　永　邓　超
张　俊（2016.11～　）
纪工委书记
韩　灏（2016.8～　）
王玲华（女，　～2016.2）
政法委员
苏　汛（2016.11～　）
许开飞（　～2016.11）
人武部部长　笪如俊（　～2016.8）
组织委员　张　盛
统战委员　张　盛（2016.8～　）
苏　汛（　～2016.8）
宣传委员
许开飞（2016.11～　）
苏　汛（　～2016.11）

荣炳盐资源区

党工委书记　强　健
党工委副书记、管委会主任
吴宏昱（2016.5～　）
仲　梅（女，　～2016.5）
人大工委主任
陈继阳（2016.11～　）
周　忠（　～2016.2）
党工委副书记
乐祥安（2017.3～　）
陈继阳（2016.5～2016.11）
政法委员　胡仁方
人武部长　张　峰
纪工委书记　王　治
管委会副主任
赵宏伟（　～2016.11）
张云凤（女）
徐　靖（2016.2～　）
王　伟
陈海燕（女，2016.11～）
组织委员
陈海燕（女，　～2016.8）
组织（统战）委员
王环宇（2016.11～　）
陈海燕
（女，2016.8～2016.11）
宣传（统战）委员
曹志平（2016.2～2016.8）
宣传委员
曹志平（2016.8～　）

（丹徒区委组织部）

荣誉栏

表43

2016年丹徒区获国家和江苏省表彰先进集体

单位	荣誉称号	授奖年月	授奖单位
丹徒区世业镇先锋村	全国先进基层党组织	2016.7	中共中央
丹徒区高桥镇	中国雪地靴之乡	2016.8	中国轻工业联合会
丹徒区教育局	全国五好小公民主题教育读书活动先进集体	2016.8	教育部关心下一代工作委员会
丹徒区高桥中心小学	全国五好小公民主题教育读书活动示范学校	2016.8	教育部关心下一代工作委员会
丹徒区高桥镇	省级电子商务示范镇	2016.1	省商务厅
丹徒地税局	江苏省部门统计示范点	2016.1	省统计局
丹徒区国税局	江苏省部门统计示范点	2016.1	省统计局
丹徒区交通运输局	江苏省部门统计示范点	2016.1	省统计局
丹徒区幸福桥粮食收储中心	2015年度全省粮食行业安全生产工作先进单位	2016.1	省粮食局
丹徒区人社局	2015年统计规范化建设部门统计示范点	2016.1	省统计局
丹徒区宜城街道司法所	江苏省司法厅“法润江苏”系列活动先进集体	2016.2	省司法厅
丹徒区人民检察院反贪局	集体二等功	2016.2	省人民检察院
高桥镇人民调解委员会	江苏省人民调解委员会规范化建设示范点	2016.2	省司法厅
高资街道人民调解委员会	江苏省人民调解委员会规范化建设示范点	2016.2	省司法厅
交警大队事故处理中队	全省公安机关执法示范单位	2016.2	省公安厅
丹徒区	2015年度全省农产品质量安全绩效评价县（市、区）第二等次	2016.3	省农委、省财政厅
丹徒区上党镇	全省基层社区综合性文化服务中心推进会现场	2016.3	省综办
丹徒团区委	2015年度全省基础团务工作先进县（市、区）	2016.3	团省委组织部
镇江张树鲁等人生产销售假药案专案组	“2015年全省打击食品药品环境犯罪‘利剑行动’成绩突出专案组”	2016.4	省公安厅
丹徒区高桥镇	江苏省农村青年电商创业培训示范基地	2016.5	共青团省委、省经信委
丹徒区文广体局	江苏省群众文化百千万工程优秀群众文艺团队	2016.5	省委宣传部、省文化厅、省新闻出版广电局、省文联
丹徒区文广体局	第五届江苏省服务农民、服务基层文化建设先进集体	2016.5	省委宣传部、省文化厅、省新闻出版广电局
丹徒区总工会	2015年度县以上工会财务会计工作竞赛一等奖	2016.5	省总工会
丹徒区农委	江苏省第十七届“陆羽杯”名特茶评比组织奖	2016.5	省茶叶协会
丹徒区宝堰镇	江苏省2016年度“禁粘”工作示范镇	2016.6	省住建厅
丹徒区辛丰中心小学	江苏省教育工作先进集体	2016.6	省教育厅、省委教育工委
丹徒区辛丰镇石城村	省级民主法治示范村	2016.6	省司法厅、民政厅
丹徒区辛丰镇关工委	江苏省关心下一代工作先进集体	2016.6	省关心下一代工作委员会、省精神文明建设指导委员会办公室
丹徒区关工委	江苏省关心下一代工作先进集体	2016.6	省关心下一代工作委员会、省精神文明建设指导委员会办公室
丹徒区运输管理处	“十二五”镇村公交发展工作先进集体	2016.6	省交通运输厅
丹徒区宜城街道	2015～2016年度全省基层党员各训工作示范乡（镇、街道）	2016.7	省委组织部、省委宣传部

续表

单位	荣誉称号	授奖年月	授奖单位
丹徒区	2015年度平安县（市、区）	2016.8	省综治委
丹徒区国税局	全省国税系统税收管理改革示范点	2016.8	省国税局
丹徒区国税局	全省国税系统法治税务示范基地	2016.8	省国税局
丹徒区法制宣传教育领导小组办公室	2011～2015年全省普法工作先进单位	2016.8	省委宣传部、省法制宣传教育工作领导小组办公室、省司法厅
丹徒区大港汽车轮渡管理处	江苏省质量服务信誉AAAAA优秀单位	2016.8	省广播电视台（集团）
丹徒区江心洲生态农业园区五套村	2013～2015年度江苏省文明村	2016.9	省文明委
丹徒区辛丰镇辛丰村	2013～2015年度江苏省文明村	2016.9	省文明委
丹徒区宜城街道西麓村	2013～2015年度江苏省文明村	2016.9	省文明委
丹徒区宝堰镇宝堰村	2013～2015年度江苏省文明村	2016.9	省文明委
丹徒区荣炳盐资源区曙光村	2013～2015年度江苏省文明村	2016.9	省文明委
丹徒区世业镇世业村	2013～2015年度江苏省文明村	2016.9	省文明委
丹徒区谷阳镇槐荫村	2013～2015年度江苏省文明村	2016.9	省文明委
丹徒区高资街道唐驾庄村	2013～2015年度江苏省文明村	2016.9	省文明委
丹徒区谷阳镇金河村	2013～2015年度江苏省文明村	2016.9	省文明委
丹徒区宝堰镇鲁溪村	2013～2015年度江苏省文明村	2016.9	省文明委
丹徒区高桥镇四方桥村	2013～2015年度江苏省文明村	2016.9	省文明委
丹徒区上党镇薛村村	2013～2015年度江苏省文明村	2016.9	省文明委
丹徒区世业镇先锋村	2013～2015年度江苏省文明村	2016.9	省文明委
丹徒区世业镇	2013～2015年度江苏省文明镇	2016.9	省文明委
丹徒区上党镇	2013～2015年度江苏省文明镇	2016.9	省文明委
丹徒区谷阳镇	2013～2015年度江苏省文明镇	2016.9	省文明委
丹徒地税局	2013～2015年度江苏省文明单位	2016.9	省文明委
丹徒区气象局	2013～2015年度江苏省文明单位	2016.9	省文明委
丹徒区烟草专卖局	2013～2015年度江苏省文明单位	2016.9	省文明委
丹徒区国税局	2013～2015年度江苏省文明单位	2016.9	省文明委
丹徒区国税局一分局	2013～2015年度江苏省文明单位	2016.9	省文明委
丹徒区市场监管局宝堰分局	2013～2015年度江苏省文明单位	2016.9	省文明委
丹徒区公安局刑侦大队	2013～2015年度江苏省文明单位	2016.9	省文明委
丹徒区公安局交警大队	2013～2015年度江苏省文明单位	2016.9	省文明委
丹徒区消防大队	2013～2015年度江苏省文明单位	2016.9	省文明委
丹徒区法制办	2013～2015年度江苏省文明单位	2016.9	省文明委
丹徒区物价局	2013～2015年度江苏省文明单位	2016.9	省文明委
丹徒区环保局	2013～2015年度江苏省文明单位	2016.9	省文明委
丹徒国土分局	2013～2015年度江苏省文明单位	2016.9	省文明委
丹徒区财政局	2013～2015年度江苏省文明单位	2016.9	省文明委
丹徒地税局第六分局	2013～2015年度江苏省文明单位	2016.9	省文明委

续表

单位	荣誉称号	授奖年月	授奖单位
丹徒区人民医院	2013～2015年度江苏省文明单位	2016.9	省文明委
丹徒区审计局	2013～2015年度江苏省文明单位	2016.9	省文明委
许布医疗器械有限公司	2013～2015年度江苏省文明单位	2016.9	省文明委
丹徒区石马中心小学	2013～2015年度江苏省文明校园	2016.9	省文明委
江苏省大港中学	2013～2015年度江苏省文明校园	2016.9	省文明委
丹徒实验学校	2013～2015年度江苏省文明校园	2016.9	省文明委
丹徒区政府办	2013～2015年度江苏省金融生态达标县	2016.9	省金融稳定工作协调小组
丹徒区宝堰镇	全省和谐社区建设示范乡镇	2016.10	省民政厅
丹徒区谷阳镇	江苏省"安全生产月"活动优秀单位	2016.10	省安全生产委员会
丹徒区世业镇	省级优秀妇儿先进集体	2016.10	省人民政府妇女儿童工作委员会办公室
丹徒区	2016年度江苏省"无小耳朵社区"创建工作先进区	2016.11	省新闻出版广电局
丹徒区科协	"金钥匙科技竞赛"团体赛二等奖	2016.11	省教育厅、省科协、省文明办、省科技厅等
丹徒区护林防火指挥部办公室	2013～2016年度江苏省森林防火工作先进单位	2016.11	省森林防火指挥部
江苏省大港中学	青少年科技教育先进学校（集体）	2016.11	省教育厅、省科学技术协会、省精神文明建设指导委员会办公室、省科学技术厅、全国中小学生（江苏地区）金钥匙科技竞赛组委会
镇江市宜城中学	江苏省第二批中学中职共青团工作"六个一"团建项目示范校	2016.11	共青团省委
丹徒区新城管委会	江苏省高端装备制造业特色产业基地	2016.11	省经信委
丹徒区科协	2016年全国科普日活动优秀组织单位	2016.12	省科协
丹徒区宝堰镇	江苏省特色景观旅游名镇	2016.12	省住建厅、省旅游局
丹徒团区委	青少年维权岗	2016.12	团省委
丹徒区荣炳盐资源区	全省发展散装水泥示范乡镇	2016.12	省经信委
丹徒区人防办	"十二五"江苏省人民防空先进单位	2016.12	省民防局
丹徒区	第十四届江苏名特优农产品（上海）交易会双考双评县（市、区）最佳展团	2016.12	江苏名特优农产品交易会组委会办公室
丹徒区江心洲生态农业园区红十字会	全省红十字会组织工作先进集体	2016.12	省红十字会
丹徒区江心洲生态农业园区文化站	省农家书屋提升工程先进集体	2016.12	省文广新局
丹徒区委办	2016年全省党委信息工作先进集体	2017.1	省委办公厅
丹徒区委农办	全省农办工作先进单位	2017.1	省委农村工作领导小组
丹徒区法制办	全省政府法制工作成绩突出单位	2017.1	省政府法制办
丹徒区知识产权局	2016年度江苏省知识产权执法工作先进单位	2017.1	省知识产权局
丹徒区	2016年江苏省"扫黄打非"先进地区	2017.1	省"扫黄打非"工作领导小组
丹徒区文广体局	2016年度全省体育彩票工作先进单位	2017.1	省体育彩票管理中心
丹徒区人武部	安全(密码)管理工作先进单位	2017.1	省军区

表44

2016年丹徒区获镇江市委、市政府表彰先进集体

单位	荣誉称号	授奖年月	授奖单位
丹徒烟草局	2012～2014年度镇江市文明行业	2016.2	市委、市政府
丹徒区国税局	2012～2014年度镇江市文明行业	2016.2	市委、市政府
丹徒区气象局	2012～2014年度镇江市文明行业	2016.2	市委、市政府
丹徒区国税局一分局	2012～2014年度市级文明单位	2016.2	市委、市政府
丹徒区国税局三分局	2012～2014年度市级文明单位	2016.2	市委、市政府
丹徒区国税局四分局	2012～2014年度市级文明单位	2016.2	市委、市政府
丹徒区国税局五分局	2012～2014年度市级文明单位	2016.2	市委、市政府
丹徒区国税局七分局	2012～2014年度市级文明单位	2016.2	市委、市政府
丹徒区国税局稽查局	2012～2014年度市级文明单位	2016.2	市委、市政府
丹徒区大港汽车轮渡管理处	2012～2014年度镇江市文明单位	2016.3	市委、市政府
镇江市丹徒区运输管理处	2012～2014年度镇江市文明单位	2016.3	市委、市政府
江苏省大港中学	镇江市文明单位	2016.5	市委、市政府
丹徒区刑侦大队	镇江市文明单位	2016.5	市委、市政府
丹徒区交警大队	镇江市文明单位	2016.5	市委、市政府
丹徒区消防大队	镇江市文明单位	2016.5	市委、市政府
丹徒区上党派出所	镇江市文明单位	2016.5	市委、市政府
丹徒区总工会	2011～2015年全市普法工作先进单位	2016.10	市委、市政府
丹徒地税局	2011～2015年全市普法工作先进单位	2016.10	市委、市政府
丹徒区法制办	全市普法先进集体	2016.10	市委、市政府
丹徒区人社局	拥军七创三等功单位	2016.8	市委、市政府、军分区
丹徒区上党镇	镇江市第七次创建全国双拥模范城嘉奖单位	2016.9	市委、市政府、军分区
丹徒区委、区政府	集体二等功	2016.9	市委、市政府、军分区
丹徒区财政局	集体三等功	2016.9	市委、市政府、军分区
丹徒区人社局	集体三等功	2016.9	市委、市政府、军分区
丹徒区城管局	集体嘉奖	2016.9	市委、市政府、军分区
丹徒区上党镇	集体嘉奖	2016.9	市委、市政府、军分区
丹徒区人民医院	集体嘉奖	2016.9	市委、市政府、军分区
丹徒区军粮供应站	集体嘉奖	2016.9	市委、市政府、军分区
丹徒区世业镇卫生院	先进基层党组织	2016.7	市委
丹徒区司法局	2011～2015年全市“六五”普法工作先进集体	2016.10	市委
丹徒区江心洲生态农业园区五墩村	美丽宜居村	2016.1	市政府
丹徒区宝堰镇	镇江市2011～2015年普法工作先进单位	2016.1	市政府
丹徒区见义勇为基金会	全市见义勇为工作先进集体	2016.12	市政府
丹徒区谷阳镇见义勇为协会	全市见义勇为工作先进集体	2016.12	市政府
丹徒区谷阳镇综治办	全市见义勇为工作先进集体	2016.12	市政府
丹徒区见义勇为基金会	2016年度见义勇为工作先进集体	2016.12	市政府、市公安局
丹徒区公安局政治处	2016年度见义勇为工作先进集体	2016.12	市政府、市公安局

表45

2016年丹徒区获国家和江苏省表彰先进个人

姓　名	性别	工作单位职务、职称	荣誉称号	授奖年月	授奖单位
盛莉莉	女	丹徒区司法局副局长	2011~2015年全国法治宣传教育先进个人	2016.5	宣传部、司法部
李学萍	女	丹徒区江心洲生态农业园区计生站主任	《老年人家庭赡养问题》一文获三等奖	2016.6	中国人口协会
蔡正飞	男	镇江恒康调味品厂副厂长	全国社会服务先进个人	2016.9	民建中央
朱荣江	男	丹徒新城金色阳光工地工人	全国见义勇为模范（2016年度）	2017.4	中宣部、中央综治办、公安部、中央军委政法委员会、全国总工会、共青团中央、全国妇联、中华见义勇为基金会
蔡登明	男	丹徒地税局党组书记、局长	江苏省先进工作者	2016.4	省委、省政府
聂永平	男	丹徒区世业镇人民政府副镇长、先锋村党总支书记	江苏省劳动模范	2016.4	省委、省政府
盛莉莉	女	丹徒区致公党第一支部主委	2015年度宣传工作先进个人	2016.1	致公党江苏省委
郭建霞	女	丹徒区教育局监察室副主任、中教九级	致公省委建言献策先进个人	2016.1	致公党江苏省委
孙继荣	男	丹徒区公安局警务督察大队大队长	全省公安机关立案突出问题专项治理工作成绩突出个人	2016.2	省公安厅
刘　丽	女	丹徒区司法局办公室副主任	2015年度全省司法行政系统宣传工作先进个人	2016.2	省司法厅
胡克明	男	丹徒区残联理事长	残疾人按比例就业年审工作先进个人	2016.3	省残联
眭咏梅	女	丹徒区人民法院辛丰法庭庭长	“江苏优秀女法官”提名奖	2016.3	省法院、省妇联
			三等功	2016.3	省法院
於　敏	女	丹徒区公安局治安管理大队副大队长兼户政管理中队中队长	江苏省三八红旗手	2016.3	省妇联
吴新中	男	丹徒区司法局办公室主任	2015年度办公室工作先进个人	2016.4	省司法厅办公室
王　荣	男	镇江雩山水泥有限公司管理部主任	江苏省书香家庭	2016.4	省妇女联合会、省全民阅读领导小组办公室
殷厚成	男	丹徒区农委水产工程师	“十二五”全省渔业科技入户“优秀技术指导员”	2016.4	省海洋与渔业局
笪　云	男	丹徒区农委水产工程师	“十二五”全省渔业科技入户“优秀技术指导员”	2016.4	省海洋与渔业局
张源之	男	丹徒团区委书记	2015年度“江苏省优秀共青团干部”	2016.5	团省委
王学栋	男	丹徒区运输管理处客运科科长	“十二五”镇村公交发展工作先进个人	2016.6	省交通运输厅
庄红君	女	江苏省大港中学党委副书记、高级教师	江苏省教育系统优秀党员	2016.6	省教育工会
姚瑞宽	男	丹徒区关工委主任	江苏省关心下一代工作先进个人	2016.6	省关心下一代工作委员会、省精神文明建设指导委员会办公室
何昌义	男	丹徒区上党镇其一村关工委常务副主任	江苏省关心下一代工作先进个人	2016.6	省关心下一代工作委员会、省精神文明建设指导委员会办公室

续表

姓　名	性别	工作单位职务、职称	荣誉称号	授奖年月	授奖单位
汤发富	男	丹徒区高资街道关工委常务副主任	江苏省关心下一代工作先进个人	2016.6	省关心下一代工作委员会、省精神文明建设指导委员会办公室
田忠平	男	丹徒区宜城街道关工委常务副主任	江苏省关心下一代工作先进个人	2016.6	省关心下一代工作委员会、省精神文明建设指导委员会办公室
孟大安	男	丹徒区宝堰镇关工委常务副主任	江苏省关心下一代工作先进个人	2016.6	省关心下一代工作委员会、省精神文明建设指导委员会办公室
丁东生	男	丹徒区国税局局长	全省国税系统优秀共产党员	2016.7	省国税局
齐献利	男	丹徒区人民检察院民行科副科长	全省民行检察优秀办案人	2016.8	省人民检察院
朱力军	男	丹徒区科协科普部部长	江苏省《全民科学素质行动计划纲要》“十二五”实施工作先进个人	2016.8	省科协、省委组织部、省人社局等9部委
聂永平	男	丹徒区世业镇人民政府副镇长、先锋村党总支书记	江苏省脱贫致富奖	2016.10	省扶贫工作领导小组
薛新兰	女	丹徒区上党镇妇联主席	优秀调解员	2016.10	省妇女联合会、省维护妇女儿童合法权益联席会议暨平安家庭创建活动领导小组
汪　静	女	丹徒区江心洲生态农业园区妇联主席	省“平安家庭先进个人	2016.10	省妇女儿童合法权益联席会议
滕介堂	男	丹徒区治安管理大队综合中队副中队长	全省公安机关G20峰会安保工作成绩突出个人	2016.10	省公安厅
窦秋霞	女	丹徒区高桥镇司法所工作人员	《江苏省社区矫正工作条例》有奖征文一等奖	2016.11	省司法厅
张　磊	男	丹徒区辛丰镇司法所副所长	《江苏省社区矫正工作条例》有奖征文二等奖	2016.11	省司法厅
王荟慧	女	丹徒区妇联宣传部长	全省妇联系统信息工作先进个人	2016.11	省妇联
许　峰	男	丹徒区公安局高资派出所所长	二等功	2016.11	省公安厅
郦建纲	男	丹徒区农委林业站站长	2013～2016年度江苏省森林防火工作先进个人	2016.11	省森林防火指挥部
翟　佳	女	丹徒区司法局法律援助中心主任	江苏省法律援助工作先进个人	2016.12	省司法厅
杨正龙	男	丹徒区中天法律服务所主任	2012～2015年度江苏省优秀基层法律服务工作者	2016.12	省司法厅、省基层法律服务工作者协会
施　巍	男	丹徒区高资街道司法所社工	全省安置帮教先进个人	2016.12	省司法厅
陈　亮	男	丹徒区住房和城乡建设局建管科（抗震办）科长、工程师	“十二五”建筑节能与绿色建筑工作先进个人	2016.12	省住房和城乡建设厅
郑贤荣	男	丹徒区辛丰镇关工委主任	镇江市关心下一代先进个人	2016.12	省关心下一代工作委员会、省精神文明建设指导委员会办公室
张　芳	女	丹徒区江心洲生态农业园区文化站站长	省红十字会基层工作先进个人	2016.12	省红十字会
吴玉青	女	丹徒区农委招商办主任	第十四届江苏名特优农产品（上海）交易会双考双评县（市、区）最佳联络员	2016.12	江苏名特优农产品交易会组委会办公室

续表

姓　名	性别	工作单位职务、职称	荣誉称号	授奖年月	授奖单位
陈亚兴	男	丹徒区科技局主任科员	2016年度江苏省知识产权执法工作先进个人	2017.1	省知识产权局
汤炳昀	男	丹徒区市场监管局稽查大队大队长	集中整治公用企业限制竞争和垄断行为专项行动先进个人	2017.1	省工商局
韦春荣	男	丹徒区高资街道武装部部长	优秀专武干部标兵	2017.1	省军区
叶　平	男	丹徒区信访局办公室主任	全省信访系统先进工作者	2017.2	省人社厅、省信访局

表46

2016年丹徒区获镇江市委、市政府表彰先进个人

姓　名	性别	工作单位职务、职称	荣誉称号	授奖年月	授奖单位
孙燕霞	女	丹徒区国家税务局政策法规科副科长	镇江市普法工作先进个人	2016.12	市委、市政府
韩宏亮	男	丹徒区委常委、政法委书记	个人二等功	2016.9	市委、市政府、军分区
朱金凤	女	丹徒区编办主任	个人二等功	2016.9	市委、市政府、军分区
陆瑞进	男	丹徒区住建局局长	个人三等功	2016.9	市委、市政府、军分区
姚遇平	男	丹徒区民政局局长	个人三等功	2016.9	市委、市政府、军分区
王　毅	男	丹徒区谷阳镇槐荫村党总支书记	个人嘉奖	2016.9	市委、市政府、军分区
苏爱国	男	丹徒区教育局办公室主任	个人嘉奖	2016.9	市委、市政府、军分区
凌　青	男	丹徒区民政局双拥办主任	个人嘉奖	2016.9	市委、市政府、军分区
眭咏梅	女	丹徒区人民法院辛丰法庭庭长	优秀共产党员	2016.7	市委
顾开明	男	丹徒区世业镇司法所所长	2011～2015年全市“六五”普法工作先进个人	2016.10	市委
徐文瀚	女	丹徒区黄墟中心幼儿园、副园长、一级教师	镇江市十佳教师	2016.9	市政府
仇海蓉	女	镇江市丹徒实验学校教学管理中心主任、一级教师	镇江市十佳教师	2016.9	市政府
徐　慧	女	镇江市宜城中学英语教师	镇江市十佳教师	2016.9	市政府
朱荣江	男	丹徒新城金色阳光工地工人	见义勇为先进分子	2016.12	市政府
孙根荣	男	丹徒区辛丰镇横山凹怡然山庄工人	见义勇为先进分子	2016.12	市政府
贺丽明	女	丹徒区谷阳镇乖乖幼儿园老师	见义勇为先进分子	2016.12	市政府
徐三强	男	丹徒区上党镇王院村菜农	见义勇为先进分子	2016.12	市政府
蔡良杰	男	镇江市万达驾校教练	见义勇为先进分子	2016.12	市政府
李汶键	男	扬溧高速收费站收费员	见义勇为先进分子	2016.12	市政府
谢张健	男	丹徒区公安局城区派出所教导员、宜城见义勇为协会工作人员	见义勇为工作先进个人	2016.12	市政府
潘海露	男	丹徒区辛丰镇见义勇为协会会长	见义勇为工作先进个人	2016.12	市政府
张爱珍	女	丹徒区见义勇为基金会副秘书长	见义勇为工作先进个人	2016.12	市政府

（各单位提供）

统计资料

责任编校：钱金金

表47

2016年丹徒区基本情况

项目	单位	数量
一、全区总面积	平方千米	617.08
其中：水面	平方千米	75.50
二、耕地面积	万公顷	2.42
其中：水田	万公顷	1.26
旱地	万公顷	1.16
三、总户数	户	103501
四、年末总人口	人	291069
年平均人口	人	290517
年末总人口中：		
男	人	142565
女	人	148504
非农业人口	人	131334
本年出生人口	人	2419
本年死亡人口	人	1916
本年人口净增率	‰	2.06
本年人口出生率	‰	8.64
本年人口死亡率	‰	6.58
五、常住人口	万人	30.84
六、镇政府（街道、园区）	个	10
村（居）民委员会	个	88
村（居）民小组	个	1884

（丹徒区统计局）

表48

2016年丹徒区国民经济主要指标完成情况

项目	计量单位	绝对值
一、地区生产总值（现价）	亿元	371.22
人均地区生产总值（现价）	元/人	1262.92
二、工农业总产值	亿元	1206.31
其中：农业总产值	亿元	35.21
三、粮食总产量	万吨	18.12

续表

项目	计量单位	绝对值
四、固定资产投资	亿元	354.53
五、社会消费品零售总额	亿元	68.42
六、财政总收入	亿元	45.12
其中：一般公共预算收入	亿元	25.70
七、财政支出	亿元	36.63
其中：一般公共预算支出	亿元	29.24
八、实际利用外资	万美元	10728
九、进出口总额	万美元	56422
其中：出口	万美元	51835
十、农民常住居民人均可支配收入	元/人	18959
十一、城镇常住居民人均可支配收入	元/人	40891

（丹徒区统计局）

表49　**2016年丹徒区地区生产总值完成情况（现价）**　单位：亿元

项目	2016年	2015年	增长%
地区生产总值	371.22	342.12	8.5
第一产业	18.53	17.69	4.7
第二产业	194.42	180.64	7.6
工业	183.82	170.59	7.8
建筑业	10.60	10.05	5.5
第三产业	158.27	143.79	10.1
交通运输仓储业	6.45	6.35	1.6
批发和零售业	51.33	49.45	3.8
住宿和餐饮业	8.86	8.25	7.4
房地产业	19.98	15.74	26.9
其他服务业	71.65	64.00	12.0

（丹徒区统计局）

表50　**2016年丹徒区各镇（街道、园区）地区生产总值（现价）**　单位：万元

镇(街道、园区)	地区生产总值	其中		
		第一产业	第二产业	第三产业
合计	3685767	185273	1924665	1575829
高桥	134006	13807	71823	48376
江心	41193	9919	17351	13923
辛丰	529558	33757	341170	154631
谷阳	243468	15886	161359	66223
上党	443780	28173	226557	189050
宝堰	144087	18483	58171	67433

续表

镇(街道、园区)	地区生产总值	其中		
		第一产业	第二产业	第三产业
荣炳	130432	14401	64902	51129
高资	861764	26486	582781	252497
世业	82864	12841	2240	67783
新城（宜城）	1043412	11520	396344	635548

（丹徒区统计局）

表51

2016年丹徒区财政收入、支出情况

单位：万元

项目（收入）	数量	项目（支出）	数量
合计	451242	合计	366287
一、国税收入	137820	一、公共财政预算支出	292421
1.两税	120560	1.一般公共服务	36802
（1）增值税	118850	2.国防	812
（2）消费税	1710	3.公共安全	16675
2.企业所得税	17260	4.教育	59941
二、地税收入	192367	5.科学技术	10313
其中：所得税	41843	6.文化教育与传媒	6536
契　税	24401	7.社会保障和就业	24423
耕占税	3217	8.医疗卫生与计划生育	23553
三、营改增退税	-1355	9.节能环保	8731
四、非税收入	121810	10.城乡社区	37094
1.专项收入	21453	11.农林水	44589
其中：排污费收入	933	12.交通运输	6512
教育费附加收入	7539	13.资源勘探信息等支出	4057
2.其他收入（含罚没收入）	6786	14.商业服务业等支出	1809
3.行政性收费	4286	15.金融监管等事务支出	0
4.国有资产有偿使用	3693	16.国土海洋气象等支出	1723
5.政府性基金收入	85592	17.住房保障支出	5584
五、国有资本经营收入	600	18.粮油物资储备支出	956
在总计中：公共财政预算收入	256958	19.其他支出	6
		20.债务付息支出	2297
		21.债务发行费用支出	8
		二、政府性基金支出	73866

（丹徒区统计局）

表52

2016年丹徒区各镇（街道、园区）固定资产投资情况

单位：万元

镇（街道、园区）	固定资产投资	其中：工业投资	其中：服务业投资	其中：工业技改投资
合计	3299448	1930680	1368768	843041
高桥	248093	37330	210763	7301
江心	6190	2524	3666	474
辛丰	213928	145355	68573	37346
谷阳	200331	136920	63411	27329
上党	601280	522336	78944	472339
宝堰	36126	19890	16236	4335
荣炳	38103	23428	14675	4756
高资	737516	467651	269865	145632
世业	155868	–	155868	–
新城（宜城）	1062013	575246	486767	143529

（丹徒区统计局）

表53

2016年丹徒区房地产业情况

单位：万元

指标	合计
一、本年完成投资额	155248
1.建筑工程	123765
2.安装工程	9292
3.设备器具购置	1871
4.其他	20320
二、资金来源	385087
1.上年末结余资金	103174
2.国内贷款	18800
3.利用外资	0
4.自筹	18140
5.其他资金来源	244973
三、本年施工面积（平方米）	2627066
其中：住宅（平方米）	1988836
本年竣工面积（平方米）	747922
其中：住宅（平方米）	498225
四、商品房销售面积（平方米）	510233
其中：住宅（平方米）	469451
五、商品房销售额	257089
其中：住宅	231912
六、商品房待售面积（平方米）	365915
其中：住宅（平方米）	260834

（丹徒区统计局）

表54

2016年丹徒区社会消费品零售总额完成情况

单位：万元

指标	2016年	2015年	增长%
社会消费品零售总额	684173	614527	11.3
一、按销售地区分			
1.城镇	661306	593988	11.3
2.乡村	22867	20539	11.3
二、按行业分			
批发业	74473	66892	11.3
零售业	524745	471328	11.3
住宿业	11478	10310	11.3
餐饮业	73477	65997	11.3

（丹徒区统计局）

表55

2016年丹徒区交通运输情况

指标	单位	数量
公路总里程	千米	995.27
其中：高速公路	千米	7.51
一级公路	千米	111.69
二级公路	千米	107.73
三级公路	千米	87.03
四级公路	千米	681.31
内河航道里程	千米	57.52
客运量	万人/次	235
客运周转量	万人/千米	11887
货运量	万吨	1183
货运周转量	万吨千米	132547
港口吞吐量	万吨	505

（丹徒区统计局）

表56

2016年丹徒区教育事业情况

分类	学校（所）	在校班级（个）	学生（人）	本年招生（人）	本年毕业结业（人）
1. 普通中学	16	220	8853	3076	2966
高中	2	75	3225	1046	1224
初中	14	145	5628	2030	1742
2.职业中学	1	49	1682	480	464
3.小学	15	341	14146	2475	2088
4.幼儿园	23	224	7634	2398	2485

（丹徒区统计局）

表57

2016年丹徒区文化广播事业情况

项目	单位	数量
一、图书馆	个	1
藏书	万册	15
二、文化馆	个	1
乡镇文化站	个	10
三、文管会	个	1
文物藏品	件	106
四、职业剧团	个	6
五、影剧院	个	6
放映场次	场次	1204
观众	人次	40
放映收入	万元	30
六、广播电台	个	1
乡镇广播站	个	-
七、电视台	个	1

（丹徒区统计局）

表58

2016年丹徒区体育事业情况

项目	单位	数量
1.举办县以上运动会	次	-
2.参加各类体育项目培训人数	人	350
3.体育传统项目学校	所	7
4.各项运动中破市记录	人/次	-
5.各项运动中破县记录	人/次	4
6.各项运动中获金、银、铜牌数	块	14
其中：金牌	块	3
银牌	块	5
铜牌	块	6
7.达二级运动员标准	人/项	3
达三级运动员标准	人/项	25
8.电脑体彩销售站点	个	74
9.全年各类彩票销售收入	万元	7106

（丹徒区统计局）

表59

2016年丹徒区卫生机构、床位和技术人员情况

分类	机构（个）	床位数（张）	卫生技术人员（人）
总计	19	719	1129
区医院	1	280	432
中医院	1	80	65

续表

分类	机构（个）	床位数（张）	卫生技术人员（人）
中心卫生院	5	178	379
乡镇卫生院	7	165	104
社区卫生服务中心	1	16	51
卫生监督所	1	–	18
疾病预防控制中心	1	–	44
妇幼保健所	2	–	31
卫生进修学校	1	–	5

（丹徒区统计局）

表60

2016年丹徒区农作物种植面积与产量情况

项目	面积(公顷)	单产(千克)	总产量(吨)
一、粮食作物合计	27342.33	442	181236
（一）夏收粮食	11657.40	310	54292
1.小麦	11464.53	313	53794
2.元大麦	21.60	278	90
3.蚕豌豆	171.27	159	408
（二）秋收粮食	15684.93	540	126944
1.水稻	11898.93	606	108189
2.玉米	2510.40	400	15060
3.豆类	1015.73	132	2018
其中：大豆	967.40	132	1921
4.薯类（五折一）	259.87	430	1677
二、油料合计	4319.27	150	9726
1.花生	150.07	138	311
2.油菜籽	4081.73	152	9302
3.芝麻	87.47	86	113
三、棉花	11.53	69	12
四、蔬菜	3744.00	2079	116763
五、瓜果类	114.60	2560	4401
六、其他农作物	240.53	1330	4800

（丹徒区统计局）

表61

2016年丹徒区多种经营产品产量情况

项目	单位	数量
茶园面积	公顷	1073.33
茶叶产量	吨	340.6
果园面积	公顷	965
水果产量	吨	9814

续表

项目	单位	数量
造林面积	公顷	87
零星植树	万株	20.1
年末实有林地面积	万公顷	1.61
出栏肥猪	万头	10.26
猪肉产量	吨	7691
年末生猪存栏	万头	7.47
大牧畜年末头数	头	1989
羊出栏数	万只	1.02
羊年末头数	万只	0.71
羊肉产量	吨	132
牛奶产量	吨	6174
家禽当年出售和自宰数	万只	690
禽蛋产量	吨	9281
淡水养殖面积	公顷	3467
水产品产量	吨	16813
其中：鱼类	吨	12601
甲壳类	吨	3103
贝类	吨	789
其他	吨	320
人工育珠	千克	1000

（丹徒区统计局）

表62　**2016年丹徒区各镇（街道、园区）粮食作物面积与产量情况**

镇（街道、园区）	粮食作物总产量（吨）	夏收粮食			秋收粮食		
		面积（公顷）	单产（千克）	总产（吨）	面积（公顷）	单产（千克）	总产（吨）
合计	181236	11657.40	310	54292	15684.93	540	126944
高桥	12258	986.00	241	3571	1096.40	528	8687
江心	3613	162.40	312	760	357.60	532	2853
辛丰	27261	2014.00	312	9436	2411.00	493	17825
谷阳	17883	1109.80	285	4749	1748.80	501	13134
上党	34176	2005.07	304	9135	2985.73	559	25041
宝堰	21137	1420.80	258	5499	1788.27	583	15638
荣炳	23942	1495.47	274	6143	1885.13	629	17799
高资	16186	897.13	307	4125	1453.67	553	12061
世业	16188	1365.93	359	7348	1413.60	417	8840
新城（宜城）	3466	200.80	296	893	544.73	315	2573

（丹徒区统计局）

表63

2016年丹徒区城镇常住居民和农村常住居民主要指标情况

单位：元/人

城镇居民	绝对值	农村居民	绝对值
一、可支配收入	40891	一、可支配收入	18959
（一）工资性收入	25550	（一）工资性收入	11760
（二）经营性收入	5202	（二）家庭经营收入	4116
（三）财产净收入	3968	（三）财产性收入	766
（四）转移净收入	6171	（四）转移性收入	2317
二、消费性支出	25322	二、消费性支出	14072
（一）食品、烟酒	7255	（一）食品	3506
（二）衣着	1995	（二）衣着	892
（三）居住	5312	（三）居住	3331
（四）生活用品及服务	1484	（四）家庭设备、用品	1044
（五）交通通信	3706	（五）交通和通讯	2291
（六）教育文化及娱乐	3586	（六）文化教育、娱乐	1795
（七）医疗保健	1087	（七）医疗保健	676
（八）其他商品和服务	898	（八）其他商品和服务	536

（丹徒区统计局）

表64

2016年丹徒区城镇非私营行业劳动力分布情况

单位：人

项目	人数
农林牧副渔业	185
采矿业	-
制造业	26257
电力燃气及水的生产供应业	483
建筑业	2250
交通运输仓储及邮电业	359
信息传输计算机服务和软件业	293
批发零售业	893
住宿餐饮业	608
金融业	58
房地产业	578
租赁和商务服务业	537
科学研究和技术服务业	459
水利、环境和公共设施管理业	380
居民服务和其他服务业	-
教育	3279
卫生和社会工作	1182
文化、体育和娱乐业	40
公共管理、社会保障和社会组织	4419
总计	42260

（丹徒区统计局）

表65

2016年丹徒区农村劳动力分布情况

单位：人

项目	人数
一、农村劳动年龄内人口数	151455
其中：劳动年龄内上学的学生数	6221
劳动年龄内丧失劳动能力的人数	3807
二、超过劳动年龄而实际参加劳动的人数	16037
三、乡村实有从业人员合计	153534
其中：男从业人员	77018
女从业人员	76516
合计中：1.农林牧渔业从业人员	34255
2.工业从业人员	69292
3.建筑业从业人员	16556
4.交通运输和邮政从业人员	6219
5.信息传输、计算机服务和软件业从业人员	876
6.批发与零售从业人员	6731
7.住宿和餐饮业从业人员	4234
8.金融、保险从业人员	703
9.房地产、社会服务从业人员	4331
10.卫生、体育和社会福利从业人员	700
11.教育、文化、艺术和广播电视业从业人员	872
12.科学研究和综合技术服务业从业人员	191
13.乡经济组织管理从业人员	857
14.其他从业人员	7717

（丹徒区统计局）

附　　录

责任编校：刘　芳

民生指南

表66

2016年丹徒区重要性、规范性文件

文件名	文号	发文日期
关于实施年轻干部队伍建设“131工程”的意见	镇徒发〔2016〕33号	2016.3.21
中共镇江市丹徒区委《关于开展区级机关“效能革命”的实施办法》	镇徒发〔2016〕36号	2016.3.28
中共丹徒区委、丹徒区人民政府关于推进供给侧结构性改革的实施意见	镇徒发〔2016〕90号	2016.6.15
中共丹徒区委、丹徒区人民政府关于开展“强村富民达新标”行动的实施意见	镇徒发〔2016〕121号	2016.7.11
中共丹徒区委、丹徒区人民政府关于推进现代化农业建设迈上新台阶的实施意见	镇徒发〔2016〕122号	2016.7.11
镇江市丹徒区委办公室关于印发党委党组意识形态工作责任制实施细则的通知	镇徒办发〔2016〕25号	2016.4.29
关于调整和精减区政府设立的各类议事协调机构的通知	镇徒政办发〔2016〕7号	2016.3.7
关于印发《丹徒区严肃财经纪律和“小金库”专项治理工作实施方案》的通知	镇徒政办发〔2016〕12号	2016.3.16
关于印发《关于扶持丹徒新城电商物流园发展的实施办法》的通知	镇徒政办发〔2016〕17号	2016.3.23
关于印发《2016年丹徒区人力资源和社会保障工作要点》的通知	镇徒政办发〔2016〕18号	2016.3.29
关于印发《关于建立双随机抽查机制加强事中事后监管的实施方案》的通知	镇徒政办发〔2016〕36号	2016.6.3
关于印发《丹徒区税收征管保障工作考核办法（暂行）》的通知	镇徒政办发〔2016〕42号	2016.7.14
关于实施证照联动加强事中事后监管工作的意见	镇徒政办发〔2016〕52号	2016.8.9
关于建立丹徒区道路交通安全综合治理工作机制的实施意见	镇徒政办发〔2016〕56号	2016.8.11
关于印发《丹徒区国有土地使用权出让金使用管理暂行办法》的通知	镇徒政办发〔2016〕79号	2016.12.28
关于印发《镇江市丹徒区城乡居民基本养老保险实施办法》的通知	镇徒政规发〔2016〕1号	2016.7.26

（张　樊　倪羽娟）

表67

2016年丹徒区文化作品获奖情况

序号	作品名称	作品类别	创作单位(个人)	所获奖项	获奖级别	获奖（出版）时间	活动名称	主办单位(出版社)
1	《迎娶》	摄影	张孝才	入选	国家级	2016.11	《中国摄影》杂志	《中国摄影报》社 江苏省摄影家协会
2	《雾锁石潭》	摄影	张孝才	入选	省级	2016.11	江苏“群星”美术书法摄影提名展	江苏省文化馆
3	《月映夏洛多吉》	摄影	张孝才	入选	省级	2016.11	江苏“群星”美术书法摄影提名展	江苏省文化馆
4	《晨曲》	摄影	张孝才	入选	省级	2016.11	江苏“群星”美术书法摄影提名展	江苏省文化馆
5	《等一等》	少儿故事	陈　燕	创作二等奖	市级	2015.12	镇江市第27届少儿创作故事大赛	镇江市委宣传部 镇江市文广新局
6	《我的名字庞哥》	少儿故事	张丽萍	创作三等奖	市级	2015.12	镇江市第27届少儿创作故事大赛	镇江市委宣传部 镇江市文广新局
7	《我的名字庞哥》	少儿故事	束睿琛	表演二等奖	市级	2015.12	镇江市第27届少儿创作故事大赛	镇江市委宣传部 镇江市文广新局
8	《等一等》	少儿故事	帅成卓尔	表演三等奖	市级	2015.12	镇江市第27届少儿创作故事大赛	镇江市委宣传部 镇江市文广新局
9	《我的名字庞哥》	少儿故事	张小英	优秀辅导奖	市级	2015.12	镇江市第27届少儿创作故事大赛	镇江市委宣传部 镇江市文广新局
10	《我的名字庞哥》	少儿故事	张丽萍	优秀辅导奖	市级	2015.12	镇江市第27届少儿创作故事大赛	镇江市委宣传部 镇江市文广新局
11	《歌唱家》	摄影	张孝才	金奖	市级	2016.1	镇江市文化馆（站）业务干部技能大赛	镇江市文广新局 镇江市文化馆
12	《金色阳光》	美术	赵建平	金奖	市级	2016.1	镇江市文化馆（站）业务干部技能大赛	镇江市文广新局 镇江市文化馆
13	《山水》	美术	丁建中	银奖	市级	2016.1	镇江市文化馆（站）业务干部技能大赛	镇江市文广新局 镇江市文化馆
14	《徐渭题水仙竹石图》	书法	丁建中	银奖	市级	2016.1	镇江市文化馆（站）业务干部技能大赛	镇江市文广新局 镇江市文化馆
15	《千古一醉》	舞蹈	李　铮	银奖	市级	2016.1	镇江市文化馆（站）业务干部技能大赛	镇江市文广新局 镇江市文化馆
16	《母亲》	音乐	潘永军	铜奖	市级	2016.1	镇江市文化馆（站）业务干部技能大赛	镇江市文广新局 镇江市文化馆
17	《梨花颂》	戏剧	张小英	铜奖	市级	2016.1	镇江市文化馆（站）业务干部技能大赛	镇江市文广新局 镇江市文化馆
18	群文理论	理论	李　铮 朱　倩	三等奖	市级	2016.1	镇江市文化馆（站）业务干部技能大赛	镇江市文广新局 镇江市文化馆
19	《耘耥号子》	音乐	文化馆	三等奖	市级	2016.9	镇江市第四届群众文艺汇演	镇江市文广新局 镇江市文化馆
20	《幸福山歌》 《中国味道》	广场舞	文化馆	三等奖	市级	2016.10	“绚丽人生 舞动奇迹”2016年镇江市广场舞大赛	镇江市文广新局 镇江市文化馆

（刘敏怡）

表68

2016年丹徒区广播电视作品获奖情况

序号	作品名称	创作单位（个人）	所获奖项	获奖级别	获奖（出版）时间	活动名称	主办单位(出版社)
1	《农房保险政府买单 不要群众花一分钱》	王 芸 姜 莉	三等奖	市级	2016.1	镇江广播新闻奖短消息	镇江市文化广电新闻出版局
2	《女子被压车底危在旦夕 众人自发组织抬车相救》	吴国庆 王秋琴 曹 磊 蒋蕴生	三等奖	市级	2016.1	镇江电视新闻奖短消息	镇江市文化广电新闻出版局
3	《百岁老人的幸福生活》	赵文雯 孙镇凯 蒋蕴生 张 静	二等奖	市级	2016.1	镇江电视新闻奖长消息	镇江市文化广电新闻出版局
4	《陈士喜：用工匠精神去传承老手艺》	潘 珂 孔赵祥	三等奖	市级	2016.1	镇江电视社教奖短纪录片	镇江市文化广电新闻出版局
5	《女检察官：执着逐梦 守护公平正义》	赵文雯 詹硕超 王 江 张 静	三等奖	市级	2016.1	镇江电视社教奖短纪录片	镇江市文化广电新闻出版局
6	《红心火龙果点缀江中绿岛》	王 芸 张 璟 孙镇凯 曹 磊	三等奖	市级	2016.1	镇江电视社教奖科普节目	镇江市文化广电新闻出版局
7	《环保系列公益广告》	唐丹青 宫晶晶 孔赵祥 赵文雯	三等奖	市级	2016.1	镇江电视社教奖公益广告	镇江市文化广电新闻出版局
8	《泡茶的人——丑石》	宫晶晶 赵文雯 詹硕超 张 静	二等奖	市级	2016.3	镇江广播文艺奖艺术片	镇江市文化广电新闻出版局

（刘敏怡）

丹徒的“中国好人”

近年来,丹徒区涌现出一批群众身边的好人,成为可敬可感、可信可学的道德典型。他们来自基层、来自各行各业,每人都有着感人至深的先进事迹。2008～2016年,赵宇振等6人先后荣登“中国好人榜”,分获敬业奉献好人、孝老爱亲好人、诚实守信好人、见义勇为好人等称号。他们的善行义举,影响和带动全社会弘扬道德精神,传播社会正能量,促进社会和谐。

“敬业奉献好人”赵宇振

图55

赵宇振,1964年9月出生,1988年5月参加公安工作,1999年10月加入中国共产党,现在丹徒区公安局交警大队高资中队工作。从警近20年来,赵宇振亲手处理、抓获的犯罪嫌疑人近300人,查处违法犯罪案件超过百起。先后5次被丹徒公安分局评为先进工作者,6次被丹徒公安分局党委评为优秀共产党员,1次受镇江市公安局嘉奖。2000年被评为镇江市十佳优秀交巡警,2001年在创建平安大道中被评为江苏省先进个人,2003年在“讲文明 讲诚信 树形象 展风采”活动中被评为全市公安系统“优秀形象民警”。2006年,他不顾生命危险勇斗劫车歹徒的事迹受到省公安厅表扬并被媒体报道。2008年,获“中国好人”称号。

“孝老爱亲好人”宋正凤

图56

宋正凤,1970年生,镇江市丹徒区宝堰镇前隍村村民。她身高只有0.8米,在大多数人眼里无疑属于“残疾人”,但是在了解她的村民心中,却是一位值得尊敬的“微型妈妈”。年轻时候的宋正凤,曾因身体原因两次错失做妈妈的机会。就在她以为今生再也不能拥有“为人母”的幸福时,同村人在外地捡到一个刚出生3天的女婴交由她抚养。宋正凤从此以一副“残疾”的身躯和一双孱弱的肩膀,承担起一个普通母亲的职责,以超乎常人的毅力和浓浓的母爱,克服生活中的几多艰辛,终把女儿培养成一名大学生。“微型妈妈”的故事,受到人民网、腾讯、搜狐、新浪等主流网站的关注,网络搜索有近100万条相关信息。2011年,被评为镇江市“大爱之星”;2012年12月,获“中国好人”称号。

“诚实守信好人”曹胜辉

图57

曹胜辉,1974年生,江苏(镇江)力帆胶囊有限公司董事长。他本着“诚敬做产品”的理念,对产品质量不懈追求,凭借诚信经营,赢得国内外客户的依赖,与众多医药龙头企业建立稳定的合作关系,不断扩大市场份额,从2001年建厂到现在年产医用胶囊过百亿粒,位列同行业全国前三。多年来,他坚持资助失学儿童,多次向灾区捐款捐物。2013年7月,获“中国好人”称号。

图58

“诚实守信好人”凌秀英

凌秀英，1912 年5 月生，家住丹徒区宝堰镇前隍村，是位百岁老人。她为了一个庄严的承诺，70 年来每到清明、农历七月半和大年三十，都会领着家人、带着祭品祭扫无名烈士墓，为儿孙讲述英雄故事。2014 年，凌秀英被评为“感动镇江十大人物”；2015 年6 月，获 “中国好人”称号。

图59

“见义勇为好人”贺丽明

贺丽明，1982 年生，丹徒区谷阳镇乖乖幼儿园教师。她热爱本职工作，视学生如自己孩子，给予他们无限的温暖和关爱。因为工作积极出色，深受学校和家长好评。在一次家访时，3 米多高的水泥柱被大风刮倒，千钧一发之际，她以自己血肉之躯挡住突然倒塌的水泥柱，完好护住3 名幼童。2015 年5 月，获 “江苏好人”称号；2015 年6 月，获 “中国好人”称号。

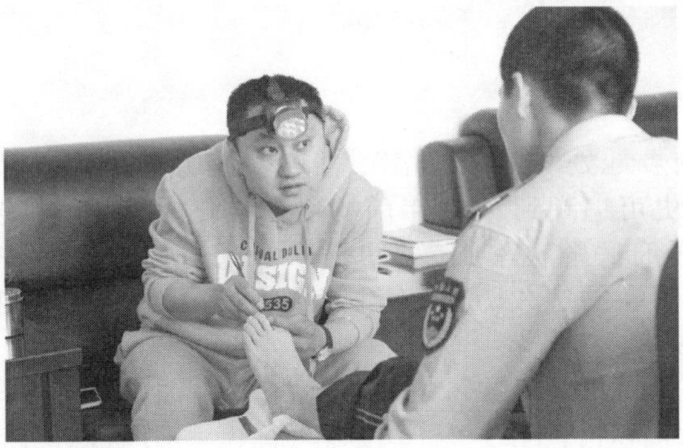

图60

“助人为乐好人”陈杰群

陈杰群，1979 年生，是一名普通的修脚师傅，但他的网名 “陈一刀”在镇江乃至全省鼎鼎大名。他用自己的手艺帮助过的人无数，坚持做公益8 年多。他在民政部门注册成立 “镇江聚力手艺人公益服务中心”，该团队属镇江唯一的特殊公益群体，全国罕见，填补了公益项目中技师类的空白。江苏卫视、江苏新闻公共频道、金山网、扬子晚报、镇江日报、京江晚报、镇江电视台民生频道、新闻频道、资讯频道、丹徒电视台等均报道过他的事迹，中国文明网、搜狐新闻、金山网等媒体存有大量有关他和镇江艺人公益活动图片和视频资料。2016 年1 月，获 “中国好人”称号。

（丹徒区政协文史委、丹徒区文明办）

丹徒区非物质文化遗产选介

近年来，丹徒区积极组织非物质文化遗产的申报工作。至2010 年，董永传说、丹徒南乡田歌、丹徒上党挑花、宝堰双推车、丹徒高资石雕、丹徒南乡服饰、宝堰米酒酿造技艺、高资跳面的制作技艺被列为镇江市非物质文化遗产。2007 年3 月，董永传说、丹徒南乡田歌、丹徒上党挑花被列入江苏省第一批非物质文化遗产名录；2009 年6 月，宝堰双推车被列入江苏省第二批非物质文化遗产名录。截至2015 年底，丹徒区共有省级非物质文化遗产4 项、市级非物质文化遗产8 项、区级非物质文化遗产44 项。2016 年6 月，新增2 项区级非物质文化遗产。以下仅介绍列为省、市级非物质文化遗产项目的情况。

董永传说

图61　　七仙桥（原名大龙桥）遗址

（丹徒区槐荫村提供）

董永与七仙女的传说是中国历史悠久、传播区域很广的传统民间故事。镇江丹阳、丹徒民间不仅广泛流传着董永传说，在地方志书中也早有记载。丹阳延陵镇有一座"望仙桥"，据元代《至顺镇江志》(1333年)记载："望仙桥，在延陵镇南。俗传汉董永孝行感于天帝，令织女为永妻，织帛偿所负，毕，凌空而去，时人在桥上望之，故名。其地为董陂，有董墓在焉"。这个历史记载证明，董永传说至今流传近700年。

离丹阳延陵镇不远的丹徒上党镇有个槐荫村，便是传说中董永卖身帮工并与七仙女成婚的地方。村上姓傅的人家很多。至今在丹徒上党镇槐荫村里还有七仙桥、七仙池、上天台以及老槐树等相关传说中的景观遗址。村民为纪念董永和七仙女的结合自发修建了槐荫庙。庙门口有副楹联：董郎乃是耕田汉，仙姑实属纺织女。表达村民们对"男耕女织"美好生活的期盼和想象。流传在丹阳、丹徒的董永传说，数百年来一直和当地的地名、村落等巧妙地结合在一起，并流传有关董永故事的各种异文传说及有关轶文。

由于董永传说描写董永的孝行和诚实、七仙女的善良和勤劳，又由于故事的传奇色彩，因而得到广泛传播。但因多年来，行政规划的经常调整，不少遗迹年久失修，许多故事传承人年事已高，亟须进一步明确保护范围和职责，以使这一传说生生不息，一代一代向下传。

丹徒南乡田歌

图62　　民歌《南乡田歌》舞台表演

（丹徒区文广体局提供）

丹徒南乡地处"吴头楚尾"，当地农民劳动伴歌成为习俗。其历史可追溯到7000年前的耕作文化时期。千古绝唱的南朝乐府民歌《华山畿》便是采录于丹徒南乡的华山村。南乡田歌的悠久历史，使其拥有歌乡之誉，在全国具有一定影响。

田歌，又称"秧田歌"，是长江流域广大稻农耕田、车水、插秧、耥草时传唱的一种民歌。丹徒南乡田歌以传统田歌形式记载着一年农事中的生产过程和生产习俗，保存丰富的耕作文化积淀，具有优美、鲜明的音乐旋律。田歌声调高亢，嘹亮，是劳动人民在生产劳动中的一种艺术创造，既抒发情坏，又解除疲劳，又能陶冶性情，增加劳动的乐趣，是先辈们传下的音乐教科书，也是研究江南稻作文化的活态资料，具有重要的传承价值。

丹徒南乡田歌著名歌手孙阿英，从小跟着祖辈们在田头生产劳动的过程中，学会许多原生态的田间劳动山歌，并把田歌传承到艺术舞台，在首届江、浙、沪吴歌大赛上获女歌王称号；丹徒南乡上党海燕村田歌队在江苏省第二届农民艺术节和长三角地区"嘴上功夫"大赛上获金奖。丹徒南乡田歌，在一定程度上代表着江南水乡的文化特征。随着社会的飞速发展，生产劳动形式发生巨大改变，丹徒南乡田歌正处于一种自然流失状态，如何保存以歌谣形式记载着生产习俗的南乡田歌有着极其重要意义。

丹徒上党挑花

上党挑花，是民间刺绣中最具群众性的民间工艺品，又称十字针、十字花，即在平布上面依纱眼用绣花针挑上十字形各种图案。

挑花的图案布局严谨，在对称中求变化，有菱形、对角形、正梯形。色彩以大红、桃红、淡黄等为主色调。一般在白布或浅蓝布上，挑上各种立体感强的图案。上党挑花刺绣品中，绝大部分是生活用品，如帐帘、枕套、床单、围腰、鞋垫、荷包等，以表达对美好生活的寄托，图案大多有民俗涵意如蝙蝠（福）、桃（寿）、桂花（贵）、芙蓉（富）、莲子（连）、鱼（余）等等。

挑花一般不用纹样，按照挑花者的意愿，即兴创作，自由发挥，具有淳朴、清新的艺术特色，绣品往往既是生活实用品，又是艺术观赏品。上党挑花的作者多是生活在丹徒南乡的广大农村妇女，挑花艺术凝聚着历代江南水乡农村妇女追求祥和、欢庆、亲情与美好的情感，体现上党农村妇女对美好生活的追求。通过各种不同图案，记录水乡妇女传统礼俗和祈盼，有研究江南妇女服饰审美的价值。

图63　上党桃花技艺及作品

（丹徒区文广体局提供）

上党挑花是中国汉族地区少有的一、二个最具群众性挑花流传地区之一。《人民画报》曾用两个版面，以“丹徒乡绣”为题，专门介绍上党的挑花和服饰。

随着农村城市化进程的推进，农村人民生活愈来愈现代化，带来服饰的现代化。上党挑花“实用性”的流失，使其“艺术性”也受到冷落。目前会挑花工艺的农村妇女愈来愈少，特别是年轻人。如何对挑花工艺进行列项抢救和保护，成为保护传统工艺的一件刻不容缓的工作。

宝堰双推车

舞蹈《双推车》是流传在丹徒县宝堰乡坞村一带的民间舞蹈，是当地人在南宫庙会庆典活动中表演的传统节目之一。

《双推车》主要道具是两辆木制手推车及新娘的假腿。表演者有2名浪子（后改新郎），2名新娘和2名车夫。舞蹈时浪子领车，新娘坐车，车夫推车原民间舞蹈虽有曲调，但属无伴奏，演员的舞步随锣鼓点前后以串八字为舞台调度跑场，领唱合唱交替进行节奏明快而流畅，气氛欢快而热烈，充满浓郁的生活气息和独特的地方色彩。唱词多取材于历史故事和民间传说。

图64 民间舞蹈《双推车》表演现场　（褚培培　摄）

民间舞蹈《双推车》的风格特点是：“舞不离车，二车紧随，生动活泼，诙谐风趣。该舞蹈1983年经丹徒文化馆民间舞蹈集成挖掘整理，复排后参加江苏省“苏南片民间舞蹈调演(常州)。1994年经过重新改编创作的民舞《双推车》参加中国镇江第二届“金山之光”艺术节广场开幕式演出，获得中外游客好评。1995年，为庆祝丹徒电视台开播广典，丹徒县举办“走向辉煌”大型文艺晚会，特邀南京军区前线歌舞团与文化馆组台演出，舞蹈《双推车》受到专业团体好评。1996年，《双推车》经再次修改提练参加镇江市第三届金山之光艺术节“金秋盛会”群文调演，获一等奖。

丹徒高资石雕

高资石雕，历史悠久。早在东汉时期，雕画大师卫改“选择名山，南山之阳，抉取妙好，色无斑黄，前设坛坦，后建祠熳雕刻文画，罗列成行”，使“武氏墓群石刻”流传千古，被称为古代民族文化的艺术瑰宝。

高资石雕精品众多，雕刻技法独特，取材于当地盛产的大理石，选料考究，做工精细，规格不一，品种繁多。主要以雕刻龙亭龙拄、琼楼玉阁、飞禽走兽、人物花草，器皿为擅长，有圆雕、线雕、浮雕、平雕四类之分，既有古老的魅丽，又有典雅明快的现代艺术风格，在海内外享有“巧夺天工”“石破天惊”之盛誉。高资石雕工艺吸收木刻、玉雕等技术之长，运用高科技手段，将当地朴实无华的大理石，雕刻成千姿百态的现代工艺品，登上大雅之堂，装点着社会的祥合，增添现代生活的风韵，具有时代精神的石雕作品，体现高资人民对真善美和幸福生活的向往，显示出民间艺术的生命力，给人以不屈不挠，奋发向上的力量。

图65　　高资石雕作品　　（丹徒区文广体局提供）

丹徒南乡服饰

丹徒南乡服饰是丹徒南乡农村妇女最具群众性的传统民俗服饰，既是当地人民群众生活的实用品，又是人们爱不释手的精美服饰手工艺品，具有浓郁的乡土之情和朴素纯真的地方特色。自明清以来，丹徒南乡的服饰制作成为丹徒南乡评价妇女才干的主要条件之一。

图66　　南乡服饰代表作品　　（丹徒区文广体局提供）

南乡人“女工”手艺巧，自古有“谁家女子巧，要看针线好”之说，其服饰和当地妇女人生礼仪风俗有关，从做毛毛衣、绣老虎肚兜起，到姑娘给自已做婚礼服、绣花鞋，一直到做老年妇女颜色单一的衣服为止，记录妇女人生，代代相传。清朝戴九灵在《插秧妇》的诗中曰：“清袯蒙头作野妆，轻移莲步水云乡，裙翻蛱蝶随风舞，手学蜻蜓点水忙”。诗中就描绘了田间妇女在插秧时，头戴青色头巾，身束围裙的情景。南乡女工手艺有深监藏青的土布土衣，有滚着吉祥花边的围裙，有纹图的腰带，有挑花的老虎兜、老虎鞋，图案有“罗汉钱、如意、菱花、桂花、福、禄、寿、喜”等。

南乡服饰的面料多以土布为主，过去由木制的机械纺染布，衣裤以深蓝、藏青色为主，头巾以白色或黑白相间为主，通过染色裁剪，按自已的丰富想象绣出花草、动物、植物等吉祥图案，并利用字的读音，反映出她们的心中愿望和深刻寓意。如绣出鲢鱼，谐音出“年年有余”；绣出五只蝙蝠，谐音出“五福临门”；绣出喜鹊梅花，谐音出“喜鹊闹春”等，不仅在读音和意义上构成形象化的寓意，更在形式上构成一幅幅赏心悦目、喜庆吉祥的朴素图案，千秋各异，令人惊叹。

宝堰米酒酿造技艺

图67　　宝堰米酒制作主要环节

（丹徒区文广体局提供）

宝堰米酒又称为“三仙酒”，源自清代，当时家家有作坊，家家有酒缸，镇上以“铭记、公泰和、怡和”等酒行最为有名。宝堰米酒色泽淡黄，黄中透红，色泽均匀，无沉淀，随着贮藏时间的延长米酒的颜色逐渐变浓，无人造色素，是天然谷物汇集而成的天然饮品。

在宝堰镇，流传着有关“三仙酒”的故事。传说在古时的一个八月半，有三位仙人奉玉皇大帝之命来到宝堰取人间美酒，由于宝堰米酒甜美淳香，三位仙人醉卧石桥上，“三仙桥”由此得名，宝堰米酒也改称为“三仙酒”。又有传说是张果老、铁拐李和吕洞宾三位仙家去东海拜见观音老母，路过宝堰时正逢一队农民推着米酒走在街头的一座石桥上，闻得酒香，三位仙家便向农民讨酒喝，每人喝两坛后，铁拐李又用宝葫芦装满，不料在醉意中宝葫芦掉下桥去，铁拐李赶忙跳下河摸了半天终于找到，三位仙家酒后飘然而去，石桥由此得名“三仙桥”，至今仍在沿用。

宝堰米酒是用当地种植的精良大米通过多种制作工艺酿制而成。首先将米淘洗干净，用冷水泡4 ～5 小时，笼屉上放干净的屉布，将米直接放在屉布上蒸熟。蒸熟的米放在干净的酒缸里，待温度降到30 ～40 度时，拌进酒药，用勺把米稍压一下，中间挖出一洞，然后在米上面稍洒一些凉白开，盖上盖，放在20 多度的地方，经过30 小时左右即可出味。入口后有一股淡淡的酸味，酸中透着香、无苦无涩、气味醇正、味美可口。

宝堰米酒含有极其丰富的营养成份，即是营养品，又是保健品，即是调味品，又是药品，是其它酒所不能替代的极品佳酿。

高资跳面的制作技艺

高资镇专门的跳面制作源自清代，至今已有200 多年的历史。跳面是高资饮食文化中的一大特色，是选用当地面粉压揉制成。

其制作方式，首先将当地出产的面粉摆上案板，进行和团揉搓，然后将一根固定在一块案板上的跳面杆压住面团。制面师傅的半个身子坐在跳面杆的一端，脚尖轻轻一点地面，就开始一上一下地有节奏地“跳压”面团，在跳的过程中，面团经过强有力的挤压会变得十分有劲道。跳面杆在面团上压揉，需压紧压实，最后把面团压成薄片，这过程大约需花费2 个小时。然后将压好的薄面皮，叠成多层，用“切面刀”在案板上动作麻利把面皮切成2 至3 毫米的宽度，这期间要聚精会神，细致小心，切好的面条将是一丝丝的，切口保持整齐，然后将薄面条提在手上抖开来，一一摆好，才能大功告成。

图68　　高资跳面制作过程

（丹徒区文广体局提供）

高资跳面紧实，有韧性，下锅不容易烂，而且吃起来特别有咬劲，口感非常好，这种纯手工的面条可保持面粉原有的营养成分不流失，上百年来，成为人们喜爱的早餐美味，其盛誉广为流传。

索 引

责任编校:李东东

说明

一、本索引采用主题分析方法编制,标引词按第一字汉语拼音字母音序排列。

二、标引词后的阿拉伯数字表示内容所在页码,数字后的英文字母a、b、c分别表示从左至右第一、二、三栏。

三、大事记、插照和彩色画页未作索引。

A

B

C

D

E

F

G

H

J

K

L

M

N

镇江市丹徒区史志办公室

2016年4月26日，省地方志办公室副主任牟国义（右二）调研丹徒区史志工作

2016年，联合承办丹徒区首届大众摄影节（图为10月16日开机仪式现场）

2016年5月23日，市、区史志办领导调研名镇名村资源

2016年8月29日，指导编修《荣炳志》

2016年6月13日，党史二卷本通稿座谈会

2016年9月19日，组织退休老干部参观四县抗敌总会纪念馆

镇江市丹徒区总工会

2016年4月19日，举行职工技能提升暨重点工程立功竞赛活动启动仪式

2016年4月1日，开展“阳光经审”业务培训

2016年4月29日，举办庆五一文艺晚会

2016年，丹徒区各级工会组织明确方向，尽心履职，多项工作实现突破和提升。全区职工技能提升暨重点工程立功竞赛活动启动仪式在高校园区江苏科技大学新校区建设现场举行。签订综合性集体合同67份，覆盖企业1356家，签订企业工资专项集体合同460份，为2.4万余名职工办理互助互济保障，赔付和慰问金额42万元。丹徒区职工活动中心羽毛球、篮球、乒乓球等主要场馆于年底完成装修并投入使用。通过建联动机制、晒账单问题、筑信息平台等一系列“阳光”式做法，推动经审工作向事前、事中监督与服务并举转型。镇江市丹徒区总工会被市委、市政府评为“六五”普法先进单位，蝉联全省工会财务会计工作竞赛一等奖，连续2年获市总工会工作目标考核一等奖和全区机关绩效考核“十佳单位”称号。

职工活动中心羽毛球、篮球、乒乓球场馆投入使用

共青团镇江市丹徒区委员会

2016年，丹徒区各级团组织聚焦青年所需，服务青年所求，瞄准“最该干”、聚焦“能够干”、围绕“必须干”、坚持“创新干”，深化“教育引导、建功发展、成长服务、枢纽组织”四大体系，开展“青春建功实力丹徒、青春圆梦幸福丹徒、青春助力生态丹徒、青春共筑和谐丹徒”四大行动，引领青年向上向善，服务青年成长成才，助推青年建功立业。

2016年11月5日，“青春相伴 共促发展”北汽青年看丹徒活动启动仪式

2016年12月16日，开展团干部素质拓展活动

2016年4月13日，团省委“下沉”干部到丹徒区调研

2016年4月1日，全区团干部清明祭英烈

2016年5月20日，协办省农村青年创业协会“政企面对面”活动

镇江市丹徒区科学技术协会

2016年11月28日，丹徒区科协第五次代表大会在区政府八楼会议室召开

2016年9月15日，丹徒区科协主席钱立宪（左二）到省大港中学机器人活动室调研

2016年，镇江市丹徒区科学技术协会立足“四服务一加强”工作职责，团结和组织全区广大科技工作者开拓创新、锐意进取，完成年初确定的各项任务，在全市科协系统目标责任制考核中被评为优秀单位。以促进经济发展为核心，联合区财政局实施“科普惠农兴村计划”，发放奖补资金28.5万元，茗缘茶叶专业合作社被评为国家级科普示范基地。以提升全民科学素质为根本，分类实施“四大行动计划”，创新开展科普宣传周、全国科普日等科普主题活动，区科协被省科协评为全国科普日优秀组织单位。以夯实基层基础为重点，推进组织网络建设，成立区农村专业技术协会，筹建机器人培训室。突出能力建设，实施创新能力提升计划，被省科协评为县级科协“四服务一加强”单项工作创新案例。

2016年12月20日，镇江市科协科普部部长章奇特（右）为茗缘茶叶专业合作社授牌

2016年5月12日，丹徒区第28届科普宣传周活动在上党镇举行

2016年11月23日，丹徒区农村专业技术协会成立大会在区政府八楼会议室召开

镇江市丹徒区残疾人联合会

2016年3月7日，江苏省残联副理事长杜晓镇（左二）调研丹徒区残疾人扶贫基地

2016年11月8日，组织到市残联托养中心调研

2016年5月12日，开展第二十六次全国助残日活动

2016年，丹徒区残疾人联合会加强残疾人工作者队伍建设，提升残疾人工作者的综合素质和服务能力。督促各单位安排残疾人就业，加大残疾人就业保障金征收力度,全区年审企业3986家，保障金入库463万元；完成各类残疾人生活救助和补贴的发放工作，全年向重残人员发放生活救助1273.45万元；全年慰问贫困残疾人100余人，发放慰问金6万元。

2016年10月22日，举办丹徒区农村贫困残疾人实用技术培训班

2016年5月19日，组织丹徒区镇、街道理事长到南通参观学习

镇江市丹徒区红十字会

2016年,镇江市丹徒区红十字会履行《红十字会法》赋予的职责，当好政府人道工作的助手。选派4人参加镇江市红十字会、市机关工委、市职工教育培训技能竞赛领导小组联合举办的全市应急救护技能竞赛，激励丹徒师资投身应急救护培训工作。与团区委、区文明办联合开展造血干细胞血样集中采集活动，共采集血样49份，并在活动现场发放有关普及捐献造血干细胞知识的宣传手册；与区级机关工委、区文明办联合开展“博爱在丹徒、人道万人捐”活动；开展1955年前入党农村老党员慰问活动，共发放慰问金8万元；会同区疾控中心开展麻风病和艾滋病特困户慰问活动，赠送大米、棉被等生活用品；与区教育局联合开展“爱心一元捐”活动，通过发动社会力量，增强红十字会的救助实力。

2016年5月13日，与团区委、区文明办在丹徒区人民广场联合开展造血干细胞血样集中采集活动

2016年5月9日，镇江市丹徒区人民医院成功创建镇江市丹徒红十字医院

2016年12月27日,慰问1955年前入党农村老党员

2016年12月30日,会同区疾控中心开展麻风病和艾滋病特困户慰问活动

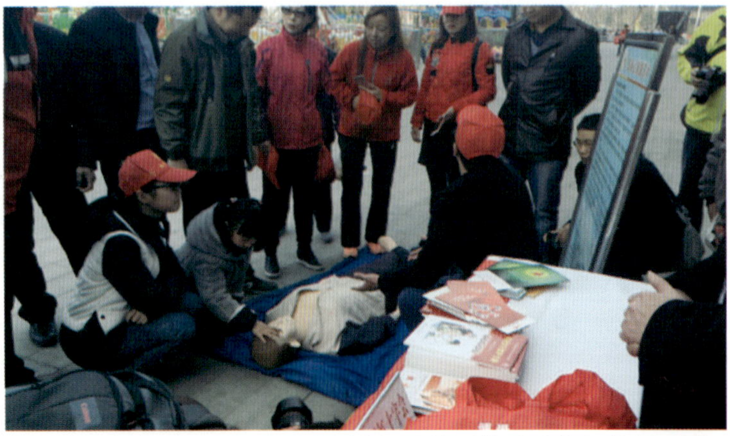

2016年3月2日，组织志愿者开展“学习雷锋好榜样.践行核心价值观”活动

高桥·“中国雪地靴之乡”

2016年4月15日，“中国雪地靴之乡”专家评审会召开

雪地靴产业作为丹徒区高桥镇的传统富民产业，通过近几年的快速发展，现有私营企业112家，个体工商户425家，其中规模企业21家，电商1200余家，拥有省级著名商标3个、市级知名商标5个。近两年产业销售都保持10%以上的增长速度，市场占有率35%以上，全镇年产各类裘皮鞋1000万余双。2016年，全镇从事裘皮行业的职工8000人，年均工资超过45000元，全镇雪地靴产业行业知名度和市场认可度得到提升，先后创成“省级电子商务示范镇”“中国雪地靴之乡”等称号。

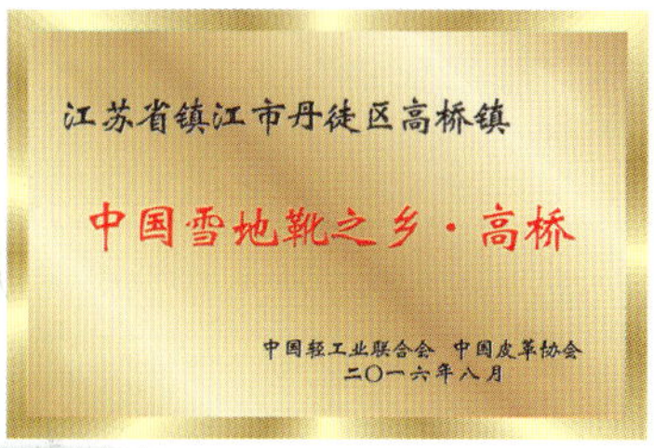

高桥七彩桥雪地靴电商服务区

雪地靴产品展示

高桥吉盛皮业

金德利鞋业有限公司

河运名镇 崛起辛丰

江苏希西维轴承有限公司

清丽华庭集镇商贸综合体

2016年，辛丰镇按照“十三五”开局之年的总体要求，依托连淮扬镇高铁建设和丹徒城铁站建设为契机，发挥大运河黄金水道的优势，发展沿河物流、沿线商贸服务和高端制造业，在项目建设、转型升级、创新驱动三个方面实现新突破。全年完成固定资产投资21.39亿元，其中工业固定资产投资14.54亿元，完成工业技改投资3.73亿元，实现工业总产值197.99亿元，高新技术产业产值66.3亿元，实到外资及港澳台资1453万美元，实现一般公共预算收入1.02亿元；有序推进江苏苏建路桥、江苏美科医疗等市、区重点项目建设；新增省科技企业3家，申报省级项目4个、区级项目3个、区第一批长山计划1个。

2016年2月22日，在文体大观园开展法律知识宣传活动

2016年4月17日，丹徒区第二届“冷遹杯”徒步大会在辛丰镇黄墟村举办

2016年6月23日，举行辛丰第三届门球邀请赛

运河丹徒辛丰段

原盐产地 山水荣炳

2016年3月16日，区委书记陈琳（左三）到荣炳诗书画社调研

2016年5月26日，市领导到荣炳农家书屋调研

2016年，荣炳盐资源区经济实力迈上新台阶，全年实现地区生产总值13.04亿元，一般公共预算收入4813万元。项目建设创出新业绩，护眼玻璃防护屏项目进入设备调试阶段；新型铝材加工项目正在进行厂房基础建设；“强村富民物流经济园”项目完成14幢厂房建设，入驻企业4家；横塘湖旅游综合开发项目完成投资近1200万元。民生改善实现新提升，持续优化村庄环境；完成公交站场选址和方案制定，中小学内部设施改善基本完成，异地新建幼儿园主体工程完工，村村建成群众健身娱乐广场。鼓励党员户种植高标准稻鸭、稻蛙示范农田，以点带面促进全园区现代农业发展，带领农民致富。荣炳盐资源区先后获“中华诗教先进单位”和“江苏省散装水泥示范镇”称号。

2016年7月5日，机关干部到荣炳参加抗洪防汛

2016年4月2日，举办摄影界花海骑行活动

稻鸭共作

丹徒区谷阳镇

2016年3月9日，省委常委、组织部部长王炯（前右一）调研谷阳镇党建工作

2016年4月24日，中央办公厅领导调研谷阳镇精神文明建设工作

谷阳镇位于镇江市南郊、丹徒区中部，区域总面积46.75平方千米，辖11个行政村，总人口近3万人。近年来，该镇逐步形成高端装备集中区、生态文明先行区、特色旅游发展区、现代农业服务区四大特色板块，镇域经济社会健康稳定发展。2016年，谷阳镇实现地区生产总值24.35亿元，一般公共预算收入1.04亿元，完成固定资产投资20.03亿元，实际利用外资及港澳台资356.1万美元；实现社会消费品零售总额5.45亿元，研发经费支出1.33亿元，高新技术产业产值108.3亿元，农村居民人均可支配收入20268元。

2016年8月28日，落户谷阳镇工业园的镇江盐商冷链物流园举行开园仪式

2016年8月9日，举办“情缘槐荫，七夕东方”文艺晚会

2016年1月27日，举行谷阳镇第十二届“双阳”文化艺术节开幕式

落户谷阳镇的江苏晋工机械有限公司

谷阳镇跃进河风光带

汽车之城

上党镇位于镇江市丹徒区南部，122省道、宜城大道、扬溧高速、沪蓉高速公路穿境而过，区位优势突出，生态环境优美，是镇江人汽车梦的圆梦之地。现拥有汽车整车制造及汽车零部件生产为主导产业的高端装备制造产业园2个，分别是镇江生态汽车产业园（规划占地21.93平方千米）、上党生态汽车配套产业园（规划占地200公顷），总投资120亿元的北汽华东（镇江）产业基地一期项目于2016年7月28日正式量产，海纳川、合肥常青和中都物流等配套企业相继入驻产业园，产业集聚效应增强，为做大做强做长汽车产业链、完善汽车产业布局、延伸上下游产业链、加快培育千亿级汽车产业奠定基础。同时，注重发展生态农业、品牌农业、特色农业，新增高效农业面积430余公顷，茶叶种植面积500余公顷，黄桃基地90余公顷，上党镇敖毅村获“农业部第六批全国一村一品示范村”称号，东宝庄创成省级“美丽乡村”。

2016年11月24日，新能源汽车部件一体化项目签约仪式

2016年2月23日，海纳川镇江汽车零部件产业园项目开工奠基仪式在上党镇举行

落户上党镇的北汽华东（镇江）基地

生态上党

2016年6月28日，丹徒区区长张映桥（中）慰问上党镇东方村老党员

最美乡村——东宝庄

2016年8月13日，举办上党高陵黄桃节

上党镇翰雅有机农场

上党镇黄桃种植地

舌尖小镇

2016年3月24日，区委书记陈琳（中）到宝堰镇考察“双达标”堰东名苑项目

2016年12月20日，区长张映桥（左二）考察宝堰镇润丰生态园

2016年，丹徒区宝堰镇按照精心构筑“古镇宝堰”、同心绘就“旅游宝堰”、繁荣重振“商贸宝堰”、战略打造“产业宝堰”的四大目标，实现“十三五”强势开局。全年完成一般公共预算收入4897万元，实际利用外资及港澳台资850万美元，工业应税销售收入5.6亿元，完成固定资产投资3.61亿元，农村居民人均可支配收入18706元。总投资1.5亿元的润丰生态农业完成主体种植并具备开园条件，总投资1.8亿元的渔光互补光伏发电一期15兆瓦顺利并网发电；投资1600万元的宝堰中心幼儿园主体施工完毕，投入800万元实施集镇环境提档升级改造，投入700万元对胜利河、鲁溪支河等实施除险加固。宝堰镇“四特独具”（特殊历史、特殊地形、特色美食、特色民俗）,坐拥丰富旅游资源，以新颖、联创等为代表的休闲观光农业受到周边县市游客青睐。年内，获江苏省特色景观旅游名镇、全省和谐社区建设示范乡镇、全省2016年度“禁粘”工作示范镇等称号。

宝堰“渔光互补”光伏发电工程概貌

醉美宝堰

丹徒电视台到宝堰镇拍摄《颂秋收》

抗战老兵到宝堰镇参观新四军四县抗敌纪念馆

南乡田歌《车水号子》

宝堰史家老宅

蔬果之乡

2016年9月6日，“特色民宿·探索实践”活动在丹徒新城风景城邦大酒店举办

2016年，江心洲生态农业园区围绕打造“强富美高”新丹徒的战略要求，立足“江中旅游名岛”的目标定位，践行发展新理念，增强综合势力。全年完成一般公共预算收入4046万元，完成固定资产投资6190万元、服务业投资3666万元，农村居民人均可支配收入17426元。推进市级重点项目长江特种水产养殖和区级重点项目伊人岛生态农业园，完成总投资3亿元的民居光伏屋顶项目、总投资2亿元的橘色小镇项目签约；提升橘江里、幸福里、西江里等美丽村庄环境，御隆河风光带雏形初现；先后完成11千米河道清淤整治及景观打造、6千米一路一景绿化景观工程、3千米农田电网改造、百家姓地刻公园建设、橘江里景区无线网络全覆盖等民生工程。

2016年9月3日，镇江江心洲乡旅招商推介会暨第二届无花果节开幕式在镇江苏宁广场中庭盛大开幕

2016年11月2日至12月4日，镇江·江心洲第九届柑橘节暨欢乐嘉年华活动在江心洲举办

休闲江心

江心洲民居光伏发电

百家姓地刻公园

国家AAA级景区、省级特色示范村——橘江里

西江里

省级特色示范村——幸福里

镇江市丹徒高级中学

2016年11月17日，校长黄卫荣（左）陪同市教育局副局长黄科文（右）参加“市一日公开课”活动

2016年12月1日，丹徒高级中学通过省三星级高中复审

镇江市丹徒高级中学由两所创建于1956年的三星级高中（原镇江市谏壁中学、原镇江市上党高级中学）于2009年合并而成。该校整合两所老牌高中的教育资源，继承优良的办学传统，传承丰厚的文化积淀和人文素养，与时俱进、开拓进取，呈现良好发展态势。近三年，该校紧扣发展主题，围绕“明理”校训，以“健康成长　幸福人生”理念为指导，以“四星级”创建为重点，通过强化激励导向、狠抓精细管理、实施科学备考等措施，构建“高考主攻本科常态特色做优”的长效机制，高考成绩连续三年创佳绩。2014年、2015年、2016年文化和体艺本科（含本三）总达线人数分别为261人、272人、330人，本科达线比例分别为40.7%、52.4%、72.5%。该校本科达线率持续攀升、优秀教师群体不断涌现、学生综合素养全面提高、办学品位日益提升，得到市、区教育局肯定和社会广泛赞誉。

2016年11月26日，组织全体党员参观周恩来纪念馆

2016年10月14日，举办秋季田径运动会

校园内景

丹徒区辛丰中学

2016年9月9日，校长李玉生（左一）带领全体教师进行集中宣誓

丹徒区辛丰中学创办于1956年，位于京杭大运河畔、辛丰镇东南，校园面积38961平方米。学校有教学班15个，在校学生644人，专任教师59人（其中高级教师21人，市区级骨干教师12人）。学校以“诚挚、笃学”为校训，是江苏省教育现代化示范初中、镇江市教育现代化初中、镇江市课堂教学改革实验样本学校、全国青少年校园足球特色学校，并拥有一支具备“严谨、求实、博学、爱生”优良教风的教师队伍。近年来，学校先后获镇江市教育科研先进集体、镇江市教育装备管理与使用先进学校、镇江市数字化校园、镇江市语言文字规范化示范校等称号。2016年，成功创建成为镇江市心理健康教育特色学校、镇江市养正学堂、镇江市中小学学生社团建设优秀学校和镇江市书香校园。

辛丰中学足球队获2015年“区长杯”足球比赛第一名

学校教学楼

学校操场

丹徒区辛丰中心小学

丹徒区辛丰中心小学是一所有着百年办学历史的农村中心小学。学校占地面积近3万平方米，在校学生1500余名。学校秉承“学为天下”校训，践行“成星、成长、成功”办学理念，坚持以德育为首，实施素质教育，开展教育创新，彰显珠心算、校园足球等办学特色，学校办学质量、办学品位跻身全区前列。近年来，该校先后创建成全国青少年校园足球特色学校、全国学校体育联盟（教学改革）实验学校、“中国好老师”公益行动计划基地校、江苏省和谐校园、省绿色学校、省健康促进金奖学校、省平安校园、镇江市现代化小学、市数字化校园、市文明单位、市首届十佳学生行为规范示范校、市优秀家长学校、市心理健康特色学校等。该校被评为江苏省教育工作先进集体、市珠心算教育实验先进学校；连续3年在全区学校年度考核中被评为优秀。

2016年10月20日，赴淮安市高良涧小学开展课堂教学联谊活动

2016年4月10日，开展与外国友人珠心算文化交流活动

2016年5月28日，组织参加丹徒区“区长杯”青少年校园足球联赛

2016年3月15日，开展社会主义核心价值观教育活动

《董永传说》传承地——槐荫村

槐荫村相门

2016年，槐荫村被纳入镇江市旅游发展总体规划，谷阳镇对槐荫村旅游进行规划设计，以创建江苏省“三星级乡村旅游区”为目标，完成导览图、旅游标牌标识建设；公共停车场、旅游接待中心等基础设施工程完成招标并进入建设阶段；完成徐吴路水泥混凝土路面铺设；结合村庄整治，对上寺塘、张寺沟、西六塘等实施清淤工程；重建文化大院，完成工程招标并进入建设阶段；成功申报全国“美丽宜居村庄”，邀请专业设计公司进行建设规划并完成规划图。做好中国特色村、2013～2015年度江苏省文明村、江苏省书香乡村、镇江市最美乡村、江苏省三星级乡村旅游区等申报工作，年内获中国特色村和江苏省文明村称号；做好古迹修复工作，由槐荫村非遗领导小组牵头，以修旧如旧为原则，采取自筹资金的方式完成“大龙桥”修复工程；举办“2016谷阳·槐荫民俗文化季”活动和槐荫村第十届“情缘槐荫七夕东方”活动。

2016年8月9日，槐荫村第十届“情缘槐荫”七夕东方活动现场

槐荫村貌

宜城街道西麓村

西麓村中心河改造

西麓村隶属于丹徒区宜城街道，面积4.5平方千米，有6个自然村、23个村民小组，常住人口2860人。西麓村先后获全国文明村、江苏省文明村等称号。2016年，以建成“整洁的西麓、绿色的西麓、美丽的西麓、和谐的西麓”为目标，推进民生工程，加快新农村建设步伐；11月，获“江苏省民主法治示范村”称号。

村民别墅

新建成的西山路沥青路面

西麓村活动中心——幸福院

宜城街道镇南村

镇南劳服大楼

镇南村位于镇南立交桥附近，由原曾韩、汤村、徐庄、翻身4个行政村合并而成。312国道、338省道、京沪高铁等7条主干道贯穿而过，地理位置优势明显。全村有1517户，常住人口4516人，有33个村民小组。近年来，热电联产、省交通工程公司、平安物流、精功汽车等8个项目相继落户镇南村。在服务项目的同时，发展村级经济，推进民生项目建设。2016年，投资300余万元建成2500余平方米镇南物业管理服务中心大楼，并陆续出租；新建水泥路6000余平方米，方便村民出行；10个自然村建成9个文体活动广场，为村民提供健身娱乐的场地；实施惠民政策，由村委会代缴全村50周岁以上女性、60周岁以上男性的合作医疗保险费，每年照顾慰问困难户、大病户10万元以上。

镇南物业管理服务中心大楼

镇南村农民健身广场

环境整治后的村容村貌

辛丰镇辛丰村

落户辛丰村的江苏希西维轴承责任有限公司

轴承生产车间

辛丰村位于镇江市东郊，是辛丰集镇所在地。京杭大运河、谏辛公路、辛三公路穿村而过，交通便捷。全村总面积6.6平方千米，耕地面积129.5公顷，村民总户数1623户、总人口4605人。近年来，辛丰村以轴承为主导产业，推动村级经济发展和百姓富裕，为每个村民办理医疗保险，对大病、重病家庭和困难村民提供医疗补助和救助。先后被授予江苏省文明村、江苏省卫生村、江苏省民主法治示范村、江苏省社会主义新农村建设示范村等称号。2016年，辛丰村加大民生项目投入，投资1600余万元新建幼儿园和改建镇中心小学及中学，投资3000余万元合资办起辛丰村医院，投资300余万元建成老年活动中心、老年公寓，投资500余万元兴建辛丰农民健身公园。

辛丰村老年活动中心一角

辛丰村农民健身公园

辛丰镇石城村

2016年9月25日，举办庆祝国庆文艺汇演

整治后的村容村貌

石城村位于辛丰镇北部，338省道、京杭大运河穿村而过，总面积6.8平方千米，总人口3017人，有9个自然村、26个村民小组。2016年，石城村实现工业总产值2690万元，全村可分配收入56万元，农村居民人均可支配收入12000元。推进新农村建设，全面整改老村，按照净化、绿化、洁化、亮化、美化“五化”要求，加大环境整治力度，优化村民生活环境。实施各自然小组之间的道路硬化，近两年共完成道路硬化6000余米，并对道路两旁和屋前屋后进行绿化；投资29万元实施道路亮化工程，主干道共安装路灯198盏；出新外墙3万余平方米，新建公共厕所2座；实施生活垃圾统一处理，确保村里各个角落设有垃圾桶或垃圾箱；全村自来水普及率100%。

完成河塘清淤工程

村道路扩建工程

新建成的村民大舞台

镇江市丹徒区茧丝绸总公司

2016年3月25日，总公司领导到上党镇丰城村蚕桑基地调研蚕桑生产工作

2016年5月20日，蚕桑技术人员到世业洲调查果桑菌核病情况

2016年5月20日，组织到世业洲开展蚕桑科技普及宣传活动

2016年，镇江市丹徒区茧丝绸总公司强化行业管理促进运行高效协调，对接产销促农增收，推动蚕桑产业转型升级。借力科普宣传，到世业、上党、宝堰等地开展丹徒区蚕桑科技普及宣传系列活动；采取“投入+指导+服务”模式发展特色蚕桑基地，帮助解决当地83名农民再就业，促进再就业农民年均增收2.6万元，蚕桑专业户年均收入21.8万元。

2016年10月9日，蚕桑技术人员到上党镇蚕桑基地调查桑树病虫情况

世业镇东大坝村桑园套养家禽

镇江市丹徒区公路管理处

312国道丹徒城区段改造现场

组织开展国省干线综合环境整治活动

2016年5月24日，成立公路法制宣传志愿者队伍

2016年，镇江市丹徒区公路管理处以“五大发展计划”为目标，各项工作取得新突破。全年执法人员上路巡查300人次，清除路障71立方米、摊点341处、非标271块，处理水毁抢险里程21.37千米，沥青路面病害修补516立方米。总投资21亿元的312国道城区改线段工程主体工程年底竣工并试通车，丹徒境内全长21千米，是全国普通干线公路绿色低碳示范工程，实现全区第一条全程智能监控道路。投资60余万元，增设融雪剂撒布机、移动照明灯、养护工程车等设备。年内，先后获“镇江市五一劳动奖状”“镇江市企业职工文化示范单位”等荣誉，丹徒超限检测站获“镇江市五一文明班组”称号。

2016年4月19日，组织职工开展“亲近自然 乐登圌山”活动

2016年9月29日，慰问世业镇世业村结对帮扶对象

镇江市丹徒区建

2016年10月18日，市、区领导到丹徒区文化艺术活动中心调研

2016年11月19日，公司全体党员赴雨花台烈士陵园开展专题教育活动

2016年，镇江市丹徒区建设投资有限公司围绕丹徒区城乡建设和经济发展这一中心任务，坚持市场化导向，优化融资结构，打造精品工程，完成年度各项工作任务，并在资金筹措和资金保障方面取得可喜成绩。强化与国开行、农发行等政策性银行的合作，开源节流，新增贷款融资成本6.82%，比上年的贷款融资成本7.23%有明显下降，截至12月底，公司资产总额约230亿元。全年承担丹徒区11项工程任务，总投资约27.8亿元，其中续建项目9个、新建项目2个，当年7个项目竣工验收，其中丹徒区人民医院二期扩建工程、丹徒文化艺术活动中心、安置房建设等为民办实事项目得到社会普遍关注和认可。年内，该公司获“2016年丹徒区单项工作突出贡献奖”。

丹徒区文化艺术活动中心

设投资有限公司

丹徒区人民医院扩建项目

丹徒区长山安置房“长香水岸”

丹徒区宝堰镇安置房“古堰新居”

丹徒区世业洲安置房“江岛人家”

丹徒区大港汽车轮渡管理处

2016年10月19日，签订码头东侧护岸工程协议

2016年6月16日，开展安全月宣传活动

汽渡码头

大港汽渡建于1985年，多年来坚持以安全渡运为重点，转变经营理念，创新工作举措，强化渡运管理和安全管理，确保渡运安全。2016年，渡运航次46484个，渡运车辆1458332辆，运营收入5544万元，比上年增长6.43%。年内，大港汽渡被市委、市政府评为2012～2014年市文明单位，被区交通运输局评为2015年度安全生产先进单位；1人被镇江市文明办、镇江市总工会评为市文明职工，3人被镇江市见义勇为基金会授予“见义勇为”积极分子称号。

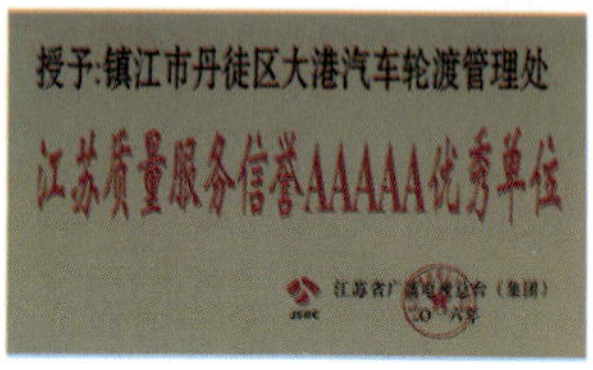

新票房门楼

2016年9月22日，新趸船投入使用中

镇江市丹徒区科创建设有限公司

海雷德蒙中央空调生产基地

镇江盛飞精密机械有限公司

2016年，镇江市丹徒区科创建设有限公司完成融资累计余额10.37亿元，其中平安信托5亿元、苏州信托2.8亿元、其他银行的相关贷款2.57亿元，并成功置换一批高成本存量债务。该公司通过寻求方式创新、渠道创新，开展推进新城各项融资工作。同时，完成外部信用评级工作，为2017年融资工作的发展夯实基础。

厂区

镇江市丹徒区史志办公室

地　　址：镇江市丹徒新城府前路1号

电　　话：0511—88977321　88977322　88977323

传　　真：0511—88993006

邮　　编：212028

电子邮箱：dtsz107@sina.com

丹徒